U0737069

皖西学院大别山革命文化研究中心项目"大别山革命文学研究"(dbs2021001)阶段性成果

国家社会科学基金项目"蒋光慈年谱长编"(20BZW181)阶段性成果

安徽省哲学社会科学规划项目"红色基因传承视角下蒋光慈革命文学研究"(AHSKY2019D127)研究成果

皖西学院质量工程项目"皖西文学教学团队"(wxxy2019036)资助出版

蒋光慈研究

江 琼 著

合肥工業大學出版社

图书在版编目(CIP)数据

蒋光慈研究/江琼著 . —合肥:合肥工业大学出版社,2023.7
ISBN 978 - 7 - 5650 - 6397 - 8

Ⅰ.①蒋… Ⅱ.①江… Ⅲ.①蒋光慈(1901 - 1931)—人物研究 Ⅳ.①K825.6

中国国家版本馆 CIP 数据核字(2023)第 130694 号

蒋光慈研究

江 琼 著		责任编辑　王钱超	
出　版	合肥工业大学出版社	版　次	2023 年 7 月第 1 版
地　址	合肥市屯溪路 193 号	印　次	2023 年 7 月第 1 次印刷
邮　编	230009	开　本	710 毫米×1010 毫米　1/16
电　话	人文社科出版中心:0551 - 62903205	印　张	21.5
	营销与储运管理中心:0551 - 62903198	字　数	373 千字
网　址	press. hfut. edu. cn	印　刷	安徽联众印刷有限公司
E-mail	hfutpress@163. com	发　行	全国新华书店

ISBN 978 - 7 - 5650 - 6397 - 8　　　　　　　　　　定价:49.00 元

如果有影响阅读的印装质量问题,请与出版社营销与储运管理中心联系调换。

序　言

　　这是一本用情用力之作。作者江琼之所以如此用情用力，往明里说，不外乎二因：其一，蒋光慈是中国共产党早期党员，坚定的马克思主义者，中国无产阶级革命文学的奠基人和先驱者——诗集《新梦》是革命文学的开山之作，《少年飘泊者》是革命小说的发轫之作、经典之作，其创作引领着19世纪20年代中后期至30年代初早期革命文学的潮流，"革命"是他文学创作、理论创构和文学社会活动的主旨、重要标志。对于这样一位用生命谱写文学的革命先烈，唯有情与力并用，方能表现出作者对蒋光慈的崇敬之情。其二，这本书属于皖西学院大别山革命文化研究中心2021年研究项目"大别山革命文学研究"目标任务，分内之事当然要全力去完成。往深里说，我感觉在蒋光慈与江琼之间，有一种血脉般的精神接通了二者的联系，这种精神大概就是这块红色土地上百年来流传至今、既带有地域性又超越其上的"光慈精神"，让他们息息相通了。

　　正因为如此，江琼这么多年来才一直致力于大别山革命文学研究，先后主持或参与国家社科基金项目和安徽省哲学社会科学规划项目等多项课题研究，形成了自己的学术特色。其中，用力最多且成果最丰富者，一是蒋光慈研究，二是"未名四杰"研究。

　　从事学术研究的人都明白，做课题写论著，首先要摸清该论题的研究现状，看看关于它的研究到目前为止进行到了哪一步、达到了何种水平，其研究有哪些特点？尤其是要从中析出关于该论题研究尚存的不足，比如未涉及的空白点、盲点以及有待深化完善之处、薄弱之处、谬误之处，等等，只有做到胸中有数，才能为自己的研究确定方向并设计出最好的方案。学术界一再强调研究要创新、要突破、要超越，这话说起来容易，做起来实在是太难，不要说创新、突破、超越，哪怕是往前推进一小步都不易，特别是对于那些研究已经积累到相当厚度的论题，更是如此。蒋光慈研究便是。

好在江琼首先系统扎实地做出了一份蒋光慈研究学术史。从中可以看到，有关蒋光慈研究的历史，与蒋光慈本人的文学创作几近同步，始于高语罕为《新梦》写的序。高语罕是新文化运动的先驱者，当他在法兰克福读到蒋光慈已经结集成册即将出版的《新梦》时，极为兴奋，欣然写下如同《新梦》一样格调激越的长篇评论《〈新梦〉诗集序》，一口气列出《新梦》的七种现实意义。这是蒋光慈研究的第一篇文章。江琼做出的这份学术史梳理出 1925—2011 年蒋光慈研究的成果，并对其中的主要成果的内容作了相应的评述。可别小看这份报告式的学术史，它为江琼的蒋光慈研究提供了登高望远的视野，下一步就轮到她如何进入这个论题了。

积累成史的研究对象，研究者通常从两个路径选择研究方向：一是发现新材料，或发现论题新的生长点；二是从现有研究中发现存在问题，做出新的发现。江琼选择的是第二个研究方向，因为第一个研究方向的史料几近全部浮出水面，而潜在水面之下的一些真相，随着蒋光慈及了解他的亲友师长同学的相继去世已成为历史之谜。历史之谜源自历史环节的空缺，历史环节的空缺造成真相的被隐蔽，这又成为第二个研究方向存在的问题。在蒋光慈研究这个课题中，选择第二个研究方向实际上把第一个研究方向也包含进来了。若问这本书最大的亮点在哪里，这里便是。

蒋光慈研究中确实存在着一些历史之谜或有争议的问题，江琼拈出其中几个最重要问题作为这本书的难题来解。明知难题难解，却偏偏要挑战难题，一是因为这些问题造成了研究的障碍，不解决就难以推进其研究；二是因为解难题是寻找突破口并做出新见的有效途径，一旦解难题成功，其研究就会向前推进一步。江琼解了这样几个难题：关于蒋光慈与鲁迅笔战问题，关于蒋光慈与"皖西建党"问题，关于蒋光慈的婚姻情感本事问题。解难题意在解开历史之谜，解开问题的症结，弄清真相，还历史本来面目。这一切，考验的是研究者勘探考辨之功，还有眼光、见识和学养。比如关于蒋光慈与"皖西建党"问题，学术界对此有质疑和争议，一种观点认为蒋光慈 1924 年自苏联留学归国后曾回"皖西建党"，以党史、文史研究者的看法为代表；另一种观点认为蒋光慈自去上海读书后就没有回过家，以哈晓斯等人的看法为代表。这种观点出示的最过硬的证据，是蒋光慈本人的材料，他曾在小说、诗歌、通信、日记、论文中一再声言自己自去上海读书后再也没有回过家。没有回过家，就不可能参与"皖西建党"活动。

两种看法都给出了证据材料，在未出现更过硬的新材料之前，二者出示的证据材料都具有可证性，符合事理，难以反驳。吊诡的是，正是这两个"事实"共同解释又合力撕裂着真相。非此即彼的选择已经不存在，这才是真正的难题。强攻难以奏效，江琼主观上愿意认定第一种看法，她认为蒋光慈在诗文中一再撇清与家乡的联系，是出于对身处白色恐怖之中的家乡亲人的一种保护策略。言下之意，蒋光慈回过家乡，而且她也提供了相关证据。不过，在这个问题上她仍留有余地，认为蒋光慈"皖西建党"还缺乏确凿史料作为论据，有待新的发现，以坐实真相。这些"解难题"无疑对蒋光慈研究做出了有效推进。

王达敏

2023 年 1 月 3 日于安徽大学

目　　录

序　言 ……………………………………………………… 王达敏（001）

第一章　蒋光慈短暂而闪光的生命历程 ………………………… （001）

第一节　大别山养育的侠胆少年 ………………………………… （002）

第二节　芜湖求学·上海"入社"·莫斯科"取经" ……………… （014）

第三节　上海大学红色教授和中国无产阶级革命文学先驱 ……… （025）

第四节　为无产阶级革命文学事业殉道离世 …………………… （038）

第二章　蒋光慈无产阶级革命文学理论建树 …………………… （043）

第一节　初步传播马列主义文艺理论 …………………………… （044）

第二节　积极构建无产阶级革命文学理论 ……………………… （052）

第三节　蒋光慈无产阶级革命文学理论的发展 ………………… （067）

第三章　蒋光慈无产阶级革命文学活动 ………………………… （073）

第一节　蒋光慈的诗歌创作 ……………………………………… （074）

第二节　蒋光慈的小说创作 ……………………………………… （085）

第三节　从编辑红色出版物看蒋光慈的革命文学贡献 ………… （106）

第四节　蒋光慈作品中的皖西地域文化 ………………………… （115）

第四章　蒋光慈与文坛同仁的渊源 ……………………………… （131）

第一节　蒋光慈与瞿秋白、韦素园、曹靖华的师生同窗情 …… （132）

第二节　蒋光慈与郁达夫、郭沫若的文友情 …………………… （144）

　　第三节　蒋光慈与鲁迅先生笔战检视 ……………………………………（154）

　　第四节　蒋光慈与钱杏邨、杨邨人等太阳社同仁的同志情 …………（171）

　　第五节　夏衍、田汉——蒋光慈的清交素友 …………………………（194）

　　第六节　蒋光慈与同乡同学李宗邺轶事钩沉 …………………………（203）

第五章　蒋光慈"皖西建党"考辨 ……………………………………………（213）

第六章　"敢为人先、坚守执著"的光慈精神 ……………………………（231）

第七章　蒋光慈的婚姻情感本事 ……………………………………………（249）

　　第一节　蒋光慈的"箩窝亲" …………………………………………（250）

　　第二节　蒋光慈与"苏维亚"缔结"赤色婚姻" …………………………（255）

　　第三节　蒋光慈与"乡姑娘"同居 ……………………………………（267）

　　第四节　蒋光慈的情感外篇 ……………………………………………（281）

第八章　蒋光慈革命文学的历史价值及其当代意义 …………………（287）

　　第一节　蒋光慈革命文学的历史价值 …………………………………（288）

　　第二节　蒋光慈革命文学的当代意义 …………………………………（297）

第九章　蒋光慈研究学术史 …………………………………………………（309）

　　第一节　1925—1949 年 ………………………………………………（310）

　　第二节　1950—1979 年 ………………………………………………（318）

　　第三节　1980—2011 年 ………………………………………………（323）

参考文献 ………………………………………………………………………（333）

后　记 …………………………………………………………………………（335）

第一章

蒋光慈短暂而闪光的生命历程

第一节

大别山养育的侠胆少年

泱泱华夏地，巍巍大别山。大别山脉蜿蜒于鄂豫皖三省边境，西接鄂豫边境的桐柏山，东延为安徽境内的霍山和张八岭，西段作西北—东南走向，东段作东北—西南走向，是长江与淮河水系的分水岭。大别山区包括安徽省六安、安庆，湖北省黄冈、孝感、随州以及河南省信阳等地共 36 个县（市、区）。大别山主峰是位于安徽省六安市霍山县的白马尖，海拔 1777 米，大别山脉有四分之三的面积都在六安市境内。大别山区崇山峻岭，高耸入云，低峦绵延，人烟繁密，树木茂盛，生物众多，既有着厚重、灿烂的历史和丰富、光辉的文化积淀，又处于中国南北交汇、东西相融之地，物华天宝，人杰地灵。自古以来，在这片生机勃勃的土地上，涌现了一大批名相良将、文苑群英、璀璨将星和科技俊才。

土地革命战争时期，在湖北、河南、安徽三省边界以大别山为中心地区建立的鄂豫皖苏区革命根据地，是仅次于中央苏区的第二大革命根据地，在中国革命史上具有非常重要的地位。千里大别山，"家家有红军，村村有烈士，山山埋忠魂，岭岭皆丰碑"，涌现了吴焕先、大别山"江姐"晏春山、蔡申熙、许继慎、舒传贤等众多革命烈士，也走出了蒋光慈、闻一多、台静农、李霁野、韦素园、李何林、王冶秋、胡底等一批无产阶级革命作家、爱国诗人及进步作家。他们的坚定信念、忠诚勇敢、一心为民的革命精神，成为铸就"坚守信念、胸怀全局、团结奋进、勇当前锋"大别山精神的重要元素。

一、大别山北麓白塔畈的乡间"神童"

1901 年 9 月 11 日，蒋光慈出生于安徽省霍邱县南乡白塔畈（现安徽省金寨县白塔畈镇）。白塔畈地处大别山北麓外山区、江淮丘陵西部，是一个普普通通的山间集镇。周围山峦起伏，但都不怎么高峻。东汉末年在这里建有穆州府，旁有白塔寺，一些不高的山丘和一望无际的田畈地是其地貌特征，因而得名白塔畈。在白塔寺周边许多美丽动听的传说中，尤以"罗成三打穆州府"相传久远且老幼皆知。

白塔畈是个山清水秀的地方，多数村庄都会有一条沿着山势自然形成的河流，皖西本地人将这些河流形象地称为"河湾"，蒋光慈在长诗《写给母亲》中曾忆起"儿时游泳的河湾"。这些"河湾"一下雨就水势汹涌，可是不论有多么汹涌，只要隔上几天，那些滚滚的河水便会恢复以往平静的模样，好像它从不曾汹涌过。在白塔畈南面，有一座三仙山，海拔 417 米，距小镇 10 余公里。登三仙山顶，鸟瞰全乡，自东向西呈"川"字形摆列的中心、白大、仙花三条河流向东滔滔而去。其中，白大河（又叫白塔河）约 30 米宽，是白塔畈人民的母亲河，白大河发源于三

蒋光慈
（出自《六安革命文学史》）

仙山经灌口集注入西汲河。白大河是沙河，河床由黄沙与鹅卵石铺垫，清澈见底，河道蜿蜒呈 S 形，冲刷出宽阔的河漫滩，两岸柳树成荫，芳草茵茵，是孩童们戏水扑柳、滑冰打雪仗的乐园。"在村镇的北头有一条小河，小河的两岸上有着柳林，这里在夏天可以听见蝉鸣，在冬天也不断孩子们的踪影。"[①]这是蒋光慈在诗歌《乡情》中对白大河的描写。白塔畈人世代过着开门见山、临水而眠的乡居生活。

大别山地区人民崇尚耕读，安土重迁。白塔畈农耕以水稻、油茶、板栗为

---

① 本书所有蒋光慈著译作品的引用均出自合肥工业大学出版社 2017 年 5 月出版的《蒋光慈全集》。

主。在镇东南部的龚店山区，漫山遍野的栗园，层层叠叠，错落有致，宛如道道绿色的屏障。田野山丘，常是扬歌互答、歌绕岭间，民歌丰富了大别山地区人民的精神生活。"据1956年挖掘、搜集统计，全地区流行的山歌、茶歌、秧歌、门歌、号子及各种小调等有上千个不同的曲调……这些民歌不但内容丰富，而且音乐、格调也各具特色。金寨、霍山、六安南部多流行山歌、茶歌，其曲调清脆嘹亮，婉转动听"①。

革命战争年代，白塔畈曾是一片红色的热土。发生于1929年12月20日的白塔畈暴动是六霍起义成功的重要标志之一，也是霍邱县第一次武装暴动，暴动领导人为中共霍邱县委书记杨晴轩。杨晴轩与潘荣初、李大刚、汪映西等领导白塔畈地区100多名农民自卫军，成功解决了大地主王子敬的庄园王家老楼的地主武装，赶跑了国民党驻白塔畈的警备营。

白塔畈以独特、淳朴的山乡风情，以竹木山茶和稻菽麦栗的丰富物产，滋润哺育了诸如蒋光慈、李云鹤、戴映东、杨晴轩、李大刚、汪映西、潘荣初、李宗邺、徐礼玉、葛鲁生等一群文才武将儿女。故乡的山川风物、春华秋实、油茶醇酒、民歌民风……流淌于蒋光慈的血液里，积淀于蒋光慈的记忆中，成为他日后文学创作取之不尽的源泉，其作品蕴藏着浓厚的皖西大别山地域文化特征。

蒋光慈出生于白塔畈白大老街，当时老街约有百余户人家，约两丈宽的狭窄街道路面，由各种鹅卵石铺就。两旁的房屋均由一种秸秆结实的山草铺盖屋顶，店面均为油漆松木铺排的门板，油光发亮。老街上米行、商店、货栈、饭馆、茶室等交相排列，隔一日"逢集"，赶集者熙熙攘攘。蒋光慈故居坐落在老街的中间，坐东面西，朝街的土墙草顶店房4间，北面的一间瓦顶堂屋之后，又连接3间厢房。厢房往南开了一扇小门，面对一个院子。积年的烟熏火燎，使得屋顶的竹笆和檩条墨黑如漆，蒋光慈在这里度过了童年和少年。1925年秋，蒋光慈的父亲蒋从甫因多种原因，举家从白塔畈迁回祖居之地——六安城西15公里处的"武山之阳"，一年后再迁至六安县徐集区莲花庵乡古城村（现六安市裕安区分路口镇古城村）。"武山之阳"，即六安的武陟山，海拔146.3米，据《古今图书集成》"六安州"条载，"汉武帝南巡登封霍岳驻跸于此，陟以眺望故名"②。宋代在山脚下建有武陟书院，山顶有宝教寺，为六安人文名胜。

---

① 《六安地区文化志》编纂委员会. 六安地区文化志 ［M］. 合肥：黄山书社，1993：107.
② ［清］陈梦雷. 古今图书集成 ［M］. 上海：中华书局，1934：5.

蒋光慈白塔畈老屋故居（出自《蒋光慈与读书》）

关于蒋光慈的祖籍，可以根据蒋光慈大哥蒋儒谦的曾孙蒋厚恩收藏的《蒋氏宗谱》（1917年续修）探寻脉络。蒋从甫和蒋光慈都参加了此次宗谱的修订，蒋从甫撰写了《源流序》，蒋光慈撰写了《续修谱序》。从《源流序》和《续修谱序》中可知，"蒋氏受姓自周公三子伯龄封蒋以国为氏"，周公三子，即周公旦第三子姬龄，伯为爵位，受封于蒋国（现河南省信阳市淮滨县期思一带），称为蒋伯龄，后世蒋姓把蒋伯龄奉为始祖。宋末元初战乱年代，蒋光慈祖先这一支蒋姓人由河南逃到江西，《蒋氏宗谱》（1917年续修）载："子孙蕃衍及贯公世历十三年（世），逾三百，江右悉称望族。贯公视江西人稠地隘，常遭饥馑之虞，何如择里安仁，永遂乐郊之咏而。乃因祖父潮公商于六，祭扫往来深谙皋邑土地膏腴，风俗纯美，遂卜武山之阳焉。"再看《源流序》载："明季，潮公来六，由贯公分迁，卜居城西武陟山，依山为村。此皋城蒋氏所由来也。""六""皋"，即六安，潮公在明代到六安经商并逝于此，其孙贯公往来祭扫祖父坟茔而熟谙六安，遂率家族由江西迁居六安，形成皋城蒋氏。皋城蒋氏视贯公为世祖，把贯公卜居之地"武山之阳"视为祖居之地。据《蒋氏宗谱》（1917年续修）记载，贯公来六安时携子万仓、万粮、万斗、万箱共4个儿子，蒋光慈是贯公长子蒋万仓的后代，具体谱系：贯公—万仓公—忠华公—活茂公—守一公—世开公—克谨公—鸣贤公－大瑞公－宗得公－德福公－敦芳－儒恒，从贯公开始至蒋光慈为十三世。蒋光慈在《续修谱序》落款为："中华民国六年岁次丁巳季秋月毂旦，十三世孙儒恒谨识。"贯公率家族从江西"迁六以来，或居县里，或居县南，或居武阳，或居淠浒，或居莲花山侧，或居霍邱县中，均必合其昭穆。"

　　蒋光慈八世祖鸣贤公离开武陟山祖居之地，家族在六安州境内漂泊近百年，直到蒋光慈祖父蒋德福开始定居在霍邱县白塔畈。蒋德福是个轿夫，以抬轿子为生，把肩膀当作富人的大路。蒋德福有两个儿子，次子蒋敦芳是蒋光慈父亲。蒋敦芳（1869—1942）"字文周，号从甫，积学未遇业商"，"十几岁就到邻近的河南省固始县陈淋子镇和固始县城当学徒。店主请私塾老师教儿子诗词歌赋，蒋从甫在做工的同时也跟着后面'剽学'，凭着他的聪明劲，后来不但能写诗作文，而且写得一笔好字，达到能开塾馆的程度。由于蒋光慈祖父和父亲苦心经营，蒋家在白塔畈镇外东岭盖了6间草房，置下了40多亩土地"①。蒋从甫在白塔畈老街租房经商，后又买房开起杂货店，店号名"蒋恒兴"。农村收获时节，又增开米行，家中渐有积蓄，在白塔畈老街扎下根来。

　　蒋从甫自幼饱经忧患，历尽社会动乱，深受剥削压迫之苦，形成敏感、豁达、耿直和疾恶如仇的性格，眼光比较远大。因为能诗能文，写得一手好字，蒋从甫晚年曾被当地一些塾馆聘为先生。蒋光慈第二任妻子吴似鸿在《我与蒋光慈》著作中有一段关于1930年前后蒋从甫体貌的描写："只见老人六十左右年纪，身材瘦小，蓄着一撮稀疏的胡髭，穿一套白布短衫、长裤，脚上穿一双布鞋，他眨巴着眼睛，像患有眼疾。"② 作为塾馆先生，蒋从甫很受学生和家长的欢迎，颇有一些得意门生。他在教学中，经常用自己的诗文作教材，这些诗文多结合乡村生活常见农事物象及现实感受，能激起孩童们的学习兴趣。20世纪80年代，还有一些学生记得他的诗作，蒋从甫学生郎育才提供其如下作品：

挑塘泥

一肩泥土一吁声，仰叹长空恨不平。

终岁辛勤难半饱，老天忍负苦耕人。

---

① 马德俊．蒋光慈祖籍丛考［J］．皖西学院学报，2009（1）：79-83．
② 吴似鸿．我与蒋光慈［M］．南宁：广西教育出版社，1992：54．

淫雨十家九断炊

阴雨连绵久未开，湿柴灶下费人吹。

当年季子何嗔嫂，淫雨谁家不断炊。

落　花

色相由来不可长，兴衰何必怨春光。

苔阶点白遮新草，云径无红锁夕阳。

入砚愁增知读者，随流怕又识渔郎。

漫云我是飘零客，待到他年再放羊①。

这些诗歌语言晓畅，立意或朴实或高雅，不仅表达了作者热爱生活、爱憎分明的观点，同时也反映出他磊落的个性和高尚的人品。祖上近百年的漂泊生活以及父亲蒋从甫的人品及文品，无疑对蒋光慈产生了深远的影响。"漫云我是飘零客"，蒋光慈终生都是以"漂泊者"自况，同时他从祖辈、父辈身上继承了自尊、自强和爱憎分明的意识。蒋光慈的母亲陈氏（1872—1947），穷人家姑娘出身，忠厚善良，是远近闻名的贤妻良母，她教育孩子要靠自己的力气吃饭。蒋光慈留学苏俄时曾和家里音讯隔绝达一年多时间，陈氏思子心切，常常落泪哭泣，眼睛几近失明。蒋光慈非常热爱母亲，母亲多次出现在他的诗文中。

蒋光慈兄弟三人，大哥蒋儒谦（1891—1931），二哥蒋儒让（1893—1931），他排行老三，还有个妹妹蒋儒香（1909—1987）。两位哥哥都是淳朴勤恳的劳动者，孝敬父母、关爱弟妹、勤俭节约、任劳任怨，"从牙缝里刮钱"供弟弟读书求进。蒋光慈曾在莫斯科接到父亲多方设法、几经辗转邮寄的家信后，写有《接到第一封家信之后》《少小怀雄思——笑俗儿》两首诗歌，抒发思念父母、思念家乡、胸怀天下之情，也对两位兄长表达感激之情："两兄良且贤。代亲理家事，我可卸双肩。"

1907 年，蒋光慈被送到当地私塾发蒙，私塾名叫白塔寺保小。他在私塾临帖、读史诵经、对对联，熏陶于中国传统文化以及浓郁的皖西地域文化之中。私塾先生朱子杰（1878—1948），系清末秀才。老先生重视校园美化、绿化，他托

---

①　吴腾凰，徐航.蒋光慈评传［M］.北京：团结出版社，2000：11.

人弄来一些花苗及一棵柏树苗，令蒋光慈等学生将花苗与树苗栽在校园内，因蒋光慈家离校最近，故先生就叫他适时浇水维护。这棵古柏树后被称为"光慈古柏"，至今仍枝叶繁茂，郁郁葱葱，是蒋光慈留下的弥足珍贵的遗物。1931年，红军在白塔寺保小办学，宣传革命进步思想，将其改名叫苏维埃小学。1948年10月，由于土匪焚烧白大老街，几十间校舍化为灰烬，学校被迫停办。1952年秋重建校园，名叫白大小学，2010年8月改名为光慈小学。历经百年沧桑，光慈小学已成为一所历史名校。为了纪念杰出校友蒋光慈，光慈小学建有一处光慈生平事迹展馆。

蒋光慈乳名巧子，聪明过人，深受父母宠爱。他在私塾读书很用功，喜欢练习书法、吟诵古诗词，小小年纪谈吐举止远远超出同龄孩童，被周围乡民誉为"神童"。瞿光熙在《蒋光慈事迹考》一文中写道："他自幼特别聪明，在家乡有'神童'之称。孩提时与人下棋，简直是所向无敌，找不到对手。写得一手好字，十一二岁就能替乡邻写春联，而且联语往往是自撰的。当时他身材还矮小，常站在凳子上书写。"[①] 蒋光慈确实年少有才气，少年时家乡沛河发大水，面对滔滔洪水，他即兴赋七绝《洪水》一首：

> 滔滔洪水害如何，
> 商旅相望怕渡过。
> 澎湃有声千尺浪，
> 渔舟遁影少闻歌。

《蒋氏宗谱》（1917年续修）中关于蒋光慈记载："名儒恒，号北峰，民国五年由河南志成高等学校第二名毕业生，中学修业二年。生于光绪二十七年辛丑七月二十九日子时。"光绪二十七年，即1901年。他在志成小学读书时改名蒋宣恒，之后，为了革命斗争的需要，不断变换笔名。吴腾凰等在《蒋光慈祖籍、笔名及其他》一文中列出了蒋光慈19个笔名：蒋侠生、侠生、蒋侠僧、侠僧、光赤、蒋光慈、光慈、华西里、华希祖、华希理、华维素、华继宗、陈西里、陈倩华、陈情、维素、魏克特、魏敦夫、广慈女士[②]。吴腾凰没有列入蒋光赤、敦夫两个笔名。另外，瞿光熙在《蒋光慈事迹考》一文中指出蒋光慈还有两个别名：

---

① 瞿光熙. 蒋光慈事迹考［M］//中国现代文艺资料丛刊·第八辑. 上海：上海文艺出版社，1984：19.

② 吴腾凰，孙克新. 蒋光慈祖籍、笔名及其他［J］. 河南师范大学学报（哲社版），1983（5）：118–119.

"一、蒋霞村，一九三〇年三月二十日出版的"南国月刊"第二卷第一期所载《我们的自我批评》一文，其中第二十四、二十五页之间的插页所刊光慈与田汉和苏联人皮涅克三人的照片，光慈居右，戴眼镜，着西装，照片下印了一行字：'田汉、皮涅克、蒋霞村'。二、霞生：我保藏光慈的一张照片，有他自己亲笔题字一行：'霞生民国十四年元月摄于上海。'"[1] 1931 年 6 月，蒋光慈病重时化名陈资川住院。如此统计，蒋光慈一生共有 20 多个笔名和曾用名。

二、豫东南遇恩师詹谷堂

1910 年，蒋光慈被父亲送到与白塔畈毗邻的河南省固始县陈淋子镇志成小学读书。固始位于豫东南，地处大别山北麓与淮河上游之间。陈淋子镇与白塔畈相距 25 公里，同叶集隔史河相望，是河南省面向华东的桥头堡。叶集、陈淋子镇、固始县城，之所以成为当时白塔畈附近的商贸中心，主要因为一条大河——史河。史河古名"决水"，是皖西地区和河南省东南部重要的水系，发源于大别山北麓，上通大别山区，下达淮河，水运发达。史河沿岸及上游山区腹地生产的茶、麻、木材等产品，主要通过该水道走向各地。固始县位于蒋姓始祖蒋伯龄封地河南淮滨期思一带，那里有很多蒋姓后裔，蒋从甫少时曾在这一带学徒打工，有很多熟人。志成小学是固始县辛亥革命前出现的三所新型学校之一，教师多是一些比较有名望的人士。这些因素是颇具眼光、望子成龙的蒋从甫把蒋光慈送到志成小学读书的缘由。事实证明蒋从甫的抉择英明，使得蒋光慈在志成小学遇到了思想启蒙之师詹谷堂。

志成小学是一所规模比较大的公立学校，位于史河西岸，背倚丁大山，丁大山海拔不高却满目苍翠、风景怡人。学校有 300 多名师生，实行新学制，学生多是霍邱、固始、六安、商城等周边县相邻区域年龄较大的青少年，如今属金寨的袁汉铭、陈绍禹等都曾在此地读过书。学生们全都住校，吃大伙，住宿为两人一间或一人一间，每人一张床、一张桌子、一盏灯，学习条件不错。蒋光慈少时机智勇敢，做事果断，有次宿舍因烤火烧着了床，同学们都吓跑了，而他却独自一人留在屋里扑火。志成小学的班级次序，是按入学先后编排的，蒋光慈被编在丁班就读。学校推行民主教育思想，是当时皖豫交界处的一座进步堡垒，开设有国文、算术、地理、历史、美术、体操、音乐等课程。蒋光慈各科成绩都很好，尤

---

[1] 瞿光熙. 蒋光慈事迹考［M］//中国现代文艺资料丛刊·第八辑. 上海：上海文艺出版社，1984：23.

以国文成绩突出。国文老师詹谷堂是大别山区的"红秀才",为少年蒋光慈开启了思想启蒙之窗。

詹谷堂(1883—1929),又名詹生堡,金寨县南溪镇(原属河南商城县)人,革命烈士。光绪三十年(1904),詹谷堂和哥哥詹佛堂同榜中了秀才,第二年在家乡设馆教书。他学识渊博,为人正直,爱打抱不平,凡状告豪绅诉讼,总是全力支持。他始终关心国事民瘼,具有高尚的精神追求。据詹谷堂儿子詹成武回忆,他家的客房里挂着很多詹谷堂自己创作的书画条幅,如用"未出土时先有节,来看黄华晚节高"题《春华秋实图》,以"霜欺雪虐寻三友,日丽风和赏百花"题《岁寒三友图》等等,托物言志,这些字画表现了他迥异流俗的品格、胸怀和追求[①]。

詹谷堂既有传统知识分子不流于世俗的高尚志向,也有革命英烈不屈不挠的傲霜胸怀,如同他的七言绝句《咏菊》中歌咏的菊花:"生来傲骨迈王侯,压倒群英占晚秋。最是名花怜知己,不嫌冷落几经秋。"[②] 全诗以"生来傲骨迈王侯,压倒群英占晚秋"起笔,不作铺陈,不饰细描,直接点出菊花不惧寒冷、不媚权势的傲气风骨。第三、四两句"最是名花怜知己,不嫌冷落几经秋",写出菊花把诗人引作知己,不辞风霜为知己开放,以酬慰知己。其实,诗人表面上写的是菊花,实际上写的是自己。自古以来,中国传统知识分子就有一种渴慕高山流水、追求生命知音的深厚传统。他们在自然界的事物当中找到梅、兰、竹、菊等美好的事物,以为知己,通过诗词书画等作品,赋予他们美好的品格,来表达、寄寓自己的追求和理想。而菊花不惧风霜,傲然自持的品格和风骨,正是诗人的追求所在。正是这种情怀,促使他后来接受革命思想,走上革命道路,为革命事业献出生命。詹谷堂1924年加入中国共产党,成为金寨县共产党组织创建人之一、豫东南革命根据地党和红军的创始人之一。

1914年,詹谷堂应聘到志成小学任国文教员,校长李少樵是开明绅士,聘请了一些比较知名的教师来校执教。詹谷堂感到这里条件好,可以大有作为。受戊戌变法和辛亥革命的影响,詹谷堂积极倡言革命,立志改革社会,在学校推行一系列改革措施。蒋光慈品行出众、忠诚待人,国文成绩优秀,很快得到詹谷堂赏识。蒋光慈非常佩服詹谷堂学识渊博、素养高深,更佩服他倡导民主自由、解

---

① 马启俊,江琼,崔玲,等.六安革命文学史[M].北京:人民文学出版社,2020:196.
② 许正英.皖西苏区诗联集注[M].六安:安徽省六安市印刷一厂,2009:21.

除思想禁锢、彻底砸碎封建桎梏的主张。金寨县南溪镇（原属河南商城县）袁家湾人袁汉铭，这时也随姨父詹谷堂就读于志成小学，与蒋光慈等进步同学生活学习在一起，结为挚友。因詹谷堂反"儒"，替本名儒恒的蒋光慈易名为蒋宣恒。詹谷堂经常在课后给蒋光慈讲一些课本外的知识，借一些进步书刊给他阅读，为他日后走上革命道路打下了思想基础。

蒋光慈喜欢读《史记》中游侠之类的传记，非常崇拜朱家、郭解爱打抱不平、帮助弱者等侠义行为。可见，少年蒋光慈便有了尚侠倾向。在志成小学读书期间，他曾带领同学怒砸李荫堂坐轿、脚踢泥捏县知事，成为志成小学的风云人物。大地主李荫堂住在离志成小学不远处的李家后楼，平时鱼肉百姓、无恶不作。其父李昭寿是太平天国叛将，詹谷堂曾向学生讲过李昭寿的黑历史和李荫堂横行乡里的恶行，激起学生们对他的仇恨。一天上午，刚下第二节课，不知谁扯着嗓子喊了一声"李荫堂的轿子停在门口！"蒋光慈、袁汉铭和小伙伴们跑到学校门口一看，果然是李荫堂平时坐得很威风的四人抬大轿。蒋光慈和袁汉铭捡起身边的土疙瘩就砸，小伙伴们一看有人带头，便蜂拥而至，土疙瘩、石块如冰雹般落在轿身上。不一会儿，轿厢便歪斜开裂倾倒在地，木头横七竖八地耷拉成一堆，小伙伴们还不解恨，又跑上去使劲地踩踏。李荫堂气得眼珠子发红去找校长理论，校长内心对学生们的举动十分快意，便与他虚与委蛇，"打起了太极"，此事最后也就不了了之。

蒋光慈脚踢泥捏县知事，源于固始县知事来志成小学视察一事。县知事对师生训话，学校让品学兼优、仪态端庄的蒋光慈给县知事献花鞠躬，哪知县知事傲慢无礼。蒋光慈愤而跑到史河边，用河泥捏一个头昂得高高的、像县知事的泥人。县知事轿子路过时，他指着放在路上的泥人说："县知事大老爷！你看这个泥人，辫子翘得天高！"并一脚踢碎泥人。随着新文化运动的兴起，蒋光慈在詹谷堂等人的教育和引导下，阅读了《新青年》《每周评论》等新杂志和书籍，打开了眼界，开阔了视野，有着朦胧的改造社会的渴望。假期回到白塔畈，蒋光慈和同乡的李宗邺、王仲卿以及万恕存等几名有志青年，经常在一起海阔天空地谈古论今，谈社会不公以及如何变革。

三、求学固始中学与"校阅"宗谱

蒋光慈于 1916 年由志成小学第二名毕业，与同班同学叶集人叶毓情一起考入固始中学（现固始县第一中学）。该校始建于 1912 年，是固始县历史最为悠久的一所中学，与志成小学相距 50 公里，同样位于史河西岸。固始中学有"大别山下文化摇篮"之称，教员中有不少名流，如国文教员是举人张维忠，被誉为中州学士的高锡成任数学教员。但是整个学校封建氛围比较浓厚，让刚从学风活泼、民主思潮涌动的志成小学走出来的蒋光慈深感不适。为缓解压抑心情，蒋光慈经常徘徊于史河岸边，看多桅的大帆船在史河上来来往往，看两岸稼禾人家，大别山万种风情深印于脑海。蒋光慈与本班同学固始县城关镇的王子春，成为亲密好友，他们不仅互相帮助，钻研学业，还常常在一起议论："为什么富者田连阡陌，酒肉腐臭，而穷人终年劳动，却无立锥之地。"王子春曾多次陪同蒋光慈去学校附近的集市、农村观察社会生活，还专门去凭吊离固始中学一里多地的白姑坟。传说很多年前，白姑娘的父母被一家豪绅逼死合葬在这里，白姑娘思亲心切，朝夕哭坟，日子久了，哭声没了，喊声断了，旁边出现一座新坟。蒋光慈第一部小说《少年飘泊者》的开篇"汪中哭坟"就取材于白姑坟的传说，他把人吃人的旧社会淋漓尽致地反映在作品里。

受游侠小说侠义精神的感染，蒋光慈无意识中萌发了任侠、反抗、仇视不公等心理倾向。1916 年秋学期期末，蒋光慈因看不惯固始中学贪污教育经费的绅士校长刘春阶对待贫富学生的亲疏悬殊，与之发生肢体冲突，因而被校方开除。蒋光慈回到白塔畈失学在家，没少受望子成龙的蒋从甫的责骂，他在家心情忧郁愤懑，只能坚持读书自修。

1917 年清明时节，蒋从甫的父辈"邀请族众会议编修谱帙"。据《蒋氏宗谱》（1917 年续修）扉页上的"执事名目"，可知蒋从甫是两名"倡修者"之一，修业在家的蒋光慈是 4 名"校阅"者之一。蒋从甫在《源流序》中写道："民国六年，岁在丁巳岁、暮春之初，会于武山之阳族叔蒋德增之别墅，群族毕至。"蒋德增是蒋从甫的族叔，居住在武陟山南边的黄大庄（现六安市裕安区分路口镇古城村黄大庄村民组），当时蒋德增家有 100 多亩土地、30 多间房屋，为蒋姓"贵族"，被尊为"户长"，修谱时"群族毕至"他家，由他提供修谱人员的食宿。年仅 16 岁的蒋光慈不仅是 4 名"校阅"者之一，还为宗谱撰写《续修谱序》。蒋氏续修宗谱，写序之事，按常规非德高望重长辈学者莫属，但此次到场的蒋氏宗族却一致公推蒋光慈执笔。文成后，大受族人的赞赏，可见少年蒋光慈才气之盛，聪慧过人。《续修谱序》是目前所能见到的蒋光慈撰写的最早的文章，摘录如下：

尝闻国有信史，则直道彰；家有信谱，而仁孝著。谱牒之修，非以弟夸门第之高，人才之盛，诚虑夫祖宗之坵墓磨灭莫可考也，子孙之昭穆紊乱而无序也。

且恐异姓乱宗而有渔目混珠之诮也。其修也，不可一毫或忽也。我族自龄公受姓，历周秦汉晋以迄宋元，世系相承，历匕（比）有考，源流远矣。至明正德时，自潮公来六，惟贯公后卜居武陟山，数百余年传数世，遂蕃衍盈升，予姓益蕃于斯。

　　……　……

　　以是为我鼻祖受姓而后之源远流长，枝繁叶茂也。是为序。

中华民国六年岁次丁巳季秋月毂旦
十三世孙儒恒谨识①

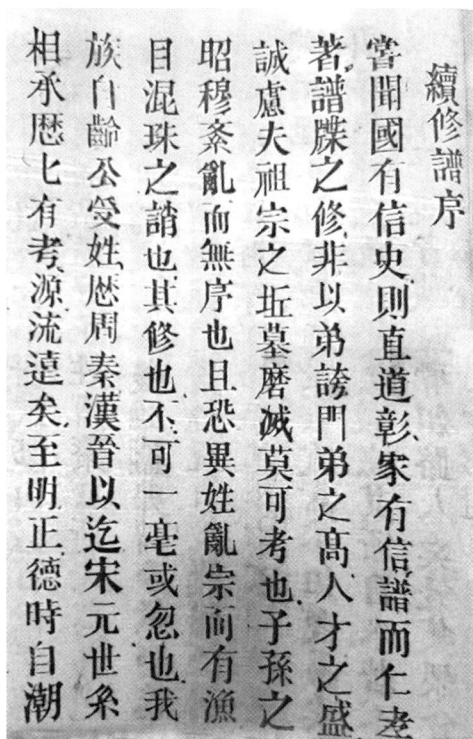

《续修谱序》（拍摄于 2022 年）

　　这篇近 500 言的序文，虽不乏家族谱序撰写所共有的迂陈气息，但文章语言老道，探源辩理，娓娓有致。由此，我们可以对蒋光慈古文功底窥斑见豹。

---

　　①　吴腾凰，徐航. 蒋光慈评传［M］. 北京：团结出版社，2000：5.

第二节

芜湖求学·上海"入社"·莫斯科"取经"

一、赴芜湖安徽省立第五中学读书求学

1917年李宗邺暑假归来，得知蒋光慈辍学在家，便鼓励他走出大别山，到外面读书。李宗邺1916年入安庆六邑中学读书，因从事学生运动被开除，1917年春他和六安老乡胡苏明一起来到设在芜湖赭山的安徽省立第五中学（后文简称为芜湖五中），被主持校务的进步教师刘希平收在该校读书。

1917年9月，蒋光慈只身离开故乡，慕名奔赴芜湖五中求学，与李宗邺同在丙班上学。芜湖五中刘希平、高语罕（国文教员、后来成为早期共产党人）等教员，锐意改革教育，积极传播新文化、新思想，以后又进一步以芜湖五中为阵地，提倡白话文，鼓吹新文学运动，对当时芜湖的青年学生，特别是对蒋光慈等进步学生，产生了极大的影响。刘希平、高语罕二人早年留学日本，并参加了孙中山领导的同盟会，他们从辛亥革命的失败中，看到了唤醒民众尤其是唤醒青年的重要性，在课堂上结合国破家亡的现实，给同学们讲授历代爱国志士的诗词，激发同学们的爱国热情。他们提倡民主治校，主张学生自己管理自己。蒋光慈的成长，与刘希平、高语罕这些进步教员的教诲是分不开的。在他们的倡导下，芜湖五中在1917年秋成立了学生自治会，这是芜湖最早的学生组织。李宗邺当选为学生自治会首届会长，带领学生监督厨房，审查、管理学校财务和卫生，评论教员的授课能力。

此时，北洋军阀屈膝卖国，列强奴役中华，人民在痛苦的深渊中挣扎。残酷的事实激起蒋光慈强烈的愤慨，但这时他尚未认识到社会黑暗的根本原因，激涌在心头的只是朴素的反抗意识。他一会把名字改为蒋侠生，要行侠仗义，削尽人间不平；一会又改为蒋侠僧，想离开浊世去当和尚，即便是当和尚，也依然要保持游侠的行径。他经常和同学们漫步江边，共同探讨家事国事天下事，思考报效祖国的途径。

20世纪初，欧洲的无政府主义（Anarchism，音译"安那其主义"）传入中国，五四运动前，无政府主义思想在一些知识青年中流传开来。无政府主义关注个体的自由和平等，反对强权、反对剥削、反对专制，这些主张特别吸引觉醒了的中国青年，现代作家巴金、钱杏邨（阿英）、许杰、丁玲、胡也频等都曾接受过无政府主义。随着十月革命的爆发，科学社会主义思想迅速在中国传播。在芜湖，除了宣传科学社会主义的《新青年》《每周评论》等刊物以外，还有无政府主义创始人克鲁泡特金、巴枯宁等人的著作。蒋光慈几乎每天都要去长街的芜湖科学图书社看书，科学图书社是一个既卖图书又卖文具的新书店，经理是汪孟邹。这时，蒋光慈接受比较多的还是无政府主义思想，他震撼于克鲁泡特金的《告少年》，崇拜波兰作家廖抗夫宣传无政府主义的剧本《夜未央》中刺杀俄皇的女英雄苏维亚。他与李宗邺、吴葆萼、胡苏明、钱杏邨、李克农等10人成立安社，"安"即"安那其"的简称。安社编印小报《自由之花》，猛烈地抨击时政，鼓吹无政府主义。他们的这些活动，得到了刘希平、高语罕的热情鼓励。蒋光慈和李宗邺任《自由之花》主编，每期油印好几百份，寄往全国各大中城市，甚至还寄往日本。但仅出了6期，就被皖南镇守使马联甲以"过激党小报"的罪名严令取缔。蒋光慈还在芜湖《皖江日报》副刊《皖江新潮》上发表反对军阀、列强等方面的激进文章，以此宣传自己的信仰和主张。蒋光慈在1920年12月21日的《蒋铁（侠）生复诸葛纯夫的信》中，仍赞成无政府主义，他"以足够的勇气，蔑视军阀政府的禁令，从'正人君子'的卫道声中冲杀出来，旗帜鲜明地为自己信仰的无政府主义进行辩护，始终使自己处在与封建专制制度誓不两立的地位"[①]。蒋铁（侠）生即蒋光慈，该信收入高语罕编《白话书信》，1921年上海亚东书局出版。

五四爱国运动爆发后，1919年5月6日，芜湖各校师生代表聚集芜湖詹家

---

① 马德俊.蒋光慈佚文考论［N］.文艺报，2018-09-17（8）.

巷，由高语罕主持宣告成立芜湖学生联合会，何其巩当选为会长，李宗邺、蒋光慈为副会长。会议决定，第二天就举行全市学生游行示威，声援北京的学生运动①。芜湖爱国学生运动就此拉开帷幕，李宗邺、蒋光慈积极投入了这一斗争。在高语罕、刘希平等教师的指导下，他们及时联络芜湖各中等学校师生，组织了声势浩大的示威游行，并通过报界发表宣言，积极响应北京学生的爱国运动。"李宗邺先生早年在芜湖乃至安徽颇有些传奇色彩。五四运动中，他在安徽芜湖省立五中与同班同学蒋光慈等风云一时"②。他们带领同学到各商号宣传抵制日货，吁请商界支持学生爱国行动，实行罢市。为了使抵制日货行动得以顺利进行，蒋光慈派出部分同学，暗中与各家商号的学徒、店员取得联系，监督各商号进货，并组织学生纠察队，直接到车站、码头查扣日货。芜湖的学生运动同安庆、合肥等地互相呼应，沉重打击了安徽军阀的反动统治。

在五四反帝爱国运动中，全国各地先后成立了学生联合会，在此基础上，伴随着学生运动的日益高涨，中华全国学生联合会应时而生。1919 年 6 月 16 日至 8 月 5 日，来自全国各地和留日的学生代表 60 余人，在上海召开了第一次全国学生代表大会，宣告全国学联正式成立。11 月，李宗邺作为芜湖学联和芜湖各界联合会（成立于 1919 年 10 月）代表，前往上海参加全国学联及全国各界联合会各项活动。据当时报载，1919 年 11 月 7 日，芜湖代表李宗邺、安庆代表王奠华（安徽当时仅此 2 人）出席了全国各界联合会第 21 次筹备会。同年 11 月 10 日，李宗邺又以芜湖代表的身份，出席了全国各界联合会成立大会，李宗邺并当选为全国各界联合会评议部评议员。1920 年 2 月，全国各界联合会选派赵万川、李宗邺，前往开封指导河南省各界联合会开展活动，3 月上旬返回上海。1920 年 4 月，芜湖学生联合会和芜湖各界联合会增派蒋光慈为赴沪代表。"1920 年 4 月 16 日，全国各界联合会接受蒋光慈为芜湖各界联合会出席该会代表。三天之后，即 4 月 19 日，该会召开的常会即有'李宗邺因事回皖，请假两星期'的记录（见同年 4 月 20 日上海《民国日报》）"③。当时，正值北京政府屈从于日本的压力，密谋鲁案直接交涉④，民族危机迫在眉睫。全国学联为此发出通电，决定从 4 月 14 日起实行全国罢课，誓死反对鲁案直接交涉。芜湖学联响应全国学联通电，

---

① 余音. 高语罕和他的弟子们 [J]. 百年潮，2014（9）：28 - 30.

② 哈晓斯. 听李宗邺和夏衍谈蒋光慈 [J]. 江淮文史，2021（2）：14 - 29.

③ 哈晓斯. 蒋光慈早期史实三题 [J]. 安徽大学学报（哲社版），1987（4）：79 - 83.

④ 指 1920 年前后中日之间围绕归还山东问题而展开的一系列交涉事件。

从 4 月 16 日起宣布罢课。蒋光慈抵达上海后，立即投入了这场震撼全国的罢课斗争。4 月 18 日，蒋光慈与李宗邺联名在上海《民国日报》发表了《代表通告书》。摘录如下：

> 安徽内地各县学生会公鉴：五四运动以来国人所以奔走号呼者为何事，实以外交失败，国势颠危，救国自救，迫不得已耳。夫军事协定，久已无存在之理由，山东固我国土也，又何能放弃主权，与日本直接交涉耶。乃者北京政府，甘心媚外，违反民意……现在京沪各地，已经宣布罢课，芜湖亦已一致进行，毫不观望。当此千钧一发之际，成败存亡，在此一举，不起奋斗，还待何时。望各地已罢课者，急（竭）力与工商接洽，以达最后之目的；未罢课者，即速宣布罢课，不可再行迟缓。各地学生，为保全良心与人格计，宜抱定决志（心），同芜湖一致之进行。时迫势急，不容稍缓。
>
> 芜湖学生会赴沪代表李宗邺蒋侠生启

通告书痛斥北京政府卖国行径，表明芜湖学生已与全国各地学生一致实行罢课斗争，并呼吁安徽各地学生会"未罢课者，即速宣布罢课，不可再行迟缓"。这是现在可以看到的蒋光慈最早公开发表的文字，也是他在五四时期从事革命活动的一个珍贵的历史记录。

五四运动时期，蒋光慈还加入开封河南省立第二中学（后文简称为开封二中）进步学生团体青年学会（1919 年年底创办），开封是当时河南省会。蒋光慈由此而结识青年学会主要负责人、开封二中学生曹靖华。蒋光慈通过书信与青年学会保持密切联系，并在青年学会创办的《青年》半月刊上发表诗文。该刊第 4 期刊登了蒋光慈在读了胡适的《李超传》之后写就的诗歌《读李超传》，署名蒋侠生，是一首有关妇女解放的新诗，开始显露出他的文学才华。蒋光慈还在《青年》半月刊上发表《我对于自杀的意见》等作品，深深吸引了该会唯一女会员宋若瑜的注意。宋若瑜是开封河南省立第一女子师范学校学生，也是学生运动的知名人物。她满怀崇敬的心情，给远在安徽芜湖的蒋光慈写去一封短信，表达了对蒋光慈才华的敬佩。宋若瑜很快就收到了蒋光慈的回信，即 1920 年 6 月 4 日蒋光慈给她写的第一封信，从而拉开了两人长达 6 年通信交往的帷幕，他俩在书信往返中结下了深厚的情谊。

此时，高语罕还鼓励指导蒋光慈尝试主编校刊《自由魂》，抨击军阀统治，传播新文化、新思想。反动统治当局由于对新思潮的害怕仇视，而将《自由魂》

列为禁刊。

二、上海"入社"

1920年9月，为了输送进步青年赴苏俄学习，以为中国革命培养干部，陈独秀领导的上海共产主义小组发起创办了上海外国语学社。该社位于上海法租界霞飞路渔阳里6号，由共产国际代表维经斯基的翻译杨明斋担任校长，教师主要是苏俄红色来华人员和上海共产主义小组成员，学员主要学习俄语和马克思主义著作。

蒋光慈和芜湖五中的另一同学吴葆萼经高语罕的推荐，成为外国语学社最早的一批学员。临走之前，师友们共登芜湖赭山话别，恩师刘希平拉着蒋光慈的手一再叮嘱其珍惜难得的读书机会，两年后身在莫斯科的蒋光慈还在《秋日闲忆》一诗中忆起当日情形："赭山头上的夜月，毓情寄我辞别的书信，希平谆谆劝我的热语。今日感触，当年情绪，——不记起也罢，偏记起！"①

外国语学社集结了一群来自全国各地的革命青年，其中有刘少奇、任弼时、萧劲光、罗亦农、彭述之、韦素园（安徽霍邱叶集人）、曹靖华等，多为湖南人、安徽人和浙江人。同年冬，蒋光慈与外国语学社的部分同学被吸收为中国社会主义青年团团员。

学习之余，蒋光慈积极参加印刷传单、游行等革命活动，成为外国语学社的积极分子。1921年4月，蒋光慈、韦素园等外国语学社皖籍学生，积极参加营救合肥安徽省立第二中学（后文简称为合肥二中）校长王蔼如的斗争。1921年4月13日，驻守在合肥的新编安武军第二营营长与合肥县知事合谋，将王蔼如逮捕，理由是合肥发现一本名为《自由魂》的"禁书"，上面盖有合肥二中图书馆的印戳。于是，军阀当局便将"留匿违禁书籍"的"罪名"加于王蔼如身上。此次王蔼如校长被捕，表面上是由所谓《自由魂》一书引起，实际上是军阀当局仇视新思潮、摧残教育的结果。逮捕王蔼如校长不过是军阀当局决心镇压学潮的一出开场戏。事件发生后，立即在安徽省内外引起强烈反响。4月17日，安徽学生联合会（1919年5月25日成立）致电全国学联、各报馆、各团体及安徽旅外各同乡会，通告事件经过，并一针见血地指出："此而不争，则一班武人官僚群

---

① "毓情"，即蒋光慈在志成小学同班同学叶集人叶毓情，两人一起考入固始中学。蒋光慈写这首诗歌时，叶毓情在日本留学。

起效尤，我全国教育界宁有言论出版自由之一日乎。"4月19日，《民国日报》首次披露《自由魂》事件经过。正在上海外国语学社学习的蒋光慈和其他几名皖籍学生，次日即致函上海《民国日报》并转安徽旅外各团体，声讨军阀当局的倒行逆施。函文如下：

…… ……

见报载合肥第二中学校长王蔼如先生，以校内图书馆存有《自由魂》小册一本，被新安武军拿拘入狱。同人等迷听之下，不胜诧异。查王校长在皖办学有年，声誉素著。去年接任二中校务，尤多改革，实吾乡之健拔者也。今新安武军不察所由，竟敢逞其淫威，糊涂从事。试问光天化日之下，人权何存。同人等当此求学时代，无力援助，特此电达，敢请诸同乡父老兄弟同声攻讨，一致力争，以维教育而全人道。幸甚幸甚。临电迫切，无任翘盼之至。

安徽旅沪学生韦素园章人功蒋光赤吴葆萼王逸龙同叩。

在这封电函中，蒋光慈首次署名蒋光赤，表达了向往赤都莫斯科、向往革命的心愿。这个署名，是他的世界观由无政府主义向马克思主义转变过程中留下的一个痕迹。这次斗争是蒋光慈经过一段马克思主义的初步教育后，所进行的一次自觉的斗争。王蔼如校长在高一涵等社会名流的竭力营救下，终于被释放，几位旅沪皖籍学子对军阀当局的声讨获得胜利。

1921年春，沈泽民由恽代英、蒋光慈介绍赴芜湖五中任数学教员，秘密任务是组织和发展安徽革命力量。之前，沈泽民在上海由其兄沈雁冰介绍加入上海共产主义小组。5月，以高语罕为首，沈泽民、李宗邺等芜湖教育界、文化界知名人士及进步学生组织了芜湖学社，并于5月15日创办社刊《芜湖》半月刊。该刊总发行处设在芜湖五中图书馆贩卖部，分发行处有上海《民国日报》馆、芜湖科学图书社。该刊设有评论、研究、文艺、诗、通讯、随感录、国外调查和短评等栏目，均用白话文写作，如《代英致泽民语罕》（恽代英）、《谈谈中国国民性》（沈泽民）、《学潮中的教育》《省会门前的血》（高语罕）等，着重讨论如何改造教育和社会问题，揭示爱国运动的意义，谴责军阀政府镇压学生运动的罪行。《芜湖》半月刊出了4期即停刊，对推动安徽革命运动的发展起到了一定作用。而蒋光慈与沈泽民的再度交往，则是在蒋光慈回国后的1924年下半年，两人共同创建文学社团春雷社。这年10月，冯玉祥倒戈，孙中山北上之后，沈泽民、蒋光慈、郑超麟组成一组，在上海参加群众运动，上街演讲，发传单。

三、莫斯科"取经"

革命青年是革命运动的主力军,上海外国语学社开办数月后,上海共产主义小组经过严格的政治审查和业务考核,在学员中选派二三十名骨干,先后分三批派往莫斯科东方大学学习。当时蒋光慈等人对十月革命后的苏俄情况不甚了解,只知道那里的工人、农民成了国家的主人,且苏俄政府废除了帝俄时代与中国签订的不平等条约。这些新鲜的东西,磁石一样吸引他们去苏俄学习,以期学成之后改变黑暗的中国现实。1921 年 4 月,杨明斋具体安排第一批留俄生的启程,一个月后又派出了第二、三批。

1921 年 5 月中旬,刘少奇、任弼时、萧劲光、蒋光慈、韦素园、吴葆萼等第二批怀着救国理想的热血青年从上海吴淞口启程,乘船离开上海,绕道日本长崎,经海参崴,乘火车一路西行,前往十月革命后的莫斯科学习马克思列宁主义,踏上了万里"取经"之路。十月革命后,苏俄与国内外反动势力的斗争异常激烈,东线形势尤为严峻,高尔察克白匪军在西方列强的支持下,活动更加猖獗。"为了掩护各人的秘密身份,组织上统一进行了化装,刘少奇装扮成裁缝,萧劲光装扮成商人,任弼时装扮成剃头匠,曹靖华装扮成记者,蒋光慈装扮成盐贩子"[①]。他们突破无数艰难险境,当时燃料缺乏、交通困难,一路上走走停停,历时近三个月,终于到达目的地莫斯科。当时正赶上共产国际第三次代表大会在莫斯科召开,他们作为列席代表,有幸见到了无产阶级革命导师列宁,激动不已。大会结束后,蒋光慈一行被分配到刚刚建立起来的莫斯科东方大学,开始艰苦、愉快的学习生活。1921 年 8 月 3 日他们正式搬入东方大学宿舍,组成中国班。这是东方大学第一届中国班,该班学员有罗亦农、刘少奇、王一飞、任弼时、萧劲光、彭述之、俞秀松、胡士廉、许之桢、汪寿华、任岳、陈为人、谢文锦、曹靖华、蒋光慈、韦素园、周昭秋、廖化平、吴葆萼等三四十人。至此,以莫斯科东方大学为中心、以东方大学第一届中国班为主体,中共第一代留俄生正式诞生。

莫斯科东方大学是第三国际创办的培养东方各民族革命干部的大学,中国班主要学习国际共运史、科学社会主义、政治经济学、俄语等课程,还学习一些如《共产党宣言》等马克思主义经典著作。起初,这些课程全由苏俄教师用俄语讲

---

① 张永久. 灵魂撕裂的声音 [J]. 长江文艺,2015 (7):124 – 131.

授，不久改为由苏俄教师讲授、中国人瞿秋白和李宗武任翻译兼助教。早在
1920 年秋，瞿秋白以北京《晨报》和上海《时事新报》特约通讯员身份，赴莫
斯科采访。他辗转苏俄各地实地考察，探索救国救民之路，对苏俄的情况比较熟
悉。瞿秋白认为"苏联是一座革命的宝山，要把这革命的宝贝尽量运回祖国"。
出于对文学的共同兴趣，瞿秋白、蒋光慈、韦素园、曹靖华经常在一起研讨新诗
的创作，互相交流新作，结成亦师亦友的亲密关系。1922 年 7 月，蒋光慈在读
了瞿秋白的《赤潮集》诗稿后，见其序文中有"西来意"三字，不禁生感，以
《西来意》为题作诗相赠。诗前有一则小序："读维它（屈维它是瞿秋白的笔
名——引者）所著《赤潮集》，见序文中有西来意三字，不禁生感，爰做此诗，
并呈维它"。诗中写道：

> 维它啊！
> 俄罗斯好似当年的印度，
> 你我好似今日的唐僧。
> ……　……
> 奋斗啊！奋斗啊！……
> 我跳出阴沉，
> 奔到此红光国里。
> 寻快乐么？不是！
> 我愿得到一点真经，
> 回转家乡做牧师。

　　诗人把他们赴苏俄学习，形象地比作是为了取得十月革命这部"真经"，表
明蒋光慈这时已经自觉地认识到自己肩负的重任。瞿秋白读后，热情地对蒋光慈
说："你道出了大家的心声！"

　　1921 年冬，共产国际在莫斯科筹备召开远东各国共产党及民族革命团体第
一次代表大会，蒋光慈被调去担任翻译和招待工作。1922 年年初大会如期召开，
会议期间蒋光慈再次见到了革命导师列宁以及俄共（布）的其他领导，聆听了他
们关于当前世界形势和无产阶级任务的报告。蒋光慈还参加编辑大会会刊工作，
为共产国际大会编辑会刊虽然时间不长，却给他从事红色刊物编辑提供了一个很
好的实际演练机会。在莫斯科，蒋光慈两次见到列宁，还和列宁一起参加过义务
劳动。1924 年 1 月 21 日列宁病逝，他先后作有《哭列宁》《临列宁墓》等诗歌沉

痛悼念、热情歌颂世界无产阶级革命导师。回国后，他翻译了多篇列宁的理论文章，并撰写纪念性文章，还编写出《列宁年谱》，积极宣传马列主义理论。蒋光慈还从斯大林所著《论列宁主义基础》一书中节译《列宁主义之民族问题的原理》（节选自第六章"民族问题"），发表在 1924 年 12 月 20 日出版的《新青年》季刊第 4 期"国民革命号"上，这是斯大林文章第一次被译成中文。

　　蒋光慈在莫斯科期间，通过马克思主义理论的学习和党的教育，尤其是十月革命的深刻影响，思想产生了显著的变化。他终于分清了马克思主义与无政府主义的本质区别，并且最终抛弃了早年信仰过的无政府主义思想，明确了奋斗目标。在思想转变过程中，他勇于否定旧我，划清是非界限，正如他在诗歌《新梦》最后一节里所写：

> 从前的想象
>
> 都是错了！
>
> 现在的目光
>
> 却向将来的地方望了。

　　经过认真系统地学习马克思、恩格斯、列宁等人的理论著作，蒋光慈扩大了政治视野，自觉地把中国革命和世界各国的革命联系在一起，把殖民地半殖民地人民的解放运动和国际工人运动联系在一起，进行观察和思考，这也为他日后倡导无产阶级革命文学理论夯实了基础。1922 年 12 月 7 日，中共中央执行委员会委员长陈独秀来到东方大学，主持召开党员会议，"出席会议的是瞿秋白、卜士奇、罗觉和李人俊四人。经陈独秀提议，会议讨论通过了八位同志入党。其中：王一飞、彭述之、任弼时三人是'转为正式党员'；华林是由联共党员转为中共党员；蒋光赤（光慈）、抱朴、谢文锦、许之桢四人是新加入的候补党员"[①]，蒋光慈成为中国共产党旅莫支部早期党员之一。经历了漫长的学习、摸索、比较，蒋光慈终于成长为一个马克思主义者。加入中国共产党是蒋光慈一生中的重要转变和崭新起点，从此，蒋光慈把自己的一生融入党的事业之中，把无产阶级革命和共产主义事业作为终身奋斗目标，义无反顾，竭尽全力，直到生命的最后一息。

　　1924 年上半年，蒋光慈收到 1923 年考入南京国立东南大学历史系的李宗邺

---

① 章学新. 任弼时传 [M]. 北京：中央文献出版社，2014：45.

寄赠照片及自题诗：

> 清才薄福一身秋，难叩天阍问自由。
>
> 碎了我心沸尽血，万人如海看尸浮。①

当时，国内军阀混战、民不聊生。二七大罢工失败，国内政治形势倒退，面对令人窒息的黑暗现实，李宗邺看不到光明和出路，加之热恋中的对象又突然不辞而别，他日益陷于难以自拔的苦闷之中，甚至几次萌发自杀的念头。这首诗正是他当时极度悲观失望情绪的反映。蒋光慈深为这位曾在五四初期风云一时的老同学的悲观情绪担忧，为了劝慰友人，当即步李诗原韵奉答《赠李宗邺七言诗》：

> 阳春未到必经秋，天道循环有自由。
>
> 冲出云围还是月，共君携手看沉浮。

诗人殷切地劝告战友不要悲观失望、怨天尤人，应当从肃杀的秋天里看到明媚的春光，从昏暗的夜空中看到破云而出的明月，暗示黑暗的现实终将沉没，灾难深重的祖国必将走向光明的未来。这首寓意深远的诗，既鼓励了友人重新焕发出五四时代的革命精神，又表明了诗人自己坚定的共产主义信仰。

留苏期间，蒋光慈写了 36 首热情洋溢的新诗，翻译了 6 首苏俄进步作家的诗作。1924 年 3 月，他将这些诗作编成诗集《新梦》。这本诗集最先得到他的恩师、当时正在德国哥廷根大学学习的中共党员高语罕的赞赏和鼓励。同年 6 月，高语罕为《新梦》写了一篇长达万言的《〈新梦〉诗集序》，称赞蒋光慈"留学苏俄共和国，受了赤光的洗礼，竟变成红旗下一个热勃勃的马克思主义的信徒。他本富于情感，于研究社会科学之暇，高歌革命，没有三年，新诗已裒然成帙"②。在革命的熔炉里，蒋光慈受到了严格的锻炼，增强了改造旧中国的信心，提高了斗争才干。1924 年夏，蒋光慈留学回国。

学界关于蒋光慈从莫斯科起程回国的时间有不同观点，有认为是 1924 年 7 月 6 日以后的，也有说是与任弼时、郑超麟等同期回国的。据中央文献出版社 2014 年出版的《任弼时传》记载，1924 年年初，中共旅莫支部召开了两次会议，决定按照国内的指示，暑假后派一批在东方大学学习时间较长且有工作能力的党员回国工作，"其中包括罗觉、彭述之、赵世炎和任弼时等十八人。经与共产国

---

① 哈晓斯. 听李宗邺和夏衍谈蒋光慈［J］. 江淮文史，2021（2）：14 - 29.

② 1929 年《战鼓》本把"竟变成红旗下一个热勃勃的马克思主义的信徒"改为"思想为之一变"。

际的维经斯基商议后，二月二十七日的常会上调整了名单，回国的人数减为十五人。罗觉、任弼时、王一飞、彭泽湘、彭述之、陈延年等八人暂时留在东方大学。五月，李大钊率领中共代表团到莫斯科，准备出席共产国际第五次大会。五月二十日，中共代表团成员张太雷出席了旅莫支部大会，他向大家说，国共合作的联合战线形成后，大批共产党人参加了国民党的工作，共产党本身的组织和训练工作，因人手不足，有所削弱，以致党的刊物不能按期出版。于是常会决定：加派彭述之、陈延年、红鸿、尹宽、郑超麟和任弼时等六人回国，同时欢迎其余的学员自愿报名回国。六月二十五日，第一批十名学员启程经海参崴回国。任弼时等十一人，决定第二批成行……七月下旬，任弼时结束了东方大学的学习生活，告别了长住三年的莫斯科，坐火车经海参崴，返回中国革命的发祥地上海"①。吴腾凰、徐航在《蒋光慈评传》中则具体列出了 1924 年 6 月到 7 月，三批回国同志名单，该名单源自莫斯科地方执行委员会书记王若飞 1924 年的《六至八月份的工作报告（附回国同志的名单一份）》文件（此件现存中央档案馆）。具体名单如下：

第一批（六月二十五日起程）共 10 人：萧子璋、华林、尹宽、红鸿、蒋光赤、任岳、胡士廉、谢文锦、萧劲光、许之桢。

第二批（七月二十三日起程）共 11 人：郑超麟、林可亦、薛世纶、汪泽楷、陈延年、周兆秋、李仲武、任弼时、任理、于履中、傅大庆。

第三批（七月卅日起程）共 4 人：赵世炎、彭泽湘、彭述之、蔡支华。②

---

① 章学新. 任弼时传 [M]. 北京：中央文献出版社，2014：52 - 53，56.
② 吴腾凰，徐航. 蒋光慈评传 [M]. 北京：团结出版社，2000：112 - 113.

第三节

上海大学红色教授和中国无产阶级革命文学先驱

一、上海大学红色教授

1922 年 10 月 23 日,《民国日报》上刊登了一则《上海大学启事》:"本校原名东南高等专科师范学校,因东南两字与国立东南大学相同,兹从改组会议议决变更学制,定名上海大学,公举于右任先生为本大学校长。"① 就此,一所名不见经传的弄堂学校,鹤鸣九皋,在中国革命史上留下了浓墨重彩的一笔。上海大学 (1922—1927) 由国共合作创建,首任校长是国民党元老于右任,邓中夏担任上海大学总务长,瞿秋白担任上海大学的教务长兼任社会学系主任。两位共产党人出手不凡,邓中夏在他拟定的上海大学章程中明确表示:"本大学以养成建国人才,促进文化事业为宗旨。"瞿秋白在 1923 年 8 月 2 日的《民国日报》副刊《觉悟》上发表《现代中国所当有的"上海大学"》一文中,强调"切实社会科学的研究及形成新文艺的传统——这两件事便是当有的'上海大学'之职任,亦就是'上海大学'所以当有的理由"。上海大学汇集了众多共产党人,如蔡和森、任弼时、邓中夏、萧楚女、恽代英、茅盾、张太雷、高语罕等都曾在上海大学任教,因而学校成为中共早期在上海的一个重要活动据点,有"红色学府"之称。

---

① 朱少伟. 第一所红色高校——上海大学［N］. 松江报,2022 - 11 - 04 (8).

上海大学设有社会学系、中国语言文学系、英国语言文学系、美术科和中学部。社会学系逐渐成为学校最大的系，该系以学习马克思主义的基本理论为主。

上海大学为革命培养出一大批骨干，在上海大学读过书的学生有王稼祥、秦邦宪（博古）、杨尚昆、刘华、丁玲、杨之华、李伯钊、阳翰笙、陈伯达等。1924 年 6 月，黄埔军校在广州成立，初创期间国共两党都希望上海大学能派遣一些教师以及调拨一些学生到黄埔军校去，中共中央经过慎重考虑，派遣了恽代英、萧楚女、高语罕等赴黄埔任教。

1924 年夏，蒋光慈回国后按照党组织的指示，经瞿秋白介绍在上海大学社会学系任教，讲授俄文和苏俄文学。蒋光慈讲课"神态安逸从容，语调抑扬顿挫，没有华丽的辞藻和空谈，侧重深入浅出地分析问题，颇能联系实际"[1]，深受学生喜爱。学校的氛围非常好，师生之间和谐亲切。蒋光慈与学生关系融洽，经常与学生一起畅谈社会问题和文学，有时还与学生一起喝酒、聊天、唱《国际歌》。老师们的理想信念、文学志趣潜移默化地影响到学生，如来自江西的王环心和堂兄王秋心，受瞿秋白、蒋光慈等教员的影响，由中文系转入社会学系，并于 1924 年加入中国共产党。王环心、王秋心还参加《民国日报》副刊《杭育》的编辑工作，大量刊印革命青年的诗文，其中上海大学师生作品占近一半。

同当时在上海的许多革命者一样，蒋光慈住在一间简陋的亭子间里。他的全部家当，除了书籍之外，只有一个烧饭用的火油炉子。就在这间斗室里，他努力钻研马克思主义，编写讲义，同时开始了他的革命文学活动。此外，他还在上海党组织举办的工人夜校义务兼课。

此时中国革命的历史进程已处于大革命前夜，中国无产阶级在中国共产党的领导下，已经作为独立的政治力量登上历史舞台，劳苦大众的阶级觉悟也日益高涨。继安源路矿和京汉铁路大罢工之后，全国革命浪潮汹涌澎湃。在思想文化战线上，无产阶级革命文学的问题，合乎时势地被提了出来。在早期共产党人中，蒋光慈是最先倡导革命文学的一员。

这里有必要梳理一下在新文化运动中诞生并影响很大的《新青年》杂志的演变过程。1915 年 9 月 15 日，陈独秀在上海创办《青年杂志》月刊（第二卷起改名《新青年》），标志着五四新文化运动的起点。《新青年》在五四运动期间起到重要作用。1922 年 7 月，《新青年》出版完 9 卷 6 号后停刊。1922 年 11 月 5 日

---

[1]　张元隆. 上海大学与现代名人（1922—1927）［M］. 上海：上海大学出版社，2011：126.

到 12 月 5 日，共产国际先后在彼得格勒和莫斯科举行第四次代表大会。陈独秀、刘仁静等人组成的中共代表团参加了这次大会，瞿秋白为他们做翻译工作。正是在这次会议期间，陈独秀发现瞿秋白是个领导人才，建议瞿秋白回国工作。彼时中共中央正打算把停刊的《新青年》杂志重新改组成为党的理论刊物，刚刚回国的瞿秋白便负责此项工作。1923 年 6 月 15 日，《新青年》季刊在广州创刊，作为中共中央理论性的机关刊物出版，瞿秋白任主编。《新青年》季刊共发行 4 期（又称第 1 号到第 4 号）：1923 年 6 月 15 日出版第 1 期，12 月 20 日出版第 2 期；1924 年 8 月 1 日出版第 3 期，12 月 20 日出版第 4 期。1925 年 4 月起，《新青年》出不定期刊，主编还是瞿秋白，1926 年 7 月终刊。《新青年》不定期刊共出版 5 期（又称第 1 号到第 5 号）：1925 年 4 月 22 日出版第 1 期，6 月 1 日出版第 2 期；1926 年 3 月 25 日出版第 3 期，5 月 25 日出版第 4 期，7 月 25 日出版第 5 期。《新青年》自 1915 年 9 月创刊至 1926 年 7 月终刊，先后出版过月刊、季刊和不定期刊，共出版 63 期。蒋光慈有多篇理论著作和译作在《新青年》季刊、不定期刊上发表。

1924 年 8 月 1 日，蒋光慈在《新青年》季刊第 3 期发表《无产阶级革命与文化》，1925 年 1 月 1 日在上海《民国日报》副刊《觉悟》上发表《现代中国社会与革命文学》。两篇都是关于革命文学的论著，集中代表了蒋光慈早期文学主张，是蒋光慈用他当时所能理解的马克思主义基本原理探索文艺理论的一次尝试，宣传了初步的马克思主义文艺主张。1924 年 11 月，蒋光慈、沈泽民、王环心、王秋心等人创办春雷社，这是中国第一个革命文学社团。春雷社在《觉悟》上开设《春雷文学专号》，由蒋光慈编辑，刊发具有鲜明革命倾向的文学作品和文学理论探讨文章。《春雷文学专号》仅出 2 期就被迫停刊，蒋光慈继续在《觉悟》上发表一些富有远见的理论文章，号召作家进行革命文学创作。蒋光慈是最早在中国宣传、推广马列主义文艺理论的作家之一，他与其他早期共产党人和进步作家的共同努力，为无产阶级革命文学的诞生拉开了序幕。

1924 年 11 月 10 日，蒋光慈以笔名光赤在《觉悟》上发表短篇小说《红布》。小说描写的是 1923 年莫斯科十月革命节的纪念活动，为蒋光慈小说创作练笔之作，没有产生太大影响。1925 年 1 月，蒋光慈诗集《新梦》由中共中央早期的出版发行机构上海书店出版，《新梦》是上海书店出版的第一种文学书籍，也是蒋光慈的第一部诗集。这是一本讴歌十月革命和社会主义制度的诗集，诗集的扉页上有木刻红字："这本小小的诗集贡献于东方的革命青年——光赤。"在中国革命浪潮日益高涨的 1925 年,《新梦》的结集出版迎合了时代进步的需要,激荡着进步青年追求真理向往光明的心,得到了广大青年读者的认可和赞誉。"《新梦》是蒋光赤的处女作。一版、再版之后,购者如潮,一时售罄。于是 1926 年改版出第三版"①。第三版由新青年社出版,改为横排本。《新梦》打破了当时中国诗坛沉闷迷惘之风,第一次把十月革命的炮声、把马克思列宁主义引入中国诗歌,为彼时的中国"带来了不少关于'世界革命'的消息",其文学史意义、社会意义非同一般。

1924 年 10 月,冯玉祥将军发动北京政变,推翻曹锟、吴佩孚掌控的北洋政府,并将所部改称为国民军。不久段祺瑞任命他为西北边防督办,第二年初冯玉祥来张家口就任。冯玉祥统领的国民军倾向革命,为了争取冯玉祥参加国民革命,中共北方区委负责人李大钊数次到张家口同冯玉祥晤面会谈,并允诺苏联方面可向他提供多方面无偿援助,包括军事方面的援助,冯玉祥欣然接受,并达成军援的具体项目。当年 4 月,苏联政府决定在给予物资援助的同时,派遣军事顾问协助冯玉祥作战。不久,一个由 30 多名军人组成的苏联军事顾问团来张家口作具体落实事宜。做好军事顾问团的翻译工作是一个很重要的环节,经赵世炎介绍,李大钊认为蒋光慈是最好的人选。一是蒋光慈与冯玉祥及其部下几位重要将领都是安徽同乡;二是蒋光慈有很好的俄文功底;三是蒋光慈有着很好的处事能力,做事认真,一丝不苟,且稳重心细。就这样,通过中共上海党组织,正在上海大学教书的蒋光慈很快被调来张家口做苏联军事顾问团的翻译工作和党的其他工作。

1925 年 5 月中旬,蒋光慈乘火车来到张家口。到达张家口的第二天,冯玉祥便会见了这位比自己小 19 岁的老乡,他的坦率热情给蒋光慈留下极深的印象。冯玉祥十分平易近人,完全是一位布衣将军。他对蒋光慈说,他的老家在巢湖边上的巢县竹柯林,家中几代都是穷苦人。后来全家外逃要饭,他的父亲在保定当兵,他从小在那里长大,所以满口保定话。应冯玉祥之邀,蒋光慈给他讲述了列宁领导的十月革命和十月革命后苏俄的政治经济形势及普通人民的生活等情况。

一切安排就绪,蒋光慈便投入工作。他陪同冯玉祥与苏联军事顾问团多次交谈,事无巨细,认真对待。有时为了打破会谈出现的某些僵局,他会穿插一个幽默故事,使会谈变得轻松顺利。蒋光慈私下还多次向冯玉祥提出自己的建议,在

---

① 谢冕 . 风从远方来:中国新诗 1927—1936 [J] . 海南师范大学学报(社科版),2012(10):1 - 12.

征得冯的同意后又去与苏方交涉，争取会谈有一个好的结果，并能得到很好的落实。很快，数量不少的武器装备、药品，便源源不断地从苏联运至张家口支援国民军。冯玉祥还根据李大钊的建议，要求提高部队军事人员的政治思想素质，他向苏方提出派军官去苏联参观学习的要求，经过蒋光慈的多次斡旋和商讨，得到苏方同意并达成意向，由冯玉祥的参谋长熊斌率团以上军官代表团去苏联参观，并选出优秀连排长送往苏联基辅军官学校学习。

在冯玉祥部，蒋光慈除了紧张的工作之外，业余继续从事革命文学创作，他的第一部小说《少年飘泊者》就是在这个时期写成的。五卅惨案发生的消息传到北京，蒋光慈悲愤难抑，于 1925 年 6 月 2 日写了一首题为《血花的爆裂》的诗歌，愤怒揭露"帝国主义者恶贼"的恶行，向"因反抗而被杀的死者，因争自由而被杀的死者"表达了崇高的敬意，并呼吁中华民族的勇士、健儿起来奋力杀敌。蒋光慈将这首诗寄给《京报》，因措辞激烈，报社拒不刊登，他为此专门写信责问报社。随后的《我要回到上海去》一诗同样是以五卅为主题，以"血红"为特征，书写对上海的想象。"实际上，蒋光慈在河北的军旅工作也不是与铁血无关，但上海的空间结构使'血红'之意象更富有感觉结构意义上的颠覆性，也赋予了诗人一个极具创造力的位置。对于蒋光慈来说，用写作来实现这一感觉结构的颠覆和创造，是最好的革命工作"①。诚然，蒋光慈最好的革命工作是从事革命文学活动，最好的创作环境是在上海这个新型文化都市，上海是"在各种感官的意义上都具有强烈的表现主义特征的城市，能够成为激进和先锋艺术的源头"。由于时时挂念上海，希望继续文学生涯，蒋光慈的北方之旅并不算太顺利。同年 10 月，他如愿回到上海继续在上海大学教书，很快迎来了他的革命文学创作高峰。11 月，直系军阀孙传芳秘密杀害了五卅运动领导者、上海总工会副委员长刘华。刘华 1923 年考入上海大学，由瞿秋白介绍加入中国共产党，很快成长为工人运动的领袖。蒋光慈以 122 行悼诗《在黑夜里——致刘华同志之灵》控诉帝国主义和军阀的罪行，歌颂刘华"是一个伟大的战士""领着数万被压迫者寻找解放的路"。长诗回忆、控诉、哀怨、愤怒等情感多相交织，具有较高的艺术感染力。

蒋光慈离沪北上之前，曾在上海与郁达夫第一次相见，两人志同道合，所谈

---

① 张屏瑾. 革命的空间表现及其心理悖反——重读蒋光慈 [J]. 中国现代文学研究丛刊，2019 (5)：1-16＋53.

多是苏俄文学，彼此留下很好印象。蒋光慈再次回到上海后，与郁达夫生活上相互关照，写作上彼此鼓励和支持。蒋光慈与郭沫若则是先以文相会，虽未曾谋面，蒋光慈早已视诗集《女神》的作者为知己。郭沫若任上海学艺大学文科主任时，同国家主义派、上海学艺大学董事林植夫（灵光）在刊物上展开论战。1925年10月19日，郭沫若在创造社刊物《洪水》半月刊上发表了《穷汉的穷谈》一文，以其诗人的机智和幽默，绝妙地嘲弄了灵光之流，给了国家主义派迎头一棒。蒋光慈读了郭沫若的这篇文章之后，以公开信的形式致函郭沫若，向他"表示相当的敬意"和"十二分的同意"。通过彼此的作品，蒋光慈与郭沫若已经进行了思想的交流、情感的融汇，两人互为知己、惺惺相惜。蒋光慈与创造社两位骨干郁达夫、郭沫若成为文学挚友后，他经常参加创造社的活动，并在其中发挥了重要作用，他的作品也开始在创造社的刊物上发表。

1926年6月，苏联新兴文学作家皮涅克（又译皮利尼亚克，1894—1938）来到上海，主要目的是考察中国的民众生活。他与中国文学家见面，并把在中国的印象写出来，报告给苏联民众。皮涅克是十月革命后很著名的作家，年轻有为，其名作《赤裸裸的年头》《第三都城》都是描写革命浪潮中俄罗斯人生活的长篇小说。蒋光慈非常敬佩皮涅克，写有散文《介绍来华游历之苏俄文学家皮涅克》发表在1926年7月4日《文学周报》第232期，并在其所著《十月革命与俄罗斯文学》一文的第六节对《赤裸裸的年头》和《第三都城》有细致而独到的评析，认为皮涅克有不可限量的将来。

蒋光慈陪同皮涅克游历考察上海民众的生活，并陪他去田汉领导的南国电影剧社访问。田汉是中国现代戏剧三大奠基人之一，留学日本时曾自署"中国未来的易卜生"。1926年，田汉与唐槐秋等在上海创办南国电影剧社，一大批手无分文但满怀热情的知识青年加入剧社，在中国早期电影史上写下了杰出的篇章。田汉曾在上海大学中国语言文学系任教，与蒋光慈是同事好友。此时，田汉正在物色演员，筹备拍摄影片《到民间去》，蒋光慈和皮涅克也被聘请为演员。皮涅克扮演影片中的俄国诗人，蒋光慈则扮演他的陪客兼翻译。通过这次有意义的合作，田汉、皮涅克、蒋光慈三人结为挚友。他们的交往如今已成为中俄文化交流史上的佳话。

二、中国无产阶级革命文学先驱

1926年1月，蒋光慈的中篇小说《少年飘泊者》由上海亚东图书馆出版。

作为中国革命小说的发轫之作，《少年飘泊者》揭开了中国现代文学史的新篇章，对中国文学和中国革命进程产生了深远影响。蒋光慈与亚东图书馆有着深厚的渊源。

亚东图书馆经理汪孟邹（1878—1953），安徽绩溪人，其兄汪希颜在日本留学时与陈独秀结为挚友。汪希颜病逝前，引见汪孟邹与陈独秀相识，由此汪孟邹与陈独秀在风雨人生中一路相携相助，成为终生老友。汪孟邹比陈独秀大一岁，但是他一直对陈独秀言听计从。1903 年，汪孟邹在芜湖开办科学图书社，主要代售上海出版的新书报并兼营仪器文具。1904 年，陈独秀创办《安徽俗话报》交由科学图书社发行。1913 年，汪孟邹接受陈独秀的建议，在上海福州路（原四马路）惠福里创办了亚东图书馆，并将汪希颜的儿子汪原放从芜湖招来上海做编辑。亚东图书馆以标点古旧小说出名，以至于鲁迅也说，标点要让汪原放，作序要推胡适之，出版则只能由亚东图书馆。

在新文化运动的两位主将陈独秀与胡适之间牵线的是汪孟邹。陈独秀办《青年杂志》，汪孟邹向他推荐了绩溪老乡胡适，并多次代陈独秀向胡适约稿。正是在汪孟邹的一再催促下，胡适才写出了有关文学改良的文章，陈独秀在这个基础上提出了更彻底的文学革命的主张。陈独秀、胡适与亚东图书馆均有过密切联系，两人对于亚东图书馆的帮助也是不可替代的，也是别的书馆求之不得的。亚东图书馆的当家产品是标点古旧小说，多由陈独秀、胡适两人作序，胡适曾为亚东图书馆的 15 种古旧小说作考证性的导言。2020 年 8 月到 9 月，"亚东图书馆遗珍——陈独秀、胡适重

汪孟邹（出自朝暮生生网络文章
《觉醒年代 2：不做局外，造就一代新人》）

要文献特展"先后在北京、上海、杭州、南京、合肥等地巡回展出。展出包括目前最完整的《胡适留学日记》手稿、陈独秀《〈科学与人生观〉序》手稿、胡适《跋〈红楼梦〉考证（一）（二）》以及胡适与友人往来信札等 9 种重要文献。这是尘封百年的亚东遗珍首度结集面世，引起学界和公众热烈关注。

亚东图书馆虽是一个小型私营出版社，但在中国现代史上，起过无可取代的作用。特别是在大革命时期，这里曾作为中共中央机关报《向导》的印刷和发行地。1950 年 9 月，中共中央在北京召开全国出版界会议时，毛泽东主席还不曾忘记数十年前与其有过交往的出版家汪孟邹，于是电邀他出席新中国成立后的第一次出版界会议。但因年老体弱，汪孟邹婉言辞谢。

蒋光慈在芜湖读书时经常光顾科学图书社买书，与该社职员陈啸青成为好友。陈啸青后来也来到亚东图书馆工作，蒋光慈通过陈啸青的介绍，在亚东图书馆出版《少年飘泊者》《鸭绿江上》等作品，从而结识了汪孟邹。汪孟邹见蒋光慈英俊儒雅、才华出众、举止大方，非常赏识这个小老乡，与蒋光慈情同父子。汪孟邹不仅出版蒋光慈著作，而且关心他的生活、他的家庭，甚至还把关他恋爱的对象。"亚东不但老板、陈啸青和光慈感情密切，就是其他工作人员，直至女佣、大司傅，都很爱护光慈，只要光慈一到亚东，大家便喜形于色，不管当时统治者对光慈如何压迫，甚至于他的书籍被禁止发售，但大家对待光慈却始终如一"①。作为一个同情革命的进步出版商，汪孟邹在保护蒋光慈个人安全及照顾其生活上曾多方出手相助。

作为一个出版商，汪孟邹与中国近代思想文化史上的双子星陈独秀与胡适的交往传奇，与中国无产阶级革命文学先驱蒋光慈的忘年之交，在中国现代编辑出版史上成就了一段佳话，书写了浓墨重彩的一笔。

为纪念五卅运动一周年，中国共产主义青年团机关刊物《中国青年》拟出版"五月特号"，向蒋光慈约稿，蒋光慈写了短篇小说《疯儿》以示纪念，于 1926 年 5 月 30 日载于《中国青年》第 121 期，他因此成为第一个用小说反映五卅运动的作家。小说描写了军警帮凶日本资本家残杀罢工工人，学生因散传单、游行示威等反帝爱国运动而被杀、被捕；中学生方达加入学生会，参加散传单，西捕竟然向手无寸铁的中学生开枪，看到有同学中弹死亡，有同学被捕，方达神经受了大刺激而神志不清、胡言乱语；方达父母竭尽全力治疗儿子的疯病，甚至请和尚念经施法，但最终方达还是离开了使他发疯的社会。小说通过方达喊出了"被压迫者的痛苦和欲求"，矛头直指万恶的军阀和帝国主义列强。编者专门为这篇小说加了一段按语："我们对于文艺的意见，以为只要是真能表现现代被压迫者

---

① 吴似鸿. 蒋光慈回忆录［M］//方铭. 中国文学史资料全编现代卷：蒋光慈研究资料. 北京：知识产权出版社，2010：97.

的人生，只要是实际生活中喊出来的被压迫者的痛苦和欲求，那便好了。"蒋光慈的创作正体现了这种文学主张，以文学作为武器，为"被压迫者的痛苦和欲求"进行不屈的战斗。

1927 年 1 月，蒋光慈出版了两部作品集。一部是他的第二本诗集《哀中国》，经瞿秋白审定并题签，由中共在汉口创办的长江书店出版；另一部是短篇小说集《鸭绿江上》，收蒋光慈 1926 年 1 月到 11 月创作的 8 篇小说，亚东图书馆初版。这时，蒋光慈在政治上和文学上已渐趋成熟，成为引人瞩目的革命文学家。

1927 年春，上海大学在江湾镇附近建成了自己的校舍，并迁移至新校舍上课，广大师生无不为之雀跃。就在此时，蒋介石发动了四一二反革命政变，实行白色恐怖。上海大学师生义愤填膺，与广大人民群众一起，反对蒋介石的反革命政变，喊出了"打倒新军阀"的口号。国民党反动派对上海大学这所革命学校，早已视为眼中钉。于是，由白崇禧派兵进驻上海大学，逮捕共产党人，强行查封了上海大学。

还在这年的 3 月中旬，瞿秋白奉命离开上海前往武汉，负责筹备召开中国共产党第五次全国代表大会事宜。四一二反革命政变之后，党的出版重心移到武汉，当时成立了中共中央出版局，先是张太雷担任局长。5 月，汪原放奉党的指示来到汉口，任中共中央出版局局长，管理长江书店、长江印刷厂和宏源纸行，负责《向导》的印刷、出版和发行。5 月初，蒋光慈追随瞿秋白来到武汉，住在长江书店。瞿秋白提议要筹办一种刊物，专为当时一些进步作家提供发表阵地，并委托蒋光慈等为刊物命名。于是，蒋光慈约请在武汉中华全国总工会宣传部工作的钱杏邨、孟超、杨邨人等议定以象征光明的"太阳"作为刊名。正当他们紧张地投入集稿编辑工作时，七一五反革命政变在武汉发生。风云突变，时局恶化，蒋光慈等人的编刊计划落空。不久，党中央由武汉迁回上海，蒋光慈亦随之回到沪上。

1927 年 11 月，蒋光慈出版了一部通信集《纪念碑》和两部中篇小说《短裤党》《野祭》。《纪念碑》是蒋光慈与第一任妻子宋若瑜 6 年的通信结集。上海是中国现代工人运动的摇篮，1926 年底至 1927 年春，上海先后爆发了三次工人武装起义。蒋光慈很快据此写作《短裤党》，完稿于 1927 年 4 月，11 月由上海泰东图书局初版。小说几乎同步地描写了武装起义的实况，再现了起义从失败到最后胜利的全过程。小说许多细节与史实相符，以至于清华大学旷新年教授把该作视为报告文学。《野祭》由上海现代书局初版，是一部带有自传性质小说。"《野祭》中的主人公陈季侠作为一名革命文学家，其身上有着太多蒋光慈的影子。"①1926 年 8 月，蒋光慈与宋若瑜结婚，然而仅仅一个月后，宋若瑜因肺病去世。对于蒋光慈丧偶，郁达夫颇感同情，于 1927 年 3 月将女友王映霞的同窗好友陈锡贤介绍给他。两人初期感觉很好，然而四一二反革命政变后，大量共产党员遭屠杀，陈锡贤立刻与蒋光慈疏远。这段没有结果的爱情被蒋光慈写成小说《野祭》。也是自《野祭》始，蒋光慈开创了一种新的小说范式——"革命＋恋爱"模式。小说将革命斗争内容与恋爱内容有机糅合在一起，通过恋爱来肯定革命。

1927 年 11 月 9 日，郭沫若委托蒋光慈、郑伯奇、段可情三人去上海横滨路景云里 23 号拜访鲁迅先生，邀请刚刚来到上海的鲁迅与创造社合作。鲁迅先生欣然同意，并且主张不必另办刊物，可以恢复前期创造社的文学期刊《创造周报》作为共同园地，他将积极参加。大家都很高兴，郭沫若也表示欢迎。他们在上海《时事新报》刊登以鲁迅为首，麦克昂（郭沫若）、蒋光慈、成仿吾、郑伯奇等列名的《创造周报》复刊广告。但刚从日本回来的创造社新成员李初梨、冯乃超、彭康等认为这不足以代表一个"新的阶段"，废除了前议，另外创刊《文化批判》。

特别值得一提的是，瞿秋白将他 1921 年至 1922 年旅俄期间撰写的《俄国文学史》交给蒋光慈，经过蒋光慈的删改，易名为《十月革命前的俄罗斯文学》，并同蒋光慈自己撰写的《十月革命与俄罗斯文学》一起，合编为《俄罗斯文学》（上、下卷）一书，1927 年 12 月由创造社出版部初版。蒋光慈在《书前一篇》写道："关于本书的下卷，我要深深地感谢我的朋友屈维它君，因为这是他的原稿，得着他的同意，经我删改而成的。"这本文学理论著作至今仍是一部介绍苏俄文学的珍贵专著，为我国无产阶级革命文学及其理论建设提供了极有价值的借鉴。

1928 年 1 月，蒋光慈、钱杏邨、孟超、杨邨人在上海发起成立革命文学社团太阳社，太阳社机关刊物《太阳月刊》由蒋光慈主编。太阳社成员还有洪灵菲、戴平万、森堡（任钧）、楼建南（楼适夷）、殷夫、林伯修（杜国庠）等 20 多位，多是共产党员。同期，蒋光慈还主持编印"太阳小丛书"，丛书汇集太阳

---

① 黄静. 革命理性话语中的都市感觉——论蒋光慈的革命小说［J］. 学术界，2011（3）：151 - 156.

社成员著译的 4 部作品，1928 年 3 月由太阳社自己创办的春野书店印行，"太阳小丛书"的热销，既支撑了春野书店的运作，也扩大了革命文学的宣传。

在国民党反动派大肆杀戮共产党人和革命群众的白色恐怖时期，蒋光慈和他主持的太阳社一直没有停止战斗，他巧妙地变化斗争策略，同敌人周旋。《太阳月刊》被查禁，就改名为《时代文艺》继续出版；《时代文艺》被查禁，又改名为《海风周报》，继而改名为《新流月报》《拓荒者》。作为一块无产阶级革命文学的阵地，一个刊物在两年之内前后历经 5 个刊名，一直在坚守。蒋光慈也因之成为敌人眼里"宣传赤化的暴徒"，所以不得不时常变换自己的笔名，经常更换住所。1928 年 12 月，他译完"新俄作家"罗曼诺夫的一部长篇小说《爱的分野》之后，为了避免反动派的迫害，特地在《译者小序》中落款为"一九二八年十二月二十日于德国柏林"，标注一个假地址，让敌人摸不清他的行踪。该书1929 年 6 月由亚东图书馆初版，署名陈情译，即蒋光慈。重版时署名陈情、蒋光慈合译，是因为"《爱的分野》，一九二九年六月初版时署名陈情，因不为读者所熟悉，影响销路，重版时署名陈情、蒋光慈合译，实系光慈一人所译"[1]。

随着无产阶级单独领导中国革命这一政治斗争形势的需要，建设无产阶级文学以形成文艺界的领导迫在眉睫。从 1928 年 1 月起，太阳社和后期创造社成员，在《创造月刊》《太阳月刊》等刊物上，正式开始了无产阶级革命文学的倡导，兴起了中国现代文学史上一场规模浩大的无产阶级文学运动。郭沫若的《英雄树》、蒋光慈的《关于革命文学》、李初梨的《怎样地建设革命文学》、成仿吾的《从文学革命到革命文学》等文，从多方面阐述了有关无产阶级革命文学的基本主张，革命文学的根本性质、任务等。由于对当时中国社会性质、革命任务等问题的认识不甚清楚，1928 年年初革命文学阵营内部展开了关于革命文学的论争，主要是在创造社、太阳社和鲁迅、茅盾之间，以及创造社和太阳社之间进行。在纷繁复杂的斗争环境中，蒋光慈和其他革命文学派，错误地把鲁迅当作革命文学的反对者，并与鲁迅发生笔战。但这次论争也促进了革命作家对马克思主义文艺理论的学习，提高了革命作家的思想理论水平，使他们在政治和创作上日趋成熟，1929 年上半年论争基本结束。

1928 年 4 月、6 月，上海现代书局出版了蒋光慈的两部中篇小说《菊芬》

---

① 瞿光熙. 蒋光慈事迹考 ［M］// 中国现代文艺资料丛刊·第八辑. 上海：上海文艺出版社，1984：22.

《最后的微笑》，都属于"革命＋恋爱"模式作品。写就于日本的《冲出云围的月亮》（上海北新书局 1930 年 1 月初版）是蒋光慈"革命＋恋爱"小说的代表作，也是当时"革命罗曼谛克"思潮的扛鼎之作。这几部小说，把五四以来新文学中热门的个性解放、恋爱自由与革命、政治结合起来，恋爱推动着革命，坚定的革命者最终获得了真正的爱情。这一方面是集体性质的革命，裹挟着时代的风云变幻；另一方面是个人性质的爱情，充满感伤、浪漫。这种将革命与恋爱内容杂糅在一起的写法，是一种独特的创新，对于当时的青年读者来说绝对是全新的阅读感受，这是蒋光慈作品为什么会获得青年读者如此的青睐和热捧的重要原因。蒋光慈的作品引发了现代文学史上最早、最大的翻版、盗版现象，他成为十里洋场畅销一时的革命文学家。

这一时期，蒋光慈还创作了一部颇有争议的中篇小说——《丽莎的哀怨》，1929 年 3 月至 5 月在蒋光慈主编的《新流月报》上连载，1929 年 8 月由上海现代书局初版单行本。在这部作品中，作者做了很大胆的尝试，改换了题材和人物——描写一个白俄贵族妇女丽莎在十月革命后，被迫逃亡上海，沦为倚门卖笑的妓女的悲惨遭遇。作者试图透过这一侧影，展现十月革命的功绩，却因为此书引起了当时左翼文艺界的激烈争论乃至严厉批评。

1929 年 8 月至 11 月，蒋光慈曾短暂到东京治病游学。此时，蒋光慈因早年照顾宋若瑜而传染上肺病后，身体一日不如一日，他却以为是胃病，在东京按胃病抓药医治。虽然在日本治病疗养，但他在 3 个月时间里没有停止过革命文学活动。他与日本著名左翼作家、文艺理论家藏原惟人交往频繁。藏原惟人（1902—1991），日本共产党党员，深受普列汉诺夫影响。他们经常在一起研讨马克思主义文艺理论和革命文学问题，蒋光慈从藏原惟人的藏书中，大量接触到马克思、恩格斯、别林斯基、普列汉诺夫、卢那察尔斯基等人的经典理论著作。与藏原惟人的交游，推动了蒋光慈革命文学理论的提升，拓展了蒋光慈的理论视野。蒋光慈还与同在东京的太阳社成员任钧、冯宪章、楼适夷等成立了太阳社东京支部，探讨革命文学创作、开展文艺理论批评，与国内的革命斗争遥相呼应。

旅日期间，蒋光慈写作了旅日日记集《异邦与故国》，还翻译了苏联作家李别金斯基的长篇小说《一周间》。《异邦与故国》1930 年 1 月由上海现代书局初版，记录了蒋光慈从 8 月底在东京安顿下来到 11 月 9 日为止的生活点滴，也是研究蒋光慈革命文学理论转变与深化的重要资料。《一周间》是作者在病中译就的长篇小说，1931 年 1 月由北新书局初版。作者在《译者后记》中指出："这是新俄文学的第一朵花，也就是说从这一部书出世之后，所谓普洛文学得了一个确实的肯定。"这应该是译者选择翻译该作的主要原因。11 月 15 日，蒋光慈匆匆结束日本之行，登上了归国的航船。

　　蒋光慈回国后立即投入组稿编辑第 4 期《新流月报》的工作，12 月 15 日正式出刊。《新流月报》第 5 期则改名为《拓荒者》，意为"开拓中国文坛杂乱模糊的荒地"，这份刊物实际上是一份非常厚重的左翼文艺刊物，已经成为左翼作家共同的发表阵地。蒋光慈此时特别注重马克思主义文艺理论批评建设，在《拓荒者》上刊发了大量理论性文章。

为无产阶级革命文学事业殉道离世

一、为 20 世纪 30 年代左翼文学的繁荣推波助澜

1927 年冬，田汉将南国电影剧社改组为南国社，拟从事文学、电影、音乐、戏剧、美术、出版等文艺活动，其文艺宗旨是"团结能与时代共痛痒之有为青年作艺术上之革命运动"。随着革命文学的倡导和左翼戏剧运动的兴起，田汉逐步放弃了早期感伤的小资产阶级的艺术情调，加入左翼戏剧阵营。在田汉及南国社的转变过程中，蒋光慈做了积极的工作。

遵照党的指示，蒋光慈和钱杏邨一起，经常出入南国社，做田汉的思想工作，促使南国社转变。"当时，田汉尚未入党，但思想进步，他领导的南国社也积极靠近党。中共准备发展田汉入党。蒋光慈提出，还可以让田汉作为左翼作家联盟的发起人之一……于是中共叫蒋光慈和田汉联系，吸收田汉入党，邀请田汉为左联发起人"①。1929 年底，南国社女演员吴似鸿由田汉介绍与蒋光慈相识，1930 年 2 月与蒋光慈结婚。蒋光慈为人真诚热情，即使身在穷困之中，对同志们的困难，也慷慨解囊相助。据吴似鸿回忆，当时中共地下组织的同志都愿意找他。有一次，钱杏邨跟蒋光慈说有位同志刚从监狱出来，没有衣服穿，他立马把

---

① 吴似鸿 . 我与蒋光慈［M］. 南宁：广西教育出版社，1992：5 - 6.

自己穿的一件呢上装，连同口袋里的 20 块钱，一起托钱杏邨转送那位不知名的同志。

经过 1928—1929 年革命文学阵营内部一年多的论争，各方的观点逐渐接近，提倡和发展普罗文学成为他们的共同要求，为实现左翼作家的大联合奠定了基础。1929 年秋，党指示创造社、太阳社成员和鲁迅及在鲁迅影响下的作家们联合起来，以这三方面人员为基础，成立革命作家的统一组织。1930 年 3 月，中国共产党领导创建的革命文学界组织——中国左翼作家联盟（简称左联）在上海中华艺术大学举行成立大会。在成立大会上，鲁迅先生做了题为《对于左翼作家联盟的意见》的讲话，第一次提出了文艺要为工农大众服务的方向。大会选出鲁迅、钱杏邨、夏衍、田汉、洪灵菲等 7 人为常务委员，蒋光慈虽然因病未能出席成立大会，但仍然被选为常务委员会候补委员。太阳社全部成员加入左联，蒋光慈主编的《拓荒者》成为左联机关刊物之一。左联在北平和日本东京两地设有分盟，在广州、武汉、南京等地成立小组，成员不断增加，吸引了大批左翼文艺青年，左翼文学成为 20 世纪 30 年代中国文学主潮。左联的成立对于中国现代革命文学的发展，具有特别深远的意义。

有了革命文学界组织，蒋光慈革命文学活动的干劲更大，他积极从事革命文学创作、主编左翼刊物和左翼丛书，为 20 世纪 30 年代左翼文学的繁荣推波助澜。

小说《老太婆与阿三》是蒋光慈短篇佳作，1930 年 1 月 10 日载于《拓荒者》第 1 期。作品仅有两节内容，短小精悍，构建了两幅意味深长的图景：前一幅是一个 50 多岁的穷苦上海老太婆为了生计出卖肉体的生活惨景，后一幅是一个印度人在中国学生谋求解放的言辞中模糊觉醒以至于被逮捕的政治场景。作者力图通过两幅图景唤醒民众、改变社会，体现出作者的社会责任感和文学的政治使命感。紧接着，1930 年 2 月蒋光慈的诗集《乡情集》由上海北新书局初版，诗集中收有《牯岭遗恨》《乡情》等著名诗篇，都是抒情长诗，艺术上趋于成熟。25节长诗《乡情》塑造一个"现在做了农民协会的执委"的革命农民"黄牛"形象，曾经入选过中学语文教材。此时，蒋光慈正在抓紧时间创作一部反映农民革命斗争的长篇小说《咆哮了的土地》，并将写好的 1—13 节陆续在他主编的《拓荒者》上连载。年底，《咆哮了的土地》杀青。蒋光慈无比渴望能够成为一个"伟大的、反抗的、革命的文学家"，他抱着病体执着地朝着梦想奋力前行。

与此同时，蒋光慈还主持编印两种丛书："拓荒丛书"和"中国新兴文艺丛书"。"拓荒丛书"由上海现代书局出版，包括任钧的中篇集《爱与仇》、钱杏邨的短篇集《玛露莎》和冯宪章译的《叶山嘉树选集》，多是革命文学的新书汇编。"中国新兴文艺丛书"包括《失业以后》《两种不同的人类》《现代中国作家选集》三本左翼文艺作品选集。《失业以后》《两种不同的人类》是最早编选出版的左翼作家短篇选集，分别于5月、8月由上海北新书局出版发行。《现代中国作家选集》选辑了鲁迅、柔石、白莽等左翼作家以及蒋光慈自己的作品，9月由上海华光书局出版发行。这些左翼文学丛书的出版发行，势必扩大无产阶级革命思想的传播，从而实现了无产阶级文艺是无产阶级解放运动的战斗之翼的目标。

二、战斗到生命最后时刻

1930年，蒋光慈收到老友李宗邺寄赠的一张照片和所作诗歌。李宗邺曾误入国民党西山会议派，照片中的李宗邺一身国民党军官戎装，此时他在南京中央陆军军官学校（中央军校）任政治教官。昔日志同道合的"生死友"的转变，令蒋光慈无比痛心，写下《七绝四首》明志：

一

秋深接读故人诗，风雨联床忆旧时；
不道当年生死友，而今分道两相驰！

二

只因不做黄粱梦，海上飘零已数年。
寄语故人身尚健，箪瓢陋巷亦安然。

三

中原到处血殷红，欲哭黄花泪亦穷。
无力文章难化剑，浦江鸣恨水空窿。

四

□□□□□□□，□□□□□□□。（原回忆两处缺）
闻道刘郎声势赫，墓陵风雨鬼哀鸣。

面对"中原到处血殷红"，诗人更加坚定了以文章化利剑劈开黑暗的革命信念。这位让蒋光慈十分担忧的老友，也很快看清了国民党新军阀的反动本质，转而全心投入高等教育和学术研究。李宗邺后来陆续发表《满江红爱国词百首》《彭玉麟梅花文学之研究》《注释中国民族诗选》《中国历史要籍介绍》等学术著作，成为新中国著名的历史文献学家。

在国民党反动派对左翼文化阵线进行残酷围剿的血腥环境中，蒋光慈勇敢地担当起革命的"喇叭手"的神圣职责，他因此成为敌人眼里"宣传赤化的暴徒"，他所有著作都被国民党反动当局列为禁书。"1930 年 9 月 30 日，陈立夫签发中国国民党中央委员会秘书处取缔'左联'等组织的密令，并通缉鲁迅、蒋光慈等'主谋分子'"①。

1931 年夏，蒋光慈病情加剧，此时他已经没有任何版税收入，看病拿药的钱也出不起，处境相当艰难，由汪孟邹出资帮助他住进上海同仁医院。为了防止敌人的搜捕，他化名为陈资川办理住院。杨邨人去医院看望病危中的蒋光慈，他询问的仍是左联的近况、井冈山和故乡大别山红军的消息。蒋光慈的生命烛光，已经燃烧到了最后的时刻。

天妒英才，长歌当哭，8 月 31 日清晨，蒋光慈病逝，终年 30 岁。逝世当日下午他被化名蒋资川葬于上海江湾公墓。9 月 15 日，上海出版的左联外围刊物《文艺新闻》，专门出了一期"追悼号"。钱杏邨以方英的笔名在"追悼号"上发表题为《在发展的浪潮中生长　在发展的浪潮中死亡》的悼文，指出："他生活了三十年；在他的全生命之中，他是以无限的精力献给了革命。"

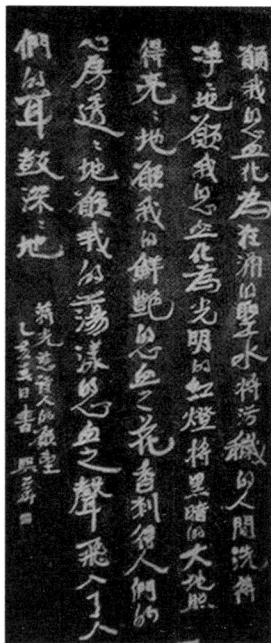

《诗人的愿望》诗碑
（出自《六安革命文学史》）

1953 年 5 月，由上海市文联主持，把蒋光慈的遗骸迁葬于虹桥公墓，上海市文联领导人夏衍担任主祭，陈毅代表党和政府为他的墓碑题字"作家蒋光慈之墓"。至此，"蒋光慈"这个名字又重见天日。6 月 30 日，《人民日报》（第 3 版）发表了题为《革命作家蒋光慈遗体迁葬虹桥公墓》

① 马德俊. 蒋光慈写在中国革命文学史上的十五个第一［J］. 党史纵览，2001（4）：27－30.

近 500 字的消息。1957 年 2 月，安徽省人民政府批准追认蒋光慈为革命烈士。1981 年，蒋光慈骨灰存放入上海龙华烈士陵园，他所作的诗歌《诗人的愿望》被镌刻在陵园内的烈士诗碑林上。

蒋光慈的英年早逝让很多人为之遗憾。蒋光慈的挚友郁达夫在《光慈的晚年》纪念文章中沉痛地指出："以他的热情，以他的技巧，以他的那一种抱负来写作东西，则将来一定是可以大成的无疑。无论如何，他的早死，终究是中国文坛上的一个损失。"① 郭沫若也在文章中对蒋光慈予以高度评价："他为人直率、平坦、不假虚饰，有北方式的体魄与南方式的神经。这种人，我觉得，是很可爱的。可惜太死早了一点。假如再多活得几年，以他那开朗的素质，加以艺术的洗练，'中国为甚么没有伟大作品'的呼声怕是不会被人喊出来的罢？"②

蒋光慈没有子嗣，没有留下财产，他给我们留下的是一个不懈地追求真理、勇敢地献身真理，生命不息、事业不止的无产阶级革命战士的形象。他的崇高精神是我们踔厉奋发、勇毅前行的力量源泉。

---

① 郁达夫．光慈的晚年［M］//方铭．中国文学史资料全编现代卷：蒋光慈研究资料．北京：知识产权出版社，2010：86.

② 郭沫若．郭沫若全集文学编·第 12 卷［M］．北京：人民文学出版社，1989：268.

第二章

蒋光慈无产阶级革命文学理论建树

第一节

初步传播马列主义文艺理论

一、马列主义文艺理论在中国早期传播背景

晚清时期，封建文学不仅阻塞了中国文学前进发展的道路，更是思想启蒙运动的严重障碍。正如新文化运动的旗手陈独秀所说的那样："要拥护德先生，又要拥护赛先生，便不得不反对国粹和旧文学"，文学革命正是适应当时以民主和科学为旗帜的思想革命的要求而兴起的。

1917 年 1 月 13 日，陈独秀被聘为北京大学教授并兼任文科学长，他在寓所成立了新的《新青年》编辑部。随之，《新青年》分别发表了胡适的《文学改良刍议》、陈独秀的《文学革命论》，中国文学界拉开了文学革命的序幕。胡适在《文学改良刍议》中提出八项有关文学改良的建议，目的是语言文字的改良。陈独秀的《文学革命论》甘冒全国学究之敌，提出文学革命三大主张："推倒雕琢的阿谀的贵族文学，建设平易的抒情的国民文学""推倒陈腐的铺张的古典文学，建设新鲜的立诚的写实文学""推倒迂晦的艰涩的山林文学，建设明了的通俗的社会文学"。① 陈独秀主张在实行白话文的同时，还必须改革旧文学的思想内容，铲除其封建主义的毒素，对文学的内容和形式及表现对象，都提出明确的革新号

---

① 朱栋霖，朱晓进，吴义勤. 中国现代文学史 1915—2018（上）［M］. 北京：高等教育出版社，2020：23.

召，为新文学观念的形成和创作的开展奠定了基础。"但陈独秀对文学与政治的关系还比较模糊，对文学的社会基础和阶级基础也缺乏足够的认识"①。

随后，周作人的《人的文学》由形式上的改革进入实质上的形式与内容并重，弥补了胡适在文学建设思想上的不足，加速了文学革命的进程。周作人在《思想革命》中则把新文学中蕴含的思想革命作为一个重要的文艺理论命题提了出来，主张随着文学革命的深入，必须同时进行思想上的革命。

十月革命一声炮响，给中国送来了马克思列宁主义。1917 年年底，李大钊受聘于北京大学，任图书馆主任并兼任教授，他讲授的唯物史观课程把马克思学说搬进大学讲堂。1918 年 12 月 22 日，陈独秀与李大钊等创办《新青年》副刊《每周评论》，以北京大学为主要阵地，宣传马克思主义。1920 年 8 月，上海社会主义研究社首次出版了由陈望道翻译、陈独秀校对的第一版《共产党宣言》，第一版初印数千册瞬间被抢购一空，马克思主义学说在中国大地迅速传播。马克思主义学说中有关文艺的本质、社会作用、发展规律和特征等原理，构成马克思主义文艺理论，散见于马克思主义创始人的政论著作、经济学、哲学等文献资料中。例如马克思的经济学巨著《资本论》里就有不少涉及莎士比亚、巴尔扎克的论述。在无产阶级革命的新的历史条件下，列宁丰富和发展了马克思主义的基本原理，同时也丰富和发展了马克思主义的文艺理论。

"新文学革命引发中国文学观念和文学思潮的根本性变化，面对这一变化，中国各派知识分子都不得不进行调整，表现出不同的态度和思想，必然导致思想交锋和学术论争"②。面对封建文化卫道士、复古主义文化思潮的猖狂反扑以及资产阶级改良主义的叛逆行径，新文学运动迫切需要用马克思列宁主义文艺理论来澄清认识。1921 年中国共产党成立，新文学运动在党的领导下出现崭新局面。这一切，就促成了马克思列宁主义文艺理论在中国的广泛研究与传播。

二、早期共产党人初期革命文学的倡导

马克思列宁主义深刻影响了中国文学的样貌与发展方向。1923 年 6 月，瞿秋白与陈独秀商量，将《新青年》季刊的创刊号编成"共产国际号"，首次刊载

---

① 吴家荣. 论蒋光慈在传播马列主义文艺理论上的贡献［J］. 淮北煤师院学报（社科版），1986（1）：97－101.

② 朱栋霖，朱晓进，吴义勤. 中国现代文学史 1915—2018（上）［M］. 北京：高等教育出版社，2020：25.

瞿秋白翻译的《国际歌》，他把"国际"一词音译为"英德纳雄耐尔"（现译为"英特纳雄纳尔"）。瞿秋白还撰写了《世界的社会改造与共产国际》《现代劳资战争与革命——共产国际之策略问题》《世界社会运动中共产主义派之发展史》和《东方文化与世界革命》等文章，介绍共产国际的纲领和策略，成为向中国系统介绍共产国际理论的第一人。中国文学在 20 世纪 20 年代特定政治背景和文化语境下，在延续了五四时期"人的文学"的精神观念和思想启蒙使命基础上，兴起形成了以阶级为标志、具有斗争精神的无产阶级革命文学观念，文学工具论倾向明显。从文学革命转向革命文学也就成为一种历史必然。

早期共产党人李大钊、邓中夏、恽代英、萧楚女、沈泽民等，通过《新青年》季刊、《中国青年》周刊（《先驱》停刊后的中国社会主义青年团机关刊物）、《民国日报》副刊《觉悟》三个阵地，以及一些进步文艺刊物，探讨革命文学理论。他们运用马克思主义唯物史观和反映论，提出文学应与时代、政治相结合，论述文艺相关问题，为革命文学活动呐喊助威。李大钊早在《什么是新文学》（《星期日》1920 年第 26 号）提出了发展新文学的主张，主张新文学"是为社会写实的文学"，并指出"宏深的思想、学理，坚信的主义，优美的文艺，博爱的精神，就是新文学运动的土壤、根基"。李大钊运用马克思主义唯物史观评介俄罗斯文学，热情呼唤中国新文学的产生，这是中国先进知识分子用刚刚学到的马克思主义探索中国文艺问题的最早体现，成为我国早期马列文论的珍贵文献之一。

邓中夏的《贡献于新诗人之前》强调新文学应该是"惊醒人们使他们有革命的自觉，和鼓吹人们使他们有革命的勇气"，提出新诗人须"多做能表现民族伟大精神的作品""多作描写社会实际生活的作品""从事革命的实际活动"（《中国青年》1923 年第 10 期）。萧楚女在《艺术与生活》一文中，针对当时流行的某些唯心主义文艺观点，指出"艺术，不过是和那些政治、法律、宗教、道德、风俗……一样，同是一种人类社会底文化，同是建筑在社会经济组织上的表层建筑物，同是随着人类底生活方式之变迁而变迁的东西"（《中国青年》1924 年第 38 期），根据历史唯物主义的一般原理，肯定文艺的上层建筑性质。恽代英在与上海大学学生王秋心的通信《文学与革命》中，号召青年革命文学家们要专心投身于革命实践，培育革命感情，坚定革命信念。他在信中写道："倘若你希望做一个革命文学家，你第一件事是要投身于革命事业，培养你的革命的感情"（《中国青年》1924 年第 31 期）。沈泽民的《文学与革命的文学》一文主张诗人应是革命家，应深入工人农民的生活，号召青年作家"走到无产阶级里面去"。

这一切无疑在当时文艺界引起极大的反响，有力促进了文学革命向革命文学的转变发展。由于邓中夏、恽代英、沈泽民等早期共产党人主要致力于革命实践，致力于党的组织建设和思想建设，致力于工农革命斗争，未能更多更深入地分析和研究文学上的问题，因此，他们提出的革命文学理论还不系统，有些理论也不够明确。蒋光慈继承了他们的革命文学理论并加以发展，成为那个时代的一座高峰，应该说，他在传播马列主义文艺理论上的贡献确实是超越前人的[①]。

三、蒋光慈初步传播马列主义文艺理论

比起邓中夏、恽代英等早期共产党人，蒋光慈对马列主义文艺理论的传播具有得天独厚的优越条件。他 1921 年 5 月到 1924 年 6 月在莫斯科东方大学留学，两次见到列宁，有机会系统阅读大量的马列书籍。他除了刻苦学习、帮助教学翻译之外，还从事列宁、斯大林等革命领袖作品的译介工作，对马克思列宁主义的基本理论获得了一定理解，并在此基础上尝试撰写论文探讨阐述马列主义一般原理。出于对文学的兴趣爱好，留学期间，蒋光慈有意广泛阅读了苏俄革命文学，并认真地学习了马克思、恩格斯、列宁、托洛茨基等人的文艺理论著作。这些都为他日后传播马列主义文艺理论、构建无产阶级革命文学理论夯实了基础。

1923 年，蒋光慈撰写《经济形式与社会关系之变迁》一文，署名"蒋光赤"发表在瞿秋白主编的《新青年》季刊第 2 期上。文章共 15 节，主要从经济形式变迁的角度，对人类社会的历史变迁诸如"人类之由来""封建制度""商业资本主义""工业资本主义"等作了概括性说明分析。作者揭示了在"工业资本主义"社会中无产阶级的奴隶地位，明确指出"除社会革命，

蒋光慈
（出自《蒋光慈宋若瑜情书全集》）

---

　　① 吴家荣. 论蒋光慈在传播马列主义文艺理论上的贡献［J］. 淮北煤师院学报（社科版），1986
（1）：97 - 101.

无产阶级独裁外，无他出路！"蒋光慈对"无产阶级独裁"的理解与马克思本人的论述是一致的，即无产阶级独裁并非终极目的，而只是从资产阶级社会向共产主义社会的一个过渡。这可以从他稍后发表的《唯物史观对于人类社会历史发展的解释》文章中找到注脚："谁个能否认无产阶级独裁制对于共产主义社会的建设不有促进呢？""当无产阶级革命初成功之时，无产阶级独裁制虽能助长生产力发展，然而有一定的界限，不能即刻创造成一个完美的共产主义社会，必定又要经过许多时期。"

"列宁、斯大林著作在中国的传播是马克思列宁主义传播史研究的重要内容。列宁、斯大林著作及其思想在中国的传播不仅深刻影响了中国政治经济社会的发展，也深刻影响了中国现代文化的形成和发展。"① 从苏联留学回国后，蒋光慈集中发表了一批马列主义理论译作，成为最早在中国宣传马列主义理论的先驱者之一。

1924 年 12 月 20 日蒋光慈以蒋光赤署名在《新青年》季刊第 4 期，同时发表《民族与殖民地问题——列宁在第二次国际大会之演说》《第三国际第二次大会关于民族与殖民地问题的议案》《列宁主义之民族问题的原理》三篇有关列宁、斯大林的理论译作。这三篇译文都是列宁民族和殖民地问题理论在中国早期传播的重要文本。《第三国际第二次大会关于民族与殖民地问题的议案》是为共产国际第二次代表大会准备的文件，即列宁为共产国际第二次代表大会草拟的民族与殖民地问题提纲初稿。《民族与殖民地问题——列宁在第二次国际大会之演说》是共产国际第二次代表大会文献，即列宁所作民族和殖民地问题委员会的报告。《列宁主义之民族问题的原理》节译自斯大林的政治著作《论列宁主义基础》第六章"民族问题"，这是斯大林文章第一次被译成中文。民族和殖民地问题理论，是列宁对俄国革命经验和东方落后国家革命经验的理论总结，也是共产国际第二次代表大会的决议及核心内容。

列宁民族和殖民地问题理论传入中国后，中国共产党人开始运用这一理论武器探索解决中国的革命问题，蒋光慈的译作有力地配合了当时国内的革命斗争。值得一提的是，蒋光慈是较早向国人传播无产阶级革命导师列宁生平及其伟绩的共产党人之一。列宁逝世后，蒋光慈即于 1924 年 1 月和 2 月写作《哭列宁》《临列宁墓》两首感人至深的追悼诗篇。列宁周年祭日，蒋光慈撰写祭文《在伟大的

---

① 马德俊. 蒋光慈佚文考论［N］. 文艺报，2018 - 09 - 17（8）.

墓之前》，从"苏俄的创造者""世界革命的大旗""黑暗的东方之红灯"等方面缅怀列宁的丰功伟绩，该文与蒋光慈编写的《列宁年谱》同期发表于 1925 年 4 月 22 日《新青年》不定期刊第 1 期（列宁号）。

蒋光慈署名蒋光赤翻译的斯大林《苏联政治经济概况——在第十四次全俄共产党大会（一九二五年末）之报告》，发表在 1926 年 7 月《新青年》不定期刊第 5 期。报告从经济、工农业、阶级等多方面谈论了苏联共产党的执政纲领和建设成就，让中国人民看到苏联社会主义建设进程，增强了无产阶级革命斗争的决心和信心。

1924 年 8 月，蒋光慈在《新青年》季刊第 3 期同时发表《唯物史观对于人类社会历史发展的解释》和《无产阶级革命与文化》两篇论文。《唯物史观对于人类社会历史发展的解释》较详细地阐发了马克思主义唯物史观，对马克思主义经典论述进行解读介绍。蒋光慈引证马克思的《经济学批评》《哲学之贫困》原文，努力正解唯物史观的概念。文章的主旨——"意识是生活的反映"，即物质对精神的决定论，同时指出"筑物对于基础有相当的反感的作用"。"反感的作用"是蒋光慈对马克思的"反作用"的翻译，"这在当时的马克思主义汉译资料中仅见，应该源出于蒋光慈的独特理解，似乎特意强调了反作用中的感性因素"[1]。接着，蒋光慈进一步引用马克思原话"随着经济基础变动，一切巨大的筑物迟早都是要崩坏的"，论述筑物对于基础反作用的有限度。作者还论述了个人在历史中的作用，以拿破仑、华盛顿、列宁、托洛茨基为例，认为再伟大的人都只不过是因为顺应了历史的规律、执行了"某一进步阶级的意志"。如果违背历史的规律，只能"落得一个反动的罪名"。文章最后指出进行阶级斗争建设共产主义，"这是人类社会发展的规律，无论哪一部分社会都逃不出此规律的范围"。

历史唯物主义的解释文化（包括文学）现象，认为文化是社会生活的反映，这是马列主义文艺理论中一个具有根本性质的问题，也是马列主义文艺理论的基础。建设无产阶级革命文学，必须首先明确这个问题。蒋光慈吸收马列唯物主义一般原理，运用于无产阶级革命文化相关理论的论述探讨。

《无产阶级革命与文化》从无产阶级革命的角度来考察文化（包括文学）问题，主要从无产阶级革命对人类文化的促进、文化亦有阶级性以及无产阶级文化的必然性等三个方面进行阐述。

---

① 张广海. 蒋光慈前期文艺思想探源 [J]. 南京师范大学文学院学报，2010（2）：78-83.

文章首先从无产阶级对于文化遗产的态度入手，运用马克思主义文化遗产观进行阐述："共产主义者也爱百合花的娇艳，但同时想此百合花的娇艳成为群众的赏品；共产主义者也爱温柔的美的偶像，但同时愿把此温柔的美的偶像立于群众的面前；共产主义者对于资产阶级之无意识的玩物，非常地厌恶，然对于美术馆、博物馆及一切可为群众利益的艺术作品，仍保证之不暇，还说甚么破坏呢？共产主义者对于帝王的冠冕可以践踏，但是对于诗人的心血——海涅的《纺工》，歌德的《浮士德》，仍是歌颂，仍是歌颂，仍是尊崇！"历史不能割断，无产阶级文化只能在继承优秀文化遗产的基础上去创造去建设。"整理过去的文化，创造将来的文化，本是无产阶级革命对于人类的责任，这种责任也只有无产阶级能够负担"。按照马克思主义的观点，阐明无产阶级对于文化遗产的正确态度，这在当时是难能可贵的。蒋光慈以俄国无产阶级革命做例证，说明"无产阶级革命，不但是解决面包问题，而且是为人类文化开一条新途径"。

接着，作者论述了作为上层建筑重要组成部分的文化与经济基础的关系："人类的精神生活由其物质生活而定。换言之，人类文化依着物质的——经济的——基础而发展；物质的基础发展到某一定程度，人类文化必与之相符合，而不能超出范围，因为人类文化本身是人类物质生活的产物"。经济基础决定上层建筑，社会生活决定文化，"人类文化本身是人类物质生活的产物"，这是蒋光慈对历史唯物主义关于文化现象解释的吸收借鉴。对于这个问题，其他早期共产党人的文章虽有涉及，但如此准确、深刻地从历史唯物主义的高度来揭示文学产生的社会根源，在当时很少见。蒋光慈还阐明了文化的阶级属性："因为生产力没有充分发展的缘故，社会中分成统治与被统治二个阶级；因为社会中有阶级的差别，文化亦随之而含有阶级性。"

既然经济基础决定上层建筑，社会生活决定文化，文化含有阶级性，那么经济基础发生重大变动，社会生活起了巨大的变革，就必然产生新的文化，"经济形式进步，文化也随之发展"。因此，在无产阶级革命时代，无产阶级文化的产生，这也是不以人们的意志为转移的客观规律。根据历史唯物主义的基本观点，蒋光慈论述了无产阶级文化产生的历史必然性："无产阶级亦与其他阶级一样，在共产主义出现以前，当然能够创造出自己特殊的文化——无产阶级文化"；"无产阶级文化，不但是可能的，而且是必然的"。用这个观点来看待我国的新文学运动，他满怀信心，充满热望。他认为中国无产阶级领导的革命事业正在蓬勃发展，中国无产阶级革命文学也一定能产生和兴旺发达！蒋光慈在文章中还提出：

"无产阶级革命的目的是消灭社会阶级，建设无阶级社会，实现共产主义"，这正是《共产党宣言》所指出的无产阶级肩负的历史使命。

　　蒋光慈在苏俄留学三年，对苏俄文学与文艺理论有着相当的了解体验，一直有愿望把苏俄文学作品和理论介绍给国内读者。正如他在《〈十月革命与俄罗斯文学〉小引》中所道："一因为我在俄国住了几年，二因为我又是治文学的。我久想把俄罗斯现代的文学介绍一下，给国内文学界得一个大概的观念"。鉴于此，他在《介绍来华游历之苏俄文学家皮涅克》《十月革命与俄罗斯文学》《革命后的俄罗斯文学名著》《〈爱的分野〉译者小序》《〈一周间〉译者后记》《高尔基的〈我的童年〉的书前》等论文、序言、后记、译作中较为全面地介绍、论述了十月革命后俄罗斯文艺流派、文学社团及著名作家作品；翻译出版了长篇小说《爱的分野》（罗曼诺夫著）、《一周间》（李别金斯基著）以及短篇小说集《冬天的春笑》。蒋光慈对马克思列宁主义文艺理论和俄罗斯革命后的文学在中国的初步传播，做出了一定的贡献。

第二节

积极构建无产阶级革命文学理论

1924 年 11 月，沈泽民、蒋光慈与王环心、王秋心等人创办以提倡革命文学为宗旨的文学社团春雷社，主要阵地是五四时期"四大副刊"之一《民国日报》副刊《觉悟》，他们在《觉悟》上开设《春雷文学专号》。当月，蒋光慈在《春雷文学专号》上发表《现代中国的文学界》，开门见山直奔主题："我一踏国土，讲一句实在话，特别对于中国现代的文学界先加注意，这也因为我是一个治文学的人。"文章主要批判了当时许多作家远离时代和革命斗争，整天花呀、月呀、爱呀、美呀的不良倾向，号召作家们要努力振作中国的文学界，"要努力地使中国的文学趋于正轨，走向那发展而光辉的道上去！""那发展而光辉的道"，不言而喻，是指无产阶级革命文学创作道路。自此以后，蒋光慈一方面致力于无产阶级革命文学创作实践，一方面努力运用马列主义文艺思想探讨构建无产阶级革命文学理论。他接连发表了《现代中国社会与革命文学》《十月革命与俄罗斯文学》《现代中国文学与社会生活》《关于革命文学》《论新旧作家与革命文学——读了〈文学周报〉的〈欢迎太阳〉以后》等关于无产阶级革命文学建设的理论性文章。此外，他在《为钱杏邨叙事长诗〈暴风雨的前夜〉所作序文》《〈时代文艺〉卷头语》等序文、刊物寄语中也有论及无产阶级革命文学的建设性理论。

一、大力倡导无产阶级革命文学

蒋光慈于 1925 年 1 月 1 日发表的《现代中国社会与革命文学》首次提出革

命文学的口号，这是中国文坛倡导革命文学的第一声，"光慈是中国最先提倡革命文学的，这却是不可掩没的事实"①。马列主义文艺理论不仅认为文学是社会生活的反映，还强调文学对于认识世界、改造社会的巨大作用。从马列唯物主义哲学出发，蒋光慈生成了他的反映论文学观："文学是社会生活的反映……拜伦在十九世纪高呼反抗，自由。我们在这一种高呼中，可以看出当时英国社会生活或者全欧洲社会生活之如何黑暗；在别一方面，拜伦的高呼的确惊醒不少漫漫的迷梦。"他以拜伦为例，恰如其分地说明了文学的重要作用②。

　　蒋光慈又进一步提出"文学家负有鼓动社会的情绪之职任"，"情绪"指的是作家希望通过作品唤起读者的情感反应，这种反应包括平静、恐惧、愤激、喜悦或爱情等感觉，这是蒋光慈革命文学理论的一个关键词。他认为文学家应负起鼓动广大人民为美好生活而斗争的责任，故而以非常激进的态度，批判五四时期新文学前辈，将叶绍钧、冰心等视为温和的、安于社会生活的"市侩文学家"。郁达夫被时人"目为颓废派"，但蒋光慈在其作品中看到了对社会实况、人们的痛苦的描写，以及作者对于现实社会制度的不满，认为作者"与我们同立在反对旧社会的战线上"。显然，蒋光慈对作家作品评价分析依据的是其社会作用和影响。根据这个标准，他热情称赞郭沫若"是一个热烈求人类解放的诗人""是在中国唯一的诗人"。最后，作者旗帜鲜明地提出了建设无产阶级文学的初步主张："谁个能够将现社会的缺点，罪恶，黑暗……痛痛快快地写将出来，谁个能够高喊着人们来向这缺点，罪恶，黑暗……奋斗，则他就是革命的文学家，他的作品就是革命的文学。"这一理论主张突出了革命文学的内容和作用，竭力呼唤革命文学家向黑暗罪恶的社会进行反抗、斗争，揭露统治阶级对被统治阶级的压迫与剥削，呼吁被统治阶级的觉醒和革命。蒋光慈于马列主义在中国刚刚传播不久的20世纪20年代，能有这样深刻的论述，这样鲜明的立场，确是难能可贵！蒋光慈也以自己的创作活动实践自己的革命文学主张，其中篇小说《少年飘泊者》鼓舞了当时处于黑暗统治下的广大青年，为他们指明了一条革命的出路，他的诗歌作品起到了时代的"鼓号"作用。

　　蒋光慈旅俄期间，受瞿秋白影响，大量阅读俄国文学作品，与他一起共同研

---

　　① 钱杏邨. 蒋光慈与革命文学［M］//方铭. 中国文学史资料全编现代卷：蒋光慈研究资料. 北京：知识产权出版社，2010：217.

　　② 蒋光慈的反映论文学观到后期有发展变化。

究俄罗斯文学的历史和现状。在此基础上，瞿秋白1921年至1922年间撰写了《俄国文学史》，篇幅不过7万余字，但其内容博大精深，从俄罗斯最早的民间传说到高尔基，从诗歌、小说到文学评论，都有精彩论述，勾勒出俄罗斯文学发展的基本线索。俄国文学与俄国现实对中国文学和中国现实的启示性，是五四一代新文化运动巨匠们和后来参与无产阶级革命文学事业的创造者们都非常看重的一点。在探讨无产阶级革命文学理论的过程中，蒋光慈于1926年撰写了文学评论集《十月革命与俄罗斯文学》。他征得瞿秋白同意，把《俄国文学史》进行删改并易名为《十月革命前的俄罗斯文学》，同《十月革命与俄罗斯文学》一起，合并编为《俄罗斯文学》一书，1927年12月由上海创造社出版部初版。《俄罗斯文学》是瞿秋白与蒋光慈之间的一次最密切的合作，为他们之间的友谊留下一个见证，为现代文学史留下了一段佳话。

蒋光慈的《十月革命与俄罗斯文学》共5万多字，9节内容，主要介绍了布洛克（今译"勃洛克"）、白德内宜（今译"别德内依"）、爱莲堡、叶贤林（今译"叶赛宁"）、马雅可夫斯基等新俄罗斯文学代表作家、诗人，以及谢拉皮昂兄弟、无产阶级文化派等文学团体和流派。蒋光慈在对十月革命后俄罗斯文学的论述介绍中，提出较多无产阶级革命文学理论观点。

勃洛克曾是俄国象征主义诗歌流派的代表人物，十月革命后，从事文化宣传工作，成为歌颂革命的政治抒情诗人。其代表作《十二个》是描写十月革命的第一首长诗，在苏联诗歌史上占有重要地位。蒋光慈曾在《〈新梦〉自序》中写道："俄国诗人布洛克说：用你的全身，全心，全意识——静听革命啊！我说：用你的全身，全心，全意识——高歌革命啊！"受勃洛克影响，他渴望做一个东亚革命的歌者。他在《十月革命与俄罗斯文学》中盛赞勃洛克的革命浪漫主义："布洛克是真正的罗曼谛克，惟真正的罗曼谛克才能捉得住革命的心灵，才能在革命中寻出美妙的诗意，才能在革命中看出有希望的将来。"蒋光慈认为革命需要浪漫主义，勃洛克式的罗曼蒂克，支持了他对浪漫主义的坚守。

对于俄国另一位革命诗人别德内依，蒋光慈特别强调其诗歌的革命性、鼓动性："他是民众的战士，他的诗是为着民众做的，民众的喜怒哀乐是他的诗料。他能够代表民众的利益，心理，能鼓动民众战斗的情绪。"他认为别德内依的诗歌与从事实际革命的人起到同样的作用，"白德内宜用自己的诗歌鼓动红军，与脱落斯基做了同样的事业"，肯定革命文学对无产阶级革命的作用。在艺术技巧方面，蒋光慈还指出，别德内依"能利用民众的俗话做为自己诗的语句，流畅简明，毫不格滞，实为其他与白德内宜同时的诗人所不及"。对于别德内依诗歌所用的语言都是合乎民众的俗语，蒋光慈十分认可，这是文艺大众化的一个方面的表现。蒋光慈在文学创作中也重视文学语言同人民群众的相结合，大量运用俗言俗语，明白晓畅，使大众能懂。蒋光慈后期还积极参与左联组织发起的文艺大众化问题的讨论。

在论述归纳无产阶级文学特质时，蒋光慈主要介绍的是"无产阶级文化派"的文学理论。"无产阶级文化派"是十月革命后，以苏俄无产阶级文学批评家波格旦诺夫为首的全俄无产阶级文化协会，对推动苏维埃文化的发展起过积极作用。1918 年春，波格旦诺夫等在文化问题上坚持"左"倾的路线，使该组织逐渐蜕变为一个特殊的违背马克思列宁主义的文化派别。该流派虽然受到了列宁的批判，但在当时的苏俄仍很有市场。蒋光慈的革命文学理论构成有"无产阶级文化派"文艺思想成分，来看他对无产阶级艺术的介绍：

"无产阶级艺术的内容，是劳动阶级的全生活，即劳动者的世界观，人生观，对于实际生活的态度，以及希求和理想等等。只有这是新艺术家不可不表现的题材……"

苏俄无产阶级文学批评家波格旦诺夫（A. Bogdanov），在他的《单纯与优美》的一文中，将无产阶级艺术这样地下了定义。波连斯基（Poliansky）在《无产阶级文化》杂志上，也发表与波格旦诺夫相同的意见：

"无产阶级文学，在社会革命的火焰里生出，表现着对于社会建设有关系的劳动阶级的热情，欲望战斗，危害，愤激，爱情等等，对于世界，对于实生活，对于无产阶级的活动及其最后的胜利，以自己独特的见解，接触着一切的事物……"

蒋光慈引用的这两段对无产阶级艺术定义的文字，来自"无产阶级文化派"两位主要人物波格旦夫和波连斯基的理论观点，从定义文字可见，两人都特别强调了无产阶级艺术要表现劳动阶级的主观精神世界，这实际上为蒋光慈的情绪论文学观提供了理论基础[①]。自蒋光慈在《现代中国社会与革命文学》中提出"文学家负有鼓动社会的情绪之职任"，"情绪"成为他革命文学理论中的一个重要的、常见的词汇，他在对革命文学创作的思考中，特别强调创作主体的情绪力

---

① 张广海. 蒋光慈前期文艺思想探源 [J]. 南京师范大学文学院学报，2010（2）：78-83.

量。故而，情绪论文学观是构成蒋光慈革命文学理论的重要成分。波格旦诺夫认为艺术的组织作用就在于它能调整情绪，波连斯基也认为艺术是涉及表现工人阶级的直接感受和感情的那一部分。对此，"无产阶级文化派"另一位成员格·戈尔巴乔夫论述得更为明白："艺术的作用，就是一种社会组织形态的作用。这种作用在劳动者身上激起最适合其任务的情绪，并通过一致的情绪，通过不自觉者的同样情绪，促进社会生产参与者之间的相互理解，使直接生产活动的整个过程变得轻松愉快。"① 显然，蒋光慈的情绪论文学观根植于"无产阶级文化派"文学理论，从中吸取了对无产阶级文学的"情绪"组织作用的强调。蒋光慈的情绪论文学观，影响到太阳社理论代表钱杏邨早期的文学理论。钱杏邨曾经专门撰文《革命文学与革命情绪》，探讨情绪对革命文学之必不可少的重要作用。

根据"无产阶级文化派"的文学理论，蒋光慈把无产阶级文学特质归纳为四点。其中，前两点是关于无产阶级文学创作主体的特质：第一，无产阶级作家与革命的关系，"他们是站在革命的中间，而不是站在革命的外面"来歌吟革命，描写革命；第二，无产阶级作家都是集体主义者，在他们的作品中，只看见"我们"而很少看见"我"，他们是集体主义的歌者。这两点无产阶级文学特质的归纳与蒋光慈同期革命文学论文的有关论述异曲同工，并影响其革命文学创作，如他本时期小说作品注重人物群像塑造，而忽视典型人物形象描摹。

蒋光慈短文《介绍来华游历之苏俄文学家皮涅克》（1926 年 7 月 4 日发表于《文学周报》第 232 期），同样体现出对无产阶级文学创作主体建设的思考。他对于来华游历的苏俄新进作家皮涅克作了热情的介绍，特别赞赏皮涅克的"描写革命浪潮中"作品以及描写革命生活的手段，认为中国文学界要改变"沉静，寂寞，灰暗，无生气，荒凉到不可言状……"局面，需要有更多像皮涅克一样的"新的作家"。1928 年年初的《现代中国文学与社会生活》则有更多关于无产阶级文学创作主体建设性理论。他认为革命文学家得拿出"文学的革命的作品"，不能只是"空泛地喊几声所谓革命文学与劳动文学"名词，并指出"旧的作家"② 要"努力于现代社会生活的认识，了解现代革命的真意义……养成自己的革命的情绪"，如此，才能有革命的作品创作。蒋光慈呼吁他们接近社会生活，触及时代脉搏，投身到革命洪流中去："只有革命能与作家以创造的活力，只有

---

① 白嗣宏. 无产阶级文化派资料选编［M］. 北京：中国社会科学出版社，1983：277.
② "旧的作家"是指五四以来想与革命接近但与革命太生疏的"有良心的旧的作家"。

时代能与作家以有趣的材料，若抛弃革命，不顾时代，是不会创造出好的东西来的。"文章非常乐观地指出，中国文坛在革命的浪潮里已涌现出来一批"新的作家"，振兴中国文坛的任务落在他们身上。在无产阶级革命文学倡导构建中，创作主体建设不可忽视。可见，蒋光慈对革命文学理论的倡导不仅较为全面，且颇有建设性意义。

　　大革命失败后，无产阶级单独领导中国革命的政治斗争形势，需要建设无产阶级文学以形成文艺界的领导。1928 年 1 月，蒋光慈、钱杏邨、孟超等共产党员在上海筹建文学社团太阳社，出版文学刊物《太阳月刊》。从 1928 年 1 月起，太阳社和后期创造社成员，在《创造月刊》《太阳月刊》刊物上，正式开始了无产阶级革命文学的倡导，掀起无产阶级革命文学运动。麦克昂（郭沫若）在《创造月刊》第 1 卷第 8 期上发表《英雄树》，宣称"个人主义的文艺老早过去了"，代替他们而起的将是"无产阶级文艺"。此后，《太阳月刊》《文化批判》《流沙》等刊物陆续发表蒋光慈的《关于革命文学》、李初梨的《怎样地建设革命文学》、成仿吾的《从文学革命到革命文学》等文章，从革命文学的任务、根本性质、内容以及作家世界观的转变等多方面阐述无产阶级革命文学的建设主张。

　　《现代中国文学与社会生活》发表于《太阳月刊》创刊号（1928 年 1 月 1 日），这是无产阶级革命文学运动中一篇宣言式的论文。文章批评了当时文艺创作的情况，认为相较于时代风起云涌的剧烈变化，"我们现代的文学对于我们现代的社会生活，是太落后了"。究其原因是"中国的社会生活变化太迅速了！""中国革命浪潮涌激得太紧急了！"所以"旧的作家"追赶不上革命的步骤，加之在情感方面，他们与旧世界的关系太深，虽然在理智上能够认识到革命文学的必然，但由于没有实感还是不能够创作出反映时代的革命文学作品来。蒋光慈认为"旧的作家"转变为革命的作家，"尤其是不容易的事情"。而在革命浪潮中涌现出的一批"新的作家"与革命有着密切的联系，"他们自身就是革命，他们曾参加过革命运动，他们富有革命情绪，他们没有把自己与革命分开"，因此他们必然将是"新中国的歌者"。蒋光慈预言："中国文坛之有希望，就同中国社会之有希望，是一样的。"足见他对无产阶级革命事业和无产阶级革命文学的信心和希望。

　　《关于革命文学》是无产阶级革命文学运动中的一篇理论力作，主要论及两个方面：一、中国社会革命的潮流已经到了极高涨的时代，虽然革命文学还处在幼稚时期，但已成为中国文坛重要倾向；二、要认清革命文学的作用。关于第一个方面，需要廓清的一点是，蒋光慈对于1928年年初中国革命状况的认识是不正确的。此时国民党反动派四处镇压革命，屠杀共产党员和革命群众，中国革命处于低潮时期，而非"极高涨的时代"。蒋光慈认为在无产阶级革命文学的初创阶段，由于种种原因它难免是幼稚的、不成熟的。无产阶级革命文学处在这样的历史阶段，可能会有人因此而轻视它、甚至攻击它。他严正指出："不幼稚便不能走到成熟的时期，不鲁莽便不能打破萎靡的恶空气"。无产阶级取得政权之前，无产阶级文学因为统治阶级的压制，当然不可能高度发展，但随着无产阶级革命事业的前进，它必将取得长足进步。苏联十月革命后无产阶级革命文学的迅速发展，充分证明了这一点。关于第二个方面，蒋光慈详细论述了革命文学对于改造社会的巨大作用，这也是马列主义文艺理论的重要内容。首先，革命文学最重要的就是要不但表现出时代，而且能够在茫乱的斗争的生活中，寻出创造新生活的元素。其次，要暴露旧势力的罪恶，攻击旧社会的破产，促进新势力的发展。再次，应极力暴露帝国主义的罪恶，促进弱小民族之解放的斗争。最后，还要认清"革命文学应当是反个人主义的文学，它的主人翁应当是群众，而不是个人……革命文学的任务，是要在此斗争的生活中，表现出群众的力量，暗示人们以集体主义的倾向"，这种认识势必给塑造典型人物形象带来一定的缺陷。关于什么是革命文学？革命文学的内容是怎样的？蒋光慈在《关于革命文学》的最后解释得很明白：

> 革命文学是以被压迫的群众做出发点的文学！
> 革命文学的第一个条件，是具有反抗一切旧势力的精神！
> 革命文学是反个人主义的文学！
> 革命文学是要认识现代的生活，而指示出一条改造社会的新路径！

二、蒋光慈与茅盾的文学辩论

1928年4月1日，《太阳月刊》第4期发表蒋光慈署名华希理的文章《论新旧作家与革命文学——读了〈文学周报〉的〈欢迎太阳〉以后》。这篇文章是针对茅盾（署名方璧）所著的《欢迎〈太阳〉》（刊于《文学周报》第5卷第23期）而作，是蒋光慈与茅盾之间的一次文学辩论之作。由于茅盾、蒋光慈对革命文学都持赞同态度，因此双方在行文中都保持用学术辩论的笔调阐述各自观点。这场发生在革命文学倡导初期的文学论争是很平和的。

茅盾和蒋光慈在上海大学任教时是同事，相互之间比较熟悉。作为一名很早就为共产主义事业而奋斗的革命者，茅盾在 1925 年撰写的长篇论文《论无产阶级艺术》中，运用马克思主义的辩证唯物论、阶级论的观点，较为系统地阐述了无产阶级文艺的一些重要问题。当他看到《太阳月刊》创刊号时，很是高兴，他就写了一篇题为《欢迎〈太阳〉》的文章，对"《太阳》旗帜下的文学者，要求光明，要求新的人生；他们努力要创造出表现社会生活的新文艺"的决心，表示赞赏，肯定了太阳社的努力。他祝愿"《太阳》时时上升，四射它的辉光"，并郑重地把它介绍给"一切祈求光明的人们"。

对于《太阳月刊》创刊号中的《现代中国文学与社会生活》，茅盾认为蒋光慈的批评"大体是对的"，但是也作了一些修正补充。茅盾不赞同蒋光慈评价当时文坛"落后"于时代的看法，他指出："我以为我们的文坛所以不能和我们这时代有极亲密的关系"，除了蒋光慈所举的两点外，"还有个重大的原因，便是文艺的创造者与时代的创造者没有极亲密的关系"。关于怎样才能产生出反映时代的好的作品？茅盾希望的是"旧的作家"如何在新的形势下努力深入实际的革命运动获得实感，以便写出富有时代气息的作品；而革命浪潮里涌出来的"新的作家"要将实感细细咀嚼、升华，然后转变为文艺作品。茅盾还进一步提出：要使文艺赶上时代，还要求作家要有一定的艺术素养，仅有"实感"而没有艺术素养的人也写不出好作品。这就把要求作家深入生活和提高艺术素养统一了起来①。

针对茅盾的上述意见，蒋光慈在《论新旧作家与革命文学——读了〈文学周报〉的〈欢迎太阳〉以后》中做了辩驳与说明。蒋光慈不认可茅盾的"文艺的创造者与时代的创造者没有极亲密的关系"观点，他认为文艺的创造者与时代的创造者这两个名词没有对立的必要：

> 所谓文艺的创造者应该同时做时代的创造者，这并不是说文艺的创造者应该拿起枪来，去到前方打仗，或者直接参加革命运动，去领导革命的群众……
>
> 我们的意思是，文艺的创造者应认识清自己的使命，应确定自己的目的，应把自己的文艺的工作，当做创造时代的工作的一部分。他应当知道自己的一支笔为着谁个书写，书写的结果与时代，与社会有什么关系。倘若一个从事实际运动

---

① 邵伯周. 试论茅盾与"革命文学"论争 [J]. 上海师范大学学报（哲社版），1984（3）：35-41.

的革命党人，当他拿手枪或写宣言的当儿，目的是在于为人类争自由，为被压迫群众求解放，那么我们的文艺者当拿起自己的笔来的时候，就应当认清自己的使命是同这位革命党人的一样。

显然，蒋光慈的观点是站得住脚的。在无产阶级革命事业中，从事实际运动的革命党人与文艺者，只是革命分工不同，他们的作用是一样的。这正如蒋光慈对别德内依的评价："白德内宜用自己的诗歌鼓动红军，与脱落斯基做了同样的事业"。茅盾与蒋光慈的分歧在于，茅盾所着眼的是把革命文学当作文学问题来看，而蒋光慈视其为革命问题。这篇文章发表不久，蒋光慈在《为钱杏邨叙事长诗〈暴风雨的前夜〉所作序文》中再次强调此观点："所谓革命文学，革命诗，文学应当为革命服务……这些都似乎成了时代的重要潮流"。

至于"旧的作家"的转变，蒋光慈虽然也不"拒绝旧作家加入革命文学的战线"，但从根本上他怀疑这些作家改换方向的可能："也许从旧作家的领域内，能够跳出来几个参加新的运动，但已经衰秃了的树木，总不会重生出鲜艳的花朵和丰富的果实来。"蒋光慈认为中国文坛已进入了一个新的时代，"旧的作家"不容易甚至不可能折挽方向，改变立场。

由于茅盾与蒋光慈的革命文学立场基本一致，有些问题他们之间还是有着某些共识的。如关于革命文学的题材问题，蒋光慈在文章中如此说："我们的意思也同方君一样，革命文学的范围很广，它的题材不仅只限于农工群众的生活，而且什么土豪劣绅，银行家，工厂主，四马路野鸡，会乐里长三，军阀走狗，贪官污吏……等等的生活，都可以做革命文学的题材。"这些见解即使在今天看来，也是正确的。接下来，他说，"问题不在于题材的种类，而在于作者用什么态度，用什么眼光，以何会团做立足点，来描写这些种类不同的题材"。应当说这是极符合马列主义文论的观点。

1928 年 10 月，蒋光慈在《〈时代文艺〉卷头语》中宣称在无产阶级文学运动中，高喊着口号的时期已经过去了，根据时代的任务，"我们应努力于无产阶级文艺的创作"。在此之后一两年时间里，他把主要精力放在无产阶级革命文学创作上，取得了丰硕的成果，拥有广大读者群。"在一九二八，一九二九以后，普罗文学就执了中国文坛的牛耳，光赤的读者崇拜者，也在这两年里突然增加了起来"[1]。

---

① 郁达夫．光慈的晚年［M］//方铭．中国文学史资料全编现代卷：蒋光慈研究资料．北京：知识产权出版社，2010：84．

三、无产阶级革命文学的重要特征

蒋光慈积极参与 20 世纪 20 年代无产阶级革命文学的倡导，努力运用马列主义文艺思想，探讨无产阶级文艺理论问题。他就文艺与现实生活的关系、文化的阶级性、无产阶级文化产生的可能性和必然性、怎样对待文化遗产、革命文学的作用、革命作家的自身建设，以及什么是革命文学等一系列重要问题，旗帜鲜明地阐述了自己的观点。他"一切的理论都是经验的，切实的，着意于社会的环境的，从事实得来的结论，决不是空洞的理论，抄书的译文，拼凑成功的批评或论文"①。蒋光慈的无产阶级文艺理论虽然有些零乱，整理起来还是有系统的。那么，无产阶级革命文学有哪些重要特征？从蒋光慈论述内容来看，集中体现在以下三个方面。

第一，阶级性是无产阶级革命文学的首要特征。20 世纪 20 年代前期，我国接受马克思列宁主义阶级论学说的不多，运用阶级论的观点考察文学现象，阐明文学阶级性则更少。蒋光慈在《无产阶级革命与文化》中明确指出："因为社会中有阶级的差别，文化亦随之而含有阶级性"；"因阶级斗争的缘故，文化本身不得不蒙着一重阶级色彩了"。这是我国现代文学史上，最早的关于文化（含文学）阶级性的明晰的论述。此后，无产阶级革命文学的阶级性成为蒋光慈革命文学理论构建的理论基础。

文学的阶级性是同作家的阶级立场、阶级思想与阶级感情直接关联着的。"每一社会的阶级有自己的心灵，每一艺术家必生活于某一阶级的环境里，受此阶级的利益的熏染陶溶，为此阶级的心灵所同化。因之，艺术家的作品免不了带阶级的色彩"（《十月革命与俄罗斯文学》）。不管资产阶级艺术家如何以为自己是超乎一切的，是艺术的忠臣，是和平的爱好者，是人类美妙心灵的化身……但他们依然是资产阶级的歌咏者，是资产阶级的战将。蒋光慈用苏联十月革命后，资产阶级作家和无产阶级作家对十月革命截然不同的态度有力地驳斥了资产阶级散布的文学超阶级、文学家超阶级的谎言。

基于对文学阶级性的深刻认识，蒋光慈认为无产阶级革命文学应当是无产阶级的一个重要的斗争武器，应当是无产阶级"为光明而奋斗的鼓号"。他在《十

---

① 钱杏邨．蒋光慈与革命文学［M］//方铭．中国文学史资料全编现代卷：蒋光慈研究资料．北京：知识产权出版社，2010：228．

月革命与俄罗斯文学》中盛赞苏俄诗人勃洛克的长诗《十二个》，认为被资产阶级和他们的作家看作是"强盗，捣乱者，神圣的破坏者，刽子手"的12个红军兵士，在勃洛克的笔下却成了"引导被压迫的人类到正义之路的天使"；盛赞别德内依"用自己的诗歌鼓动红军，与脱落斯基做了同样的事业"。因此很清楚，无产阶级作家必须是无产阶级革命的歌者，无产阶级革命文学必须是鼓舞人们战斗前进的号角。中国现代革命史证明，无产阶级革命文学是无产阶级革命事业重要的战斗一翼。

第二，宣传鼓动性是无产阶级革命文学的又一重要特征。无产阶级革命文学作为无产阶级的一个重要的斗争武器，必须批判和否定旧社会腐朽反动的事物，促使其尽快灭亡。但是，仅仅从消极方面去暴露，并不是无产阶级革命文学的特征，批判现实主义作品也是这样做的。因此，蒋光慈在《现代中国社会与革命文学》中强调："文学是社会生活的反映，一个文学家在消极方面表现社会的生活，在积极方面可以鼓动，提高，奋兴社会的情趣。"即革命文学不仅仅是暴露描写现实社会，还应鼓动人们奋斗的情绪，指示人们求光明的道路。关于这一点，蒋光慈在《关于革命文学》一文中又作了进一步的阐述："革命的作家不但要表现时代，并且能够在茫乱的斗争的生活中，寻出创造新生活的原素"；"革命的作家不但一方面要暴露旧势力的罪恶，攻击旧社会的破产，并且要促进新势力的发展，视这种发展为自己的文学的生命"。"寻出创造新生活的原素"，为人们指出光明理想的未来，给人们以希望，让人们明确奋斗目标。这实际上是在主张文学上的革命现实主义，在当时具有重要现实意义。因为当时文坛不少作品虽然暴露了旧社会的黑暗与邪恶，却看不到新兴的社会力量，不能展示新的社会图景，有的还流露出彷徨、悲观乃至颓废的情绪。无产阶级革命文学必须彻底摆脱这一切，才能发挥自己的战斗武器作用。蒋光慈的无产阶级革命文学理论，不乏真知灼见。

第三，同人民群众紧密结合是无产阶级革命文学的又一重要特征。在苏联十月革命和马克思主义的影响下，五四新文学运动在这方面提出了主张并作了初步的尝试。但由于新文学运动的基本队伍是资产阶级中小资产阶级知识分子，阶级的局限造成了他们生活天地的狭窄，他们的作品无论内容还是形式，都难以达到同人民群众的真正结合。中国共产党诞生之后，工农群众的斗争逐步高涨，二七大罢工、五卅运动、香港大罢工、上海工人占领上海……其势如急剧的暴风雨，震动整个中国社会。然而当时的许多作家对中国革命的浪潮似乎视而不见，听而不闻。茅盾先生曾对 1921 年 4 月至 6 月间中国文坛发表的 120 多篇小说做过一次统计，其中反映城乡劳动者的作品只有 11 篇，反映资产阶级或小资产阶级男女恋爱题材的作品占绝大多数。而仅有的 11 篇描写城乡劳动者生活的作品，也只是以同情的态度反映了他们生活的苦难，没有表现他们积极的反抗斗争[①]。建设无产阶级革命文学，必须克服这种脱离人民群众、漠视人民群众伟大斗争的倾向。蒋光慈在《关于革命文学》中明确指出"革命文学是以被压迫的群众做出发点的文学"，无产阶级革命文学必须同人民群众紧密结合。内容上要重视反映人民群众生活和斗争，形式上必须努力做到大众化。他在《十月革命与俄罗斯文学》中对别德内依的介绍，也特别强调这一点："他是民众的战士，他的诗是为着民众做的，民众的喜怒哀乐是他的诗料"。蒋光慈认为，在无产阶级革命时代，没有反映人民群众斗争生活的文学作品是毫无价值的。他自己身体力行，在社会斗争最剧烈的时候，以他的一支笔当作武器，跟着"短裤党"一道儿战斗。这些文艺观点对于解决文艺大众化问题，无疑都是富于建设性的。

四、苏俄马克思主义文艺流派的影响

三年留学苏俄，使蒋光慈较多地受到苏俄各流派马克思主义文艺思想的影响。置身于红色苏俄，蒋光慈受苏俄政治抒情诗人勃洛克、别德内依的影响，开始了他的政治抒情诗的创作。回国后，他翻译介绍过苏俄各流派作家的文学作品、文艺理论。根据蒋光慈的理论文章，可以见出，其无产阶级革命文学理论主要是苏俄"无产阶级文化派""列夫派"和"拉普"等马克思主义文艺思想的综合。此外，蒋光慈在理论文章中对托洛茨基的文艺理论多有征引。

"无产阶级文化派"对蒋光慈革命文学理论的影响前文已有述及。"列夫派"成立于 1922 年，是苏联早期文艺团体"左翼艺术阵线"的简称，"列夫"是俄文"左翼艺术阵线"的缩写。该派大都系原"未来派"的成员，如马雅可夫斯基、卡缅斯基、阿谢耶夫等，1929 年解散。马雅可夫斯基早期诗歌具有未来派色彩，十月革命后，其创作进入一个新的时期，写出了《我们的进行曲》《革命颂》《列宁》等许多歌颂革命的作品。蒋光慈在《十月革命与俄罗斯文学》第九节中专门论述未来主义与马雅可夫斯基，他认为，"十月革命涌现出许多天才诗人，而马

---

① 徐昌洲. 蒋光慈和我国无产阶级革命文学的初期倡导［J］. 锦州师范学院学报（哲社版），1985（1）：48 - 55.

雅可夫斯基恐怕要算这些诗人中最伟大，最有收获，最有成就的一个了"。"列夫派"绝大多数拥护未来主义，主张抛弃文学遗产，特别强调文艺的政治鼓动性，忽视艺术的本体性。钱杏邨曾在《〈鸭绿江上〉——蒋光赤第二小说集》文学评论中论述过"列夫派"理论对蒋光慈的影响：

> 现在，他的《鸭绿江上》又要出版了，这实在有介绍的必要。不过，在介绍本书之先，我要用新俄"列夫派"的艺术定义，来说明他的创作的态度。自然，我不能说光赤是受了这一派的影响，但我以为他的态度……的确和"列夫派"的同人站在一个战线上。①

诚然，蒋光慈的文学思想和"列夫派"站在同一战线上，宣传文学的鼓动社会革命情绪的功能，认为革命作家的精神不应该太倾向技术、专事雕琢语句，而应该为现代中国青年指出正确的出路。

"拉普"是苏联 20 世纪 20—30 年代初最大的文学团体"俄罗斯无产阶级作家协会"的俄文简称。"拉普"包括 1922 年 12 月成立的十月文学小组、1923 年成立的莫斯科无产阶级作家联合会（"莫普"）、1925 年成立的全俄无产阶级作家联合会（"瓦普"）等文艺组织，这些组织的领导核心都是阿维尔巴赫等同一批人。参加"拉普"的有法捷耶夫、李别金斯基、绥拉菲莫维奇等著名艺术家。"拉普"的活动通常可分为两个时期：1923—1925 年为前期，1926—1932 年为后期。"拉普"捍卫无产阶级文学的战斗原则，反对各种非政治倾向，但是他们妄自尊大，歧视和无情打击"同路人"作家，犯有"左"的错误，1932 年解散。蒋光慈的无产阶级革命文学理论构建，较多受到"拉普"文艺观点影响。

蒋光慈对于无产阶级文学创作主体问题的思考，主要吸收的是"拉普"前期"岗位派"的观点。"岗位派"源于"莫普"的机关刊物《在岗位上》，该杂志发行于 1923 年到 1925 年，正是蒋光慈苏俄留学生活时期。"岗位派"在谈论无产阶级文学创作主体的身份问题时，强调的是政治意识的纯洁性，是和俄国共产党保持最紧密的关系，而忽略了出身的阶级性。同样，蒋光慈在《现代中国文学与社会生活》一文中回避无产阶级文学创作主体的阶级属性问题，而格外强调政治意识的先进性，热情歌颂中国新兴的知识阶级革命作家——新的作家：

---

① 钱杏邨．《鸭绿江上》——蒋光赤第二小说集［M］//方铭．中国文学史资料全编现代卷：蒋光慈研究资料．北京：知识产权出版社，2010：242．

在革命的浪潮里，涌现出来一批新的作家。这一批新的作家，虽然现在还未成名，还未给与我们很好的成绩，但是他们前途将有非常大的发展……这一批新的作家被革命的潮流所涌出，他们自身就是革命，他们曾参加过革命运动，他们富有革命情绪……他们不但了解现代革命的意义，而且以现代的革命为生命，没有革命便没有他们了。

也正是基于对无产阶级文学创作主体政治意识纯洁性的强调，蒋光慈在文章中把当时中国作家分为三类：想与革命接近但与革命太生疏的"有良心的旧的作家"；处处与现代革命潮流相背驰的"滚入反动的怀抱里的作家"；与革命有密切关系的"在革命的浪潮里，涌现出来的一批新的作家"。

"拉普"提出文学是有阶级性的，文学应该为革命事业服务，文学应该把工农大众作为自己描写对象的文学主张，曾给蒋光慈的创作以积极的影响。但是，"拉普"提出的"唯物辩证法的创作方法"，认为创作不是借助艺术形象去反映社会生活，而是单凭政治理论进行枯燥的说教，对作品的评价不是依据作品的客观真实和艺术感染力，而是依据作家的主观态度，这些违背艺术创作规律的主张，也曾对蒋光慈的创作产生过消极的影响，使他的文学理论常常出现"机械唯物论"的偏颇，文学创作上出现模式化、概念化和标语口号化的倾向。蒋光慈在《关于革命文学》中认为，1928 年的中国革命已经进入"极高涨的时代"，"革命文学应当是反个人主义的文学，它的主人翁应当是群众，而不是个人；它的倾向应当是集体主义，而不是个人主义"。蒋光慈这些对中国革命形势的分析以及对革命文学性质的界定，留下了受前期"拉普"激进的"左"的思想影响的印迹。他前期的小说如《短裤党》就具有"集体主义"倾向，重群像描绘而不注重个性刻画①。

托洛茨基既是俄国无产阶级革命家、十月革命总指挥，又颇有文艺修养，是苏俄时期最富有争议的文学思想家之一。其文艺理论代表作《文学与革命》1923年出版后，在世界左翼文化界产生了很大影响。未名社的韦素园、李霁野曾合译《文学与革命》，由北京未名社 1928 年 2 月初版，此书在我国左翼作家中颇有影响，鲁迅的案头就有这本书。蒋光慈编著的《俄罗斯文学》一书，在结构、内部章节设置方面很明显模仿借鉴了托洛茨基的《文学与革命》。该书上半部是蒋光慈撰写的《十月革命与俄罗斯文学》，下半部是瞿秋白撰写的《十月革命前的俄

---

① 谢昭新．论俄苏文学对蒋光慈文学创作的影响［J］．江淮论坛，2010（2）：153－160.

罗斯文学》，这和《文学与革命》的两部分内容设计完全一样。蒋光慈撰写的《十月革命与俄罗斯文学》9节中起码有5节可以在《文学与革命》找到对应章节，在许多地方更直接使用了《文学与革命》中的论述①。蒋光慈在论述中也对托洛茨基的文艺观点多有征引借用，如其关于"同路人"的论述。托洛茨基按照作家与革命的关系，把作家分为"同路人"和"革命人"。蒋光慈在《十月革命与俄罗斯文学》中采用托洛茨基"同路人"和"革命人"概念，把勃洛克、别德内依、爱莲堡、叶赛宁、马雅可夫斯基等区分为无产阶级作家和非无产阶级作家。蒋光慈虽然吸收了托洛茨基《文学与革命》的有关论述，但他对托洛茨基文学观点多有取舍，如他舍去了托洛茨基对作家文本艺术性的精湛分析。蒋光慈对于革命党人和革命文学家在革命中的作用，与托洛茨基的观点并不完全一致。托洛茨基认为"枪炮轰鸣日，缪斯沉默时"②，不是简单地将两者看成只是任务不同的群体。蒋光慈则认为，两者只是革命事业分工不同："倘若一个从事实际运动的革命党人，当他拿手枪或写宣言的当儿，目的是在于为人类争自由，为被压迫群众求解放，那么我们的文艺者当拿起自己的笔来的时候，就应当认清自己的使命是同这位革命党人的一样。"

无须讳言，同其他早期共产党人一样，蒋光慈当时对于马列主义文艺理论的学习和掌握还是初步的不纯熟的，他的无产阶级革命文学主张还不够完善，有的还比较幼稚甚至存在着严重局限。在新文学运动中，革命的小资产阶级作家和进步的资产阶级作家，都是反帝反封建的新文化统一战线中的盟员。由于对此认识不够清楚，同时受前期"拉普"宗派主义情绪影响，蒋光慈对一部分革命小资产阶级作家和进步资产阶级作家及其作品，有时不能正确评价。他在《现代中国社会与革命文学》中，把他们说成是市侩派的文学家，判定他们的作品是不革命的文学，甚至把他们看作革命障碍。如"叶绍钧可以说是市侩派的小说家的代表""若说冰心女士是女性的代表，则所代表的只是市侩式的女性，只是贵族式的女性"，显然是对文学研究会作家的不适当的否定。由于蒋光慈过于重视无产阶级革命文学的宣传鼓动性，容易忽视文学艺术的本质特征，东京治病游学前后，蒋光慈逐步意识并扭转这种忽视艺术性的倾向。

---

① 张广海.蒋光慈前期文艺思想探源［J］.南京师范大学文学院学报，2010（2）：78－83.

② ［苏］托洛茨基.文学与革命［M］.刘文飞，王景生，季耶，译.北京：外国文学出版社，1992：554.

第
三
节

蒋光慈无产阶级革命文学理论的发展

一、革命文学理论新的增长点

1929 年 8 月至 11 月，蒋光慈在东京治病游学可以视作蒋光慈文学生涯的一个分界线。从蒋光慈旅日日记集《异邦与故国》可知，此时他与日本著名的左翼作家和文学评论家藏原惟人、藤枝丈夫频繁交往，共同探讨普罗文艺。藏原惟人是日本左翼文坛领袖、日本共产党党员，深受普列汉诺夫影响，他的理论观点更接近原点的马克思主义文艺理论。蒋光慈从藏原惟人的藏书中，深入阅读了鲁纳卡尔斯基（今译"卢那察尔斯基"）的《艺术之社会的基础》《艺术的对话》、别林斯基的《现代批评之诸问题》、哥尔巴切夫的《现代俄国文学丛论》《文学革命的两年》、列斯涅夫的《文学与批评的诸问题》、罗斯芹的《艺术家与时代》、绮达的《文学批评集》、马查的《文学与西方的无产阶级》，以及《马克思主义对于文学和艺术的阐明》《普列汉诺夫文集》等一大批俄罗斯的文艺理论著作，从中汲取到了纯正的理论养分。这些科学的文艺理论著作，进一步武装了他的思想，提高了他的认识。与藏原惟人的交游，推动了蒋光慈革命文学理论的提升，开拓了蒋光慈的理论视野。

蒋光慈对前期的文学主张作了审视，他注意到，在前期革命文艺理论构建时，存在概念化、公式化的痕迹，以及忽视艺术性、比较幼稚等不足。高度自觉的理论意识，使蒋光慈在东京提出了新的革命文学理论增长点，即文学能动反映论、文学的美学属性和文学的个人主义等理论观点。这些理论散见于《异邦与故国》《〈爱的分野〉译者小序》《〈一周间〉译者后记》《高尔基的〈我的童年〉的书前》等日记、序言和后记中。

第一，文学能动反映论，这是蒋光慈前期反映论文学观的发展。他在《异邦与故国》1929年9月9日载，上午读到卢那察尔斯基的《艺术的对话》时，抄录了文中所引证的一段话："无论政治或艺术都非尽量地用力使人类震撼及向上不可；无论政治或艺术都非尽量地努力着深刻地追寻人类的精神不可。'政治文学——是坏的文学'，这句话是不真实的，政治和艺术能够种种样样地，有效果地，造成相互的关系。政治能够把最高的材料，最强烈的冲动提供给艺术家；而艺术在最大的程度里使政治的斗士底力量巩固起来的。"蒋光慈认为这一段话很能够将艺术和政治的关系解释清楚。这说明，蒋光慈既继承了前期"文学是生活的表现，真正的文学作品没有不含时代性的"（《十月革命与俄罗斯文学》）观点，要求将艺术与政治深刻联系，同时在对这种联系复杂性的揭示过程中又产生了文学能动反映论的新认识。艺术与政治能够"有效果地，造成相互的关系"，表明艺术与政治是一种并列而非从属的关系，艺术非政治附庸。艺术与政治都努力追寻人类的精神，说明两者的并列关系，高尚的政治理想能给予艺术家最强烈的创作冲动，而艺术家蕴含审美感染力的创作又能有效鼓动政治理想，"使人类震撼及向上"[①]。

第二，文学的美学属性。蒋光慈在10月25日、26日读《马克思主义对于文学和艺术的阐明》时，借普列汉诺夫关于艺术天才的话题，表达内容与形式应统一的文学观：内容必须溶解在作品形式之中，而不是自说自话。这种对作品历史分析和美学分析应该统一起来的观点，正是从别林斯基、普列汉诺夫那里承继来的现实主义批评原则。一句"读了诸名家的艺术批评，我不禁慨叹我们国内批评坛的幼稚"，不经意流露出蒋光慈对自己的文艺批评比较幼稚的坦承。10月28日深入阅读《马克思主义对于文学和艺术的阐明》，蒋光慈进一步思考了文艺形式的问题。他特别提及马克思、恩格斯与德国哲学家拉萨尔就其历史剧《弗兰茨·冯·济金根》的通信，集中体现了马克思和恩格斯的文艺观，使蒋光慈受益匪浅，使他认识到，文学艺术不但要有社会学的资料，而且要有美学元素。此外，从蒋光慈在日本期间所阅书籍来看，他较多受到卢那察尔斯基影响，卢氏虽继承了普列汉诺夫美学的

① 许徐.东京游学与蒋光慈革命文学理论的发展［J］.文艺理论与批评，2012（3）：77-81.

批评思想，但对艺术的审美特征有着更为细腻精辟的分析。

第三，文学的个人主义。1928 年 1 月兴起的无产阶级革命文学运动，最主要的一个理念就是抛弃"个人主义"。创作社主将郭沫若在《创造月刊》第 1 卷第 8 期发表《英雄树》，宣布"个人主义的文艺老早过去了"，毅然放弃了个人主义。蒋光慈在《十月革命与俄罗斯文学》中曾公开表示，无产阶级诗人的作品"只看见'我们'而很少看见这个'我'来"，无产阶级诗人是集体主义的歌者，强调文学的集体主义。作为太阳社的主将，蒋光慈在《关于革命文学》中明确提出："革命文学应当是反个人主义的文学，它的主人翁应当是群众，而不是个人；它的倾向应当是集体主义，而不是个人主义。"同时，蒋光慈在文章中继续写道："在革命的作品中，当然也有英雄，有很可贵的个性，但他们只是群众的服务者，而不是社会生活的中心。"蒋光慈在强调文学集体主义的同时，也认可个性的可贵，但个性只能是为集体服务。这种把个人主义英雄与集体主义英雄对立的文学观念，显然背离了马克思主义文艺观。

然而在日本游学期间，蒋光慈却赞同个人主义的重要意义。蒋光慈在 10 月 23 日读绮达女士的《文学批评集》时，专门征引了她论卢梭的一节文字："卢梭的个人主义乃是对于高等阶级特权的反抗，亦就是对于下等阶级之受非人性的剥削的反抗……卢梭的这一种个人主义是倾向于反抗强有力者，而保护被压迫者，受痛苦者。"这令蒋光慈信服认可，并征引留存，引为知音。1930 年 11 月，蒋光慈替洪灵菲的译作《我的童年》撰写了长达万言的《高尔基的〈我的童年〉的书前》。蒋光慈在文章中借柯根教授的《高尔基论》，肯定高尔基"从个人主义出发的这有名的作家，进向劳动阶级乃至社会主义去的路线"。这透露出蒋光慈对文学个人主义的全面诉求。对于文学的个人主义认识，蒋光慈存在一个由强调集体性向集体与个人相统一的发展过程。蒋光慈 1930 年创作的长篇小说《咆哮了的土地》，写农村土地革命斗争的故事，小说在现实生活与革命感情、群体与个体、内容与艺术等方面的处理，都比以往成熟。

二、对典型形象塑造、人物心理描写、文艺大众化等理论问题的思考

蒋光慈在提出文学能动反映论、文学的美学属性和文学的个人主义等理论观点基础上，还对典型形象塑造、人物心理描写、文艺大众化等理论问题作了积极思考。他在反思自身创作实践的基础上探讨文学理论及文学创作基本规律，使得他的文学创作理论向前迈进了一大步。

把典型形象塑造确立为文学创作的一般规律。正是由于蒋光慈的"革命文学应当是反个人主义的文学,它的主人翁应当是群众,而不是个人"文学观,使得他在前期创作中,往往忽视了对于人物形象、人物性格的刻画与描写,只满足于写所谓群众斗争的场面与事件,人物形象显得道具化,成了作家意识形态观念的单纯的传声筒。马克思主义文艺观,认为文学作品应通过"典型环境中的典型人物"来反映时代、表现主题。削弱甚至否定对于典型人物的塑造,只能导致作品的失败,这也是蒋光慈前期作品艺术性不高的一个重要原因。东京治病游学,与藏原惟人的经常性谈论交流,并阅读大量马列主义经典文论,使蒋光慈深受启发,意识到初期革命文学的概念化毛病。他积极思考革命文学如何避免政治宣传大纲、脸谱主义人物等弊端。

1929 年 9 月 5 日,蒋光慈译完了普罗文学代表作、李别金斯基的长篇小说《一周间》。他在当天日记中写道:"《一周间》实在不愧为一部普洛文学的杰作……它不但描写了国内战争的事实和革命党人的英勇的行为,而且将革命党人的心灵的深处给大众翻露出来。"(《异邦与故国》)蒋光慈认识到革命文学不仅要写革命斗争内容和"革命党人的英勇的行为",还要写出革命党人丰富的个性与情感。这样,蒋光慈最终形成了他的"形象与环境、共性与个性统一"的马克思主义艺术典型观,把典型形象塑造确立为文学创作的一般规律。作于日本的《冲出云围的月亮》以及他的最后一部作品《咆哮了的土地》,都特别注意典型人物的刻画与塑造,人物性格鲜明,收到了很好的艺术效果。

认识到心理描写在文学创作中的作用。随着"拉普"作家李别金斯基《现实主义地表现个性是无产阶级文学的当前任务》的发表,"拉普"开始提倡对人物心理的描写。受其影响,蒋光慈从《丽莎的哀怨》创作开始,也注意对人物内心世界的开掘、展示和探讨,突出个性形象,情调哀伤、深沉,小说艺术性超于同期其他作品。游学日本的蒋光慈,对李别金斯基、法捷耶夫等"拉普"作家作品人物心理描写的生动深入作了高度评价。他对《一周间》中关于革命党人的心灵深处的描写,给予充分认可。《异邦与故国》10 月 14 日载:"今天下午读完了法节也夫的《坏灭》。法氏的笔调很生动,描写心理尤能精细入微。"《坏灭》即《毁灭》,蒋光慈对法捷耶夫小说的心理描写击节赞赏。1929 年 12 月,他又在《〈一周间〉译者后记》中再度强调"李别金斯基的两眼特别会看,他看出＋＋主义者(指共产主义——引者)的心灵深处"。蒋光慈此时认识到人物心理描写在文学创作中所起的重要作用,《冲出云围的月亮》的心理描写尤为深入细腻,特别是对王曼英病态心理的刻画，入木三分，是一部充分体现作者艺术探索新水准的重要作品。《咆哮了的土地》主要借鉴法捷耶夫《毁灭》中人物心理描写精细入微的艺术手法，从而成为蒋光慈最为成熟的一部作品。

积极参加文艺大众化问题讨论。文艺大众化是中国现代文学的重要发展趋势之一。早期新文学作品的读者主要限于城市小资产阶级和资产阶级知识分子，并没有普及工农群众中去。新文学作家认识到这一不足，号召文艺青年"到兵间去，民间去，工厂间去，革命的漩涡中去"（郭沫若《革命与文学》）。蒋光慈在《十月革命与俄罗斯文学》中称赞别德内依诗歌"能利用民众的俗话做为自己诗的语句，流畅简明，毫不格滞"，认为革命文学语言应该合乎大众语言。随着无产阶级革命文学运动的兴起，为工农大众服务更成为迫切的需要。创造社、太阳社成员先后提出"要以农工大众为我们的对象"（成仿吾《从文学革命到革命文学》），大众化是"普罗文学底实践性底必然的要求"（林伯修《1929 年急待解决的几个关于文艺的问题》）等观点，开了文艺大众化探讨的先河。

左联成立前夕，曾组织发起文艺大众化讨论，这与《大众文艺》杂志有着莫大的关联。《大众文艺》月刊 1928 年 9 月 20 日创刊于上海，现代书局刊行，由郁达夫和夏莱蒂编辑。由于郁达夫忙于其他事务，在刊行 6 期后，易手给创造社的陶晶孙编辑。1930 年 2 月，《大众文艺》曾举办过创造社、太阳社成员关于文艺大众化问题座谈会，主要讨论什么是"大众文学"。蒋光慈在座谈会上主要从文学内容、语言两个方面谈"怎样使我们的文艺成为大众的文艺"。3 月 1 日，《大众文艺》第 2 卷第 3 期刊出座谈会发言记录《文艺大众化问题座谈会》以及鲁迅、郭沫若、沈端先等人 7 篇针对文艺大众化的征文，他们全是即将成立的左联的重要成员。

左联成立不久，就设立文艺大众化研究会，把文艺大众化视作自己的主要追求，工农大众成为文学的核心诉求对象。1930 年 3 月 29 日左联举行大众文艺第二次座谈会，就《大众文艺》中《少年大众》专栏的编辑方针作了专题研讨。蒋光慈对此谈了自己的看法："少年不是成年，少年有少年的兴味，成年有成年的兴味，所以《少年大众》应该是大众化而且要少年化。"他主张作家要仔细研究少年的思想感情，把握他们的特点，写出为他们喜闻乐见的作品来。蒋光慈还在《拓荒者》第 4、5 期合刊《编辑室消息》中，鼓励读者们参与关于文艺大众化问题的讨论。

20 世纪 20 代初期，黑暗的中国刚刚照射进马列主义的曙光。革命的知识分子纷纷在探索、宣传马列主义新思潮的时候，蒋光慈初步传播了马列主义文艺理论。在无产阶级革命文学运动中，蒋光慈较为系统地构建无产阶级革命文艺理论。东京游学为蒋光慈深入思考革命文学理论基本问题提供了重要契机，促进了蒋光慈革命文学理论的发展。蒋光慈逐步成长为比较成熟的马克思主义文艺理论者，为中国早期无产阶级文艺理论的发展做出了自己的贡献。

第三章

蒋光慈无产阶级革命文学活动

第一节

蒋光慈的诗歌创作

蒋光慈最早是以诗人的面目出现于新文坛的，他的文学活动始于诗歌创作。其第一部诗集《新梦》为中国无产阶级文学大厦奠定了第一块基石，也奠定了蒋光慈作为中国现代革命文学的先驱者的地位，从此，"革命"的主旋律响彻蒋光慈的文学创作。蒋光慈的诗歌作品主要收录在《新梦》《哀中国》《乡情集》三个集子里。此外，自传体长诗《哭诉》（后改名为《写给母亲》收入《乡情集》），1928 年 3 月由上海春野书店出版单行本。1929 年，上海北新书局出版《战鼓》，是《新梦》《哀中国》两部诗集略作增删后的合集。蒋光慈诗歌中红色语境下的激情浪漫、感时忧国的愤慨深沉以及革命诗人的赤子之情等特质，呈现出蒋光慈作为"东亚革命的歌者"的多重情感世界。

一、中国革命文学开山之作《新梦》

《新梦》共收入新诗 42 首，其中 6 首译诗，为蒋光慈 1921 年至 1924 年留学苏俄时期所作，1925 年 1 月由党中央创办的上海书店出版印行。这是中国第一部歌颂十月革命和社会主义新生活的诗集，以新的题材、新的人物、新的主题和新的表现形式，明显区别于胡适、刘半农、郭沫若等诗人的早期白话诗和浪漫主义诗歌。蒋光慈在《新梦》的自序中写道：

这一本小册子是我留俄三年中的诗集。从前我在国内时，也曾作了许多诗歌，但是随作随丢，现在无从收集。这一本小册子完全没有插入一首去国前的作品……我呢？我的年龄还轻，我的作品当然幼稚。但是我生适值革命怒潮浩荡之时，一点心灵早燃烧着无涯际的红火，我愿勉力为东亚革命的歌者！

这种燃烧着无涯际的红火，勉力讴歌东亚革命的创作动机，奠定了《新梦》全新的格调风貌。诗人怀着一颗火红的心，以燃烧的激情歌颂十月革命，歌颂列宁，歌颂劳动者，歌颂新生的苏维埃政权以及诗人在新的生活中种种欢欣的感受。《新梦》"第一次把十月革命的炮声，把马克思列宁主义引入了中国的诗坛"，为彼时的中国"带来了不少关于'世界革命'的消息"，满足了人们对取得革命胜利的新生的社会主义国家的想象。

诗集中第一首诗《红笑》，创作于 1921 年 7 月 4 日作者前往苏俄学习途中。对十月革命的故乡苏俄，诗人充满了想象和神往。一进入苏俄国境，诗人顿感神清气爽，心潮澎湃。"红笑"者，红色的笑容也。诗歌开篇即表达了这种喜悦的心情："艰难的路程已经走了，危险的关头已经过了；一大些白祸的恐慌，现在都变成红色的巧笑了！"为什么艰难与恐慌现在都变成"红色的巧笑了"呢？因为"贝加尔湖的碧滴滴的清水"洗净了诗人的心脏，诗人穿过一个个山洞，"都寻着了光亮"。诗人怀着热恋的心态，把莫斯科比作多年梦见的情人，马上就要投入她的怀抱，喜悦激动之情溢于言表。为什么如此激动呢？因为诗人此行的目的并非游山玩水，而是怀着"取经"的精神前来寻找革命真理。《西来意》一诗抒写诗人探求革命真理而出国的情怀："俄罗斯好似当年的印度，你我好似今日的唐僧"，"我愿得到一点真经，回转家乡做牧师。"这"真经"就是马克思列宁主义，是革命斗争经验的"火种"。

经历了十月革命后的苏俄，到处生机勃勃。在《新梦》一诗中，诗人兴奋地写道："冰雪的寒威去了，春光带着笑意来了，草也青了，花也开了。"这种全新的生活、崭新的气象，净化了诗人的心灵，提升了诗人的境界，锤炼了诗人的思想："贝加尔湖的清水/把我的心灵洗净了；乌拉山的高峰/把我的眼界放宽了；莫斯科的旗帜/把我的血液染红了。"受到革命洗礼的诗人，不禁兴奋地反问："谁说诗人的心儿是沉闷的？谁说诗人的歌声是悲哀的？"诗人不但自己坚定了理想信念，而且告诫劝慰朋友们："我的可爱的朋友，我的勇敢的兄弟，也不要灰心，也不要失意，只要你一步一步地前走，幸福终有一日接近你！"这位"朝圣者"的灵魂，在这革命的圣地，受到了彻底的"洗礼"。

《莫斯科吟》为十月革命热情歌唱："莫斯科的雪花白，莫斯科的旗帜红；旗帜如鲜艳浓醉的朝霞，雪花把莫斯科装成为水晶宫。"这里的人们心情舒畅，享有高度的自由："我卧在朝霞中，我漫游在水晶宫里，我要歌就高歌，我要梦就长梦。"诗人这样描绘十月革命的壮丽图景："十月革命，如大炮一般，轰冬一声，吓倒了野狼恶虎，惊慌了牛鬼蛇神。十月革命，又如通天火柱一般，后面燃烧着过去的残物，前面照耀着将来的新途径。哎！十月革命，我将我的心灵贡献给你罢，人类因你出世而重生。"年轻的诗人意气风发、情绪高昂，让十月革命赤色的雄风吹进了中国诗坛。

1924 年 1 月 21 日，无产阶级革命的伟大领袖列宁病逝。次日，消息传到东方大学，整个校园顿时笼罩在一片悲痛的气氛中，蒋光慈当日作题为《哭列宁》悼诗，对列宁的不幸逝世表示最深切的哀悼。诗人真诚地赞颂伟大导师的彪炳功业："你送给了人类不可忘的礼物，你所遗留的将与日月以同明！"盛赞革命领袖列宁是"伟大的红星""光亮的明灯"，认为列宁是"全世界无产阶级革命的首领"。诗人坚信"死的是列宁的肉体，活的还是列宁的主义"，号召"列宁的学生""且收拾眼泪，挺起胸膛，继续列宁的未竟之志"。在《临列宁墓》一诗中，蒋光慈以诚挚的激情缅怀了列宁的丰功伟绩："在茫茫的人海中沉没了一朵光明闪烁的浪花，在克里母宫的城下长卧着一个今古无比的伟人。"临列宁墓，诗人悲痛欲绝："纵让全世界无产阶级号天痛哭，也哭不醒最亲爱的墓里人！"悲哭之中，诗中仍不乏高昂的战斗激情、坚定的革命信念和继承列宁遗志高歌猛进的决心："列宁啊！你的光荣如经天的红日，……愿你把人类摇到那自由乡里去！"

《新梦》中还有许多诗篇，歌颂了十月革命后翻身解放的普通劳动者，歌颂他们为建设苏维埃国家而忘我工作的献身精神以及崭新的精神面貌，歌颂他们在新时代的幸福生活。

译诗《劳工歌》歌颂了劳工神圣："睁开眼儿罢，劳动兄弟！把无意识的压迫抛尽，把黑夜的沉阴宣开，排着队伍——勇敢地前进！"昔日的奴隶，如今当家做主人了，他们为建设新社会而奋勇前行。在《一个从红军退伍归农的士兵》中，诗人描写了一个曾经为翻身解放而不怕牺牲、英勇斗争的红军战士，在革命胜利之后，为了建设新社会，毅然退伍归农，投身于农业生产。作品生动表现了红军战士豪迈的气概、自由的精神、乐观开朗的心态和建设社会主义的主人翁姿态："放下枪头，拿起锄头；从枪头上夺得了自由，从锄头上要栽培这自由。"在《十月革命的婴儿》中，诗人歌颂了沐浴着新社会阳光雨露而积极向上、健康成长的孩子们。在《复活节》中，诗人漫步莫斯科街头，通过对莫斯科街景的场面描写，烘托出了普通民众的幸福生活。而在《昨夜里梦入天国》中，诗人展开想象的翅膀，将新生的苏维埃比作自由、和谐、美丽幸福的天国："人们群住在广大美丽的自然间。要听音乐罢，这工作房外是音乐馆；要去歌舞罢，那住室前面便是演剧院……人们活泼泼地沉醉于诗境里；欢乐就是生活，生活就是欢乐啊！"这自由、幸福的新天堂，虽然有一些乌托邦色彩，但也是新生的苏维埃的真实写照，同时也表达了诗人浪漫主义愿望。

蒋光慈身在红色圣地，时刻心系祖国，期冀祖国也能够像苏俄一样获得"复生"。《新梦》中有一些诗篇，表达了诗人对祖国现状的悲愤和焦虑，对帝国主义、封建军阀的痛恨，号召祖国人民起来反抗帝国主义和封建主义，争取民族独立和自身解放。短诗《每回搔首东望》表达诗人对故土沉沦的悲愤和焦虑："每回搔首东望，我的心只是跳动不停。诗人客地的情怀，最苦的是遥悲故土的沉沦！哎！中国，中国，你何时复生?!"诗人并没有沉溺于社会主义苏联的"天国"里，而是时刻关心着祖国的命运，期望自己的祖国也能够像苏联一样获得"复生"。在《太平洋中的恶象》中，诗人愤怒控诉了帝国主义的横行霸道："美利坚假人道旗帜的招展，英吉利资本主义战舰的往来，日本帝国主义魔王的狂荡?"面对帝国主义的侵略与蹂躏，诗人希望用诗笔震醒同胞，号召劳苦大众起来反抗："远东被压迫的人们起来罢，我们拯救自己命运的悲哀，快啊，快啊，……革命！"

1923年2月，国内在中国共产党领导下，爆发了声势浩大的二七大罢工，东方大学学生也举行了声援二七大罢工的活动。蒋光慈为国际国内革命高潮的风起云涌而高兴，便作了《中国劳动歌》。这首三段进行曲式的、铿锵有力的《中国劳动歌》由爱国主义思想和无产阶级革命意志的经纬线织成。诗人把个人的命运和祖国的命运拴在一起，对被欺凌的祖国痛哭失声，爆发出猛烈的革命呼喊。只有革命才能解救祖国，他召唤劳苦大众动员起来、团结起来："起来罢，中国劳苦的同胞呀！我们尝足了痛苦，做够了马牛；倘若我们再不夺回自由，我们将永远蒙着卑贱的羞辱。我们高举鲜艳的红旗，努力向那社会革命走；这是我们自身的事情，快啊，快啊，快动手！"诗歌给人以强大鼓舞，在大革命风起云涌之际，曾产生巨大的社会反响。1923年8月，孙中山派以蒋介石为首的"孙逸仙博士代表团"考察苏联。代表团成员中有蒋光慈在上海时的朋友沈玄庐，异国相遇，两人心情都很激动。是年11月，代表团回国前夕，蒋光慈专程赶到代表团住处，与沈玄庐畅谈了很久；次日，又作了一首题为《送玄庐归国》的诗相赠。

诗人热情地勉励战友："玄庐！你这一次来，我知道：无涯的白雪更把你的目光照亮了，凛冽的北风更把你的心肠吹热了，鲜艳的红旗更把你的血液染红了。你今归去，我立看着你飞过乌拉山，经过贝加尔湖，跳过满洲里，跑入那闷沉沉的群众中，高呼无产阶级革命/与全世界被压迫民族的解放万岁！"这既是对朋友的叮嘱，也是诗人重申自己为无产阶级革命作宣传的文学创作使命。

《新梦》是一部充满革命浪漫主义精神的诗集，寄托着诗人追寻革命、改造社会的理想情怀，洋溢着欢畅愉悦之情，呈现出革命乐观主义、理想主义基调。蒋光慈的革命浪漫主义，是诗人奔放不羁、热情豪迈的气质以及美学理想的自然表现。此外，英国杰出的浪漫主义诗人拜伦（蒋光慈译为拜轮）和我国郭沫若的浪漫主义诗歌对蒋光慈的影响，也不可忽视。蒋光慈十分敬仰和崇敬拜伦，称他是"黑暗的反抗者""上帝的不肖子""自由的歌者"以及"强暴的劲敌"。在《怀拜轮》一诗中，诗人以拜伦自况："拜轮啊！十九世纪的你，二十世纪的我"。勉励自己做一个像拜伦那样为人类自由而战的歌者："我们同为被压迫者的朋友，我们同为爱公道正谊的人们：当年在尊严的贵族院中，你挺身保障捣毁机器的工人；今日在红色的劳农国里，我高歌全世界无产阶级的革命。"诗人把拜伦引为自己的榜样和知己，决心像拜伦一样，为自由而放歌，为祖国和人民而抗争。五四时期，郭沫若的诗歌充满了诅咒黑暗、歌颂光明、勇于反抗、追求真理的浪漫主义精神，所以深受蒋光慈的推崇和赞佩。蒋光慈在《现代中国社会与革命文学》一文中说："我们读了《女神》，我们觉得作者的人格是如何的雄浑！作者反抗的精神是如何的伟大！作者对于社会的制度是如何的厌弃！作者对人类的同情是如何的深厚！"蒋光慈继承了郭沫若浪漫主义诗歌直抒胸臆的抒情方式和豪放、恣肆的艺术风格，创作了一系列充满革命浪漫主义精神的诗歌。由此可见，拜伦、郭沫若的浪漫主义对蒋光慈的影响之深，它促成了蒋光慈革命浪漫主义的产生。

《新梦》以其崭新的主题和昂扬的精神，开创了无产阶级革命诗歌的风气。五四新诗以郭沫若的《女神》为代表，《女神》高扬个性解放，最充分地反映了狂飙突进的五四时代精神。但随着五四的退潮，新诗诗风发生了很大变化，先前积极进取的气象逐渐转向孤寂彷徨、感伤迷惘。《新梦》的出现，"不啻是一颗爆裂弹"，在当时沉闷的诗坛上空爆炸。如果说《女神》高扬个性解放的旗帜，那么《新梦》则吹响民族独立解放的号角，它的醒世作用，非一般诗文所能比。早在1925年，高语罕就曾指出，该诗集代表的是无产阶级革命的思想与情感："只有这种思想，才可以扫荡中国青年萎靡不振的苟偷心理，把衰弱的中华民族，从国际帝国主义的压迫下面，举起他的头来；只有这种情感，才可以鼓荡那困苦无告的无产阶级的勇气，从国外资本主义、国内蛮横军阀的重围中杀出！"①

显然，《新梦》以其高歌十月革命、高歌列宁、高歌苏维埃政权、高歌共产主义的理想，以其代表的无产阶级革命的思想与情感，而成就其"中国革命文学著作的开山祖"的地位。

二、感时忧国的《哀中国》

蒋光慈的第二本诗集《哀中国》，1927 年 1 月出版。收入作者创作于 1924 年至 1926 年间的新诗 23 首。蒋光慈 1924 年夏从新鲜的、自由的、光明的社会主义国家苏联，回到了半殖民地半封建的祖国，来到了"黑暗荟萃的上海"，理想与现实的巨大落差使他的思想和诗风都发生了转变。诗歌主题由对十月革命和社会主义苏联的歌颂，转化为对帝国主义和封建军阀的揭露与反抗，对处于水深火热中的中国人民的同情。诗风也从激昂豪放、乐观明朗变得激越愤慨、深沉庄严，显示出与《新梦》不同的格调。

蒋光慈回国后，目睹了帝国主义列强在中国分别扶植各派军阀争权夺利，互相混战，肆意践踏中国的主权，屠杀中国民众。这期间，相继发生了"二七""五卅""沙基""三一八"等惨案。《哀中国》中的诗歌感应着时代的脉搏，因此，反对帝国主义、反对封建军阀是其中的最强音。其代表作《哀中国》作于1924 年，是蒋光慈爱国主义思想的集中体现，为整个诗集定了基调。全诗有六个诗节，第一节先描写中国锦绣山河："我的悲哀的中国！你怀拥着无限美丽的天然，你的形象如何浩大而磅礴！你身上排列着许多蜿蜒的山河，你身上耸峙着许多郁秀的山岳。"接着笔锋一转，写出了当下目不忍睹的现实："但是现在啊，江河只流着很呜咽的悲音，山岳的颜色更惨淡而寥落。"第二、三节写出了山河惨淡寥落的原因："满国中外邦的旗帜乱飞扬，满国中外人的气焰好猖狂"，"满国中到处起烽烟，满国中景象好凄惨"。帝国主义的侵略、国内军阀的混战、反动统治的黑暗，是造成故土沉沦、母亲蒙羞、人民悲苦的罪魁祸首。第四、五、六节，诗人先是悲愤而焦虑地呼喊以惊醒国人、唤起民众："我愿跑到那昆仑之

---

① 高语罕.《新梦》诗集序［M］//方铭，马德俊.蒋光慈全集（第一卷）.合肥工业大学出版社，2017：11.

高巅，做唤醒同胞迷梦之号呼；我愿倾泻那东海之洪波，洗一洗中华民族的懒骨。"诗人情不自禁地为祖国命运沉痛叹息："我今枉为一诗人，不能保国当愧死！拜轮曾为希腊羞，我今更为中国泣。"最后从中华民族原有的反抗力中看到希望："我不相信你永沉沦于浩劫，我不相信你无重兴之一日。"诗篇由锦绣河山蒙上污垢、耻辱，到控诉帝国主义侵略、军阀压迫，再到对祖国"重兴"的期望，感情激越、格调深沉、回环往复、一唱三叹，于悲愤中抒发了灼热的爱国情怀。诗人悲愤苍凉的情感寓于形象之中，较为含蓄，诗歌在屈原式的沉痛叹息中显示了慷慨悲歌的战斗意志。

《哀中国》诗集中的其他一些诗篇，如《血花的爆裂》《北京》《血祭》《我要回到上海去》《在黑夜里——致刘华同志之灵》等，表达了对帝国主义和封建军阀的强烈憎恨和对祖国的热爱之情。此时的蒋光慈已告别了幸福明朗的"赤都"，回到苦难深重的祖国，因而在诗作中减少了前期激昂的浪漫主义因素，而是以现实主义的笔触，真实生动地描摹中国的现实社会。《血花的爆裂》写于"五卅"惨案后的 6 月 2 日，对帝国主义枪杀爱国工人的罪行发出了强烈的控诉，诗人相信工人的血不会白流，势必"灌出鲜艳的红花"。诗人高呼："起来罢，我们为中华民族的大暴动！起来罢，我们把帝国主义的权威断送！"长达 136 行的《在黑夜里——致刘华同志之灵》一诗更是具有特殊的价值，诗人融叙事与抒情于一体，热情歌颂了为革命献出生命的工人运动领袖刘华同志。蒋光慈是刘华的老师和战友，他怀着悲愤的心情，痛斥了军阀与外敌相勾结镇压工人、屠杀革命者的罪恶。诗篇赞颂刘华是伟大的战士，是成千上万被帝国主义资本家奴役的工人的"一个光明的柱石"，称颂刘华"领着数万被压迫者寻找解放的路，努力为自由，人权，正义而奋斗"，坚信"黑夜总有黎明的时候"。刘华是新文学中较早出现的一位为革命牺牲的工人运动英雄形象。

作于 1927 年 7 月的《寄友》一诗揭露蒋介石和汪精卫对大革命的叛变，既有自身思想发展变化的解剖，又有悲愤心理内涵的横向呈现。诗人首先向朋友说明以往他们都乐观得有些幼稚简单，以为只要有坚忍精神，就会接近胜利。可如今的现实已打破了那个美梦，由此向朋友发出呼唤，拿起枪杆投身革命军队："朋友，我觉悟了，我们要把枪柄拿到自己的手里！请你相信我，只有炮弹可以保障我们的胜利！我们要到军队中去，到军队中去，到军队中去呵！去把那枪柄紧紧地，紧紧地拿到自己的手里……"诗人明确认识到，只有走武装革命的道路，前途才有希望。"在新诗的头十年里，如此及时地反映、揭露、批判蒋、汪背叛革命，并指出用武装斗争保卫胜利果实，这是绝无仅有的一次"①。与纵向情思剖析同步，诗人还横向展示了悲愤的多重心理内涵，有对过去幻想的批判否定，对水深火热中百姓的同情关怀，也有对阴险弄权的政客们的憎恨抨击。纵横线索的交织，既再现了大革命失败以后中国黑暗现实的图景，又表现了众多小资产阶级知识分子悲愤失望、寻找道路的心情，拓宽了诗的认识价值。全诗的情思犹如一脉涌动的河流，连绵不绝，豪迈的气势令人想到诗人的性情。语言也契合着诗人的性情，十分率直，不吞吞吐吐，确实达到了人与文的同构统一，虽然略显直白，倒也别具一格。

《哀中国》继承了《新梦》的反抗精神，同时又以冷峻沉郁的思考代替了《新梦》那种单纯热情的讴歌。相较于《新梦》，《哀中国》的创作环境发生了巨大变化，所以诗作中现实主义基础更为坚实，充满了悲愤深沉的感情。集子中诗作有被帝国主义残害的家破人亡的农民（《余痛》），有被资本家盘剥得将要走上绝路的工人（《罢工》），有被反动军阀枪杀惨死的革命者（《在黑夜里——致刘华同志之灵》）。悲怆的音调代替了欢快的旋律，愤怒的现实批判取代了美妙的理想追求。对苦难大众的深切同情和真诚的爱国主义心曲完美地融合在一起，构成诗集悲愤激越的主旋律，产生了一种荡气回肠、发人深省的艺术感染力。

尽管《哀中国》里有的诗篇感情还过于直露，却在艺术表现技巧方面逐渐摆脱了《新梦》的"粗暴的呐喊"，更加注重艺术性。如《诗人的愿望》写出了这样句式整齐、注重节律、文采飞扬的诗句："愿我的心血化为狂涌的圣水/将污秽的人间洗得净净地！愿我的心血化为光明的红灯/将黑暗的大地照得亮亮地！"这内容与形式完美结合的佳句，让后人千古传诵。再如《海上秋风歌》全诗三节，每节四句。每节首尾两句 6 个字，中间两句 7 个字，错落有致、句式匀整，且每节首句重复，造成一种回环美。第二节："海上秋风起了，吹得了大地苍凉；满眼都是悲景呵，望云山而惆怅。"诗歌意境清新、形象鲜明，富有诗情画意，显然是吸收了中国古典诗词的长处，具有了中国古典诗词的意境美。

三、倾诉革命诗人赤子之情的《乡情集》

《乡情集》出版于 1930 年 2 月，收录了蒋光慈创作的 5 首诗歌，多为长诗，外加译诗 2 首，诗歌创作于 1927 年至 1929 年间。1927 年，蒋介石背叛了革命，

---

① 吴奔星．论蒋光赤的诗 [J]．江淮论坛，1986（2）：69 - 76.

大革命失败了，国民党反动派大肆屠杀共产党人和革命群众。这时候，中国革命进入一个新的时期，即由中国共产党单独领导中国人民进行革命。蒋光慈在为革命呐喊奔波、为祖国上下求索的同时，通过对故乡和亲友的魂牵梦绕、对流浪生活的遣兴寄怀，倾诉革命诗人心声，艺术上趋于成熟。

诗集中的第一首《牯岭遗恨》长达76行，19个诗节，是作者为悼念亡妻宋若瑜而作。宋若瑜是五四时期开封学生运动领袖，当年她读到蒋光慈发表的文章，极表赞赏，与他建立了书信联系。在蒋光慈内心中，把宋若瑜视为"苏维亚"式的女性。蒋光慈去苏俄留学后，双方联系中断。回国后，蒋光慈给在河南信阳省立第二女子师范任教的宋若瑜发出了正式的求爱信，两人开始甜蜜地交往恋爱。不幸的是，在他们结婚前，宋若瑜查出患有肺结核病，这在当时属绝症，但蒋光慈毅然决然选择与她结婚。可惜婚后一个多月，宋若瑜因为肺病而住进庐山牯岭医院，最终未能康复，于1926年11月6日病故。《牯岭遗恨》作于宋若瑜两周年忌日。第一、二诗节，抒写对亡妻的思念之情："在云雾弥濛的庐山的高峰，有一座静寂的孤坟，那里永世地躺着我的她——我的不幸的早死的爱人。遥隔着千里的云山，我的心是常环绕在她的墓前。牯岭的高——高入云天，我的恨啊——终古绵绵！"但诗人并没有一味沉溺于个人的伤痛之中，而是把夫妻之爱与对祖国和人民的赤子之情联系起来，化悲痛为力量。诗人写道："请你放心罢，我永不会忘情！请你放心罢，我依旧的歌吟！我歌吟，我勇敢地歌吟，一半为着你，一半为着革命。"诗句感人肺腑又激人向上。

自传体长诗《哭诉》是一首脍炙人口的诗篇，共36个诗节，作于1927年10月，后改名为《写给母亲》，收入《乡情集》。诗歌以向母亲诉说别离后的生活和内心活动的口吻，塑造了一个热烈的爱国者、忠诚的革命诗人的形象。诗歌开篇描述了当年母亲为儿送行的动人场面："曾忆起我离家的那一年，那一年的春天，那时是杨柳初绿，草儿初青，野花儿初露脸；在一个清醒明媚的朝晨，你送我一程又一程。"诗人学成归国，回到到处是炮火烽烟的祖国。往昔的朋友，有的升官发财，有的投降变节，有的冷漠超然。但诗人矢志不渝地为革命而歌，为劳苦大众而歌，"我只知道倔强，抵抗，悲愤，顽固，至死也不变"，继续在外面为理想为革命东奔西忙。所以诗人写道："我的母亲呵，我不能够，我不能够！命运注定了我要尝遍这乱世的忧愁；我的一颗心，它只是烧，只是烧呀，任冰山，呵，任冰山也不能将它冷透！"他以此诗句来回复母亲深情的召唤。整首诗情感真挚，格调悲怆，既表达了一个游子对母亲的思念以及长期未归的愧疚之情，更抒发了一个革命诗人对祖国母亲的拳拳之心和赤子之情。

《乡情》也是该集中的著名诗篇，创作于 1929 年年初，是新诗史上较早塑造革命农民形象的诗歌作品。诗歌原题为《从故乡带来的消息》，共 25 个诗节。诗人首先描绘了故乡美丽的景色和童年伙伴们无忧无虑的生活："在村镇的北头有一条小河，小河的两岸上有着柳林，这里在夏天可以听见蝉鸣，在冬天也不断孩子们的踪影。"白塔畈老街的北头有一条十丈多宽的小河，平时水很浅。小河两岸有一片翠绿的竹林，景色宜人，这里是少年蒋光慈和小伙伴们游玩的大本营。蒋光慈有一个童年的小伙伴，名字叫王舜武，绰号"黄牛"，父亲是轿夫，家境贫穷，被时人看成"可耻的贱种"，经常被孩子们欺侮而"默默的忍气吞声"，"只有我一个人和他交好"。但是，美丽的故乡在官匪兵绅的压迫剥削下，已经面目全非，农民们过着饥寒交迫的日子。后来中国共产党在农村领导土地革命，"黄牛"成为农民运动的积极分子："这个从前为人所鄙弃的黄牛，现在做了农民协会的执委"，"他专与豪绅作对，任谁也不奈他何，从前是轿夫的儿子，现在变成了穷人的大哥"，引起了豪绅们的仇恨。蒋光慈从故乡友人那里误听说"黄牛"牺牲了，故而诗篇中的"黄牛"被地主豪绅杀害："豪绅们在县中请了官兵，誓除此地方的'恶棍'，黄牛虽然想逃走，终于牺牲了性命"。作者讴歌了农民运动给农村带来的翻天覆地的变化：一个过去受尽欺凌的轿夫的儿子，在农民运动中"做了农民协会的执委"；昔日的豪绅地主，"现在却到了倒霉的日子"。1929 年，大别山区春雷滚滚，随着全国革命形势的发展，安徽农民暴动此起彼伏。白塔畈以"黄牛"为首的农民协会举行武装暴动，汇入中国共产党领导的"六霍暴动"的洪流，后编入中国工农红军第 11 军第 33 师，为皖西革命根据地的形成奠定了基础。故而，"黄牛"既是一个具体的个体，又是一个意象，他象征着旧中国千百万受压迫和剥削的农民，在中国共产党的领导之下，终于觉醒并走上正确革命道路。

《我应当归去》作于 1929 年 11 月 8 日，此时蒋光慈在日本东京治病游学，诗歌表现了诗人对祖国强烈的牵挂思念之情："说起来东京的风光实在比上海好。但是我，我不知为什么，一颗心总是系在那祖国的天郊。"尽管他清楚地知道："那里，也许没有谁向我展着微笑，那里，也许给我的只有烦恼"，还是如痴如醉地眷恋着故土："我应当归去，我应当归去，虽然我的祖国是那般地不好。"他深情地写道："如果我这个说着中国话的诗人，不为着中国，而为着谁个去歌吟呢？"因此，诗人在日本逗留三个多月时间后，便断然回归祖国："但愿在祖国的自由史上，我也曾溅了心血的痕迹。"诗人对祖国爱得那么深沉，爱得那么执着。在中华民族解放斗争史上，蒋光慈不仅溅出了他的心血，其诗歌激励了众多中华儿女同仇敌忾、为祖国顶着腥风血雨前进。

《乡情集》中除《乡情》近似叙事诗外，其他都是抒情诗。诗篇大多直接抒情，却情感深沉，韵律和谐，艺术上接近于成熟，内容上"表达了第一次大革命失败后，中国人民转入新的革命历程后的思想和经历，是中国革命历程中的一个转折，也是蒋光慈文学创作的一个重大转折"①。

不可否认，蒋光慈的部分诗作，存在着直白的说教和粗暴的叫喊、"直接的呼喊多于凝练的沉思"等不足。但"标语口号式的作品，在蒋光慈的诗歌中仅占一小部分，他的大部分诗作，还是张收有致，形象鲜明，意境畅阔。同时，蒋光慈以政治抒情诗见长，在当时达到了一定的高度。它以昂扬的革命音调、崭新的革命风格和鲜明的革命赤色，使人受到震撼和感染。我们应把此类诗歌与标语口号式的作品，小心地区别开来"②。再者，蒋光慈诗歌创作的时代背景，正是中国人民处于水深火热之中、反帝反封建任务既迫切且艰巨的年代。五四退潮以后，新旧阵营发生分化，许多青年感到迷惘失落，面临着道路选择的困惑。这就迫切需要有人站出来大声呐喊，哪怕这种呐喊是"粗暴"的。诚如蒋光慈自己所言："我不过是一个粗暴的抱不平的歌者，而不是在象牙塔中漫吟低唱的诗人。"（《〈鸭绿江上〉的自序诗》）在这个特别艰难的时刻，蒋光慈勇敢地站在时代前面，承担起革命文学家的使命，他诗篇中的每一个字节，跳动的都是革命的音符。

蒋光慈鲜明讴歌无产阶级革命的诗篇，为中国的政治抒情诗开辟了一大领域，代表了 20 世纪 20 年代的高峰。从蒋光慈的诗歌创作实绩来看，他实现了自我期许："勉力为东亚革命的歌者。"

---

① 方铭 . 蒋光慈的文学贡献 [N] . 文艺报，2018 - 09 - 17（5）.
② 吴腾凰，徐航 . 蒋光慈评传 [M] . 北京：团结出版社，2000：162.

蒋光慈的小说创作

蒋光慈的小说作品全部如下：1 部短篇小说集《鸭绿江上》（共收入 8 个短篇），7 部中篇《少年飘泊者》《短裤党》《野祭》《菊芬》《最后的微笑》《丽莎的哀怨》《冲出云围的月亮》，1 部长篇《咆哮了的土地》（又名《田野的风》）。此外，还有未入集的 3 个短篇：《红布》《疯儿》《老太婆与阿三》，分别刊发于《觉悟》（1924 年 11 月 10 日）、《中国青年》（1926 年 5 月 30 日）、《拓荒者》（1930 年 1 月 10 日）。这些小说创作时间大致在 1924 年至 1930 年间，几乎每一部作品都非常畅销，影响很大，这种现象在当时中国文坛不多见。

一、革命青年成长三部曲

钱杏邨在《蒋光慈与革命文学》一文中，指出蒋光慈小说创作起步阶段的三部作品《少年飘泊者》《鸭绿江上》和《短裤党》构成了当时革命青年成长的三部曲[①]。

《少年飘泊者》完成于 1925 年 11 月，1926 年 1 月由亚东图书馆初版。小说采用书信体，以自述方式讲述了 16 岁的皖西乡村少年汪中，因父母被地主迫害致死而成了孤儿，流浪异乡。在流浪漂泊生涯中，他当过学徒、奴仆、乞丐、茶

---

① 钱杏邨. 蒋光慈与革命文学［M］//方铭. 中国文学史资料全编现代卷：蒋光慈研究资料. 北京：知识产权出版社，2010：218.

房、工人、囚徒等，经历各种坎坷遭遇，仍不懈地与黑暗抗争，反抗压迫，最终选择加入黄埔军校，成长为一名革命者，为劳苦大众解放事业壮烈牺牲。作为蒋光慈的成名小说，同时也是中国革命小说的发轫之作，《少年飘泊者》谱写了中国现代文学史的新篇章。

首先，小说及时而深刻地展现了从五四到五卅这一历史时期尖锐复杂的社会矛盾和现实斗争。蒋光慈在《现代中国社会与革命文学》论文中提出："谁个能够将现实社会的缺点，罪恶，黑暗……痛痛快快地写将出来，谁个能够高喊着人们来向这缺点，罪恶，黑暗……奋斗，则他就是革命的文学家。"《少年飘泊者》则完满地体现了蒋光慈的这种认识。作者描写汪中由孤儿、奴仆、乞丐、工人、工会工作者，以致最后成为一名革命战士的漂泊历程，涉及三教九流、各色人等，多层次、多侧面地展示了社会的黑暗。蒋光慈故乡安徽省霍邱县白塔畈东北有一座地主庄园王家老楼，当时楼主是大地主王子敬，人称王老太爷。他有三个儿子，都在外面做官，财旺势大，心狠手辣，佃户拖欠他一点租子，轻则撵走，重则殴打甚至致死。蒋光慈在《少年飘泊者》里把王子敬当成"刘老太爷"的模特，进行无情的揭露和鞭挞。小说还描写了五四运动、"二七"惨案和五卅运动等声势浩大的场面。汪中在攻打惠州城的时候，在枪林弹雨中毫无惧色，高喊着"打倒军阀，打倒帝国主义"而壮烈牺牲，预示了中国人民所蕴藏着的伟大力量必将释放、爆发。因此，这一部无产阶级革命文学的开创性作品，被郭沫若誉为"革命文学的前茅"。

其次，作品采用五四时期不多见的书信体小说结构形式，以孤儿汪中致诗人维嘉的一封长信，描写汪中近十年的漂泊历程和内心的不满与追求。《少年飘泊者》共4万多字，由题诗、自序、18节主体内容以及维嘉的附语四部分组成。小说开篇用《新梦》集中《怀拜轮》一诗作题诗，这种设置使读者很快被一种高昂、奔放的情绪所感染。自序说明作者创作目的：对飘泊少年的悲惨命运，发出了愤怒不平的"粗暴的叫喊"；对那个吃人的黑暗社会，发出了痛恶欲绝的"粗暴的叫喊"。故事情节的展开、环境心理的描绘和人物形象的塑造，主要通过一封长信，即18节主体内容形式来实现。在维嘉的附语中作者转换叙述视角，叙述声音由写信人汪中转到收信人维嘉身上，维嘉对作品中书信的来龙去脉进行补叙，这样的叙事安排极大地增强了作品的真实感和可信性，体现了作者在小说创作构思上的匠心独运，也使作品产生了独特的艺术效果。《少年飘泊者》与郭沫若的《落叶》、冰心的《遗书》、庐隐的《或人的悲哀》等共同对五四书信体小说的出现与发展做出了较大的贡献。

再次，人物形象鲜明。在封建主义、帝国主义、官僚资本主义三座大山压迫下，汪中是众多受苦受难的农家孩子的典型。他在父母被地主迫害致死之后，被生活逼上了漂泊的生涯：做过川馆先生的随从，受尽了狎戏与污辱；做过沿街乞讨的乞儿，受尽了饥饿和痛打；做过杂货店的学徒，受尽了资本家的剥削和摧残；做过洋货店的小伙友，受尽了盘剥和屈辱；做过旅馆的茶房，受尽了辱骂和斥责。但是，压迫愈深，反抗愈烈：他曾到桃林村投奔土匪，想杀富济贫，复仇雪恨；他支持学生运动，曾冒死为学生通风报信；他投入了二七大罢工中，目睹了林祥谦烈士的英勇就义；他进入了黄埔军官学校，在东征攻打惠州时英勇牺牲。汪中形象极具时代色彩，他所走过的路，正是五四以后革命青年所走过的或者应该走的道路。汪中可以说是中国文学史中一个丰富多彩的典型形象，作者通过这个人物形象揭示了在黑暗的社会现实面前，人们要改变被压迫被奴役的命运，只有革命这一条路可走。这对当时许多处于迷惘之中的青年无疑是一个深刻的启示，因而出版后受到青年读者的热烈欢迎。此外，《少年飘泊者》是中国小说第一次正面描写中国工人运动的先驱者、京汉铁路总工会江岸分委会委员长林祥谦形象的作品。蒋光慈笔下的共产党员林祥谦是中国工人阶级的杰出代表，其形象之高大、事迹之感人，使手持利刃的军阀在他面前显得穷凶极恶、渺小卑劣。小说人物形象刻画不仅鲜明，而且逼真。

最后，《少年飘泊者》具有自叙传色彩。在五四小说园地，郁达夫开拓出现代小说新的园地——浪漫抒情小说，增强了五四文学的多元色彩。郁达夫小说中的主人公多是夫子自道，他成为第一位把作家自我与小说主人公融为一体的文学大家。虽然《少年飘泊者》不属于浪漫抒情小说序列，但是它与浪漫抒情小说存在渊源。蒋光慈在创作《少年飘泊者》时，不断回味自己的经历和无数生活场景，让这些经历和生活在作品中获得生机，带有明显的自传性。写信人汪中和收信人维嘉有作者本人的身影或精神气质，代表不同时期的作者。蒋光慈从小聪明好学，他喜欢读《史记》，颇为敬佩朱家、郭解的为人。他小学时候便开始接触新思想，阅读进步刊物，满怀梦想，同时也痛恨这万恶的旧社会。这在《少年飘泊者》中，也有一段相似的描写："我生性爱反抗，爱抱不平。我还记得我十三岁那一年，读《史记》读到朱家郭解传，不禁心神向往，慨然慕朱家郭解之为人。"小说内容融进很多蒋光慈个人及其家族的历史，蒋光慈的自身感受亦显现其中。蒋光慈少时求学历程和汪中经历有很多相似的地方，如汪中离开故乡到 H

城，又经巢湖到 W 埠，即是蒋光慈离开白塔畈到合肥，又经巢湖到芜湖五中读书的经历。正是小说自我写真的特点，加上蒋光慈对浪漫主义的偏爱，使得《少年飘泊者》带有主观抒情的色彩。主人公汪中可以说是郁达夫小说中抒情主人公形象"零余者"的时代变形，蒋光慈通过对汪中"漂泊之旅"的浪漫叙事，将"零余者"转变成了拜伦式的英雄。

短篇小说集《鸭绿江上》1927 年 1 月由亚东图书馆初版，共收入《鸭绿江上》《碎了的心》《弟兄夜话》《一封未寄的信》《徐州旅馆之一夜》《橄榄》《逃兵》《寻爱》8 个短篇。作者在《〈鸭绿江上〉的自序诗》中写道："但是到如今呵，消散了一切的幻影，留下的只有这现存的真实的悲景！"集子中作品从不同的角度，形象地描绘了社会的黑暗。集子借不同社会生活的描写，反映了民族、阶级之间的不平等，篇篇都在同情无产阶级，反抗军阀资本家，革命倾向相当鲜明。

小说《鸭绿江上》以在莫斯科留学的朝鲜革命青年李孟汉自述爱情史展开情节。李孟汉与金云姑，由青梅竹马、两小无猜到爱情的萌生、成熟。李孟汉的父亲因参加抗日活动被杀害，为避免惨遭毒手，他与云姑惜别，逃到中国，后来又到苏联参加红军，并到大学学习。为了祖国的独立解放，李孟汉如饥似渴地学习马克思主义。留在故乡的金云姑担任高丽社会主义青年联盟妇女部的书记，参加罢工斗争被捕入狱，慷慨就义，为民族解放事业英勇献身。《鸭绿江上》批判日本帝国主义对朝鲜民族解放运动的血腥镇压、对朝鲜青年男女的摧残和迫害，是蒋光慈小说创作中一篇比较集中地表现民族矛盾、反映民族独立斗争且涉及国际主义的小说。

《鸭绿江上》
（出自《六安革命文学史》）

《碎了的心》中汪海平是个青年革命者，吴月君是个信仰基督教的女看护。汪海平因参加反帝爱国游行被反动军警刺伤，入院就医。从幼年起就饱尝人生苦难的洋车夫的女儿吴月君，朴素的阶级意识使她憎恨帝国主义和反动军阀，觉得汪海平可爱。汪海平也在了解吴月君的身世经历之后，"发现她是纯粹无产阶级的女儿，因之更发生了无限的同情"。显然，两人的爱情基于阶级的同情与友爱。封建军阀为了维护反动统治残杀了汪海平，吴月君跳水自杀，追寻汪海平的灵魂而去。小说控诉了帝国主义与封建军阀的罪恶，表达了共产党人与群众密切的关系以及民众的觉醒。《弟兄夜话》带有自叙传色彩，通过主人公江霞与大哥关于婚姻问题的争论，表达了五四后一代青年对婚姻自由的渴望与追求。在江霞与大哥的对话中，涉及地主阶级对农民的残酷剥削压迫，以及农民的无穷灾难，揭露了现实社会的黑暗。

《徐州旅馆之一夜》中，一个因战乱与灾荒流落城市的山东农村姑娘（童养媳），为了养活家人，不得不出卖自己的青春和肉体。作者把产生这种丑恶现象的矛头直指黑暗的社会，对身陷火坑的妓女表示深深的同情与关切。当那位山东农村姑娘来到男主陈杰生的房间准备卖身时，陈杰生本想给她几个钱立即把她打发走。可是姑娘却说："假若俺现在回去，俺的婆婆一定说俺得罪了客人，不会……俺一定要挨打！"不得已陈杰生只得将她留下："杰生想来想去，只得请她在床那头睡下……这位姑娘很奇怪：这位客人真是有点两样！他叫我来干什么呢？"这种奇特的处置方式，反映出主人公品格的高洁，也可以从中看出作者的思想和道德水平远远高于五四时期的许多作家。

《橄榄》体现的是无产阶级与反动资本家的抗争。德发与喜姑的爱情悲剧，与封建包办婚姻毫无关系，完全是厂主何庆三经济剥削与政治压迫的结果。"可怜的女工们不但在体力上要为厂主老爷作牛马，做生利的工具，并且要做厂主老爷的泄精器，屈服于他的兽欲之下！"喜姑被何庆三强行霸占为姨太太，反动资本家为满足兽欲对其进行污辱和摧残。最后喜姑亲手刺死何庆三，同德发一起远走他乡。《逃兵》通过第一人称的手法，叙写一个不堪被压迫而刺杀团长的逃兵的故事，控诉兵、官、匪横行，民不聊生的黑暗现实，揭露封建军阀的穷凶极恶，表达了反抗的主题。

《寻爱》具有喜剧色彩和讽刺意味，写一个小资产阶级诗人刘逸生寻找真爱到处碰壁。他先后向艺术系女生、女艺人和女茶房示爱，均遭拒绝，因为"少了几块大龙洋"，揭示现存制度下爱情离不开金钱，故要改变现实世界。因此，他开始觉醒，决心通过革命来改变现实。《一封未寄的信》采用第一人称的手法，力图通过爱情来表现群众对革命党人的拥护与爱戴。那位少奶奶之所以钟情于 C 君而不爱她的丈夫，因为她"在银行当买办的丈夫有点俗气"，而 C 君"是一个革命党人", "革命党人的精神, 魄力和心灵永远是可爱的。"这两篇小说努力把恋爱与革命联系起来, 这是有益的开拓, 但作品显得有些简单而苍白, 具有概念化倾向。

《鸭绿江上》承接蒋光慈此前创作的反帝反封建的斗争精神, 在反映生活的深广度方面又有所开拓。从空间上看, 从国内到国外, 从乡村到城市, 从工厂到军营; 从人物形象上看, 有工人、农民、学生、士兵、教师、逃兵、妓女、护士、资本家、职业革命者等。作品通过对广阔的社会生活的描写和众多的人物形象的塑造, 为我们展示了帝国主义和封建军阀的罪恶, 以及民不聊生、危机四伏、各种矛盾不断激化、革命之火即将燎原的现实图景。在以往的新文学作品中, 揭露社会黑暗腐朽的作品早就有之, 但如蒋光慈在作品中鲜明地指出, 祖国沉沦、人民苦难的根本原因在于地主、资本家、封建军阀和帝国主义者结成的"神圣同盟", 他们是造成中国社会黑暗腐朽的首恶元凶, 并对他们的反动本质给予彻底揭露和激烈抨击的作品并不多见。《鸭绿江上》一出版即产生很大影响, 在当时也获得了较高的评价。

1926 年底至 1927 年春, 中国共产党先后领导上海工人三次武装起义。蒋光慈趁硝烟未散, 用半个月的时间, 写成了《短裤党》, 几乎同步地再现了起义从失败到最后胜利的全过程。蒋光慈怀着一腔革命激情、鲜明的阶级爱憎, 以汪洋恣意的笔触, 第一次正面描写了中国共产党领导的这场工人运动的过程, 揭示了胜利的原因, 将现实中真实的人物写进作品。书中很多人物都有原型, 例如杨植夫和秋华, 就是瞿秋白和杨之华夫妇, 史兆炎就是赵世炎, 老头子郑仲德即陈独秀, 沈船舫即孙传芳, 江洁史暗指蒋介石。小说描写的一些过程和细节也与事实相符, 清华大学旷新年教授指出: "《短裤党》的突出特点就是以时事、以现实斗争的尖端题材为内容, 将真实的现实生活斗争中的人物写进了小说……它产生了一种新的文学体裁——报告小说"①。小说塑造了李金贵、邢翠英、华月娟等一大批先进的工人阶级形象, 他们具有坚定的政治信念, 敢于斗争, 不怕流血牺牲。

这部小说不仅塑造了一批革命工人的形象, 而且在现代文学作品中第一次塑造了革命领袖人物形象。如身负领导起义重任的中共江浙区委委员赵世炎 (即小说中的史兆炎)、参与领导起义的中共中央委员瞿秋白 (即小说中的杨植夫) 以

---

① 旷新年. 1928——革命文学 [M]. 济南: 山东教育出版社, 1998: 93.

及陈独秀等。蒋光慈与这些同志早年即是朋友，当时又经常接触，对他们的思想、性格、品行乃至谈吐都十分熟悉。作者对这些出生入死的革命领袖非常钦佩，但他并没有因此把他们神化，而是把他们写成既有胜利又有失误，既有紧张的斗争又有真挚的爱情的有血有肉的普通人，给读者留下了深刻的印象。《短裤党》是蒋光慈自觉地运用文学形式反映现实革命斗争的重要标志。诗人柳亚子后来在《新文坛杂咏——蒋光赤》里曾写有"痛史新翻鸭绿江，一篇短裤证行藏"的诗句，对这部小说给予充分的肯定。

虽然这部中篇小说存在情节简单化、人物脸谱化、艺术粗糙等不足，但它第一次以波澜壮阔的画面讴歌了上海工人武装起义这一伟大历史事件，第一次以文艺形式正面提出了党的领导和武装斗争的问题，堪称无产阶级"第一回发出时代的强音"（茅盾语）。诚如作者《写在本书的前面》所言："当写的时候，我为一股热情所鼓动着，几乎忘记了自己是在做小说。写完了之后，自己读了两遍，觉得有许多地方很缺乏所谓'小说味'，当免不了粗糙之讥。不过本书是中国革命史上的一个证据，就是有点粗糙的地方，可是也自有其相当的意义。"

《少年飘泊者》《鸭绿江上》《短裤党》给蒋光慈带来了巨大的声望，使他朝着他所向往的做一个"伟大的、反抗的、革命的文学家"的目标迈出了坚实的一步。

二、"革命+恋爱"模式小说

大革命失败后，中国革命进入由无产阶级单独领导的新的历史时期。此时，参加过第一次国内革命战争的作家如郭沫若、成仿吾等，在武汉从事实际工作的作家如蒋光慈、钱杏邨等以及刚从日本回国的青年作家如冯乃超、李初梨等，相继来到上海。尖锐复杂的革命斗争形势，早期共产党人对革命文学的倡导，以及苏联、日本等国际无产阶级文学运动的影响。如此等等，便是1928年开始的无产阶级革命文学（普罗文学）运动兴起的主要历史背景和原因①。"普罗"是英语"Proletariat"（普罗列塔利亚）译音的缩写。普罗文学，即无产阶级革命文学，是左翼作家在第二次国内革命战争时期为避免反动派注意而采用的译名，主要指以马克思主义文艺理论为指导、宣传无产阶级革命思想，强调文学为政治服务。郭沫若、成仿吾、冯乃超等后期创造社成员和蒋光慈、钱杏邨等太阳社成

---

① 朱栋霖，朱晓进，吴义勤．中国现代文学史 1915—2018［M］．北京：高等教育出版社，2020：107.

员，1928年年初纷纷撰文提倡无产阶级革命文学。

"普罗文学创造了新文学的奇迹，它创造了新文学的流行时尚和畅销书，形成了新文学的规模生产和普遍模式，并且迅速地拓展了新文学的读者大众"①。无论是普罗文学的理论倡导，还是普罗文学的早期实践，蒋光慈都是弄潮儿。他凭着对无产阶级革命的高度热情，坚持文学的功能即是宣传革命思想，走上了一条充满急进革命情绪的"革命的浪漫谛克"道路。他先后出版了《野祭》《菊芬》《最后的微笑》《冲出云围的月亮》等作品，开创了一种新的小说范式——"革命＋恋爱"模式。

该模式的滥觞之作是中篇小说《野祭》，作者在《〈野祭〉书前》表示："这本小书虽然不是什么伟大的著作，但在现在流行的恋爱小说中，可以说是别开生面。它所表现的，并不在于什么三角恋爱，四角恋爱，什么好哥哥，甜妹妹……而是在于现今的时代，在这个时代之中有两个不同的女性。"显然，作品的新意在于表现了"现今的时代"，表达了与以往不同的、全新的恋爱观念。文中革命者陈季侠以一位革命文学家的文才和思想，同时引起章淑君、郑玉弦两位女性的爱慕。相貌普通的章淑君是一位淳朴、善良的姑娘，她热情地向往革命，主动地参加群众斗争，在反革命政变中英勇献出了年轻的生命；美丽天真的郑玉弦不理解革命，害怕革命，直至退却躲避。陈季侠最终从对郑玉弦的错爱清醒过来，将情感的天平倾向了淑君，把心灵祭献给了为革命牺牲的章淑君。小说将革命斗争内容与恋爱内容有机糅合在一起加以表现，通过恋爱来肯定革命，从而赋予爱情以新的时代意义。

《菊芬》以1927年重庆"三三一"惨案和武汉七一五反革命政变为背景，塑造了20世纪20年代一群献身于大革命的进步青年形象。作者突出地塑造了梅英、菊芬这两个既美丽可爱，又英勇顽强的革命者形象，表现了革命者不屈服的反抗精神。菊芬同恋人、革命者薛映冰一道逃出四川，来到革命中心武汉。江霞是一位向往革命的进步知识分子，有蒋光慈自己的影子，他对菊芬的爱情，产生于一次偶然的相见。当他知道菊芬已有爱人之后，仍在心底深深地眷恋着她，这不仅仅因为她天真、活泼、美丽、纯洁，更重要的因为她是一个革命的女青年。显然，江霞是把菊芬作为革命的化身来追求的，带有较浓厚的"革命的浪漫谛克"色彩。作者以崭新的人生观、道德观作为恋爱观的基础，很好地处理了菊

---

① 旷新年.1928——革命文学 [M].济南：山东教育出版社，1998：88.

芬、薛映冰以及江霞三者之间的复杂爱情纠葛，其思想和情趣高出当时文坛流行的三角、四角恋爱。菊芬最后决定进行个人暗杀并牺牲，并非因为失恋，而是因为革命失败。"蒋光慈笔下的革命青年，差不多都把对理想爱情的追求同彻底推翻旧世界的革命斗争结合起来，并把爱情激发的热情倾注到改造社会的伟大斗争中去"①。当然，菊芬这种铤而走险、刺杀复仇的行为，是盲动的，带有个人英雄主义的痕迹。

《最后的微笑》运用梦境和幻觉的表现手法，以1927年大革命前后的上海为背景，塑造了一个备受资本家压迫和欺凌，生活贫困无着，因而铤而走险、疯狂复仇的纱厂青年工人王阿贵形象。王阿贵怀有一种病态的疯狂的复仇心理，他不仅杀死了工头、暗探和秘密稽查，甚至还想杀死自己的父母和妹妹——为的是不让他们在社会上受苦受欺凌。最后，他饮弹自尽，死后"面孔依旧充满着胜利的微笑"。这种个人冒险主义的复仇行为显然是不可取的。《菊芬》《最后的微笑》所采取的刺杀恐怖行为，同无产阶级的有组织有领导的革命斗争是格格不入的，反映了作者"于革命失败后的自发的激愤。尽管他有着革命的愿望，但这种革命愿望也无法避免陷入错误的路线和方法上去"②。

写就于日本的《冲出云围的月亮》是蒋光慈"革命＋恋爱"模式小说的代表作，也是当时"革命的浪漫谛克"思潮的扛鼎之作。小说书名是从作者早年题赠李宗邺的诗句"冲出云围还是月，共君携手看沉浮"中化来，集中描写了王曼英这个大革命后期走上革命道路的知识女性在风云变幻之际的精神危机和心理动态。王曼英本是富家小姐，原在女子师范学校读书，在大革命激流中，男友柳遇秋指引和鼓励她离家进入军事政治学校，成为一名革命战士。此时，王曼英对暗恋她的革命者李尚志只保持一般友谊。当革命走向低潮时，她在消沉迷茫中选择了一种颓废虚无的人生态度："与其要改造这世界，不如破毁这世界，与其振兴这人类，不如消灭这人类。"于是她采用一种自甘堕落、扭曲病态的反抗方式，以自己的姿色去"打击"敌人，腐蚀那些少爷公子、官僚政客和酸腐的文人。

在革命失败的白色恐怖中，李尚志对革命的坚定信念依然如故，继续开展实际革命斗争。李尚志坚定不移的革命斗志唤醒了颓丧迷茫的王曼英，她痛斥卖身

---

① 徐昌洲. 蒋光慈小说中的爱情婚姻描写之我见［J］. 阜阳师范学院学报（社科版），1986（4）：85-93.

② 田本相. 蒋光慈的创作道路［M］//方铭. 中国文学史资料全编现代卷：蒋光慈研究资料. 北京：知识产权出版社，2010：354.

求荣的柳遇秋，与李尚志走到一起，并重新投入革命工作。小说结尾时王曼英说了这样一段话："这月亮曾一度被阴云所遮掩住了，现在它冲出了重围，仍是这般地皎洁，仍是这般地明亮！"这充满诗意的话语不仅高度概括了女主人公曲折动人的生活历程，而且也深刻揭示了人物内心深处的颤动，艺术地点明了整个作品的主题。

蒋光慈开创的"革命＋恋爱"模式小说，把五四以来新文学中热门的个性解放、恋爱自由与革命结合起来，恋爱推动着革命，坚定的革命者最终获得真正的爱情。尽管小说较多地流露了小资产阶级的思想感情，却表现了当时革命青年普遍的思想情绪，即对革命的向往、对美好爱情的追求，因而获得了广大青年读者的青睐和热捧。大革命失败后，越来越多的小资产阶级进步青年走向革命，客观上要求充满激情的革命文学作品。"革命＋恋爱"小说模式既迎合了当时社会阅读心理的需求，反过来又刺激了作家们大张旗鼓地从事这一模式的创作，左翼作家不乏模仿之作。在新的时代氛围中，读者与作者的"合谋"，造就了"革命＋恋爱"小说模式的大行其道。

本时期，蒋光慈还创作了一部颇有争议的中篇小说《丽莎的哀怨》。这部小说的题材不再是革命斗争，人物也不再是工人、知识分子以及革命者，而是描写了一个沦为上海妓女的妇女丽莎的悲惨遭遇。十月革命后，大批白俄逃亡至中国。据国际联盟统计，20世纪20年代末，在华白俄多达七万六千余人，哈尔滨和上海是他们的两大聚居地。当时住在上海的蒋光慈非常熟悉他们的生活。丽莎原本是一位纯真、善良的俄罗斯贵族少妇，十月革命后，她和白俄军官丈夫白根逃往上海。为了生存，她沦为脱衣舞娘和妓女，在出卖自己肉体时，内心万分痛苦，最终投身海底。

丽莎的故事可以视作女性成长的另类书写。丽莎来到上海之前，曾是"俄罗斯贵族妇女中一朵娇艳的白花"，心里对布尔什维克是怨恨的，她认为是他们毁了她曾经拥有的幸福生活。但在上海，她的思想开始转变，对自己曾经的生活选择有了怀疑与反省，后悔自己没有选择成为工人木匠伊万的妻子，并怀念当年背叛家庭、投奔革命的姐姐薇娜，似乎有肯定姐姐革命行为之意。作为一个旧俄贵族妇女，这种思想的转变实属难得。作者采用第一人称的视角，让丽莎向读者敞开心扉，用大量的细腻的心理描写直接展露人物的内心世界，把丽莎复杂的心态和情感渲染得淋漓尽致。丽莎形象的丰富性、复杂性，突破了一个阶级一个典型的刻板做法，蒋光慈革命文学中的人物，也由"扁平"开始走向"圆整"。他在小说创作道路上不断探索与创新，《丽莎的哀怨》是他的尝试"转换"之作，正如他在《〈新流月报〉第一期编后》坦言："最后，要说到我的《丽莎的哀怨》了，这一篇是我的很大胆的尝试，也只是一个尝试而已。"

三、成熟之作——《咆哮了的土地》

1930 年年底，蒋光慈在身患疾病、白色恐怖异常险恶的斗争环境下，以非凡的毅力完成了长篇小说《咆哮了的土地》的创作，这是蒋光慈小说最为成熟的一部，全书共 56 节。1932 年 4 月，为了躲避国民党当局的查封，小说改名为《田野的风》出版。

大革命前后，中国共产党领导的农民革命运动风起云涌，《咆哮了的土地》第一次以文学的形式对此进行了反映。小说以大革命失败后大别山农村地区波澜壮阔的农民革命运动为背景，描写了农民在中国共产党的领导下，武装起来，组织农会，同地主阶级进行你死我活的斗争，最后奔向革命队伍的聚集地"金刚山"[①]。

在革命的疾风暴雨中，农民出身的共产党员矿工张进德和出身地主家庭的知识分子李杰相继回到故乡，他们把新思想带给农民，并在农村撒下反抗的火种，在沉睡的田野上掀起了一股革命的风暴。在很短的时期内，他们成立了农民协会，领导农民打土豪闹减租。一时间，农民协会在农村建立起无上的权威。大地主李敬斋、何松斋逃到城里，小地主张举人和富农胡根富成了农民协会的阶下囚。

1927 年八七会议之后，秋收起义开始，我们党确立了把革命的重心转移到农村，开展武装斗争，建立农村革命根据地，以农村包围城市、武装夺取政权的革命道路。《咆哮了的土地》创作时间正是井冈山革命根据地建立发展时期，蒋光慈凭借自己敏锐的观察与分析能力，以艺术把握世界的方式，在作品里率先反映了中国革命的出路问题，即中国革命必须走井冈山道路。"这是中国现代文学史上第一部正面描写土地革命战争的长篇小说，艺术地再现了井冈山革命道路，填补了中国现代文学史上的一项空白"[②]。

《咆哮了的土地》为新文学的人物画廊增添了崭新的农民形象。王贵才、吴

---

① 小说事件似乎发生在湖南农村，然而作品所展现的生活场景、人物语言和自然景观等，则是按照作者所熟悉的大别山区农村生活进行描写的。

② 于彩丽. 蒋光慈：中国革命文学的"拓荒者"［N］. 市场星报，2018－05－08（6）.

长兴、李木匠、刘老二、癞痢头和小抖乱等，都是在农民运动中成长起来的青年农民。他们都对不合理的社会制度怀着强烈的不满，都有着共同的革命要求和斗争精神。但由于彼此的个人气质与生活境遇不同，各人有各人的心理，各人按自己的个性去行动。王贵才是佃农王荣发老汉的儿子，个子不高，精明强干，是个十分可爱的青年。对于他们一家身受的苦难，在王荣发老汉看来是命定的，而王贵才却清醒认识到这是社会的不公平，"为什么我们风里雨里种出的稻谷要送给别人，而自己反来吃不饱肚子？……这样太不公平了！"只有摆脱长期以来束缚农民的命运观念，认识到社会制度的不合理，才可能去寻找改变悲惨命运的道路。在张进德的启发教育下，王贵才慢慢懂得只有革命才能打倒"和他家对面住着的，那一座楼房的主人"，以改变自己的命运。他不顾父亲的阻挠，发动同他"年龄相仿的小伙子"，开导他的妹妹毛姑，为农民协会的建立做了大量的工作，成了农民协会的骨干分子。王贵才在地主富农的疯狂报复行动中，坚强不屈，壮烈牺牲，表现出一个革命农民的崇高气节和英雄主义精神。当然，他还不是一个成熟的革命者，当他的父亲阻止他参加农民运动时，他不是耐心地说服父亲，启发父亲觉悟，而是赌气要离开家庭，表现出他的简单和急躁。

吴长兴憨直又带点粗暴，由于封建意识的毒害，有着大男子主义思想。生活压得他喘不过气来，"气愤却找不到发泄的地方"，他就"在他的可怜的老婆身上发泄了"。刘老二个性比较复杂，他生有一脸麻子，整日为讨不到老婆而苦恼，他渴望在革命中改变自己的处境，特别是能够娶上一个老婆。后来张进德告诉他，讨不到老婆主要由于家里穷，只有在革命中改变自己的穷苦处境，才有希望。他积极投入农民运动，固然是想给屈死在富农胡根富手里的父亲报仇，但同时又与他希望讨个老婆的意念紧紧相关。正因为这件事常常萦绕在他的脑海里，所以在醉酒之后理智克制不住原始的生理欲望，终于发生了企图奸污何月素的荒唐行为。癞痢头和小抖乱是两个更为年轻的农民，幼稚而又鲁莽是他们突出的个性特征。农民协会的办公处设在关帝庙内，他们担心庙里的老和尚充当奸细，把农会的秘密报告给地主老财，便擅自把老和尚打死，结果受到张进德的严厉批评。幼稚鲁莽的个性，反映出他们对农会的赤诚，同时也表现出农民自由散漫、缺乏组织纪律性的弱点。

在这些青年农民身上，革命性和弱点同时存在，并且以不同的特点表现出来，从而构成了一个个刚刚走上革命道路的农民的鲜明个性。现代文学史家田本相先生高度评价这部小说："《咆哮了的土地》在现代文学史是有着它杰出的意义的。鲁迅是现代文学史上第一个站在被压迫群众立场上提出中国革命农民问题的作家……蒋光慈是第一个站在革命立场上描写了农民运动的作家。由于他首开革命文学创作农村革命斗争题材的领域，对后来的创作产生了积极的影响"①。作品最后安排张进德率领农民武装奔向"金刚山"，除了井冈山道路寓意之外，也预示中国革命主体随之发生了位移——工农大众成了革命的领导者和主导力量，而知识分子退居到从属地位，甚至成了被改造对象。

正是由于《咆哮了的土地》在主题寓意、农村革命斗争题材以及人物形象塑造的多方面首创呈现，从而成为红色文学经典的开山之作，其所形成的创作范式被后来的红色文学经典广泛借鉴。

首先是工农兵英雄模式。五四文学革命倡导"人的文学"和"为人生的艺术"，劳苦大众成了文学的主要表现对象，这是巨大的进步。但是，五四一代作家站在思想启蒙的立场上，他们笔下的劳苦大众大都是被侮辱被损害的弱小者。在乡土小说中，作家笔下的农村是凋敝的、停滞的，农民是落后的、保守的、麻木的、安于天命的。到了《咆哮了的土地》，沉睡了多年的土地咆哮了，安于天命的农民开始觉悟。作品描写了不同类型的贫苦农民的觉醒过程：穷苦佃农吴长兴深受剥削压迫之苦，却有不少落后思想，认为"老婆就是丈夫的私产"，经常打骂妻子，参加自卫队后，他和妻子成为并肩战斗的朋友；李木匠是一个沾染陋习的农民，瞧不上丑陋的妻子而虐待她，并拈花惹草，最终在农村革命斗争中涤荡了身上的污垢；就连最为守旧的佃农王荣发老汉，也从最初骂儿子王贵才革命是"不守本分"，到最后自己追上自卫队参加斗争。农民成了土地革命的主要力量，工农出身的干部成了农民革命的主要领导者。张进德这位农民出身的共产党员矿工英雄形象占据了作品的主要位置。这对后来红色经典着力塑造工农兵英雄形象起到了很好的示范作用。郭全海、朱老忠、梁生宝、萧长春，乃至"样板戏"中的李玉和、江水英、方海珍等红色经典中的著名英雄人物，无不闪耀着张进德式的性格特征和精神气质。

其次是知识分子改造模式。从文学革命到革命文学，知识分子由启蒙者转变为忏悔者，乃至被改造的对象，《咆哮了的土地》对此进行了较为细致真切的描写。李杰是大地主李敬斋的儿子，受过良好的教育，过着无忧无虑的优渥生活，

---

① 田本相.蒋光慈的创作道路［M］//方铭.中国文学史资料全编现代卷：蒋光慈研究资料.北京：知识产权出版社，2010：361.

属于小资产阶级知识分子。他与佃农王荣发的女儿兰姑自由恋爱，被封建家长强行拆散，导致兰姑自尽，这使他与封建家庭决裂而离开故乡。在大时代的革命浪潮中，他投考黄埔军校，成长为一名坚毅的战士。他辞去军中职务，怀着唤起农民觉醒的目标，"回到自己的乡间进行农民的运动"。然而，由于剥削阶级出身和所接受的资产阶级教育，他在从事革命工作时，历经生活和灵魂深处的考验与搏斗。首先考验他的是生活上如何与工农群众相结合，他努力改变生活方式，与农民吃住在一起。其次在你死我活的革命斗争中，李杰经过"火烧李家老楼"艰难的心灵历程，获得了农民的信任。他经历的心灵考验和灵魂搏斗，可以说是那个时代出身剥削阶级家庭的知识分子走上革命道路所经历的普遍心路历程。《青春之歌》中的小资产阶级知识女性林道静的成长道路即具有李杰的影子。她从与剥削阶级家庭决裂到谋求民族解放、阶级解放，从一名小资产阶级知识分子到一名无产阶级先锋战士成长之路，正是 20 世纪 30 年代大多数革命知识分子所走过的共同道路。

其三是作品中主要人物的恋爱模式。蒋光慈是"革命＋恋爱"小说模式的最先尝试者。《咆哮了的土地》中的爱情描写避免了"革命＋恋爱"模式的简单复制，显得含蓄节制，而且赋予了全新的理念。小说主要写了李杰、张进德、何月素、毛姑四个人物之间的情感纠葛。其中李杰、何月素系出身于剥削阶级家庭的知识分子，张进德、毛姑出身于贫苦农家，没有什么文化。从门当户对以及共同语言角度来讲，应该是李杰与何月素相恋，张进德与毛姑般配。但是，作家并没有这么安排。作品先写何月素与毛姑同时对李杰有好感，然后写李杰爱的是毛姑，张进德爱上了何月素。最后，李杰牺牲了，负伤的何月素"在张进德的怀抱里开始了新的生活的梦……"。这种知识女青年与工农兵革命干部的恋爱模式，被红色文学经典广为采用。《青春之歌》中林道静情感历程就很具有代表性。出身于剥削阶级家庭的小资产阶级知识女性林道静，因反抗包办婚姻离家出走，独立谋生的幻想破灭后投海自杀，被地主家庭出身的大学生余永泽所救并结合，后来因思想观念不合而决裂。之后，林道静爱上了同样是大学生的地下党员卢嘉川。卢嘉川牺牲以后，林道静最终与工人阶级出身的共产党人江华结婚。林道静的情感在经历了一波三折之后，最终归依到工人阶级身上，这也是知识分子与工农群众相结合的一种隐喻。这种隐喻在李杰与毛姑、张进德与何月素身上已经肇始。

其四是新老两代农民思想观念冲突模式。《咆哮了的土地》真实地反映了土地革命运动在新老两代农民思想观念上产生的巨大反差和激烈冲突。张进德与李杰回乡宣传、发动革命，在青年农民与老年农民中引起的反响是截然不同的。年轻人听到革命军快来了的消息，怀着盼望的心理，跃跃欲试；老年人听到这些消息，感到大惑不解。作品着重描写了王荣发与王贵才父子两代农民的冲突。儿子王贵才精明能干，爱动脑筋，善于接受新事物，不认命，具有反叛性格。他坚决拥护成立农会和农民武装，积极参加农民运动，在尖锐激烈的阶级斗争风暴中，成长为坚定的革命战士，最后虽然被捕，但大义凛然，视死如归。父亲王荣发作为老一代农民的代表，具有中国传统农民典型的精神特质，忠厚善良，吃苦耐劳，封闭保守，安于天命。他认为自古以来，佃户是佃户的命，东家是东家的命。但是，随着革命形势的发展和革命运动的影响，他的思想意识也在发生微妙的变化："也许这个世界的脸孔要改一改……我们种田的人也真是太苦了……也许贵才是对的，让他去！"像王荣发这样的老一代农民，政治上受压迫，经济上受剥削，意识深处潜伏着反抗的潜能，随着革命运动的深入，最终会摈弃传统的因袭而跟上时代的步伐。王贵才牺牲后，王荣发跑上三仙山加入自卫队，为自卫队做饭。这种新老两代农民思想观念冲突模式，对左翼文学、解放区和新中国文学也起到了强烈的示范效应。叶紫《丰收》与《火》中曹云普与曹立秋、赵树理《小二黑结婚》中的二诸葛与小二黑、梁斌《红旗谱》中严志和与严江涛、柳青《创业史》中梁三老汉与梁生宝……都在不同的时空中诠释着王荣发与王贵才的故事。

《咆哮了的土地》严谨而细致的人物心理描写是作家刻画人物的重要手法，通过人物的心理活动，着意宣泄人物的内在感情。如小说第一节写革命军即将到来的消息传开时，一群乡下的青年人，"不但暗暗地活跃起来，而且很迫切地希望着，似乎他们将要从'革命军'的身上得到一些什么东西，又似乎他们快要赴欢娱的席筵，在这席筵上，他们将痛痛快快地卸下自己肩上历年积着的重担，而畅饮那一种为他们所渴望的，然而为他们所尚不知道是什么滋味的美酒"。这是多么火热的对于革命的渴望与憧憬！如果说这还只是对群体心理的描述，那么随着故事的展开，作家对刘二麻子、王贵才等青年农民的神态、心理，一个个作出进一步深入的描绘。

进城卖柴的刘二麻子带回了革命军确切到来的消息，他因为太兴奋"脸上的麻子今天特别红得发亮"，"他今天在城里亲眼看见革命军的到来了。在路中每逢遇见一个相熟的人，不问对方愿意听与否，他便叨叨不惮烦琐地将革命军的形状描写一番"。听到革命军快要到来的消息，青年农民王贵才"思想如激荡着的波浪一样，并没有清晰的条纹"。他想到自己一家所受的剥削压迫之苦，想着革命一来要打倒他的东家李大老爷，甚至连如何发泄怨气，具体处置李大老爷的方法，都浮现在他的脑海里了："他想，顶好将他拖到水田里，鞭打着他照牛一般地拖着犁耙耕地……当他想象着李敬斋拖着犁耙耕地的那一种狼狈的情形，他不禁很得意地笑将起来。"正因为想得太得意、太忘神，他一不小心掉进了水池。细腻的心理描写，充分展示人物内心的激情，这种激情又深深感染着读者。作者运用心理、语言、神态等多种描写手法，使得人物面貌清新、性格丰富。

可以看出，蒋光慈的小说创作逐步走向成熟，他横溢的才华与极大的艺术潜质，都使我们有理由相信郭沫若、郁达夫等人的慨叹并非过誉之词。他们的评论和估价，是从蒋光慈整个文学创作道路中做出的符合历史事实的结论。

四、蒋光慈小说流行元素探析

20 世纪二三十年代的中国文坛，蒋光慈的革命文学作品，尤其是小说曾风行一时，出现了中国现代文学史最早、最大的翻版、盗版现象，甚至还有专门以盗印蒋光慈作品而著名的书店，其流行程度我们可根据刘震的《蒋光慈作品的畅销与盗版》一文中所列出的再版、翻版、盗印的具体书目作详细了解。蒋光慈小说获得读者如此的青睐和热捧，有着多重元素。

（一）与时代脉搏同频共振

蒋光慈小说贴近现实，关注社会生活的主要矛盾和热点问题，对当时中国社会的出路尤其是青年人的出路问题进行了及时的探索和富于激情的表现。而这些正是广大读者，尤其是青年读者非常关注和感兴趣的。"中国新文学运动从来就和政治浪潮配合在一起，因果难分"①。蒋光慈小说创作的黄金时代主要集中在1927—1930 年，正值无产阶级单独领导中国革命、全力建设无产阶级革命文学时期。这一特殊时代造就了蒋光慈小说的先锋内容，奠定了蒋光慈重要的无产阶级作家地位。他以《新梦》诗集登上文坛，以其桀骜的反抗姿态与火热的革命激情震荡了读者。从此，革命的主旋律贯穿于其小说创作始终。

《少年飘泊者》是蒋光慈继诗歌之后在小说领域的最早成功。小说以书信体的形式，描写农村少年汪中在父母双亡之后漂泊四方，经历艰难曲折，最终走上

---

① 张爱玲. 张爱玲文集（第四卷）［M］. 合肥：安徽文艺出版社，1992：427.

了自觉地为革命事业而英勇斗争的道路；反映了群众的日益觉醒与革命情绪的日益高涨，也为青年人指出了一条正确之路。小说 1926 年初版后，在全国引起巨大反响，到 1933 年已印到 18 版。如果说一本书一年印两三次，这本书就是畅销书，如果说它能 6 年连续地重印，这就是一本超级畅销书，在当时影响了一代青年的人生抉择。自此之后，蒋光慈小说敏锐地捕捉现实题材，焦灼狂热地呼唤革命。1927 年，上海工人第三次武装起义后不久，蒋光慈完成了中篇小说《短裤党》，反映上海工人阶级在共产党的领导下举行武装起义，由失败而胜利的战斗历程，作品中贯穿着无产阶级革命的诸多因素。在 1927—1930 年间，蒋光慈陆续发表有中长篇小说《野祭》《菊芬》《最后的微笑》《丽莎的哀怨》《冲出云围的月亮》和《咆哮了的土地》等。这些作品大多努力地宣扬了无产阶级革命的紧迫性、必要性、合理性和正当性，传达出中国革命必然胜利的坚定信念，也收到了很好的宣传效果。

任何一个文本都有自己的期待读者，蒋光慈小说的期待读者是那些"梦醒了无路可走"，或者沉浸在恋爱的卿卿我我之中，或者被生活折磨得失去反抗意志，或者迷失奋斗方向的青年。蒋光慈小说正好为他们规划自己的未来提供了全新的思路，在茫茫黑夜中奋斗的进步青年也从中找到了社会出路。北京大学孔庆东教授曾谈道：其实革命时代的革命文学不是少数人每天半夜三更拿着黑布把窗户遮住在家读的，尽管反动政府可能会查禁某些书，但是大多数情况下那是畅销书，因为说出了人们的心声。

在时代语境下，蒋光慈的小说没有"炒"却非常热，受到同时代读者尤其是青年读者的欢迎和出版商的认可。蒋光慈也以这些作品的畅销，为无产阶级革命文学的开拓，贡献了自己的一分力量。"在 1928 年至 1930 年间，他（指蒋光慈——引者）的作品成为了青年的圣经，许多青年就是由阅读蒋光慈的作品而走上革命道路的。围绕着他的名字曾经迅速生长起了新文学史上最早和最大的盗版现象，在今天谁会想到 30 年代初茅盾的作品竟会被人盗用蒋光慈的名字来出版呢？"[①]

（二）爱情描写契合青年人的情感需求

蒋光慈在小说中不仅描写了许许多多严肃而神圣的革命故事，还把爱情这种

---

① 旷新年.1928——革命文学［M］.济南：山东教育出版社，1998：90.

美好的人类情感融进紧张的革命描写之中。这不能不说是蒋光慈的独创，也成为他小说的流行元素。对爱情的追求本是青年人的本能，歌德说过："青年男子，谁个不善钟情？妙龄少女，谁个不善怀春？"在那个阶级矛盾异常尖锐的年代里，对青年人来说，还有什么东西能比革命和爱情更重要、更具魅力？正如太阳社作家洪灵菲在其长篇小说《流亡》中所写的："革命和恋爱都是生命之火燃烧的材料，把生命之火为革命、为恋爱而牺牲，真是多么有意义啊！"那时的广大青年视蒋光慈小说为"圣经"，除了革命内容，其爱情描写也不可忽视，它契合了青年人的情感需求。

爱情情节在蒋光慈小说的具体表现，一是用革命补偿恋爱的失败。《少年飘泊者》中的汪中、《鸭绿江上》中的李孟汉以及《咆哮了的土地》中的李杰，都是在爱情受挫后走向革命，把爱的深情转化为革命的激情。在这些作品中，蒋光慈引导广大青年走出爱情的狭窄天地，去求索人生更高价值的东西。二是革命的驱动力来自爱情。《野祭》《冲出云围的月亮》中的革命对于恋爱的结局和性质具有决定意义。《野祭》中革命者陈季侠，最终情感倾向于为革命牺牲的章淑君。《冲出云围的月亮》则叙述了一位革命女性的充满性诱惑的"身体"在不同男性之间曲折流转，最后经过"革命思想"的清洗而为那位久已暗恋她的革命者李尚志所接受的故事。这些男女主人公既在革命中实现了个体生命的价值，又在恋爱中体验到了人生的五彩斑斓，正是五四后一代知识青年所追寻的人生理想。《咆哮了的土地》中当李杰以土地革命的组织者出现在别离已久的家乡时，兰姑的妹妹毛姑"第一次感到对男性的渴望""一颗心也飞到李杰的身边"，便加入了革命队伍，由一个懵懂羞涩的村姑转变为一名坚强的女战士。显然，毛姑的革命驱动力来自爱情。

蒋光慈在叙写一个又一个浪漫故事时，笔端经常会出现诸如"我想向前拥抱她，我想与她接吻……但是我终于止住我一时的感觉的冲动，没有放荡起来"。"虽然白根不在我的面前，但是我感觉到他是如何热烈地吻我，如何紧紧地拥抱我，他的爱情的热火把我的全身的血液都烧得沸腾起来了"这样吸引青年读者眼球的镜头。把革命与恋爱问题糅合在一起来写"本身就是一种大胆而超前的创造，隐寓着极大的接受潜力"①。蒋光慈小说把青年人追求革命与时尚的恋爱生活联系在一起，成了供不应求的畅销书。

---

① 王智慧."革命＋恋爱"新探［J］.海南师范学院学报（社科版），2006（1）：60-64.

（三）激情的宣泄与通俗的书写

蒋光慈在其理论著作《十月革命与俄罗斯文学》中对"革命的浪漫谛克"一词有过这样的论述：革命、诗、浪漫具有本源上的同一性，它们打破了庸常的现世生活，带来激情的体验、心灵的飞升、情感的释放，满足人类追逐新奇、伟大的事物乃至实现"生命的狂欢"。这种理论观点同样折射于其小说创作中，他的第一篇小说《红布》虽然是描写留苏学生 1923 年 11 月 7 日在莫斯科纪念十月革命的情景，但作品重在呈现隆重的群众欢庆场面，没有太多的故事情节，整篇荡漾着狂欢的激情。蒋光慈为人极敏感直率、不假虚饰。这种真性情一旦遇到时代的大洪流，就会激发出无穷的能量来。他的《短裤党》《菊芬》等小说中都在喧腾的群众场面描写中释放着狂热的革命激情。这种激情来源于作者对革命的诗性想象，既鼓胀着强烈的反叛与战斗的激情，也饱含了渴盼心灵解放与生命自由的超越性追求。另外，蒋光慈小说多采用第一人称叙述，这更适合作者全身心投入，宣泄激情。作品对黑暗的揭露与鞭挞，对革命的景仰与呼唤，都因那份激情而格外动人。

在白色恐怖下，蒋光慈小说以澎湃的革命激情、强健的生命活力和特别的煽动力，把广大青年读者从压抑、沉闷、倦怠中拯救出来，予之以希望与光明。他们在阅读过程中也很容易发生"移情"——切身倾心地与作品中的人物相拥抱，达到心灵共振与情感契合。哪个青年会不喜欢他那足以动人心弦的"粗暴的叫喊"？谁还会在乎他的小说味不够？

如此狂热激情的宣泄，蒋光慈小说采用的却是通俗的书写。其"粗暴的叫喊"，顺应时代的强烈的反抗情绪和革命话语亦不过是特殊时势要求，这正是通俗社会小说的立足点。虽然蒋光慈小说不是通俗社会小说，但它的确把准了时代热点和焦点的脉搏，具有强劲的生命力。

另外，蒋光慈小说"革命＋恋爱"情节模式也是对通俗言情小说"××＋恋爱"模式的不自觉"挪用"。从通俗的立场来看，"革命＋恋爱"模式不过是在言情小说模式中介入了革命因素而已。在"革命＋恋爱"模式中，革命赋予了爱情非常态的环境，为言情小说带来了崭新的格局和激情。如其短篇《橄榄》中吴喜姑与其表兄周德发的恋爱故事描写。两人在同一家纱厂做工，喜姑被厂主何庆三看中纳为五姨太，喜姑虽舍不下表兄，但富足的生活和最初的受宠让她慢慢接受现实。可时间不长，何庆三喜新厌旧。失宠后的喜姑暗杀了何庆三，与周德发逃至广东。随后，周德发参加了工人纠察队，投入工人运动洪流之中。《野祭》中淑君参加革命活动，行为诡秘；《菊芬》中菊芬为反抗政治黑暗，行刺官员；《冲出云围的月亮》中王曼英革命失败后颓丧堕落，为报复社会勾引男人。这些表现情之奇、情之烈的革命小说极大地满足了广大市民读者的猎奇心理。20世纪二三十年代，在读者腻味了通俗作家三角恋爱、四角恋爱时候，蒋光慈小说文本为他们提供了一种满足其求新欲望的新内容，那些让读者既熟悉又陌生且带有冒险刺激的内容极具吸引力。

（四）文化市场的助推

19世纪末20世纪初，随着上海这座现代大都市的兴建，工商业逐渐繁荣兴盛，带动了一个新型文化市场的创建。都市的五光十色催生了各式各样的文化生活形态，舞厅、电影院、跑马场、通俗文学等成为上海文化市场的一部分。蒋光慈小说主要创作出版于20世纪二三十年代的上海，此时上海已经是一个相当现代化的大都市了，各种文化消费形式都在这里有着自己的位置与消费渠道，文学显然是其中一个非常重要的文化消费形式，这为蒋光慈小说的盛行提供了广阔的文化市场。

在"八一三"前，上海从河南路到福建路有一片书店高度集中的区域，占据当时书店80%的比例，被称作"文化街"。"文化街"的书店以商务印书馆、中华书局、世界书局三家为规模最大，它们鼎足而立，形成了良好的竞争机制。从书店的销售与出版情况来看，可以发现当时上海图书市场"革命＋恋爱"小说模式风行程度。蒋光慈小说主要集中在亚东图书馆、现代书局和北新书局出版，除了《咆哮了的土地》由于初版时遭国民党政府查禁之外，其他的全部一版再版，风行一时。在市场逻辑支配下，只有那些作品畅销的作家才可能获得比别人更多的出版机会，因为他们可以为出版商带来尽可能多的商业利润。蒋光慈小说正好搭上了上海图书市场这趟快车。

蒋光慈最初在上海只能租住在如"鸟笼子一般的亭子间里"，和钱杏邨等当时聚居上海的外来作家一样，生活处于窘迫之中。这样的底层生活境遇给了这些作家一种别样的文学体验，对于他们来说文学不再是神秘的、高高在上的，而是借以在上海这个现代大都市站稳脚跟，求得一席之地的生存途径。在"文化街"这样的文化消费市场中，作家们可以接触到时下最流行的书籍，并且耳濡目染，急切地将它们融入自己的写作之中。为了基本的物质生存资料，蒋光慈在创作宣传革命、宣泄激情的篇章的同时，也是在制造和兜售一种文化商品，并为自己带来了相当可观的经济收入。据吴似鸿回忆，蒋光慈曾非常得意地说出自己的版税标准："鲁迅作品是抽百分之二十的，我也和鲁迅的一样。因为销路大，书店赚的多，给我们也多些。"① 在 20 世纪二三十年代上海这个大型文化市场里，蒋光慈对社会需求具有比较敏锐的感知，能准确地捕捉商机。1927—1930 年，蒋光慈的《野祭》《冲出云围的月亮》等小说接连出版，并大量再版，其作品市场销路之好，多少能让我们联想到当代大众通俗文坛的"金庸新著""古龙新著"。上海这个大型文化市场为蒋光慈提供的不仅仅是进行革命宣传的话筒和喇叭，也不仅仅是他赖以生存的物质资料，更助推了其作品的畅销。

在多重元素的合力下，"蒋光慈在短短一两年时间内创造了新文学的奇迹，他使先锋文学转变成为了畅销书和流行读物"②。

---

① 吴似鸿．我与蒋光慈［M］．南宁：广西教育出版社，1992：28-29.
② 旷新年．1928——革命文学［M］．济南：山东教育出版社，1998：95.

第三节

从编辑红色出版物看蒋光慈的革命文学贡献

　　蒋光慈短暂的 30 年人生，留下有 160 万字的文学著述，涉及诗歌、小说、文艺理论和译著等多种文艺体裁，这些作品曾鼓舞影响一代青年走上革命道路。此外，蒋光慈还组织参与了多个革命文学社团，并主持编印若干红色刊物、丛书。张闻天曾说过"报纸、刊物、书籍是党的宣传鼓动工作最锐利的武器"①，在大力弘扬革命精神、传承红色基因的新时代背景下，从蒋光慈编辑的红色出版读物中探寻他对革命文学的独到贡献，具有一定的理论和现实意义。

一、执着于红色刊物编辑，为革命作家构筑阵地

　　1917 年，少年蒋光慈只身离开灾难深重的故乡，慕名奔赴芜湖五中求学。主持校务的老乡刘希平具有强烈的爱国思想。蒋光慈国文底子很好，深受老师高语罕赏识。高语罕是寿县人，《新青年》主要撰稿人，思想进步，他鼓励指导蒋光慈尝试主编校刊《自由魂》，抨击军阀统治，传播新文化新思想，这是蒋光慈开始红色编辑的启蒙阶段。由于反动统治当局对新思潮的害怕仇视而将《自由魂》列为禁刊，这让蒋光慈认识到刊物传播进步思想的超强力量。

　　伟大的五四爱国运动爆发后，蒋光慈很快成为一员闯将，他组织芜湖学生罢

---

　　① 李建红. 中国共产党早期的主题出版活动 [J]. 出版发行研究，2017 (9)：109－111.

课、商人罢市，成为安徽学生运动的领袖之一。由此，蒋光慈被高语罕推荐到上海外国语学社学习。上海外国语学社是党领导下的留俄预备班，1921 年 5 月，蒋光慈与刘少奇、任弼时等乔装打扮历经万险远赴苏俄留学"取经"。目睹新生苏维埃政权焕发出的生机活力，蒋光慈坚信，马列主义就是拯救中国的"真经"。1922 年年初，远东各国共产党及民族革命团体第一次代表大会在莫斯科召开，蒋光慈幸运地被抽调去担任翻译，并参加编印大会会刊。为共产国际大会编辑会刊虽然时间不长，却给蒋光慈从事红色编辑提供了一个很好的实战演习机会。是年年底，蒋光慈在莫斯科光荣地加入中国共产党，从此，他把无产阶级革命事业作为终身奋斗目标，殚精竭虑。他万分珍惜"取经"机会，学业之余静心研读列宁、斯大林等革命领袖著作，并尝试译介给国人，较早地传播了马列主义。列宁、斯大林著作在中国的传播，是马列主义传播史研究的重要内容。

蒋光慈对文学情有独钟，认为文学也可以是革命斗争的武器，回国后积极撰文探讨文艺的阶级实质等理论问题。基于早年主编校刊《自由魂》的认识，他在1924 年 11 月 3 日给女友宋若瑜的信中表达了"很有点志愿办一文学刊物，振作中国的文学界"，这点志愿很快因春雷社的创建而得以实现。

春雷社是中国第一个革命文学社团，由蒋光慈与中共早期领导人沈泽民在上海组织建立，他们在《民国日报》副刊《觉悟》上开设《春雷文学专号》。作为《春雷文学专号》的唯一编辑，蒋光慈如愿以偿地开始了他的办刊梦想。他意气风发，即兴创作诗歌《我是一个无产者》，以代发刊词，号召无产者起来斗争和革命："破坏——彻底地破坏吧！"《春雷文学专号》是周刊，主要刊发文学作品和文学理论探讨文章，皆有鲜明的革命态度，由于戳痛了军阀当局，仅出 2 期就被迫停刊，但蒋光慈编辑红色刊物、传播进步文学与革命文学的志向从未中断。他在《春雷文学社启事》中郑重向读者承诺："兹因特别事故，不得已暂时的文学专号停止，俟将来有机会时，本社另出他种文学刊物。"[①] 并继续在《觉悟》上发表一些富有远见的理论文章，号召作家进行革命文学创作，伺机再办革命文艺刊物。

机会随着革命文学社团太阳社的成立再次出现，太阳社由蒋光慈、钱杏邨、孟超等在上海发起成立，"成立时，当时党中央负责人瞿秋白、杨匏庵、罗绮园

---

① 黄勤堂．蒋光慈的编辑活动［J］．编辑之友，1992（4）：64－67．

等都曾出席参加"①。太阳社有 20 多位成员，多是共产党员，包括陆续加入的殷夫、童长荣等人。1928 年 1 月，太阳社机关刊物《太阳月刊》创刊，由蒋光慈主编。他深知该刊是革命文学的重要阵地，是革命作家的主战场，无论怎样的腥风血雨都不曾放弃。白色恐怖环境中，蒋光慈机警地和敌人打起"游击战"：《太阳月刊》被封禁，就改头换面为《时代文艺》继续刊印，继而更名为《海风周报》《新流月报》《拓荒者》，三年内四易刊名，刊出大量无产阶级文艺理论、作品及国内外文坛消息。

　　1930 年 3 月，中国共产党领导创建的革命文学界组织左联在上海成立，太阳社全部成员加入该组织，《拓荒者》从第 3 期开始成为左联机关刊物之一，仍然由蒋光慈主持编辑。《拓荒者》第 4、5 期是合刊，1930 年 5 月出版，因刊物发行后被禁，又改名为《海燕》出版，故留下来两个不同封面的版本。令人唏嘘的是第二年蒋光慈不幸病逝于上海。

　　蒋光慈做编辑工作非常认真、敬业，来稿无论用与不用，在稿件收到后一周内都会给予投稿者回复，这种敬业精神吸引了广大文艺青年热情参与创作投稿。他也很注意期刊装帧，不同期刊封面设计各不相同，同一刊物每期封面也花样翻新，个别作品配有插图。有些期刊还刊载苏俄、日本等国的革命

《太阳月刊》
（出自《蒋光慈宋若瑜情书全集》）

美术作品，例如《拓荒者》5 期 4 册共刊登出 26 幅新俄名画、日本普罗美展等作品，主题突出，特色鲜明，与刊物的革命文艺定位相得益彰。

　　作为 1920 年代中后期革命文学的倡导者和实践者，蒋光慈在短短的五六年里主持编辑出版红色刊物 36 期，其间还主持编印红色丛书 3 种，为无产阶级革命文学活动搭建了至关重要的平台，为 1930 年代左翼文学的繁荣加薪助燃。

---

　　① 任钧．关于太阳社［J］．新文学史料，1979（2）：156－161＋169.

二、重视无产阶级革命文学理论刊载

蒋光慈主编的 6 种红色刊物，除了《时代文艺》《新流月报》基本刊发文学作品之外，其余 4 种既注重革命文学作品的刊载，也重视无产阶级革命文学理论的探讨，包括马列主义文艺理论的译介、革命文学的作用、文学与社会现实关系的探讨，作家作品批评以及文学论争等。

《春雷文学专号》第 1、2 期连载蒋光慈的《现代中国的文学界》，在于思考中国文学道路："我们要努力地振作中国的文学界，我们要努力地使中国的文学趋于正轨，走向那发展而辉煌的道上去！"什么是中国文学的正轨？作者紧接着在其续篇《现代中国社会与革命文学》中指出，中国文学的正轨便是将"现社会的缺点，罪恶，黑暗……痛痛快快地写将出来"，呼吁人们与这些罪恶、黑暗斗争！进而说明这样的文学便是革命文学，这样的文学家便是革命文学家。作者认为革命文学"可以鼓动，提高，奋兴社会的情趣。如拜伦在十九世纪高呼反抗，自由。"试图探讨厘清革命文学的定义、革命文学的作用等理论问题。该刊第 2 期发表的《文学与革命的文学》，"是沈泽民文学观发展过程中的里程碑式的文章……对于后来的无产阶级革命文学运动，起到了重要的推动作用"[①]。

《太阳月刊》由太阳社自己创办的上海春野书店出版发行，共出 7 期。蒋光慈在第 4 期的《论新旧作家与革命文学——读了〈文学周报〉的〈欢迎太阳〉以后》一文中，旗帜鲜明地提出"从革命的浪潮里涌出来的新作家"应当肩负时代的使命，这使命与革命党人所负的使命一样。"新作家"应以革命的忧乐为忧乐，以革命时代中国社会生活为表现对象，从而与从事实际运动的革命党人成为时代的创造者！在 1928 年兴起的无产阶级革命文学运动中，《太阳月刊》陆续刊发了太阳社同人的多篇文章，参与无产阶级革命文学的倡导与理论探讨，如《关于革命文学》(蒋光慈)、《死去了的阿 Q 时代》(钱杏邨)、《读〈全部的批判之必要〉》(杨邨人)等。理论的探讨难免会走一些弯路，但"他们意欲推动无产阶级文学建设，并深入挖掘了文学与社会现实、政治革命之间绞缠互动的密切关系"[②]。

由上海泰东图书局发行的《海风周报》是一本侧重于文艺批评的期刊，共出 17 期。笔者根据上海文艺出版社 1959 年"海风周报"影印本统计，17 期的《海

---

① 何立波.茅盾之弟沈泽民的革命文学生涯［J］.文史春秋，2012（11）：41 - 46.
② 陈红旗.论无产阶级文艺诉求下的太阳社刊物［J］.嘉应学院学报，2010（6）：48 - 56.

风周报》共刊发 81 篇文章和国内文坛消息，其中有 25 篇属于文艺批评类，占总数近 31％。基本上每期至少有一篇批评类文章（包括译文），作者主要有钱杏邨、祝秀侠、林伯修。他们分工明确，钱杏邨、祝秀侠主要集中在国内文艺运动及作家作品批评，林伯修则专门译介世界各国无产阶级文艺概况及理论文章。所批评的国内作家多数在当时文坛上崭露头角，如钱杏邨的《徐志摩先生自画像》《"花之寺"——关于凌淑华创作的考察》《"小雨点"——关于陈衡哲创作的考察》、祝秀侠的《茅盾的"一个女性"》《读过"女作家以后"》等文，文风锐利，见解深刻。林伯修重点译介马克思主义文艺理论，有《关于文艺批评的任务之论纲》（卢那察尔斯基）、《普罗列塔利亚艺术的内容与形式》（藏原惟人，连载 2 期）等。"这些译文为中国无产阶级文学提供了可资借鉴的重要资源和理论范本。"

《拓荒者》由现代书局经售，在刊载内容上最为琳琅满目，有论文、新诗、小说、戏剧、随笔、通信、美术作品等多种文艺形式，曾引起国内外文坛同人瞩目。在革命文艺理论方面，内容同样丰富多彩。

首先，登载了马列主义文艺理论文章。第 2 期刊发有列宁著《论新兴文学》（冯雪峰译），列裘耐夫著《伊里几的艺术观》（沈端先译，伊里几以及下文的伊里支，即列宁）。蒋光慈在《编辑室消息》中特意说明："这个月，是伟大的革命的领袖伊里支的纪念日，为着纪念他，我们又特别的译了两篇关于他的艺术论的论文（有一篇是他自己作的），在这里发表。于此，我们可以看到，伊里支对于艺术的指导理论是如何的正确。希望读者们从他的艺术观里去认取自己在文艺运动中所应担负起的任务。"积极引导读者阅读领悟马列文论。

其次，刊载了阐发普罗文艺的相关理论文章。有郭沫若的《我们的文化》，潘汉年的《普罗文学运动与自我批判》《左翼作家联盟的意义及其任务》，钱杏邨的《中国新兴文学中的几个具体的问题》和阳翰笙的《普罗文艺大众化的问题》等。他们坚信："我们是世界的创造者，是世界文化的创造者……我们要创造一个世界的文化，我们要创一个文化的世界！"[①] 这里的"世界的文化"是指马克思列宁主义。第 3 期还刊出《中国左翼作家联盟底成立（报导）》和《中国左翼作家联盟理论纲领》，努力推进无产阶级革命文学运动。

再次，刊载了一些关于"文学基于普遍人性"论争的论文。1930 年前后，

---

① 郭沫若．郭沫若全集文学编·第 16 卷 [M]．北京：人民文学出版社，1989：79＋83．

人文主义文学思想所持者梁实秋在其《文学与革命》《文学是有阶级性的吗?》等文中，宣扬"天才论""人性论"，否定无产阶级文学存在的可能性。针对于此，左翼文艺界著文与之论战，《拓荒者》第 3 期登载的冯乃超的《文艺理论讲座（第二回）——阶级社会的艺术》，即是驳斥梁实秋错误认识的力作。这些论争性文章，在中国早期无产阶级革命文学理论的不断完善进程中，起到了不可或缺的作用。

三、全力传播无产阶级革命文学

文学理论的实践性品格决定了无产阶级革命文学理论与创作相辅相成，蒋光慈主持编辑出版的红色期刊，以大量革命文学作品的刊载实践着他们的文艺理论主张。《春雷文学专号》发表了一大批同情劳苦大众、鞭挞黑暗、号召人们起来斗争的作品。正是由于观点太显露，春雷文学社不到 3 个月即被反动统治者查封了。

基于文学在革命宣传中的重要角色认知，《太阳月刊》刊载的新诗、小说、剧作，无不具有革命启蒙性质，竭力为祖国和人民鼓号战斗。诗歌有冯宪章的《战歌》《致被难的朋友》，周灵均的《渡河》《奔》，任夫的《在死神未到之前》，迅雷的《叛乱的幽灵》等。诗人们纷纷控诉现实社会，强烈呼吁斗争甚至流血牺牲："我仿佛已在战场中呼：杀杀杀! 我要把鲜红的血液污遍了革命旃儿，酸辛的泪液洒遍了革命旃儿，不然，敌人不灭何以为家!""革命的本身就是牺牲，就是死，就是流血，就是在刀枪下走奔!"[①] 极大地鼓动了广大读者的革命情绪!《太阳月刊》刊载最多的是叙事性小说，计 30 多篇，作者主要有蒋光慈、杨邨人、孟超、洪灵菲、楼适夷、圣悦、迅雷、祝秀侠等。第 1 期蒋光慈的《蚁斗》（中篇《最后的微笑》第一章），以大革命前后的上海为背景，塑造了一个备受资本家压迫和欺凌，准备复仇的纱厂工人王阿贵的人物形象。第 3 期孟超的独幕剧《铁蹄下》是该刊刊发的唯一一部戏剧作品，揭示了资本家镇压工人运动的罪恶。这些革命文艺作品，宣传鼓动性突出，发挥的作用不亚于"游行在成长的芦苇中的火蛇，游踪所及，烈火随之"[②]，曾引起很多作家转换创作方向，帮助广大读者发觉新生之路。

---

① 陈红旗. 论无产阶级文艺诉求下的太阳社刊物 [J]. 嘉应学院学报，2010 (6)：48 - 56.
② 太阳社编辑部. 停刊宣言 [J]. 太阳月刊，1928 (7)：4.

《时代文艺》1928年10月创刊，仅出1期，由时代文艺出版部发行。蒋光慈在《时代文艺》卷首语中写道："在无产阶级文学的运动中，高喊着口号的时期是已经过去了……希望一般革命的文艺青年来同我们一道儿努力。"由此可见，蒋光慈、钱杏邨等为骨干的太阳社十分重视革命文学新生力量的挖掘和培养。《时代文艺》上的作者除了太阳社3位成员外，其余皆为革命文艺新人，为培养青年作家做出了一定的贡献。虽多为新人之作，整期《时代文艺》作品的思想艺术水平却比较高，预示了革命文学成燎原之势。

《海风周报》共刊登8篇小说、6首新诗，7篇小说译作。在小说创作中，戴平万的《山中》和黄浅原的《长蛇》值得一提，分别描写农民抗争意识的觉醒和工人炸毁帝国主义火车的工农革命内容。6首诗歌中，任钧（署名森堡）的《遗嘱》最为可称。该诗长达7节诗行，以一位即将被处死的革命女性口吻，寄希望于即将出生的孩子能够继承父母遗志——为劳农战斗！《新流月报》则专注于文艺创作，共出4期，计编辑刊载16篇小说、2首长诗。其中，蒋光慈的中篇小说《丽莎的哀怨》连载于《新流月报》第1—3期。在这部小说中，作者尝试转换其"革命＋恋爱"的小说模式，描写了一个白俄贵妇丽莎在十月革命后流亡到上海的悲惨故事。从丽莎对姐姐薇娜的革命行为仿佛肯定之意，可以将她的故事视作女性成长的另类书写。作品采用第一人称叙事视角，人物心理描写出色，广为读者论者所称赏。

相较于太阳社的其他几个刊物，《拓荒者》传递的信息量最大，5期共刊发了169篇文章、国内外文坛消息和补白等，其中有大量的普罗文学作品。《拓荒者》中的小说创作，代表作有蒋光慈的长篇《咆哮了的土地》和洪灵菲的中篇《大海》，两部作品都是左翼文学中最早讴歌农民革命力量的力作，人物有血有肉，个性也较鲜明。《咆哮了的土地》第1—13章分别在《拓荒者》第3期、第4、5期合刊连载，没有载完刊物便被查禁；1932年，为躲避查禁，作品易名为《田野的风》出版单行本（计56节），这是蒋光慈唯一一部长篇小说，也是其小说在艺术技巧、人物描写等方面最为圆熟的一部。作品以皖西地区波涛汹涌的土地革命为背景，描写了农民在中国共产党的领导下武装起来组织农会，同地主恶霸进行激烈的斗争，最终走向"金刚山"革命集聚地，主旨意蕴深刻。《大海》分上下两卷分别连载在《拓荒者》第2期、第3期上，写三个穷透了的农民在农会运动的教育感召下，参加农会运动，最终成为布尔什维克的故事。《拓荒者》中的新诗作品，殷夫的诗歌"越来越表现出堂堂正正的无产阶级气魄，把'红色抒情诗'创作推向了一个艺术高峰"①。殷夫在同济大学读书时开始向《太阳月刊》投稿，与蒋光慈私交甚密，不久就加入太阳社。《太阳月刊》第 4 期发表了他署名为任夫的长诗《在死神未到之前》，表现出对革命事业忠贞不渝、视死如归的崇高气节，可谓"红色抒情诗"的前奏曲。他发表在《拓荒者》第 4、5 期合刊上的名作《别了，哥哥》《血字》，显豁地体现了"红色抒情诗"的特色，字里行间激荡着革命的激情，气势磅礴，鼓动性很强。

四、勇于担当革命的"喇叭手"

除了主持编辑红色刊物外，蒋光慈还主持编印过三种红色丛书："太阳小丛书""拓荒丛书"和"中国新兴文艺丛书"，都是无产阶级革命文学的新书汇编。

"太阳小丛书"1928 年 3 月由春野书店印行，汇集太阳社成员著译的 4 部作品：钱杏邨的短篇集《革命的故事》，杨邨人的短篇集《战线上》，蒋光慈的自传体长诗《哭诉》单行本，以及王艺钟译的童话集《玫瑰花》。《革命的故事》收文 7 篇（《秘书长》《飞机场》《胡桃壳》《老军务》《涅暑大诺夫》《当代英雄》《革命家的一群》），《战线上》收文 5 篇（《女俘虏》《田子明之死》《自焚》《她的脚下》《死刑》），都是描写与革命相关的短篇。《哭诉》是一首抒情叙事长诗，描写一个忠诚的革命诗人向久别的母亲诉说离别后的生活以及内心的执着信念，诗篇流露出坚定的革命感情，读来催人奋进。德国米伦著《玫瑰花》是一部写给无产阶级劳动儿童的童话集，文字美丽、思想伟大。蒋光慈很有一套营销策略，春野书店是太阳社自己办的，他便在《太阳月刊》上先对"太阳小丛书"逐一进行推介，以提高发行量。"太阳小丛书"的热销，既支撑了春野书店的运作，也扩大了革命文学的宣传。"这些杂志和丛书所刊登的革命文学作品所呈现的新气象对当时的文学界产生了强大的冲击力。"②

"拓荒丛书"包括任钧的中篇集《爱与仇》、钱杏邨的短篇集《玛露莎》和冯宪章译的《叶山嘉树选集》，1930 年 3 月由上海现代书局出版。《爱与仇》是任钧的第一部作品集，小说集的出版标志着他正式加入左翼文艺阵营。短篇集《玛露莎》收文《玛露莎》《一个朋友》《小兄弟》和《阿罗的故事》等 4 篇，多表达作者对被压迫的人们的深深同情。蒋光慈在东京治病游学时，与日本无产阶级文

① 程光炜．中国现代文学史［M］．北京：中国人民大学出版社，2000：171.
② 黄景忠．论战中的"革命"与"文学"——杨邨人研究三题［J］．文艺争鸣，2016（7）：48－54.

艺理论家藏原惟人交游颇多，且感情深厚。叶山嘉树是日本无产阶级文学先驱，他编辑出版的这本《叶山嘉树选集》思想性、战斗性都很强，对中国左翼文学运动有着积极影响。

"中国新兴文艺丛书"有两种，即《中国新兴文学短篇创作选》和《现代中国作家选集》。《中国新兴文学短篇创作选》又分为《失业以后》《两种不同的人类》两个集子，是最早编选出版的左翼作家短篇选集，分别于1930年5月、8月由北新书局出版发行。在《中国新兴文学短篇创作选》中，蒋光慈共选辑了钱杏邨、洪灵菲、冯乃超、孟超、冯宪章、华汉等18位左翼作家的20篇作品。《现代中国作家选集》选辑了鲁迅、柔石、白莽、冯铿、王任叔等左翼作家以及蒋光慈自己的作品共19篇，1930年9月由华光书局出版发行。蒋光慈编选的这三本左翼文艺作品选集，让广大读者看到了革命者在刑场上不屈的节操（王任叔《晤》），看到了党领导的农民运动所激起的巨大变化（洪灵菲《在洪流中》），看到了一群少年革命者对信仰的坚贞和对胜利的企望（戴平万《献给伟大的革命》）……这些作品有着凌厉的战斗锋芒和鲜明的政治色彩，如同黑夜中的火炬吸引广大青年去探求光明。"中国新兴文艺丛书"批量推出以鲁迅为首的左翼作家新作，为20世纪30年代左翼文学广泛流传立下了很大的功劳。蒋光慈因此成为敌人眼中"宣传赤化的暴徒"，在反动派对左翼文化阵线进行残酷围剿的血腥环境中，他勇敢地担当起革命的"喇叭手"的神圣职责。

鲁迅先生曾指出："要牢记中国无产阶级革命文学的历史的第一页，是同志的鲜血所记录，永远在显示敌人的卑劣的凶暴和启示我们的不断的斗争。"[1] 蒋光慈为中国无产阶级革命文学的创立、拓展，贡献了青春、热血乃至生命，他百折不挠地编辑红色刊物与丛书的精神值得我们永远铭记学习！蒋光慈主持编印的红色出版物对于中国早期无产阶级革命文学建设、革命思想传播具有不可忽视的贡献，也是革命文学成为无产阶级革命事业战斗一翼的很好例证。

---

① 鲁迅. 鲁迅杂文全集 [M]. 郑州：河南人民出版社，2000：404.

蒋光慈作品中的皖西地域文化

对于每一个中国人来说，故乡就是生命和精神的滥觞。故乡的春荠秋菊、风土人情、乡言俗语……流淌于血液，积淀于记忆。对故乡的一切记忆，是作家从事文学创作取之不尽的源泉。"文学的地域色彩是一个文化概念，即文学作品中所蕴含的地域文化因素以及由此在作品风格、审美内涵等方面形成的独特性。俗话说，一方水土养一方人，当形形色色的地域文化形诸文学时，就构成了文学作品独特的地域色彩"①。作家们成长的地域环境的不同，会造就他们思想观念、视野、审美情趣等方面的差异，最终呈现在他们作品里的是风格各异的地域文化特色。

一定地域的文化蕴含着该地区的历史文化积累。蒋光慈成长于皖西故乡，这里地处长江与淮河之间的大别山北麓，有着璀璨悠久的历史，古今文明在此处汇集，南北文化在这里碰撞交融。大约4500年前，中国司法鼻祖皋陶率部迁入大别山区，与生活于此的三苗部落共创皖西古文化。战国后期，楚考烈王将都城从河南淮阳迁到安徽寿县，晚楚文化在皖西地区高度成熟。西汉诸侯英布、三国名将周瑜、北宋画家李光麟、现代名人朱蕴山等，都是在这里诞生的。皖西还是一块革命的热土，"在辛亥革命前，皖西人民同外国侵略者和国内封建势力，进行了不屈不挠的斗争"②。如光绪二十四年（1898）白塔畈三千农民暴动，开仓济贫，

---

① 杨海英. 田耳小说的地域色彩［J］. 牡丹，2019（12）：35 - 36.
② 中共六安地委党史工作委员会. 皖西革命史［M］. 合肥：安徽人民出版社，1987：10.

首领傅延龙等以后被俘英勇就义。辛亥革命爆发后，1912 年河南商城爆发白朗起义，白朗起义军为了配合二次革命进入皖西，皖西大批青壮年踊跃加入白朗军。

皖西大别山水养育了蒋光慈，皖西地域文化熏陶了蒋光慈。他在革命文学创作时，融入了独属于皖西地域文化的内容，经常将写作背景置于故乡，以作家的眼光审视着自己的家乡，以革命的笔触回忆故乡，把故乡中的人事物融入文学作品中。其作品中的山川风物、生活习俗、方言俗语、人物形象等描写，有着浓郁的皖西大别山地域文化气息和色彩。

一、皖西社会环境在蒋光慈作品中的艺术再现

每位作家都有自己熟悉的生活领域，偏爱写熟悉的生活，只有"熟悉此中情形"，表现起来才会"更加有力"。蒋光慈 16 岁之前，完全是在故乡的土地上成长度过的，皖西大别山自然人文环境是他无比熟悉的生活领域，他的文学作品从记忆中的皖西大别山乡间社会生活吸取了丰富的营养。绵亘数百里的大别山，山清水秀，土地肥沃，物产丰富。但在旧中国，这里的每一寸土地，都浸透了贫苦农民苦难的血泪。他们祖祖辈辈耕种在这块土地上，用血汗养肥了别人，自己却没有立锥之地。蒋光慈出生于 1901 年，当时的中国刚刚经历了八国联军的入侵，列强的横行霸道，晚清政府腐败无能，中华大地有天无日，老百姓生活穷困潦倒。蒋光慈生活的霍邱县南乡白塔畈是旧中国的一个缩影，当年的那个小乡镇只有一条南北走向的小街道，有差不多百户人家。小镇不仅居住着地主、豪绅以及富裕的商户，也聚集着轿夫、长工、商贩和农民等贫苦人。贫富差距大，阶级对立，封建思想根深蒂固，童年的蒋光慈就生活在这样的"摇篮"里。

蒋光慈的祖父蒋德福是个轿夫，没有土地和房屋，过着寄居的生活，由于贫穷、受辱和过度的劳累，过早地结束了一生。蒋光慈的父亲蒋从甫自幼帮工、当学徒，勤苦挣扎大半生，才使自己的家庭勉强立足白塔畈小乡镇。可是因为出身卑微，仍不免受尽凌辱。蒋光慈童年时代，家境还十分艰难。因此从幼时起，他就经常同穷孩子们一道拾柴、放牛，体会到穷苦人民的生活苦难，形成了他愤世嫉俗、疾恶如仇的品质。1917 年蒋光慈去芜湖五中读书，每逢寒暑假都回到故乡，与父母亲人相聚，与好友促膝畅谈。蒋光慈在皖西乡间自由自在地成长，他的血肉浸润着民间风土人情的美好和丑恶。皖西农村的丘陵山地承载了他的故乡记忆以及深厚的情感，也在蒋光慈的心灵上烙下了无法磨灭的印记。

从 1921 年至 1931 年蒋光慈很少回故乡，但他时时从亲友的通信中探听故乡的

消息，即便在苏俄留学、日本游学期间也是如此。如他在日本短暂治病游学期间，从家信中得知，家乡在匪军骚扰之余，又大地天旱，米谷不够吃，生意不能做，家中经济实有难支之势。从苏联回国后，蒋光慈大部分时间在上海从事革命文学活动。其间，他的大哥和父亲分别于 1925 年、1930 年专程去上海看望他。蒋光慈老乡戴映东（戴铸久），当年在上海读书时受到蒋光慈多方照顾，他为蒋光慈带去很多故乡消息。正如其长诗《乡情》开篇所写的："从故乡来了一个友人，向我报告了许多消息"。从亲友处，蒋光慈搜集了解到不少大别山区农民苦难生活的第一手材料：20 世纪二三十年代的大别山区，地租高达百分之八十，加上多如牛毛的苛捐杂税，连年不断的兵匪祸乱、水旱灾害，千家万户的农民长期挣扎在死亡线上。蒋光慈家的邻居梁家榜，是个长工，他的三个孩子冬天没有棉衣，整日蹲在草灰堆里避寒。蒋光慈还探问了解到故乡农民在党的领导下举行暴动的情况：在皖西大地上接连爆发了党领导的"文字暴动"、立夏节起义（商南起义）、六霍起义、白塔畈暴动等武装革命斗争，先后成立了中国工农红军第 11 军第 32 师、33 师，成为我党开辟最早的武装斗争红色根据地之一。因此，虽然置身于十里洋场，蒋光慈却非常熟悉皖西大别山区人民的生活，了解他们的苦难与反抗。

对故乡的深刻记忆以及深厚的情感，故乡人民的生活和斗争，都为蒋光慈的革命文学创作提供了丰富的素材，他常将目光置于大别山北麓这片故土以及生活在这片热土上的人民。

《少年飘泊者》主人公汪中是"安徽省 T 县 P 乡"人，安徽省 T 县 P 乡，就是蒋光慈的故乡安徽省霍邱县南乡白塔畈。汪中开始漂泊的时候是"民国四年"，即 1915 年，当时他是一个"十五六岁的小学生"，这和蒋光慈少年外出求学的经历基本吻合。因为父母被地主迫害致死，十五六岁的汪中，开始了漂泊流浪生涯。他来到 H 城，H 城位于皖北，是一个大商埠，"军阀，官僚，政客，为 H 城的特产，中国无论哪一处，差不多都没有此地产的多——这大约因为历史的关系"，"你大约知道借外兵打平太平天国的李大将军，开渔行的王老板，吃斋念佛的段执政……这些有名人物罢？这些有名人物的生长地就是 H 城。"显然，汪中口中的 H 城就是今天的安徽省合肥市。再来看小说对汪中漂泊到的 W 埠的描写："巢湖为安徽之一大湖，由 H 城乘小火轮可直达 W 埠，需时不过一日。"文中又写道："W 埠是我的陌生地，而且又很大"，"W 埠有一条十里长街，一切大生意，大洋货店，都在这一个长街上，比较很容易找着。"汪中从故乡到 H 城，再到 W 埠这一段漂泊经历，正是少年蒋光慈的亲身经历。1916 年，蒋光慈考入河南省固始中学，这在当时的乡里是一件极为荣耀的事情。然而因为蒋光慈不满校长对待贫富学生的悬殊待遇与校长发生冲突，使他被学校开除学籍，丢了蒋家在乡亲面前的面子。幸运的是，第二年蒋光慈在同乡好友李宗邺的介绍下得以到芜湖五中读书。蒋光慈从家乡到六安县城，再到合肥，这就要走上四天的土路。接着又要从合肥乘坐小火轮经巢湖到达目的地芜湖。他把早年求学期间所行走的路程、所见所闻，融入《少年飘泊者》之中，读来更加真实感人，更易打动读者的心。

《少年飘泊者》中那个到处充满旧社会黑暗陋习的乡村无不是蒋光慈故乡黑暗面的真实再现，蒋光慈把故乡的种种惨痛现象描写于作品中："在安徽省 T 县 P 乡有一乱坟山，山上坟墓累累，也不知埋着的是哪些无告的孤老穷婆，贫儿苦女——无依的野魂……这些坟墓中的野魂，生前受尽残酷的蹂躏，不平等的待遇，尝足人世间所有的苦痛。"在皖西这块闭塞的土地上，地主横行霸道，残酷地欺压农民，断绝了农民们的生路。天灾加人祸，使穷人活着无法生存，死了只能埋葬在乱坟山。乱坟山又添葬了一座新坟，即汪中的父母，他们被大地主刘老太爷逼死，农民与地主的对立关系被描绘在凄楚的画面中，小说揭示了造成汪中父母悲剧的社会原因。成为孤儿的汪中，最初打算去桃林村入伙当土匪，为屈死的父母复仇，还没走到桃林村，却听说那里现在驻扎着一连兵，这兵赶跑了强盗，抢掠不分贫富，比强盗还要作恶。这就是旧社会皖西农村的真实面貌，地主豪绅穷凶极恶，兵匪强盗肆虐乡里，天灾不断，农民生活苦不堪言。

《咆哮了的土地》既描写了故乡独特的风土人情，更是在此背景下描写农村的阶级斗争生活，是作者依据家乡皖西大别山农民革命斗争构思创作而成。蒋光慈的出生地白塔畈一带，交通闭塞，兵害连年，旱灾频发，当地有歌谣："铙钹敲打脸朝天，白塔畈十年九年干。碰着一年好收成，还了主人去讨饭。"兵乱天灾，加之地主豪绅对农民的横征暴敛，残酷剥削，致使民不聊生，尸坟遍野。

大革命前后，皖西地区"与工人运动相结合的农民运动蓬勃兴起，在有党组织和从事农运的党员活动的地方，农民协会由下而上逐步建立起来，带领广大农民打击反动势力。少数地方已经开始组建农民革命武装，几千农民手持刀矛，直接同地主武装和军阀开战，显示了无产阶级的主要同盟军的巨大力量"[1]。《咆哮了的土地》以大革命前后皖西工农运动的发展为大背景，比较完整地反映了皖西农村中尖锐的阶级矛盾和阶级斗争，表现了皖西农民在中国共产党的领导下开展

---

[1] 中共六安地委党史工作委员会. 皖西革命史 [M]. 合肥：安徽人民出版社，1987：59.

武装斗争、最后奔向金刚山的过程。小说开篇写道"这乡间"开始潜流着不稳的水浪，"寻常的居民的谈话中，飞动着一些生疏的，然而同时又是使大家感觉得异常的字句，'革命军'……'减租'……'土地革命'"。随着共产党人矿工张进德和革命知识分子李杰陆续回到家乡，在农民中播撒了反抗的火种，土地开始咆哮了。他们组织农会，动摇了地主阶级的统治。在这巨大的时代浪潮的冲击下，农民们开始觉醒。不久反动势力卷土重来。觉醒的农民在张进德与李杰的领导下成立农民自卫队，武装反抗地主武装和军阀。

小说对大地主李敬斋的庄园李家老楼及附近农民村舍的描写，实际就是蒋光慈故乡大地主王子敬的庄园王家老楼及其周围景色在作品中的艺术再现。王子敬的王家老楼，据史料记载是一个有着 80 间房屋的大庄园，进出通过唯一的吊桥，吊桥一旦抽回，王家老楼也就与外界隔绝了。王家老楼有 60 多人的护庄队，有钢枪 50 多支和 4 门土炮。楼里的 4 个碉堡都有长工站岗，碉堡上的风铃声全庄园都能听到，其庄严之势可想而知。而小说中的李家老楼则有着相似的感觉："李家老楼，他（指李杰——引者）的原来的家，从这东山角望去，还是昂然地呈现着当年的威严，虽然在那一条河流的沿岸上，还零碎地散布着矮小的茅屋"。1929 年 12 月爆发的白塔畈暴动，袭击的一个目标便是大地主王子敬的庄园王家老楼。小说中的李家老楼被农民自卫队一把火烧了。

张进德与李杰领导的农民自卫队先是在三仙山，后又投奔到金刚山，这与当时白塔畈暴动后霍邱、六安等农民自卫军的作战路线是一致的。张进德最后率领农民武装投奔的金刚山，学界几乎一致认为是"井冈山"谐音，然而大别山有一座名为金刚台的山峰。金刚台位于金寨县汤家汇镇西北部，主峰海拔 1584 米，为豫皖两省的分水岭，地势险要，便于游击战争，当年大别山红色根据地的中心正在这里。《咆哮了的土地》中的"金刚山"妙用，可谓神来之笔，既是现实中的金刚台山，又寓意深远。所以不得不说，皖西大别山早期农村革命运动的面貌贯穿于整部小说的始终。

另外，故乡许多熟悉的人物，也走进了蒋光慈的作品。蒋光慈童年最要好的一个小伙伴王舜武，成年后参加农民运动，成为农民协会的执委。蒋光慈以此创作长诗《乡情》，诗篇中"黄牛"原型即王舜武。到了《咆哮了的土地》，蒋光慈把王舜武再次作为生活原型，塑造出王贵才这一青年革命农民的形象。《咆哮了的土地》中的革命知识分子李杰，有蒋光慈的小学老师詹谷堂的影子；李家老楼地主李敬斋，其实不过是把白塔畈附近王家老楼大地主王子敬换了一个名字而已。《少年飘泊者》中地主刘老太爷的住所——刘家老楼也是以王子敬的庄园王家老楼为原型。

二、皖西山川风物流淌于蒋光慈笔端

蒋光慈的故乡白塔贩白大村（现改名光慈村），地处金寨县的东北角，当地只有一些不高的山丘，多数的村庄便如他在《咆哮了的土地》写的那样："靠着山丘，傍着河湾，零星散布着的小的茅屋，大的村庄，在金黄色的夕阳的光辉中，依旧是没有改变一年以前的形象。炊烟随着牧歌的声浪而慢慢地飞腾起来。"依山傍水是皖西大别山地区典型的自然地理特征，村庄基本上是沿着河流而生成。这些独属于故乡的标志性景物深深地刻印在蒋光慈的脑海中，他对家乡的热爱之情展露于一部部作品中。

光慈村（拍摄于 2020 年）

《少年飘泊者》中写到汪中打算去桃林村入伙当土匪为父母复仇，《咆哮了的土地》中农民武装的革命据点在三仙山，桃林村、三仙山就在蒋光慈故乡白塔贩南面不远的地方。家乡的自然风物，不经意间，流淌于蒋光慈的笔端。儿时生活的乡村场景不时地走进了他的作品，如《咆哮了的土地》里对皖西乡间清晨、傍晚的描写：

青秧叶上的露珠还在莹莹地闪耀着，田野间的空气还是异常地新鲜而寂静，虽然一轮红日已经高高地悬在东山的顶上了。似乎一切的景物都表示着欢欣，似乎太阳也做着愉快的，充满着希望的微笑……

这时夕阳已经消逝了金影。村庄，树林，河流……渐渐为迷蒙的夜幕的暗影所吞食去了。在广漠的深蓝色的天空里，开始闪耀着星光，而在静寂的土地上，也同时开始现出来几家微小的灯火。

白塔畈风景秀丽，有很多独具风味的山川河流。在它的南边，有一座三仙山，山上的景色随着四季的更替也变幻多彩，三仙山及三个仙女的神话传说，长期在白塔畈一带流传。《咆哮了的土地》中把三仙山作为农民起义的革命据点来描写，小说中多次写到三仙山，毫无疑问，这里的三仙山正是白塔畈的三仙山。蒋光慈把三仙山的纷繁多姿呈现在《咆哮了的土地》美好的景色描写中："三仙山位于一群小山的拥抱之中，周围岗峦起伏，风景绝佳，被人称为名胜"，"在晴朗的天空之下，立在三仙山的半腰，已尽可以很清晰地看见那前面数里以内的景物。那小河的蜿蜒，那村庄的散布，那田野的碧浪……——呈在眼前，历历如画。"

《鸭绿江上》中有一段关于树林的描写，颇富皖西田园色彩："这块树林到冬天时，柳树虽然凋残了，然因有松树繁茂着自己青青的枝叶，并不十分呈零落的现象。可是到了春夏的时候，柳丝漫舞起来的绿波，同时百鸟歌着不同样的天然的妙曲，鸣蝉大放起自己的喉咙……这树林真是一个欣赏自然妙趣的所在啊！"柳丝漫舞、百鸟高歌、鸣蝉放喉等故乡美丽画面，在蒋光慈脑海中不时出现。他在《柳絮》一诗中深情地写道："记得儿时，在柳深阴处，与群儿乱扑柳絮；争先恐后，嘻嘻笑笑，每个都想把柳絮扑在水里。喂！好一幅天真的图画！"无论身在何处，故乡始终是诗人魂牵梦绕的地方，"我几番愿返到那故乡云峰去"。

家乡的河流也是蒋光慈所热爱的。白塔畈人民的母亲河白塔河清澈见底，碧柳成荫，蒋光慈儿时经常在河底"敲鱼"，在柳林地上挖"灶"烤"沙钻子"吃。《咆哮了的土地》中李杰与张进德分开后，独自到王荣发家去，他看着眼前的景色，觉得"这是他熟悉的家乡"，"这一条弯曲的小河沟依旧流着清滴滴的水，在这里李杰不是曾和着王贵才一块摸过鱼，捉过虾吗？李杰的家人们曾禁止过李杰在河沟里摸鱼，为的是怕他落水淹死了，然而胆大好玩的李杰，总是偷偷地和着小朋友王贵才一道，来做这种冒险的然而是有趣的玩意儿。……呵，这一块小小的柳树林依旧如旧日的葱绿，在这里李杰不是和着王兰姑时常有过约会吗？"这里的河，这里的柳，正是蒋光慈故乡的河与柳，作者把白塔河作为一个重要场景植入作品。

白塔河承载着蒋光慈太多儿时愉快且难忘的回忆，每到夏日，做柳笛、编炸鞭成了孩童们不可或缺的活动，白塔河边的柳树成了儿童的好玩伴。蒋光慈幼年的好伙伴王舜武，与蒋光慈感情甚好，后蒋光慈误以为王舜武牺牲，颇为感慨、悲伤，遂作长诗《乡情》忆念"亡"友。在诗篇的第 4、5 节中，诗人集中描写、回忆儿时在白塔河畔与小伙伴们玩耍的场景：

> 在村镇的北头有一条小河，
>
> 小河的两岸上有着柳林，
>
> 这里在夏天可以听见蝉鸣，
>
> 在冬天也不断孩子们的踪影。
>
> 孩子们把此地当成俱乐部，
>
> 我那时也是俱乐部的一员；
>
> 我们有时围起树来捉迷藏，
>
> 有时预备起宴席来，烧饭。

记忆中的蒋巧子（巧子是蒋光慈的乳名）与小伙伴们玩耍的画面多么美好：或玩水打水仗，或堆沙人，累了躺在沙滩上晒太阳；或捉鱼摸虾，然后在河沙滩上挖坑支锅烧烤享用；或攀枝折柳编柳条帽，戴在头上到柳林中捉迷藏。故乡秀丽的山丘、清澈的河溪、清幽的竹林时时萦绕在蒋光慈心头。长诗《写给母亲》流露出作者对故乡山水的刻骨思念："我屡次想回来亲亲我那清静的美丽的家园，看看那如黛的青山，幽雅的松竹，儿时游泳的河湾"，"家乡有青的山，绿的水，幽雅的松竹"。飘零在外的诗人，何尝不想终生埋没于故乡山水的温柔。但他不能够，他要为祖国母亲继续战斗。虽然蒋光慈远离故土，经年漂泊在外，但是故乡的山丘、树林、河流、秧苗、夕阳这些景物却始终存在于他的记忆深处毫不褪色，且出现的频次很高。

三、蒋光慈作品中的皖西民间风俗文化成分

（一）皖西民歌

民歌的自由度很高，没有统一固定的范本，只出现在广大人民群众的平常生活中，以地域方言的形式口口传唱，歌词上会有所出入，但是主题内容基本上相差无几。皖西地区独特的自然地理环境孕育出了种类各异的民歌，《吕氏春秋》记载，皖西地区有"歌舞之乡"的美称。皖西民歌形式多样，有山歌、秧歌、茶歌、小调、号子、风俗歌、情歌、儿歌等，内容丰富多彩，包罗万象，既是人民

群众的劳动生活之歌，也是喜怒哀乐之歌。皖西民歌艺术手法也多样化，艺术特征鲜明，特别是慢赶牛、震（挣）颈红、五句头等民歌腔调和样式，独具特色，成为中国民歌体系中的重要一脉。如著名的大别山民歌《八月桂花遍地开》曾经唱响鄂豫皖革命根据地，唱响红军长征路，为中国革命做出过突出的贡献，新中国成立后又唱响全中国。

皖西地区有吴楚文化遗风，"金寨、六安、霍山南部多流行山歌、茶歌"，其曲调清新悠扬、婉转动听，内容上多以展现青年男女热烈追求理想的爱情为主调。蒋光慈虽然离开故乡多年，皖西民歌却烂熟于心。"诌书俚戏真山歌""山歌无假戏无真"，说的都是山歌具有真情实感。山歌所表现的生活、民风民情是真切的、感人的。蒋光慈汲大别山民间文学于血脉，正如他在《咆哮了的土地》中所写的："归途中的牧童的晚歌，虽然那声音是单调的，原始的，然而传到你的耳膜里，会使你发生一种恬静的，同时又是很美丽的感觉。"

《咆哮了的土地》采用了较多皖西山歌，呈现出浓郁的皖西泥土气息和山村情调。农人们一边"荷着锄头"走在田埂上，一边唱着"音调尖脆的山歌"，是皖西山村乡间常见的景象。小说第3节中，王贵才等五六个青年，在暮色中唱着山歌去向张进德打探革命军的事情，又在遥相应和的山歌声中走回各自的茅屋。在夕阳的余晖中回到故乡的李杰，首先听到的乡音就是两个骑着牛的牧童唱着李杰所熟悉的山歌。天天幻想能娶到老婆的刘二麻子多次唱出不同的皖西山歌。其中一处写他与张进德在东山打柴相遇，张进德向自卑又痛苦的刘二麻子宣传"土地革命的意思就是将地主打倒，土地归谁个耕种，就是归谁个的"。使得刘二麻子"忧郁和绝望的容色没有了，另换了一副充满新的希望的，欢欣的笑容"。归途中，久不唱山歌的张进德，与刘二麻子一起唱起一段直抒胸臆的山歌：

> 乖姐好像一朵花，
> 个个男子都爱它；
> 若是有钱你去采，
> 若是无钱莫想它。
> ……

"乖姐"，是皖西民歌中对年轻女性的称呼。如皖西山歌"眼望乖姐身穿蓝，身上背个小挎篮，俺问乖姐哪里去，屁股一扭脸朝南，丈夫又小家又穷，打把苦菜当晚饭"，这里的"乖姐"是个年轻的童养媳。当刘二麻子在吴长兴家听了李杰和张进德的一番开导后，更是抛却了绝望和忧郁，快活异常，相信终有出头的日子，在归家途中，不断地唱着他所最爱唱的一首山歌：

> 天上星来朗朗稀，
> 莫笑穷人穿破衣，
> 十个指头有长短，
> 树木林落有高低，
> 三十年河东转河西。

初次见到回乡革命的"李家老楼"大少爷李杰，刘二麻子感到异常的兴奋与光荣，似乎觉得伟大的幸福就要来临了，以致从吴长兴家出来，他不断地唱着这一首令人精神百倍的山歌。唱完了山歌，他还顺手抽起秧叶，卷在手拇指上，吹得嘘嘘的响。文字从一个侧面描写了张进德和李杰带来的新思想，对农民起到的鼓舞作用。这首山歌与皖西当地的一首民歌《莫笑穷人穿破衣》"小鸡出世叫唏唏，莫笑穷人穿破衣，十个指头有长短，荷花出水有高低，三十年河东转河西"① 相比，除个别字句稍有区别，几乎完全相同。皖西山歌朗朗上口，易于识记、歌唱，内容直白，真情流露，这正是皖西人民真性情的体现。刘二麻子娶不着老婆，而他又看不惯吴长兴有老婆，在他眼里，"像吴长兴这样闷鳖一般的人"，却能讨到老婆，这实在令他不能接受，他唱完山歌便觉着苦日子就要到头，他相信好日子终会来临。

农会在关帝庙召开成立大会，青年人成群结队地参加，"一种特别的欢欣贯穿了他们的跳动着的心，使得他们今日所唱的山歌也特别地美妙好听起来了"。刘二麻子参与了农会的创建，在建起的农会里得到了跑腿的差使，一路的山歌唱回家去。农会将平时趾高气扬的地主张举人和胡根富拉去游街之后，以刘二麻子为代表的这一部分一直处于被压迫阶层的人们，感到了前所未有的骄傲。刘二麻子吃醉了酒，忘乎所以地在傍晚乡间的田野上唱着：

> 心肝肉来小姣姣，
> 问声我郎你可好？
> 郎不来时我心焦，
> 郎既来时我心恼，

---

① 王凤霞. 蒋光慈作品中的皖西地域文化 [N]. 文艺报，2018-09-17（7）.

骂声小郎你将小侬忘记了。

心肝肉来小姣姣，

叫声乖姐听根苗：

我不来时你心焦，

我既来时你又恼，

你端的为的是哪一条？……

这首山歌在内容上写出热恋中的男女心理状态，浓烈的情感使他们生死相依，形式上属于五句头。蒋光慈尤其钟爱大别山山歌五句头形式。五句头又称赶五句、五句子，它以每句七字、每首五句而区别于一般四句体的山歌、小调。五句头山歌的第五句最有艺术魅力，它往往是意境升华，艺术情趣之所在。当然这首山歌内容上对女性有着明显的不尊重，这与刘二麻子长期想要老婆而又娶不到的境遇有很大的关联。一方面他对女性有着本能的渴慕；另一方面在女性地位低下的当时，虽求之不得也没有增强他对女性的尊重。未名社台静农收集的《淮南民歌集》[①] 中有类似皖西民歌："心肝肉来小姣游，二人相好多个头；阳世山间同路走，死去三曹并棺丘，奈河桥上手携手。"[②] 表达男女相爱，忠贞不渝，生死不离。

在自卫队队伍前往三仙山的路途上，"炎热的太阳发着淫威"，自卫队唱起了悦耳的山歌，既能减轻疲劳，又能鼓舞士气。皖西山歌贯穿于小说始终，与小说情节内容相得益彰。

（二）皖西民间传说

那唱着山歌的牧童，那升起炊烟的茅屋，那河边洗衣的姑娘，那夏日摇曳的竹林……是蒋光慈招之即来、挥之不去的家乡印象，而那伴随着他童年生活的民间传说也为他埋下了文学的种子。

蒋光慈故乡白塔畈南面的三仙山，因传说有三姐妹在此修炼成仙而得名。三仙山上还修有一座供奉三位仙姑的三仙庙，每逢农历初一、十五或三位姐妹生日时，方圆几十里善男信女起早摸黑来此敬香，昼夜络绎不绝，为当地一大盛事。关于三仙修仙的传说，使童年的蒋光慈对这座山神往不已。在《咆哮了的土地》

---

① 1971年，台湾民俗学家娄子匡先生在编辑《民俗丛书》时，将20世纪20年代台静农回皖西故乡收集整理的发表在《歌谣周刊》上的113首情歌重新影印出来，取名《淮南民歌集》，由台北东方文化书局出版。

② 余学玉．台静农与皖西民歌［J］．皖西学院学报，2013（6）：12－15.

的创作中，蒋光慈直接取材于该传说，将皖西这一民间传说原封不动地写入小说，作品借纯朴的农家姑娘毛姑之口叙述这个传说：

> 这是我妈说给我听的。从前在什么时候，有姊妹三个，大的叫云霄，第二个叫琼霄，第三个叫碧霄，她们在山上修仙学道，后来都成了神仙。成了神仙以后，她们姊妹三个都上天上去了。后世的人知道她们三个在这山上修过仙，便把这山起个名字，叫做三仙山。山上有个三仙庙，那里供着的便是她们姊妹三个的神像。听说她们很显灵，烧香的人很多呢。

佛教的宗教场所一般称为寺庙，这些寺庙建在山上的居多，现实中和小说中的三仙山上都有个三仙庙。白塔畈的三仙山是希望的山，一些百姓在遭遇不幸的时候总是寄希望于幻想中的"三仙"，去三仙庙烧香，祈求她们能大发慈悲保佑一方平安。小说中的三仙山是革命的山，历经辛苦建立起的农会退守在三仙山谋求出路。由此可见，蒋光慈对家乡风土民俗的熟稔和热爱；同时，也可窥见，皖西民间文化对蒋光慈革命文学创作的影响之深。

关羽信仰几乎遍布中国每个角落，大到城市，小到乡村，都有关帝庙的身影。关羽也深受皖西民间百姓的喜爱与尊崇，蒋光慈故乡金寨县古碑镇七邻湾有一座关帝庙，它在六安中心县委的发展史上有着重要的意义。1930 年 3 月，六安中心县委书记舒传贤在这里召开了六安、霍山、霍邱、寿县、英山、合肥 6 县县委和红 33 师联席会议，史称"七邻湾会议"。《咆哮了的土地》中，农会一开始建立的时候便是在关帝庙，文中写到关帝庙时常有香会，香会节期间，男女老少都会来看热闹，展现的是皖西民间风俗文化画面。回顾皖西革命历史，在历次革命活动中，不乏以庙宇、道观作为驻地的。《咆哮了的土地》中农会遭到所谓的"革命军"的袭击之后走上三仙山，走进三仙庙，这也符合当时的情况。金寨县境内现存 200 多处革命遗址，其中有 20 处为寺庙，说明当时广大人民群众愿意让革命活动在过去认为是神圣不可侵犯的寺庙里进行。他们原本对神灵的信仰已经坍塌，而把革命当成了最高信仰。

（三）皖西民俗事项

皖西民俗事项在蒋光慈作品中也时有体现。《少年飘泊者》中，少年汪中父母惨遭不幸死亡，他在几个穷亲戚的帮助下简单安葬了父母。有钱的人家办丧事要请和尚道士到家里念经超度，逝者都埋葬在家族祖坟地。佃户汪中父母的丧事只能匆匆了事，"几个穷亲族冷清清地，静悄悄地"把汪中父母合埋在乱坟山。

《咆哮了的土地》中刘二麻子回忆父亲去世之时，也是邀了几个穷朋友，匆匆地用芦席将父亲的尸体裹住，便在公众的瘗地埋下了，同样因为贫穷，既没有和尚道士念经做斋，也很少亲朋来吊丧。按照皖西乡间的习俗，人去世以后，先是在家中停尸三日以祭亡灵，亲属要在这三日守于灵前，即使是夜里也不能睡觉休息，俗称"守夜"。这三日里，家境好的人家也有请和尚道士到家里念经超度亡灵。三日"元火"后入棺下葬，送葬队伍的人数越多，显得死者在生前的地位越高、留下的子嗣越多，正所谓多子多福，在乡间是很看重这一点的。蒋光慈在《少年飘泊者》和《咆哮了的土地》中，留下这一皖西民间丧葬习俗痕迹，死去的都是既无钱也无权的佃农，在没有经济能力的情况下，只能匆匆下葬，甚至以芦席裹尸下葬。在20世纪二三十年代的皖西大别山区，贫民在无力大办丧事、买不起棺木的情况下，用芦席草席裹尸土葬，是常见的现象。

皖西地区有冲喜婚、转房婚、指腹婚、童养媳等婚俗，未名社的台静农与夫人于韵娴就是指腹婚。台静农在其乡土小说集《地之子》中，有对皖西地区的冲喜婚、转房婚婚俗的描写。此外，在台静农的《淮南民歌集》中，有一首皖西民歌："吃了饭来懒烧茶，姐大郎小懒贪花；酒肉财气人人爱，一只龙船无人划，十七八岁守孤寡。"[①] 这首民歌以及上文提到的皖西山歌"丈夫又小家又穷，打把苦菜当晚饭"，都说明皖西婚嫁习俗中还有童养媳且是男小女大婚俗。这种女大男小不和谐的婚姻风俗，造成了春情旺盛的女子"守活寡"的痛苦。

蒋光慈在其短篇小说《弟兄夜话》中，为读者提供了又一皖西婚嫁习俗——"箩窝亲"，即男女双方年幼时由父母做主，替他们订下婚事，待成年后完婚。《弟兄夜话》是一部半自传体小说，小说主人公江霞有蒋光慈自己的身影。江霞之所以多年不敢回故乡，主要原因就是躲避"箩窝亲"。江霞父母听了媒妁之言，替他订下一门亲事，当时他虽然感觉不满意，但因为年龄尚小未曾公然反对。随着年龄的增长和外出求学接受新思潮的激荡，江霞在家信中表示对婚约的不满，甚至提出解除婚约。"这件事情可是把江霞的父母难住了！解除婚约？这怎么能办得到呢？这是古今中外未有的奇闻，至少是江霞的家乡百余里附近未有的奇闻！"江霞苦恼的"箩窝亲"问题，也正是困扰蒋光慈多年的婚姻问题。

蒋光慈还在作品中提及皖西又一习俗——女性裹小脚。据蒋光慈妹妹蒋儒香

① 马启俊，程东霞，潘应. 皖西红色文化人物故事读本 [M]. 北京：北京师范大学出版社，2019：60-61.

老人回忆："俺小哥待俺可好哩！小时候，他不让娘给俺包小脚。俺娘说，不包脚像个啥样？后来小哥走了，俺娘硬是给俺包了脚。小哥在外面常写信回来问，小妹的脚裹了没有？"①蒋光慈在《弟兄夜话》中所关切的"小妹妹的脚大约未裹罢"，指的就是这件事。裹脚是我国古代歧视和束缚妇女的一种陋习。旧社会皖西地区普通人家女子也存在裹脚的陋习，父母担心女儿长大后"大脚找不到婆家"，绝大多数女孩从四五岁起开始裹脚。如皖西一首民歌："大雨下小雨溜，妈妈在家想丫头，扯双裹脚做双鞋，再把丫头接回来。"裹脚布是女子们的必备物品，反映了裹脚在皖西女性生活中的普遍性。少年蒋光慈就反对母亲给妹妹裹小脚，在外读书时仍不忘为妹妹争取天足。乃至多年后，他在文学创作中不经意间提到故乡这一习俗。

四、蒋光慈作品皖西俗语方言鲜明生动

一方水土养一方人，一方山水有一方风情。地方性的语言是一方风情的外在表现，具有生动丰富的特点。蒋光慈是土生土长的皖西人，所以在其作品中出现了大量的皖西方言俗语。也正是因为这些皖西方言俗语的运用，使得其文学作品有了浓浓的皖西风情。

蒋光慈对于自己家乡俗语的了解十分到位，运用起来得心应手。例如在《逃兵》中用"我认得的斗大的字，恐怕只有两稻箩"，形容一个人文化程度低，只认识几个常用字。"稻箩"，是皖西地区常见的用竹子或柳条等编成的用来盛粮食的农具，多为方底圆口，为传统农家必备的农具之一。皖西俗语里还常用稻箩来形容矮胖之人，"一稻箩长，两稻箩粗"，夸张的描述，既生动形象又幽默风趣。蒋光慈常把家乡俗语引入作品，把穷得身无分文叫作"一个大也没有"，把过不下去的苦日子形容为"狗也不过的日子"，把发泄怒气怨气的对象称为"出气筒子"，用"大磨都压不出一个屁来"形容不爱说话的人……这些带有浓郁乡土气息的俗语口语，随处可见，使其文章变得生动有趣、耐人寻味，同时又真实、客观地展现皖西底层人们的生活状态，具有鲜明的地域性特点。

语言是文化的载体，方言是地方文化的脐带。任何一种方言都是特定的族群在特定的地方生活多年之后形成的文化结晶。每一种方言都承载着一方乡愁，方言也是破译地域文化基因的独特密码。在蒋光慈作品特别是小说中，皖西方言俗

---

① 哈晓斯.蒋光慈故乡散记［J］.安徽大学校刊，1980年7月5日.

拾皆是。

《弟兄夜话》小说题名中“弟兄”即为皖西方言，意为“兄弟”，这也是很多人把蒋光慈的这篇小说经常误写为《兄弟夜话》的原因。再如蒋光慈的《太阳月刊》创刊号卷头语：“弟兄们！向太阳，向着光明走！”皖西人介绍自己时，不是说自己“兄弟几人”，而是说“弟兄几人”。《弟兄夜话》中江霞大哥从千里之外的家乡赴上海看望他，几分醉意的江霞刚进客堂门，被一句“老三”惊醒，这是多么陌生又亲近的称呼。在皖西地区，哥哥称呼自己的弟弟，通常在排行次序前加个“老”字，如大哥称呼二弟、三弟为老二、老三。江霞“自从与两位哥哥分手以来，谁个也没有喊过江霞老三”。这一句久违的、温暖的乡音令江霞几近破防。此外，江霞大哥谈话：“你可知道家中因你有多大的为难！俺伯急得几乎天天夜里睡不着觉！俺大也是急得很！”中的“俺伯”“俺大”属于皖西方言，即父亲、母亲之意。江霞大哥在上海没住几天决定返乡，他说“上海也不过如是，这一天到晚吵吵闹闹轰里轰东的……我觉着有点登不惯”，其中“轰里轰东”“登不惯”同样是皖西方言，“轰里轰东”意为声响颇为吵人，“登不惯”意为住不习惯。《少年飘泊者》第 6 节“将好到桃林村的路，要经过乱坟山的东南角”，其中“将好”是皖西方言，意为“正好”。

《咆哮了的土地》第 11 节写农民吴长兴“种了五亩田，而东家尅苦他”，“尅苦”即皖西方言，意为过分剥削。该方言还有过分节俭之意。第 12 节“呶，刘二哥，亲说好了没有？”其中“亲”指“对象”，皖西方言“说亲”“讲亲”，都是介绍对象之意。第 15 节“一定去。你可以同我一阵吗？”其中“你可以同我一阵吗？”也是皖西方言，意为“你可以同我一起吗？”第 17 节“稻场前面的池塘的水似乎快漫溢出来了的样子，那曾为兰姑所蹲在上面的洗衣跳板，快要被水浮起来了。”其中“稻场”是翻晒、碾轧稻谷的场地，皖西农村家家都有稻场。在皖西村庄的池塘边，多会用木板或石块搭建较长支架，伸向水面，供人们在上面洗菜、洗衣、淘米等，皖西俗语称之为“跳板”或“洗衣跳板”。第 18 节“依我想，李大少爷还是回家去望望”中“望望”，意为回家去看一看。第 20 节写到，因为李木匠是李家老楼的近族，有人问他“你和李家老楼李大老爷怎么叙？”中“叙”，是“叙家谱”之意，即李木匠和李大老爷在家谱中的关系如何？第 22 节，“在这乡间，女人们的职务只是服侍丈夫，烧锅，生孩子”中“烧锅”，在皖西方言中指“做饭”。小说中多次出现该方言，再如第 52 节，王荣发儿子王贵才牺牲后，王荣发决定跑上三仙山加入自卫队：“也许因为年老了不中用，可是他能烧锅。"第 29 节"小抖乱这小子当着胡扒皮的面前霉我……"中"霉我",意为取笑我。第 33 节"起来！妈的，你还装佯吗？"中"装佯"，意为假装、作假。第 35 节"至于胡根富这小子平素放印子钱，吃过他的苦头的也不知有多少！穷人们恨他算恨透了！"其中"放印子钱"，即放高利贷。第 49 节毛姑在叙说三仙山传说时说："碧霄的宝贝叫混元金斗，听说这厉害极了，任什么道行高的神仙都怕它。"其中"道行"，皖西方言意为修行的功夫，读音为 dào heng。

《最后的微笑》李盛才向王阿贵说道："那时我想劝劝你，可是怕你不相信，所以我也就没做声"，其中"没做声"即皖西方言"不做声"，不说话之意，引申指声明或表示意见。王希杰在《汉语修辞学》中提道："方言成分的适当采用，可增添作品的地方特色和乡土气息，有利于塑造人物形象，在文学作品中尤其如此"[1]。蒋光慈作品中这些方言的使用赋予文章独特的地方特色，给予读者特有的人文感受。

《异邦与故国》9 月 15 日日记："在戏台前的小摊上，我花了一毛钱买了三件小玩具，胶做的：一只狮子，一匹骆驼和一个精屁股的孩子。"其中，"精屁股"是皖西方言，意为"光屁股"。皖西方言甚至在蒋光慈的译诗中也有呈现，如《劳工歌》："睁开眼儿罢，劳动兄弟！把无意识的压迫抛尽，把黑夜的沉阴宣开"，其中"宣开"，即掀开之意，"宣开"是"掀开"一词在皖西地区形成的语言变体。每位浪迹天涯的游子，都会认同故土文化，产生精神归属感。蒋光慈在作品中大量描写家乡方言俗语，也是慰藉乡愁的一种方法。

山歌、牧童、炊烟、茅屋、竹林、竹床、稻场、烧锅、洗衣跳板……这些充满生活气息的词语无不蕴含着浓浓的皖西风情，皖西大别山的山水滋养了蒋光慈，蒋光慈的笔墨描绘了千里大别山，这片热土上的革命精神和人文自然景观已经沁入了他的血液，成为他文学创作取之不尽的源泉。

皖西这片热土养育了蒋光慈，给他的文学创作带来灵感，故乡的一草一木化作字符融入他的作品当中。对蒋光慈而言，故乡书写的意义不仅仅是在于经年漂泊的游子内心情感的真实映照，也是以一个革命文学作家的眼光来审视故乡的时代印记，反映特定时代下皖西乡村真实的一面，为皖西大别山地域文化色彩留下了浓墨重彩的一笔。

---

① 王希杰. 汉语修辞学（修订本）[M]. 北京：商务印书馆，2004：85.

第四章

蒋光慈与文坛同仁的渊源

蒋光慈与瞿秋白、韦素园、曹靖华的师生同窗情

瞿秋白（1899—1935），本名瞿双，后改瞿爽、瞿霜，字秋白，出生于江苏常州，中国共产党早期主要领导人之一，伟大的马克思主义者，卓越的无产阶级革命家、理论家和宣传家，中国革命文学事业的重要奠基者之一。他在建党理论、文学创作、文化翻译以及参与革命实践、组织武装斗争等方面，均有突出贡献。

瞿秋白早年曾在北洋政府外交部任职，1917年考入外交部办的俄文专修馆学习，参加了伟大的五四运动。1920年年初，他加入李大钊组织的马克思学说研究会；8月，被北京《晨报》和上海《时事新报》聘为特约通讯员派驻到莫斯科。瞿秋白当时虽未加入团组织，但是个思想进步、拥护革命的热血青年，他深入十月革命胜利后的苏俄进行考察，写了许多通讯报道，实事求是地向中国人民介绍那里的情况。其《饿乡纪程》《赤都心史》是

瞿秋白
（出自《皖西红色文化人物故事读本》）

现代文学史上最早的文艺通讯，反映十月革命后苏俄社会真相。1921 年秋，瞿秋白进入东方大学中国班担任翻译和助教，这个职务让他得以系统研读苏俄马克思主义著作，为日后的学术和政治工作做好必要的准备。中国班学生中有蒋光慈、曹靖华、韦素园。几名年轻人因为共同的理想和兴趣，就此相识并一见如故。

一、蒋光慈与瞿秋白的革命师生情

瞿秋白精通俄语，富有文才。瞿秋白对蒋光慈的帮助教育是多方面的。经瞿秋白热情、悉心的辅导，蒋光慈的俄语成绩进步很快，半年之后，他就能为从法国勤工俭学转来学习的萧三、陈延年、王若飞、赵世炎、郑超麟等新同学担任课堂俄文翻译了。作为师长，瞿秋白与蒋光慈谈学生运动，谈当今革命，谈理想，谈文学，他旁征博引，侃侃而谈，使蒋光慈顿生相见恨晚之感。"有一段时间，瞿秋白的身体实在坚持不下去了，就到莫斯科的近郊疗养。蒋光慈几乎每个星期日都去看他。"[①]

瞿秋白 1922 年春加入中国共产党，同年 12 月蒋光慈加入中国共产党，共同的信仰促使他们建立了深厚的革命情谊。两人时常聚在一起读诗论文，交流创作心得。瞿秋白散文通讯集《饿乡纪程》和《赤都心史》等作品，字里行间闪光的思想和非凡的文采，使蒋光慈受益匪浅。蒋光慈创作于留学时期的《新梦》集诗篇，有的是受了瞿秋白的启发，有的就凝结着他们两人共同的心血。《西来意》一诗即是两人共同心声的表达：

> 维它啊！
>
> 中土阴沉，
>
> 我们负了取经的使命；
>
> 将来东方普照的红光，
>
> 能不能成为今日取经人的心影？
>
> 我们不要中辍啊！
>
> 努力罢！——那是我们的荣幸。
>
> 我们应当坚信啊！
>
> 勇进罢！——前路有自由美丽之神。

---

① 吴腾凰，徐航. 蒋光慈评传［M］. 北京：团结出版社，2000：93.

1923 年 1 月 13 日，瞿秋白由莫斯科回国。受陈独秀邀请，他于 1923 年 6 月开始主编中共中央理论性机关刊物《新青年》季刊，同时主编中央的另一机关刊物《前锋》月刊，参加编辑中央的第一份政治机关报《向导》周报。1923 年夏，经李大钊推荐，瞿秋白到上海大学担任教务长兼任社会学系主任，主讲社会学和社会哲学。他学识渊博、教学灵活、态度和蔼，为了给学生解释清楚问题，还多次在课后去学生宿舍讲课。瞿秋白通过信件，鼓励指导还在苏联的蒋光慈写作和翻译一些马克思主义文艺理论论文，寄回国内发表在《新青年》季刊、《向导》周报等杂志上。

"蒋光慈、瞿秋白在异邦播下这友谊种子，回到祖国之后，更是怒放出鲜艳的花朵"①。蒋光慈回国后经瞿秋白介绍，进入上海大学任社会学系教授，兼教俄语课。老友相逢，喜不自胜。蒋光慈铆足干劲，一边教书，一边进行革命文学创作。这一时期，他们住在同一个弄堂里，蒋光慈便成了瞿秋白家的常客。瞿秋白的夫人杨之华回忆说："蒋光慈经常到我们家里来，同秋白谈论文学工作方面的问题，了解革命斗争的情况。他是一个努力从事革命文学创作又有文学才能的同志。"② 蒋光慈习惯把自己的创作计划和构思告诉瞿秋白，他信赖瞿秋白批评家的敏感和文学鉴别力。对蒋光慈来说，没有比瞿秋白能够更深刻地向他揭示中国革命每一个现象和事件的真实含义，指出其发生原因，预料其结果，把他的思想引导到正确的轨道上来。1925 年 1 月《新梦》诗集出版，4 月 22 日《新青年》季刊第 1 号，瞿秋白以显著位置介绍了这部诗集，称"新梦是现代中国文学界的一个响雷，一盏明灯。新梦一定要如响雷一般震动人们的心灵，一定要如明灯一般照亮人们的眼睛"。紧接着，蒋光慈陆续创作了第一部中篇小说《少年飘泊者》和短篇小说集《鸭绿江上》，每篇作品，瞿秋白都给出了修改意见，经反复斟酌而定稿。在瞿秋白的激励下，蒋光慈的创作热情不断高涨。

1926 年 10 月至 1927 年 3 月的半年中，为配合北伐军的进攻，上海工人在中国共产党的领导下，先后举行三次武装起义，瞿秋白参与领导起义。出于作家的敏感性和责任感的驱使，蒋光慈经常到瞿秋白家里，了解上海工人武装起义情况。听到第三次工人武装起义胜利的消息，蒋光慈抑制不住激动之情："当此社

---

① 吴腾凰，徐航. 蒋光慈评传［M］. 北京：团结出版社，2000：95.
② 马启俊，程东霞，潘应. 皖西红色文化人物故事读本［M］. 北京：北京师范大学出版社，2019：32.

会斗争最剧烈的时候，我且把我的一支秃笔，当作我的武器，在后面跟着短裤党一道儿前进。""短裤党"一词源出法国大革命史，共产党之意。在革命精神的感召下，蒋光慈怀着空前的热情把全部的精力都投入《短裤党》的创作上，仅用半个月就完成了中篇纪实小说《短裤党》。这是中国现代文学史上第一部描写工人阶级进行大规模革命斗争的小说。"在中国现代文学史上，蒋光慈是将瞿秋白写进文学作品的第一位作家。因为他对瞿秋白十分熟稔，体察亦格外深透。据有关人员回忆，《短裤党》写作的主要素材由瞿秋白提供，书名亦由瞿秋白协助拟定"①。小说中的杨直夫就是瞿秋白的化身，被塑造得栩栩如生，活灵活现。小说出版后，也是瞿秋白最先肯定这部作品的时代意义和现实价值。

瞿秋白和蒋光慈，是师生，是同志，更是战友。两人合作的《俄罗斯文学》一书的出版，不仅说明蒋光慈和瞿秋白的战斗友谊之深，也是蒋光慈的一份光荣。当时收录瞿秋白作品的只有鲁迅、蒋光慈两人，鲁迅推许瞿秋白为唯一知己，瞿秋白一直在指导、扶持蒋光慈。1927年1月，蒋光慈的第二本诗集《哀中国》，由党创办的汉口长江书店出版，瞿秋白为诗集做了题署。

四一二反革命政变发生后，白色恐怖笼罩上海。5月初，蒋光慈追随瞿秋白来到武汉。在武汉，瞿秋白住在汉口辅义里27号（现在吉庆街126号），蒋光慈住在长江书店里。武汉期间，蒋光慈与钱杏邨、孟超、杨邨人以文会友，经常往来。为了提供进步作家发表作品的阵地，瞿秋白提议并委托蒋光慈筹办一种刊物。于是，蒋光慈约请钱杏邨、孟超、杨邨人等为刊物命名为"太阳"。他们的集稿编辑工作被七一五事变打断，蒋光慈等人的编刊计划暂时搁置。不久，党中央由武汉迁回上海，蒋光慈、钱杏邨、孟超、杨邨人等亦辗转来到上海。

1927年8月，瞿秋白担任临时中央政治局常委，主持中央工作，成为陈独秀之后，中共第二任最高领导人。1927年冬，杨邨人租住在上海北四川路丰乐里一家裁缝铺子楼上，蒋光慈和孟超等几个朋友在法租界马浪路租了一间楼房合住。蒋光慈与钱杏邨、孟超、杨邨人等认为，刊物放在人家书店出版发行终究不自由，于是决定自己开个书店。他们租下了北四川路附近一家倒闭了的西点铺，创办春野书店，取"野火烧不尽，春风吹又生"之意，并于1928年1月发起成立太阳社，创办出版《太阳月刊》。瞿秋白热情支持太阳社的革命文学事业，成立春野书店，出版《太阳月刊》，都是经瞿秋白的同意，蒋光慈常有机会去找他。

---

① 赵英秀. 瞿秋白与蒋光慈：一对殉于而立之年的亲密战友［J］. 党史纵览，2011（3）：27－28.

然而瞿秋白1928年4月赴苏联主持召开中共第六次代表大会，会后留在莫斯科担任中共驻共产国际代表团团长，蒋光慈只有自行摸索战斗了。

1930年8月，瞿秋白从苏联回到上海。9月，他主持召开中共六届三中全会，成为中共实际领导人。瞿秋白是农民运动的倡导者与组织者，他曾热诚地为毛泽东《湖南农民运动考察报告》写过《序言》，称："中国革命家都要代表三万万九千万农民说话做事"。[①] 蒋光慈在构思《咆哮了的土地》之前，特意听取了瞿秋白关于农民运动问题的思考和见解。正是瞿秋白的主张和指导，《咆哮了的土地》首开歌颂农民革命运动的先河，描写大别山地区风起云涌的土地革命。

令人痛惜的是，瞿秋白和蒋光慈这对文坛知己与亲密战友先后殉于而立之年。他俩的革命师生情谊在中国革命文学史上，随着时间的推移，愈发熠熠生辉。

二、蒋光慈与韦素园——同殉革命事业的同乡挚友

韦素园（1902—1932），原名韦崇文，又名漱园，安徽省六安市叶集区人，诗人，翻译家，作品结集有《韦素园选集》《韦素园全集》。和蒋光慈一样，韦素园人生只有短暂的30年。韦素园克勤致勉，脚踏实地，默默地为自己的文学理想而奋斗，在五四文坛划下了瞬间的闪光。"韦素园是我国五四以后出现的一位有才华的革命作家"。[②] 鲁迅先生在《忆韦素园君》一文中如是评价爱徒："他（指韦素园——引者）是楼下的一块石材，园中的一撮泥土，在中国第一要他多。"[③]

蒋光慈、韦素园都出生于文藻之乡蓼城，蓼城是霍邱的古称。蒋光慈的出生地霍邱白塔畈（现隶属金寨）与韦素园的出生地霍邱叶集镇（现为六安市叶集区）相接壤，蒋光慈年长韦素园1岁。蒋光慈与韦素园少年时代并不相识，小小年纪都能吟诗作对。他俩各自求学，却表现出相似的品性，即疾恶如仇、勇于抗争。蒋光慈就读的河南省固始县志成小学，设在同叶集隔史河相望的陈淋子镇。志成小学时期的蒋光慈因怒砸大地主坐轿、脚踢泥捏县知事，闻名乡里。五四运动后，蒋光慈被推选为芜湖学联副会长，成为芜湖学生运动的风云人物。

韦素园入私塾读书发蒙，塾师偶尔向孩童们介绍辛亥革命等时事，使他有了

---

① 赵英秀. 瞿秋白与蒋光慈：一对殉于而立之年的亲密战友［J］. 党史纵览，2011（3）：27-28.
② 韦素园. 韦素园选集［M］. 合肥：安徽文艺出版社，1985：326.
③ 鲁迅. 鲁迅杂文全集［M］. 郑州：河南人民出版社，2000：723.

朦胧的反封建、革命意识。随着新学堂的兴办，韦素园转入由叶集革新派所办的叶集明强小学读书。该小学借火神庙庙宇办学，庙内菩萨塑像众多，与新式学堂格格不入，革新派希望移除菩萨塑像，守旧派极力阻挠。以韦素园为首的一伙学生则把大小菩萨塑像全部推倒砸烂，可见，强烈的反封建意识在他幼年就已形成。韦素园此举轰动全镇，他在同学中赢得很高威信。辛亥革命已经爆发几年，叶集镇上多数人还拖着长辫子。在韦素园的勇敢倡议下，同学们剪去了象征封建统治的长辫子。据《韦素园传略》，国文教师董卓堂布置学生以一次郊游所见写一篇作文。韦素园借题发挥，表露了他爱国忧国报国之志："爱国伟人孙中山，创革命，历险艰。武昌城头炮声响，震动河山。天翻地覆，排满兴汉，凯旋高奏，数千年帝制推翻。国旗迎风飘扬，四亿同胞心欢。哪知恶魔刚驱逐，妖雾又现，袁世凯，握兵权，又搞洪宪，殃民祸国罪滔天，天地震怒，人神共怨。"[①]小学毕业后，韦素园考入阜阳第三师范学校，其间曾投笔从戎远赴北京，但很快识破军阀的骗局而离开。之后，韦素园跟随大哥韦凤章，于长沙、安庆两地辗转求学。在安庆安徽省法政专门学校读书时，韦素园积极参与学生爱国运动，不避艰辛，不畏军阀镇压，因表现出众，被同学们推举到安徽省学生联合会工作。根据曹靖华之子曹彭龄《父亲曹靖华的青年时代》可知，此时作为芜湖、安庆两地学生运动的领袖，蒋光慈与韦素园之间已经建立了联系。

经过五四运动大潮的冲击，蒋光慈、韦素园视野更加开阔，更清晰地认识到祖国正处于内忧外患的深重苦难之中。雄浑的大别山养育出两位英勇少年无畏无惧，勇敢地走在时代的前列。

1920年秋，蒋光慈、韦素园等几位有影响的安徽省学生运动领袖被推荐到上海外国语学社学习，两个小老乡如鱼得水，成为同道挚友，携手共进。蒋光慈与韦素园成为中国第一批社会主义青年团成员，他俩参加印刷传单、游行等革命活动，成为外国语学社的积极分子。在上海外国语学社读书期间，蒋光慈、韦素园共同参加了营救合肥二中校长王蔼如的重要活动，与吴葆萼等五名皖籍学生联名致函上海《民国日报》，声讨军阀政府暴行。

两人有幸被选中一起赴苏俄留学，一同进入莫斯科东方大学中国班。作为中国共产党秘密派往苏联"取经"的最早成员，蒋光慈、韦素园不负厚望，在艰苦的环境里刻苦学习，立志取回"真经"、驱除祖国黑暗。蒋光慈认真系统地学习

---

① 　韦顺. 韦素园传略［J］. 新文学史料，1980（3）：225-231.

马克思、恩格斯、列宁等人的理论著作，为他日后倡导无产阶级革命文学理论夯实了基础。韦素园则节衣缩食购买苏俄进步文艺书籍，立志译介给中国人民以唤醒民众。当时，年轻的苏维埃政权刚刚经历了欧战、内战，经济相当困难，人民还挣扎在饥饿线上。中国留学生享受的是苏联红军待遇，每天也只分配到一块黑面包和几个土豆。瞿秋白曾在文艺通讯《饿乡纪程》中描写过苏维埃黑面包"其苦其酸，泥草臭味，中国没有一人尝过的，也没有一人能想象的"[①]。异常艰苦的学习生活，使韦素园患上了肺结核病，久治不愈。1922 年夏，东方大学让曹靖华护送韦素园、吴葆萼、廖化平等几名久病学生回国，韦素园冒险将购买的书籍带回国内。蒋光慈忍受着物质生活的匮乏，怀着乐观的心情和必胜的信念，如饥似渴地继续刻苦学习。目睹新生的苏维埃政权的勃勃生机，蒋光慈怀着高昂的革命激情，创作了一批歌颂列宁、歌颂十月革命、歌颂新生政权的诗歌。这些诗歌日后结集为《新梦》集，奠定了中国无产阶级革命文学大厦第一块基石。在 2018 年 3 月 24 日《蒋光慈全集》出版座谈会暨蒋光慈学术研讨会上，安徽大学赵凯教授指出："蒋光慈作品是马克思主义文艺思想中国化在中国的最早实践"。

韦素园回国后考入北京俄文法政专门学校学习俄文，他与同在北京读书的儿时伙伴台静农、李霁野、韦丛芜（韦素园之弟），经常到北京大学蹭鲁迅先生的《中国小说史》课，获得了许多文学史和文学创作的知识，增强了对写作的兴趣。他们由小学同学张目寒引荐，得以结识鲁迅先生。"遭遇"鲁迅先生，点燃了他们的创作之火。为了使他们有发表译著作品的阵地，鲁迅领军挂帅与他们一起创办未名社，成员有鲁迅、韦素园、李霁野、台静农、韦丛芜、曹靖华等 6 位。未名社是五四后期一个进步色彩非常明显的文学社团，也是鲁迅创办的第一个出版社。

1925 年，蒋光慈离沪北上期间，特地去北大一院对面新开路 5 号看望住在那里的老乡韦素园、台静农、李霁野和韦丛芜。[②] 一群同期从大别山走出的文学青年，开怀畅谈理想，忆故乡、论文学、话人生，对未来踌躇满志。蒋光慈不无骄傲地告诉乡友们，自己已经加入中国共产党，在上海从事革命文学创作活动。他们相互支持、相互勉励，以革命文学作品、进步文学作品为光明而奋斗鼓号。

未名社初期社址设在韦素园的住处，他忍受着病痛的折磨，坚持编辑、校

① 瞿秋白. 瞿秋白文集［M］. 北京：人民文学出版社，1985：90.
② 史挥戈，吴腾凰. 书信中的现代人文风景［M］. 北京：中国文史出版社，2023：31.

对、出版等繁重事务，默默实践着自己事业理想——翻译、传播苏俄进步文艺。高尔基著名散文诗《海燕》（韦素园译为《海鹰歌》），在他的译笔下刚劲雄健，有力地传达了原诗对黑暗的诅咒！对光明的期待！这些富于战斗激情的诗篇的传入，在黑暗的中国极大地鼓舞了战斗者的士气。韦素园还鼓励帮助李霁野、韦丛芜尝试翻译引进安德烈耶夫、陀思妥耶夫斯基、果戈理、柯罗连科、契诃夫等苏俄进步文学以及托洛茨基的文艺理论专著。"未名社除创作外，比较侧重外国文学的翻译介绍。特别在译介俄苏文学方面有着不可磨灭的功绩"①。

瞿秋白1923年1月由莫斯科回国，曾在北京短暂逗留并翻译、撰写介绍列宁、国际共产主义运动史等方面的文章。韦素园十分钦佩瞿秋白坚强勇毅的革命精神和马列文论水平，多次去拜访，向他请教。有鲁迅与瞿秋白两位精神导师，韦素园的革命信念更加坚定，诗文创作水平迅速提高。1928年4月中共北京地下党市委负责人刘愈被国民党当局杀害，韦素园在《未名》半月刊公开刊登悼诗《忆亡友愈》，大胆地称颂战友，让我们看到了他的无畏、凛然。

不幸的是，蒋光慈、韦素园都因肺结核重病缠身。1931年8月，蒋光慈病逝于上海。此时韦素园病情加重而住在北京西山福寿岭疗养院。他一面卧床坚持翻译和写作，一面关心未名社工作，支持友人们的战斗。1932年诗作《怀念我的一位亲友——呈坪》（坪即叶集籍共产党赵赤坪）成为韦素园生命的绝唱，他大量咯血，伏枕写道："敌人的'黑铁'的高压，终敌不过我们'赤血'的奋起。朋友，等着吧，未来的光明的时代终究是属于我们的。"②诗句流露出革命必胜的信念。韦素园同样战斗到生命的最后一刻，1932年8月病逝于北京。鲁迅先生为他亲自手书的碑碣与时光永存。

蒋光慈与韦素园，两位从皖西大别山走出的英勇少年，1920年加入上海社会主义青年团，成为他们献身革命事业的开端。此后，他们携手共进，生命不息，战斗不止，为理想挥洒一腔热血。

三、蒋光慈与曹靖华的同窗兄弟谊

曹靖华（1897—1987），河南省卢氏县人，翻译家、散文家、教育家，北京大学教授；1919年在开封二中求学时，投身于五四运动；五四运动以后，以一

---

① 唐弢.中国现代文学史简编［M］.北京：人民文学出版社，1984：197.
② 韦素园.韦素园选集［M］.合肥：安徽文艺出版社，1985：83-84.

批思想激进的知识分子和青年学生为主体的各类进步社团，如雨后春笋，遍布于全国大、中城市。在开封二中，由进步学生自己组织起来的学生社团青年学会，主要负责人是曹靖华，青年学会影响遍及河南全省。该会在介绍新文化、传播新思想方面敢于独树一帜，在当时学生界的影响很大。蒋光慈便通过小学同学、后考入开封二中，这时也参加了青年学会的叶毓情和潘保安二人介绍，申请加入了该会。蒋光慈通过书信与青年学会保持密切联系，并在青年学会创办的《青年》半月刊上发表诗文，《青年》半月刊由曹靖华负责编辑。蒋光慈通过青年学会和《青年》半月刊，结识了曹靖华和一批革命青年。

虽经过五四运动的锻炼，蒋光慈和青年学会的其他会员一样，思想上还处在对各种新思潮的探索、比较和抉择阶段，然而他们对黑暗现实的反抗，却是勇往直前的。此时，蒋光慈与曹靖华虽然未曾谋面，却因共同的志向和兴趣爱好，常书信往来，互为知己。

1920年春，作为河南学生代表，曹靖华也去上海参加中华全国学生联合会第二次代表大会，终于得以与蒋光慈相遇见面。两人相见恨晚，彻夜畅谈，蒋光慈还向曹靖华详细地打听了宋若瑜的情况。是年夏，曹靖华中学毕业，入上海泰东书局做校对工作而接触各种书稿，并有机会结识了茅盾、郑振铎等文化名人。曹靖华求知若渴，在繁重的校稿、送稿工作中，珍惜任何能增进学识的活动。印度诗圣泰戈尔访华演讲、著名哲学家罗素在中国公学讲学，即使路途遥远，他也步行前去听讲。

曹彭龄在《父亲曹靖华的青年时代》中写道："蒋光慈与韦素园同是安徽人，他们在安徽青阳县大通镇女子学校为父亲谋到一份教职。去学校教书同校对工作比较起来，有更多工余时间，这正是父亲所期盼的。他便辞去了泰东书局校对员的工作，去安徽大通镇教书去了。"曹靖华执教的大通镇女子学校位于芜湖与安庆之间，交通十分便利。"父亲（指曹靖华——引者）由于有更多余暇时间，教书之余，也同蒋光慈、韦素园结伴游览了芜湖、安庆，凭吊过徐锡麟英勇就义的遗址，并在安徽结识了一些志趣相同的进步人士"[①]。通过蒋光慈，曹靖华结识刘希平、蔡晓舟等安徽进步人士。

1920年秋，曹靖华辞去教职，由蔡晓舟推荐，与蒋光慈、韦素园结伴，一起去上海外国语学社读书。外国语学社学员按照省籍划分小组，由于河南仅曹靖

---

① 彭龄. 父亲曹靖华的青年时代 [J]. 新文学史料，2007 (3)：84 - 102.

华一人，无法单独成组，曹靖华被分在安徽组。他们上午学习，下午参加社会活动。社会活动形式多种多样，如帮助《劳动界》杂志社和华俄通讯社刻钢板、校对文稿，为上海共产主义小组印发传单等。曹靖华经蒋光慈介绍于 1921 年 1 月加入上海社会主义青年团，五一节当天，他与韦素园一组去上海外滩散发传单，积极投入革命活动。

1921 年五一节过后不久，刘少奇、任弼时、蒋光慈、韦素园、曹靖华、吴葆萼等第二批学员，由王一飞带队，从上海吴淞口启程，乘船离开上海，绕道日本长崎，秘密前往苏俄。他们在上海外国语学社虽然仅学习半年多时间，但是这半年在他们的一生中占据着重要位置，是他们人生的重大转折点，也是他们革命生涯的起点。临走之前，他们每人领到一张用俄文打印的通行证字条，要求藏在最安全的地方。曹靖华用香烟盒里的锡纸将字条包裹好，然后钉在皮鞋后跟的夹层里。一路上他们遇险无数，吴葆萼由于受到惊吓过度落下了病根，他们共同经历生死之旅，于 1921 年 7 月抵达莫斯科。新生的苏维埃政权内忧外患，满目疮痍，面对饥饿、严寒，蒋光慈、曹靖华、韦素园相互支持，相互鼓励，共同努力，克服困难。他们经常结伴去向瞿秋白请教学习中遇到的问题和谈论文学。针对他们的困惑："到苏联主要是学习革命理论和军事指挥，立志当一名政治家或军事家，回国领导政治斗争和军事斗争，才是唯一积极的、革命的选择；而把精力用在学习俄语和关注苏俄文学上，便是消极的、逃避革命的表现。"[①] 瞿秋白则以列宁的《党的组织与党的文学》一文为例，为他们解惑："列宁说文学事业应当成为无产阶级总的事业的一部分"。瞿秋白是他们走上革命文学道路的领路人和指导者，共同的革命目标使他们成为挚友，携手为中国人民的革命和解放事业做出了各自的贡献。

由于在莫斯科水土不适，曹靖华患上肺气肿，胸闷乏力，一直在病中。1922年夏，经申请批准，东方大学让他护送韦素园、吴葆萼、廖化平等几名久病不愈学生回国。蒋光慈与两位志同道合的同窗兄弟，在莫斯科火车站依依挥手泪别。回国后，韦素园在北京俄文法政专门学校学习。曹靖华先护送吴葆萼到青岛住院，然后回故乡卢氏县养病。年底，韦素园得知可以到北京大学旁听，便写信邀曹靖华去北平，两人一起选择在北大俄文系旁听，租住在北大一院对面新开路 5 号一间破小屋子。此时，台静农在北京大学中文系读书，李霁野、韦丛芜也陆续

---

① 彭龄. 父亲曹靖华的青年时代 [J]. 新文学史料，2007（3）：84 - 102.

来到北平读书。曹靖华、韦素园从课表上查到鲁迅先生在北大开设《中国小说史》课程，这群热爱文艺的伙伴们便欢呼雀跃去旁听学习。鲁迅先生讲课言简意赅，娓娓动听，无论评议历史、剖析社会或讲解作品，都是旁征博引，入木三分，鲁迅先生成为他们终生的良师益友。

1923 年年初，瞿秋白回国后由李大钊介绍去北大俄语系教授俄国文学史（行而未成），瞿秋白暂住在北平本房叔叔瞿菊农家里，曹靖华、韦素园经常去请教他。在瞿秋白的指导鼓励下，曹靖华、韦素园把苏俄进步文学作品翻译、介绍给中国读者作为文学事业重心，蒋光慈回国后也加入了他们的行列。

1925 年，受李大钊同志派遣，曹靖华到开封任国民革命军第二军苏联顾问团翻译。在此期间，他与顾问团译员瓦西里耶夫（汉名王希礼）交往甚密。在曹靖华的帮助下，王希礼成为《阿 Q 正传》的第一位外国译者。其间，曹靖华开始了与鲁迅的书信交往。在《鲁迅日记》中有如下记载：6 月 14 日"晚……得曹靖华信"。7 月 10 日"下午静农、目寒来并交王希礼信及所赠照相，又曹靖华信及译稿"。7 月 13 日"午后……寄曹靖华信"。据曹靖华后来回忆："大约在 1925 年 6 月底或 7 月初，张目寒去开封，抽空去我那里，也见了王希礼。我们托他将信、王希礼送给鲁迅先生的照片等带给鲁迅先生。后来鲁迅先生给我们回了信，准确内容记不清了。7 月 10 日张目寒会同台静农去鲁迅寓所时，将我们的信与王希礼的照片转交给他。"① 《阿 Q 正传》译成俄文，是我国现代文学走向世界的先声。

1926 年 3 月，吴佩孚攻占开封，冯玉祥将军的国民革命军第二军在河南失败后西撤，苏军顾问团经蒙古草原回国去了。曹靖华离开开封，取道上海再回北京。蒋光慈在上海一家饭店宴请老同学，两人把酒畅谈，回忆往昔、谈论当下，看待文艺问题，各抒己见，互不相让。曹靖华性格耿直，争论割断二人兄弟情谊。"曹靖华先生在晚年为悼念安徽友人张目寒写的散文《哀目寒》中，对蒋光慈这位当年的朋友几次提及，似乎对蒋光慈的'怒火'消去不少，友谊的'春风'又吹回到了他的心田。"②

曹靖华到北京不久，就与韦素园等未名社同仁一起拜访鲁迅先生。未名社的

---

① 彭龄，章谊，石耘.《阿 Q 正传》俄译者王希礼与鲁迅、曹靖华［J］. 文史精华，2010（10）：37－44.

② 史挥戈，吴腾凰. 书信中的现代人文风景［M］. 北京：中国文史出版社，2023：23.

整个筹划过程，曹靖华不在北京，他是通过与韦素园写信联系而加入未名社。全社人员的第一次集合，是在 1926 年 3 月 21 日，那天《鲁迅日记》载："下午，曹靖华、韦丛芜、韦素园、台静农、李霁野来。"这次雅集，是未名社的唯一一次"合家欢"。

新中国成立后，曹靖华任北京大学俄罗斯语言文学系主任，长期致力于俄罗斯语言文学的教学和研究工作，培养了一大批俄语翻译、科研和教学等方面的人才。

第
一
节

蒋光慈与郁达夫、郭沫若的文友情

创造社是五四时期影响大、贡献突出的一个文学社团，1921 年 7 月成立于东京，由留日学生郭沫若、郁达夫、田汉、成仿吾、张资平等组织发起。创造社初期强调艺术自身的独立价值，倾向于浪漫主义。1925 年后随着革命形势迅速发展，创造社许多重要成员思想明显"左"倾，提出革命文学的口号。蒋光慈与创造社关系非常密切，并于 1925 年加入创造社。据宋若瑜 1925 年 12 月 15 日给蒋光慈的书信"你现在加入创造社我很赞成。你时常和他们谈谈或者可以得到许多安慰"。而在宋若瑜 12 月 11 日的去信中有一句"九日信收到"，没有提及蒋光慈参加创造社一事。由此可以推论蒋光慈加入创造社的时间大约在 1925 年 12 月中下旬。蒋光慈与创造社的两位主将郁达夫、郭沫若惺惺相惜，结下了深厚的文友情谊。作为早期共产党员作家，蒋光慈对后期创造社的文学转向做了一定的工作。瞿秋白夫人杨之华回忆："在 1925 年至 1927 年间，瞿秋白有很多对创造社工作的指示，都是通过蒋光慈转达的。"[①] 创造社的核心刊物之一——《创造月刊》第 1 卷前 10 期（除创刊号外），连续 9 期刊载有蒋光慈的作品。

一、蒋光慈与郁达夫——性情相投的同道挚友

郁达夫（1896—1945），原名郁文，浙江富阳人，浪漫抒情小说流派奠基人，

---

① 马德俊. 蒋光慈传［M］. 合肥：安徽人民出版社，2001：179.

是一位为国牺牲的英烈。在蒋光慈短暂的生命旅途中遇到了与他志同道合的郁达夫，两人同为革命烈士，都是以笔杆子为民族存亡而斗争。生活上两人相互关照，婚姻爱情上两人互帮互助，写作上两人更是彼此鼓励和支持。不管是郁达夫的日记里，还是他写给王映霞的情书里，都记录有与蒋光慈交往的点滴瞬间。蒋光慈 1925 年结识郁达夫，郁达夫年长蒋光慈 5 岁。两人由陌生到相识，再到相知，最后建立起真挚而深厚的友谊。如果说俞伯牙和钟子期是知音之交的话，那么郁达夫和蒋光慈之间则是志同道合之交。

郁达夫在《光慈的晚年》中回忆与蒋光慈第一次在上海见面的印象，是在 1925 年的春天，"那时候他刚从俄国回来，穿得一身很好的洋服，说得一口抑扬很清晰的普通话，身材高大，相貌也并不恶，戴在那里的一副细边近视眼镜，却使他那一种绅士的态度，发挥得更有神气。当时我们所谈的，都是些关于苏俄作家的作品，以及苏俄的文化设施等事情。"① 从这段文字里我们不难看出，郁达夫对蒋光慈的初次印象不但不错，而且两人交谈甚欢，在一起谈论各种事情，可以预见他们之后融洽的相处。和蒋光慈一样，郁达夫也是一个文化战士，他的批判枪口始终对准帝国主义、反动军阀。

1923 年秋，郁达夫应聘赴北京大学任经济系讲师，1925 年 2 月离开北京赴湖北武昌，任国立武昌大学文科教授。1925 年 11 月 13 日，郁达夫因对武昌大学守旧教职工和国家主义派不满，愤而离职回到上海，为创造社的复活而奔走。但由于过度劳累，旧病复发，开始咳嗽、咯血，不得不在 11 月下旬回故乡富阳，再去杭州肺结核病疗养院疗养。1926 年 2 月底，广东大学聘请郭沫若担任文科学长，3 月郭沫若邀请郁达夫、王独清等同赴广州，任广东大学文科教授。当时广州已经成为革命策源地，郁达夫对革命、对国民政府充满着希望和信任。但广州现实令他大失所望，国民党基层政权贪污腐化。不久，广东大学为纪念孙中山先生而改名中山大学，学校领导几乎都由国民党人员组成，校长由国民党元老戴季陶担任。

这时上海创造社出版部账目混乱，难以维持，郁达夫被邀请回上海整顿创造社出版部并主编《创造月刊》与《洪水》半月刊。郁达夫于 1926 年 12 月 15 日从广州乘船，12 月 27 日抵达上海，立即着手编辑延期已久的《创造月刊》1 卷 6 期和《洪水》半月刊 3 卷 25 期。郁达夫的《广州事情》发表在《洪水》半月刊 3

---

① 郁达夫. 光慈的晚年［M］//方铭. 中国文学史资料全编现代卷：蒋光慈研究资料. 北京：知识产权出版社，2010：83.

卷 25 期，文章剖析了广州现实，揭露国民政府的本质。四一二反革命政变后的当月 28 号，郁达夫撰文谴责蒋介石是新军阀，随后发表在日本左翼文艺刊物上，导致军警搜查创造社出版部。创造社同仁责怪郁达夫惹祸，他"深恐以后再将以文字招祸，致累于创造社出版部的事业经营"，成仿吾 1927 年 7 月 31 日从广州回到上海，郁达夫便将创造社出版部事务全部交出，8 月 15 日在上海《申报》和《民国日报》上刊登"郁达夫启事"，公开声明脱离创造社。

郁达夫 1926 年 12 月 27 日回到上海，"就同光赤有了日夕见面的机会"。在郁达夫日记中，留下他和蒋光慈交往的很多痕迹。1927 年郁达夫日记《一月一日》记载，郁达夫刚回到上海四处访友，并于 1926 年 12 月 31 日晚和田寿昌（田汉）、蒋光赤去俄国领事馆看"伊尔玛童感"新式跳舞①，到一点多钟才回宿舍；《一月三日》记载，在创造社出版部午饭后"出去看蒋光赤、徐葆炎兄妹，及其他的友人，都没有遇见"；《一月十九日》记载，在创造社出版部午饭后"蒋光赤送文章来了，就和他一道去访王女士。谈了二个钟头，仍复是参商咫尺"，王女士，即王映霞；《二月二十三日》记载，在白色恐怖时期，两人曾一起上街去打探消息。

"他（指郁达夫——引者）同左翼作家蒋光慈（光赤）有密切的友谊关系，曾经在苏联度过三个年头的蒋光慈，经常同他谈关于苏联的情况，谈无产阶级革命"②。刚回到上海的郁达夫与蒋光慈频繁见面，两人有着说不完的共同话题。郁达夫日记里还记录：有一次郁达夫为了找王映霞，去蒋光慈那里询问。后来因为天气的原因留在了蒋光慈的住处，两人在灯下畅谈几个钟头，直至疲乏同铺而眠。蒋光慈和郁达夫在不断交往的过程中越来越熟悉和了解对方，不仅经常保持着密切的联系，而且生活上的大小事情也都互相照应着。随着日渐友好的往来，他们逐渐建立起了深厚的友谊。创造社出版部所在地距离蒋光慈的住处很近，两人经常约在一起吃饭、喝咖啡、娱乐。他们在长时间的交往和相处中，对于对方的了解逐渐深入，可谓是知根知底，不加掩饰、真诚地和对方交往着。

蒋光慈和郁达夫都喜爱广交朋友，和很多有识之士友好往来，他们有一些共同的朋友，如鲁迅、郭沫若、钱杏邨等人。1923 年秋，郁达夫在北京大学教书

---

① 伊尔玛所领的一队舞女，都是莫斯科国立跳舞学校的女学生，舞蹈的形式都带革命的意义。

② 李杭春，陈建新，陈力君．中外郁达夫研究文选·上册［M］．杭州：浙江大学出版社，2006：138.

时，开始与在北京大学教授中国小说史课程的鲁迅交往。1927 年 10 月，鲁迅由广州到上海定居，郁达夫与鲁迅的合作关系日益密切。郁达夫先为鲁迅主编的《语丝》撰稿，次年又与鲁迅合编《奔流》月刊，并在鲁迅支持下主编《大众文艺》。

郁达夫和蒋光慈虽然没有像创造社同仁郭沫若、成仿吾那样投身到实际的革命斗争中去，但他们以文学创作为武器进行斗争。郁达夫的《日记九种》除个人的恋爱纠纷外，还有对国民党右派代表蒋介石的激烈抨击与揭露，蒋光慈则推出了一系列革命文学作品。1927 年 11 月，郁达夫与钱杏邨合作，主编中国济难会主办的《白华》半月刊。第二年春，经钱杏邨介绍，郁达夫秘密加入太阳社，与蒋光慈等太阳社成员一起战斗在革命文学阵地。左联成立时，蒋光慈、郁达夫被列为发起人之一。郁达夫后来脱离左联，但仍然与鲁迅、蒋光慈等左翼作家来往密切，甚至参与过多次对左翼作家的营救活动。蒋光慈留给郭沫若的印象是"为人直率、平坦、不假虚饰"，郁达夫留给郭沫若的印象是"为人坦率到惊人"。从郭沫若对两位友人的印象，可见蒋光慈、郁达夫性格上的很大共同点，这也是他们能够深入交往的主要原因。

在爱情婚姻道路上蒋光慈和郁达夫可谓"患难兄弟"。蒋光慈年少时父母就给他定了"箩窝亲"，郁达夫也曾经历过包办婚姻。但他们却不顾别人的阻挠，勇敢地追求自己所爱之人，对待爱情非常执着。在郁达夫疯狂追求王映霞的那段时间里，蒋光慈还曾扮演替郁达夫传递情书的信使，也同王映霞熟悉起来。郁达夫和王映霞往来情书中，蒋光慈的名字多次地出现，不难看出蒋光慈和郁达夫交情之深。蒋光慈因失去爱妻宋若瑜而情绪低落、日渐消瘦，郁达夫非常担心好友过度伤心而伤身，他和王映霞四处托人给蒋光慈介绍对象，希望他能忘却亡妻开始新的生活。郁达夫曾将王映霞的好朋友陈锡贤介绍给蒋光慈，郁达夫在给王映霞的情书里写道："他（指蒋光慈——引者）和我说陈女士，他觉得陈女士的纯洁很可佩服，他更觉得陈女士的态度好，以为是一个未经世故的可爱的小少女。大约蒋先生对她是已经拜倒在裙下了。"① 蒋光慈与陈锡贤相处了一段时间，终因性格不合，特别是政治态度迥异，在四一二反革命政变的恐怖气氛中，陈锡贤断然离他而去。

蒋光慈和郁达夫都积极倡导无产阶级革命文学。1927 年年初，郁达夫写有《无产阶级专政和无产阶级的文学》一文，旗帜鲜明地提出："真正彻底的革命，

---

① 徐志摩，等. 民国最美的情书［M］. 沈阳：万卷出版公司，2015：194.

若不由无产阶级者——就是劳动者和农民——来作中心人物，是不会成功的。"4月，他写作《在方向转换的途中》，指出革命正处于危机之中，号召民众夺取武装，打倒"足以破坏我们目下革命运动的最大危险"的"封建时代的英雄主义"（指蒋介石的独裁专制）[①]。蒋光慈则是1928年兴起的无产阶级革命文学运动干将。在文学创作上，蒋光慈和郁达夫互帮互助、相互提意见，这使得两人的友谊像酒一样醇厚，感情真挚。特别是郁达夫在写作上时常给予蒋光慈很多鼓励和支持，像一位师长激励蒋光慈不断地创作。《郁达夫传》载有蒋光慈因《新梦》和《少年飘泊者》刚出版时没有收获太大的影响而倍感失望，郁达夫知道了这件事便和他促膝相谈，鼓励他创作出有影响力的作品来。蒋光慈没有辜负好友的期望，在郁达夫主编的刊物上发表了颇具影响力的短篇小说《鸭绿江上》。郁达夫还进一步给《鸭绿江上》小说集写了一篇评论，"认为作者有一定的文学传达能力，但作为革命文学作品却缺乏无产阶级革命的'革命情感'，没有把握到无产阶级的阶级意识，因而作品'不能起激烈的冲动，狂暴的兴奋'"[②]。其中既有强烈的推荐，又提出了严格的批评。蒋光慈在文学创作上的成长进步，和郁达夫的帮助是密不可分的。两人不仅性情相投，志同道合，且亦师亦友。据《光慈的晚年》载，蒋光慈的诗集《战鼓》是由郁达夫替蒋光慈介绍到北新书局出版的。

蒋光慈也给郁达夫的文章写过评论。郁达夫的第二部小说集《茑萝集》发表后，最早对其评论之人便是蒋光慈。蒋光慈认为，《茑萝集》"触到了现社会的根本——经济制度"，因此其作者是坚决反对旧社会制度的，是不满足于现状的，是一心一意向着革命，同时也指出了其无可弥补的缺陷。显然，蒋光慈和郁达夫之间是互相了解、互通心意的。

在白色恐怖弥漫的环境中，郁达夫和蒋光慈虽然不如之前见面机会多，但他们时刻都在关注着对方。郁达夫为蒋光慈作品迅速地打开销路、文学的成功而欣喜，为他结婚的消息而高兴。1931年春，郁达夫在上海街头偶遇蒋光慈，此时蒋光慈的作品被反动政府查禁，没有版税收入，肺结核病病情加重，生活异常艰难。看到日渐消瘦的蒋光慈，郁达夫心里既是担忧、着急，又很心疼，两人在咖啡馆里交心地谈了一下午，足见两人情谊之深。当蒋光慈有苦无处诉时，他最想倾诉的对象便是郁达夫，在郁达夫面前，蒋光慈尽情地诉说自己内心的苦痛、对

---

① 潘世圣. 关于郁达夫脱离创造社及《广州事情》[J]. 中国现代文学研究丛刊, 1983 (2)：350－356.
② 许志英，邹恬. 中国现代文学主潮·上册 [M]. 南京：南京大学出版社，2008：179.

生活的真实想法和一些牢骚之词，郁达夫则是尽心尽力去安慰他，开导他。听闻蒋光慈生活困难，郁达夫想方设法地为他缓解生活上的燃眉之急，特意跑去中华书局介绍蒋光慈做翻译工作。那时中华书局想仿照英国"世界文学名著"的例子，把世界各国的文学名著，无论已译未译的，都请靠得住的译者直接从原著翻译。郁达夫认为蒋光慈是中国最好的俄文翻译，他把蒋光慈介绍给中华书局。中华书局在开始几部要译的名著中就定下蒋光慈为译者，后因为蒋光慈身体状况恶化而作罢。1931 年夏，路过杭州的郁达夫误听说蒋光慈在西湖广化寺养病，便快马加鞭地赶去找他。"当我听到了这消息之后，马上向广化寺去寻他"，把郁达夫渴望见好友焦急又担心的心境展露无遗。

蒋光慈的英年早逝，郁达夫悲痛万分，用文字承载着对挚友的怀念和惋惜之情，执笔写下了《光慈的晚年》这篇文章。郁达夫在文章中说，只要一回想起蒋光慈郁郁而终的情景，他的心里就会非常难过，字里行间流露着真情。"以他的热情，以他的技巧，以他的那一种抱负来写作东西，则将来一定是可以大成的无疑。无论如何，他的早死，终究是中国文坛上的一个损失。"[①] 这是《光慈的晚年》的结束语，体现了郁达夫对蒋光慈文学上的肯定和惋惜，也是郁达夫对好友蒋光慈的高度评价。

二、蒋光慈文会郭沫若

郭沫若（1892—1978），四川乐山人，在现代文学史上是足以代表一个时代的诗人与历史剧作家。1921 年 8 月，郭沫若诗集《女神》由泰东书局出版，其反帝反封建的革命呐喊为中国新诗开辟了一个崭新的时代。郭沫若年长蒋光慈 9 岁，"郭沫若与蒋光慈都是具有诗人气质的文学青年，爱国热情高，创新意识强，情感充沛，易于激动"[②]。受五四精神感染，郭沫若以文艺"鼓动起热情来改革社会"，创作了大量富于激情的战斗的诗篇，《女神》被闻一多誉为五四"时代的产儿"。在 20 世纪 20 年代中国文坛上，蒋光慈的情况和郭沫若有点相似，他同样以诗歌闪亮登场，成为饮誉文坛的革命诗人，《新梦》取得了像《女神》那样的效果。"蒋光慈在创作和评论文章中所表现出的直率、坚定的信念和战斗精神，使他无形中以郭沫若的文学同盟者的姿态出现在中国文坛之上。他们在尚未见面

---

① 郁达夫 . 光慈的晚年［M］//方铭 . 中国文学史资料全编现代卷：蒋光慈研究资料 . 北京：知识产权出版社，2010：86.

② 史挥戈 . 相互支持　携手创造：郭沫若与蒋光慈［J］. 郭沫若学刊，2000（3）：85 - 90.

之际，在对旧世界无情抨击和对新社会热情地歌颂中，他们的友谊已打下了坚实的基础。"①

蒋光慈在《现代中国社会与革命文学》中特别推崇郭沫若："在中国的文学史上有一部《女神》，在现代中国文学界里有一个郭沫若，这总算令我们差堪自慰了！倘若现在我们找不出别一个伟大的，反抗的，革命的文学家来，那我们就不得不说郭沫若是在中国唯一的诗人了。"显然，蒋光慈是以一个共产党员作家身份，从政治和阶级角度高度评价郭沫若的诗歌。两位革命浪漫主义诗人，在未曾谋面之前，早已在作品中进行了思想的交流、心灵的沟通。

关于郭沫若与蒋光慈初次见面时间，大约是在 1925 年 11 月 5 日到 11 月下旬之间，依据有二。一是蒋光慈作于 1925 年 11 月 4 日的《读了〈穷汉的穷谈〉之闲话——致郭沫若先生的一封信》中表示自己对郭沫若"相当的敬意"，解释多次想去拜访他但终未找过一次的原因，说明蒋光慈在 1925 年 11 月 4 日之前没见过郭沫若。二是郭沫若在《创造十年续编》中回忆一次和郁达夫一起访问蒋光慈的情景："我同达夫去访问他（指蒋光慈——引者）是在《洪水》创办才不久的时候，达夫不记得因为什么事到了上海，我们在那时曾短聚过几天。有一天上午，我拉着他，一道往法大马路的明德里去"②。从回忆文字可知，这一次访问不是郭沫若与蒋光慈初次见面，因为初次见面蒋光慈不可能从赁居的楼窗上一眼认出正在扣大门门环的郭沫若和郁达夫，且那时蒋光慈已经在替郭沫若校改译作并坦诚指出其错译之处。也就是说郭沫若与蒋光慈初次见面，是在这一次访问之前，而这次访问时间应早于 1925 年 11 月下旬，因为之后郁达夫便由上海回故乡富阳疗养。

在写作《读了〈穷汉的穷谈〉之闲话——致郭沫若先生的一封信》时，蒋光慈与郭沫若还未曾谋面，但他已主动加盟郭沫若与醒狮派、孤军社等国家主义派的论战。国家主义最初产生于 18 世纪的欧洲。十月革命后，国家主义以仇恨国际工人运动和共产主义为特点，成为极端反动的思潮。中国的国家主义派是由集中在欧洲的曾琦、李璜、左舜生等一小撮大地主大资产阶级的政治代表组成，他们在巴黎组成中国青年党。1924 年秋，曾琦、李璜等陆续回国，出版《醒狮》周报，作为反革命喉舌，故称醒狮派。"国家主义派抹煞阶级本质，用抽象的国

---

① 马德俊 . 蒋光慈传 [M] . 合肥：安徽人民出版社，2001：167.
② 郭沫若 . 郭沫若全集文学编·第 12 卷 [M] . 北京：人民文学出版社，1989：266.

家概念欺骗人民服从资产阶级利益，肆意攻击和诽谤马克思主义学说"①。对于醒狮派的大量反动言论，中共理论精英瞿秋白、恽代英、萧楚女等纷纷著文进行驳斥批判，如秋白的《国民革命运动中阶级分化——国民党右派与国家主义派的分析》《中国革命与戴季陶主义》、恽代英的《评醒狮派》、萧楚女的《显微镜下的醒狮派》等，都是代表性文章。

孤军社是民国前期一支重要的知识分子政治团体，他们以《孤军》杂志为阵地，该杂志是当时在上海以至全国比较有影响的政论性月刊。孤军社信奉国家主义，郭沫若对孤军社的国家主义理论由反思到批评进而论战，其主要论敌是林植夫（灵光）、郭心崧。郭沫若与孤军社论战的先声，源于林植夫发表于《孤军》第3卷第4期《独立党出现的要求》文章。针对林文"共产党利用共产的美名，以衔惑一般无十分判别力的青年与十分不得志的穷汉"言论，郭沫若很快在《洪水》半月刊第4期发表《穷汉的穷谈》进行反驳。蒋光慈在民智书局购买一本《洪水》，看到《穷汉的穷谈》，没出书店大门便一口气读完。蒋光慈便以公开信的形式，即《读了〈穷汉的穷谈〉之闲话——致郭沫若先生的一封信》助力郭沫若与孤军社的论战，其"我读了之后，发生一种不可言喻的快感！由此我更相信你是我们所需要的作家"，传递出强烈的政治取向——蒋光慈视郭沫若为同路人。

《洪水》半月刊1925年9月16日复刊，其前身是创造社的《洪水》周刊（仅出一期即停刊）。郭沫若从第3期掌舵《洪水》半月刊，他先后在《洪水》半月刊上发表《马克思进文庙》《不读书好求甚解》（又名《新国家的创造》）、《文艺家的觉悟》等系列文章，指摘、批判国家主义派反动谬论。林植夫、郭心崧等也对郭沫若进行反批评，他们之间进行了激烈论战。为增强战斗力量，郭沫若拉来老同学经济学家漆南薰（漆树芬）、蒋光慈替《洪水》半月刊做文章。其间，蒋光慈写有《共产不可不反对》《并非闲话》等文章，枪口对准醒狮派、军阀、社会党、曾琦、戴季陶、江亢虎等一众反动流派及其代言人。漆南薰也在《洪水》半月刊发表《赤化与军阀》《共产问题的我见》两篇文章，声援助攻。郭沫若阵地火力猛增，一派红火。乃至多年后郭沫若在《创造十年续编》中回忆拉漆南薰、蒋光慈参加创造社刊物，仍津津乐道："他们的参加，不用说，是使《洪水》，否，不仅《洪水》，是使整个创造社改涂了一番面貌。"郭沫若同孤军社的论战，对他接触学习并最终选择马克思主义，产生了重要影响。

---

① 史挥戈．相互支持　携手创造：郭沫若与蒋光慈［J］．郭沫若学刊，2000（3）：85－90．

郭沫若在向马克思主义思想转变的过程中，与共产党人蒋光慈、瞿秋白等人的相识相交，也有莫大关联。正是有蒋光慈的引荐，才有了郭沫若与瞿秋白的第一次见面。郭沫若记忆深刻的两次与蒋光慈的会见，一次是郭沫若与郁达夫一起到访蒋光慈，另一次便是蒋光慈陪瞿秋白访问郭沫若。作为中国共产党早期领导人之一，瞿秋白此时负责中共中央的宣传工作。在共同与国家主义派斗争时，瞿秋白看到了郭沫若的《穷汉的穷谈》《共产与共管》等系列论战文章，很感兴趣，便有了结识郭沫若的愿望。此时已经加入创造社并与郭沫若互为知己的蒋光慈，为两位文化巨匠的初次见面牵线搭桥。通过蒋光慈，瞿秋白与郭沫若对对方都有颇多了解。

据郭沫若回忆，1925 年年底（抑或翌年的年初）的一个午后一点钟光景，蒋光慈陪着"才吐了一阵血，出院才不久"的瞿秋白造访郭沫若。他们谈日本明治维新、谈土耳其变革、谈俄国文学……更多的是谈国家主义派。"我（指郭沫若——引者）像坐在书斋里的浮士德一样，把秋白和光慈作为自己的听众，在那儿唱独白。秋白是很寡默的，他只说我的意见是正确的，可以趁早把它写出来"①。畅谈了一个多钟头时间，瞿秋白另外有事，便和蒋光慈一道告辞走了。这是郭沫若跟中共的第一次正式接触，也是蒋光慈对中国革命史的一大贡献。瞿秋白非常欣赏郭沫若，向中共组织推荐郭沫若，林伯渠代表党组织安排郭沫若任广东大学文科学长。郭沫若邀约蒋光慈一起南下，但蒋光慈因为有"职守"一时不能离开。

郭沫若到广东时国共已第一次合作，他先参加了国民党，同时也向中共广东区委申请入党。当时的广东区委书记是陈延年，军委书记是周恩来。广东区委建议郭沫若到实际的斗争中锻炼一下，然后再加入中国共产党，让郭沫若通过熟人关系参加北伐军。郭沫若 1926 年 7 月底随北伐军离开广州，后来担任北伐军总政治部副主任。1927 年 3 月，北伐军抵达安庆，郭沫若发现北伐军总司令蒋介石雇用青洪帮捣毁工人组织，他认为这是一个背叛革命的行为，于 1927 年 3 月31 日写下著名的战斗檄文《请看今日之蒋介石》，揭露了蒋介石"背叛国家，背叛民众，背叛革命"的丑恶行径。蒋介石公开叛变革命后，郭沫若突破艰险到南昌参加起义。在南昌起义部队撤退到瑞金的时候，周恩来和李一氓介绍郭沫若加入中国共产党。这时郭沫若因为发表《请看今日之蒋介石》受到国民党的通缉，10 月下旬他秘密经香港潜回上海。郭沫若一家原定 12 月 6 日去苏联，他"兴奋

---

① 郭沫若. 郭沫若全集文学编·第 12 卷［M］. 北京：人民文学出版社，1989：277.

而愉快，从此可以到我所渴慕着的地方了"，却因船只发生障碍未成行。12 月 8 日郭沫若感染斑疹伤寒大病一场，不得不暂留上海。

政治革命暂时遇到挫折，先从文艺战线上重整旗鼓，为迎接将来的革命高潮做准备。创造社的郑伯奇、蒋光慈、段可情、郭沫若，认为有必要将陆续聚集上海的进步作家联合起来，以壮大发展革命文学队伍共同战斗。在人事上，郭沫若经瞿秋白、周恩来同意，发动了李一氓和阳翰笙来参加创造社。郑伯奇、蒋光慈和段可情出面，请求与鲁迅合作。郭沫若回忆说："鲁迅在那时也由广州回到上海来了，对于我的合作的邀请，他是慨然允诺的……我们从第一步做起，曾经在报章上登过恢复《创造周报》的启事。"① 遗憾的是，由于成仿吾、李初梨等后期创造社成员不赞成《创造周报》复刊，而未能实现联合。

郭沫若随后参与无产阶级革命文学倡导。1928 年 1 月 1 日《创造月刊》第 1 卷第 8 期刊登了郭沫若的《英雄树》（署名麦克昂），文章从广东的木棉树谈起，这树木，因为它发展得迅速，并因为它外形的堂皇，广东人又叫它英雄树。第一部分结尾："你看它是在象征什么？"接下来就由树进入文艺话题，"齿还齿，目还目，文艺界应该产生出些暴徒出来才行了"。最后作者宣称"个人主义的文艺老早过去了"，代替他们的将是"无产阶级文艺"。《英雄树》成为无产阶级革命文学运动中的一篇力作。

1928 年 2 月，周恩来代表党组织同意郭沫若去日本流亡。2 月 24 日郭沫若东渡日本，之后是否有机会与蒋光慈相见过，目前尚无文字记载。获悉蒋光慈不幸早逝的消息，郭沫若十分痛惜。他在《十年创造续编》回忆对蒋光慈的印象：文如其人。凡是没有见过光慈的人，只要读过他的文章，就可以把从他的文章中所得的印象来作为他的人格的肖像。他为人直率、平坦、不假虚饰，有北方人的体魄与南方人的神经，这种人是很可爱的。对于蒋光慈的文学创作，郭沫若给予了客观的评价：光慈的笔调委实太散漫了一点，那种笔调做长篇小说倒还可以敷衍得过去，做短篇小说便不甚相宜。假如蒋光慈再多活几年，以他那开朗的素质，加以艺术的洗练，会创作出伟大的作品。

新中国成立后，郭沫若曾任全国文联主席、国务院副总理、中科院院长、全国人大常委会副委员长等职务。这位中国现代文学史上少见的通才，早年与蒋光慈以文相会结下战友情，成就文坛一段佳话。

---

① 郭沫若. 郭沫若全集文学编·第 13 卷［M］. 北京：人民文学出版社，1989：308.

第三节

蒋光慈与鲁迅先生笔战检视

　　蒋光慈与鲁迅先生笔战的来龙去脉，要从1928年兴起的无产阶级革命文学运动谈起。这场文学运动兴起的特定历史背景之一，便是革命作家、进步作家相对集中于上海。从旷新年著《1928——革命文学》，看1927年革命作家、进步作家向上海"迁徙"的具体情况：1927年9月，鲁迅从广州出发，他和许广平最后的目的地也正好是上海。郭沫若、阳翰笙、李一氓等人参加南昌起义后辗转来到上海。茅盾、蒋光慈、钱杏邨、孟超、杨邨人等从危机的政治中心武汉来到上海。夏衍、冯乃超、李初梨、朱镜我、彭康等人从日本留学归来。洪灵菲从南洋流亡归来。胡也频、丁玲等人离开北京南下上海①。1928年新年伊始，后期创造社、太阳社大力倡导无产阶级革命文学，以前所未有的声势，宣传马列主义文艺理论，初步阐发了无产阶级革命文学的理论主张，在白色恐怖环境中树起了一面鲜艳的旗帜。"但由于这些倡导者当时大多正处于从小资产阶级知识分子向无产阶级转化的过程中，他们并没有真正掌握和理解马克思主义，对中国社会未曾加以细密的分析，对当时中国的社会性质、革命形势、革命任务等问题认识错误，在理论上又受到前苏联'拉普派'和日本福本和夫的'左'倾影响，宗派主义相

---

　　① 旷新年.1928——革命文学［M］.济南：山东教育出版社，1998：19－20.

当突出，在他们的一些文章中表现了强烈的'左'的倾向和宗派情绪"①。后期创造社、太阳社在倡导无产阶级革命文学时，对鲁迅、叶圣陶、茅盾等新文学作家发动了批判，引起了新文学阵营内部历时一年多的论争。论争主要是在后期创造社、太阳社和鲁迅之间，以及后期创造社和太阳社之间进行。后期创造社、太阳社认为鲁迅是开展无产阶级革命文学运动的"拦路虎"，联手发动了对鲁迅的批判。"后期创造社的'前敌总指挥'是成仿吾，太阳社的首脑就是蒋光慈"②。在这场论战中，蒋光慈和鲁迅发生过文字纠葛，但都遵循着一个无产阶级革命的原则，表现了最大的冷静和克制。

一、蒋光慈对鲁迅先生由衷敬重

作为后生小辈，蒋光慈一向对鲁迅先生尊敬有加。蒋光慈认识鲁迅先生最早是从接触他的作品开始的。蒋光慈在芜湖五中读书时，经常泡在汪孟邹的科学图书社，在那里他读到了《新青年》杂志 1918 年 5 月号上面载有的鲁迅先生的第一部白话小说《狂人日记》。少年蒋光慈被作品犀利的文笔和深邃的思想深深吸引，这篇反封建反礼教的战斗檄文让蒋光慈记住了它的作者——鲁迅。在寻求救国救民真理道路上，蒋光慈成长为一名共产党员作家。和鲁迅先生一样，蒋光慈以"笔杆子"作为同黑暗斗争的武器。1924 年蒋光慈从苏联留学回国后在上海大学任教期间，曾与鲁迅先生的二弟周作人、三弟周建人同事。蒋光慈还与周作人通过信，北京鲁迅博物馆珍藏有一封蒋光慈 1927 年 3 月 10 日复周作人函原件，全文如下。

作人先生：

接来信，知拙著两本已达到，甚慰。

归国以来，完全从事于文学制作，虽无大才，然颇思努力。一切作品当然幼稚得很，不能满人家的意，更不能满我自己的意。倘若你能指示出我的缺点来，使我有所改正，那对于我是荣幸的事情。

在上海时与达夫谈及中国文坛，深觉一般作家不努力，每每一小有成名，即自以为了不得。在内容方面，他们只了解男女学生恋爱等事，这真是一种无出息的现象。未知先生的意见如何呢？

① 程凯华. 论郭沫若对鲁迅的态度和变化的原因 [J]. 邵阳学院学报（社科版），2010 (5)：85-89.
② 胡陵生. 何来"鲁迅批判蒋光慈之谜"？[J]. 鲁迅研究月刊，1995 (9)：68-69.

阳春已届，万象更新，未卜燥寒的北京也略有活泼的生意否？

特此，敬颂

著安

蒋光赤　一九二七年三月十日

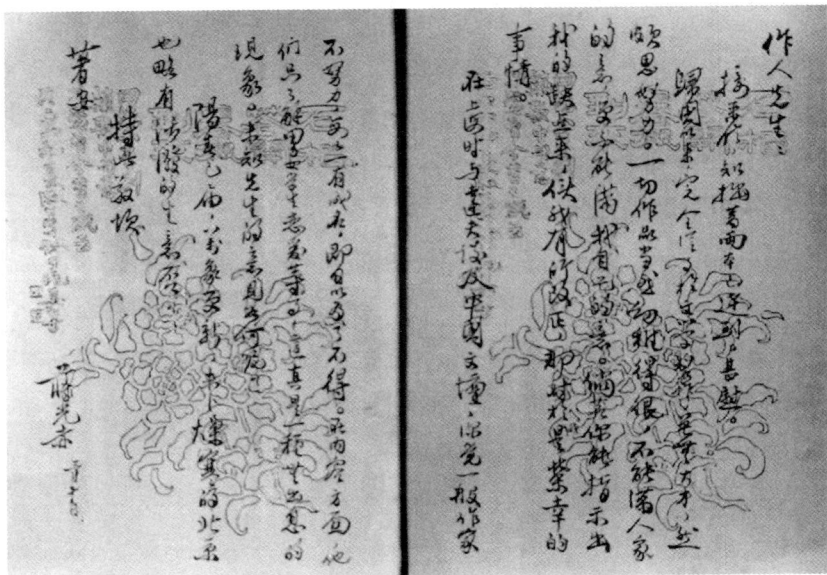

蒋光慈 1927 年 3 月 10 日复周作人函原件（哈晓斯先生提供）

北京鲁迅博物馆珍藏的这封信原件，是现在能见到的蒋光慈唯一存世的手迹。蒋光慈通过与周作人、周建人的接触交往，对鲁迅先生性格、思想等有了间接了解，对鲁迅在新文学中所取得的成就由衷的敬佩。

1925 年，蒋光慈在冯玉祥部担任苏联顾问的翻译期间，曾去北京学生公寓看望韦素园，从而结识李霁野、台静农、韦丛芜几位霍邱县叶集镇小同乡。叶集与蒋光慈故乡白塔畈毗邻，当时同属霍邱县。看着小老乡们对鲁迅先生一脸崇拜的谈论，蒋光慈渴望有机会与鲁迅晤面。但直到 1925 年 10 月蒋光慈再度回到上海也未能如愿，蒋光慈心中一直引以为憾。

郁达夫是鲁迅与蒋光慈共同的文人朋友。鲁迅与郁达夫初识于 1923 年，那时候，郁达夫在北京大学任经济系讲师，鲁迅在教育部里当金事，同时也在北京大学里兼任《中国小说史》课程，他们是同事又是文友酒友。1927 年，鲁迅和郁达夫共同在上海生活，两人也从朋友升级到了挚友。鲁迅与郁达夫的脾气性格、文章风格截然不同，但他们却惺惺相惜，有交情，有合作。对鲁迅来说，郁达夫是他所有朋友中，最为知心的一位，也是最为了解自己的一位。郁达夫认为鲁迅是伟大的，在文品和人品上都可算是"中国作家中的第一人"。郁达夫与鲁迅的交情和对鲁迅的崇敬，自然会影响到蒋光慈。

在鲁迅与莽原社高长虹论争中，蒋光慈和鲁迅处于同一战线。高长虹原为鲁迅主持的莽原社成员，和韦素园、台静农等一样，也是鲁迅培养的文艺青年。但是，高长虹后来退出了莽原社，来到上海，于 1926 年 10 月 10 日在上海复刊《狂飙》周刊。《狂飙》周刊由高长虹 1924 年在北京创办，得名于 1923 年高长虹、张稼夫等山西省立一中学生组织的文学社团狂飙社。该刊在上海复刊后，批判的锋芒明显转向，从反抗现实社会、黑暗人生，转向蔑视和反抗他们认为的一切权威，如鲁迅、郭沫若等，其中甚至夹带着私人的泄愤。鲁迅和许广平结伴南下前往厦门后，10 月 28 日高长虹怀着阴暗的心理在《狂飙》周刊上发万字长文，声称他对鲁迅感到"瘟臭"，甚至想为之"呕吐"，攻击鲁迅。

蒋光慈在北京时和高长虹有过接触，高长虹刚到上海时，蒋光慈对他有过帮助，彼此有一定的往来。高长虹有才气，却难掩狂妄之态。随着高长虹对鲁迅、郭沫若等人的攻击，蒋光慈觉得他"无聊"，彼此关系逐渐疏远。高长虹先在《弦上》杂志把蒋光慈列入汪精卫、冯玉祥同党，后又在《幻洲》杂志上发文，说蒋光慈"根本不配谈诗，根本不配同情于被压迫民众"，并在《狂飙》周刊上断定蒋光慈的诗"不是诗，更无论乎革命诗"。高长虹对蒋光慈的攻击，正是蒋光慈辗转于上海大学与宋若瑜庐山病榻之间。直到宋若瑜病逝后，蒋光慈才于 1926 年 12 月 26 日写下《不得已答复长虹几句话》文章，对高长虹进行批驳。

"在鲁迅同胡适、徐志摩以至'社会党首领而兼复辟党大将'江亢虎、'保皇党首领'康有为、国民党政客戴季陶等人的论战和斗争中，蒋光慈也都是坚定地站在鲁迅的一边"[1]，这些人物都是蒋光慈在《并非闲话》一文中讽刺与批判的对象。蒋光慈还在《并非闲话》的第四部分"诗哲，新中国与打倒帝国主义"中引用鲁迅的话批驳徐志摩。

鲁迅 1926 年被迫南下厦门，就有和创造社结成联合战线的愿望，他在《两地书》（六九）中明说："其实我也还有一点野心，也想到广州后，对于绅士们仍然加以打击……第二是与创造社联合起来，造一条战线，更向旧社会进攻，我再

---

① 吴腾凰，徐航. 蒋光慈与鲁迅笔战始末［J］. 江淮文史，2002（2）：120 - 138.

勉力写些文字。"1927 年 9 月 25 日，鲁迅在广州给未名社李霁野的信中说："昨天到创造社去一看，知道未名社的书都卖完了……创造社和我们，现在感情似乎很好……看现在文艺方面用力的，仍只有创造，未名，沈钟三社。"① 鲁迅信中所说的创造社，是指创造社出版部广州分部，位于广州北京路附近昌兴街。创造社出版部 1926 年 3 月 15 日在上海闸北宝山路三德里一处租屋挂牌成立，作为创造社刊物发行机构，4 月 1 日正式对外营业。从鲁迅日记可知，创造社出版部设有广州分部，代售未名社出版的期刊和书籍。未名社是鲁迅带领韦素园、李霁野等创办的出版社，故鲁迅认为"创造社和我们，现在感情似乎很好"。

鲁迅 1927 年 9 月 27 日乘客轮离开广州，于 10 月 3 日抵达上海。10 月 19 日蒋光慈终于在中国济难会举办的宴会上如愿见到鲁迅先生。中国济难会（后改名革命互济会）是大革命时期和土地革命时期，中国共产党领导的群众性救济组织。该会由恽代英、张闻天、沈泽民、郭沫若、沈雁冰、杨杏佛、郑振铎等人联名发起，1925 年 9 月 20 日成立于上海，宗旨是营救被捕革命者，救济烈士家属。蒋光慈的短篇小说《弟兄夜话》和诗歌《血花的爆裂》曾分别于 1926 年 9 月 5 日和 20 日发表在中国济难会机关刊物《光明》半月刊上。为开展工作，中国济难会负责人王望平（王弼）委托蒋光慈、郁达夫出面邀请海上名作家出席宴会，宴会地点在四马路上的兴华酒楼。与鲁迅同席的有蒋光慈、郁达夫、叶圣陶、许杰等 11 人，这是鲁迅到达上海后与中共地下组织的第一次接触。席间研究筹办中国济难会文艺刊物《白华》事宜，鲁迅提议由郁达夫主编，蒋光慈表示赞成并提出由他和冯宪章、楼适夷等参加撰稿。11 月钱杏邨从芜湖来到上海，由郁达夫与钱杏邨合作主编《白华》半月刊。蒋光慈和鲁迅先生的第一次见面非常愉快，他们对革命文艺大联合非常期待。

二、蒋光慈与鲁迅先生笔战始末

大革命失败后，中国革命处于低潮。1927 年 10 月下旬郭沫若从香港回到上海，成仿吾、郑伯奇、王独清、穆木天都已经从广州回到了上海。虽然此时郭沫若"已经是被通缉的一名亡命之徒了"，和妻儿潜伏在窦乐安路的一栋小弄堂房子里，但他一心想加强创造社以壮大革命文艺队伍。郭沫若一面邀请李一氓和阳翰笙两位共产党人参加创造社，增强党的力量；一面请求与鲁迅联合作战。阳翰

① 鲁迅. 鲁迅书信（一）[M]. 北京：人民文学出版社，2006：419-420.

笙与李一氓到创造社不久，即与创造社党员潘汉年一起成立了创造社党小组。对于结成联合战线，一起抗击国民党反动派，鲁迅与郭沫若可谓"同声相应，同气相求"。联合作战的谋划始于 1927 年 11 月 9 日，当天《鲁迅日记》载："午后李秉中来。郑伯奇、蒋光慈、段可情来。"郭沫若通过郑伯奇、蒋光慈、段可情等创造社代表到鲁迅住所谈合作事项。紧接着 11 月 19 日《鲁迅日记》载："下午郑、段二君来。"

关于蒋光慈等人提议与鲁迅联合的情况，郑伯奇在《创造社后期的文学活动》（原载 1962 年 8 月 1 日西安《延河》7、8 月合刊）中回忆得非常详细："许多进步作家和革命知识青年从各地到上海，从事文化活动。蒋光慈、段可情、黄白微等先后都来了。创造社成了大家经常出入和临时安身的地方，一时顿形活跃，不久，鲁迅先生也由广州来上海……我们觉得这么多进步作家聚集上海，大家联合起来，共同办一个刊物，提倡新的文学运动，一定会发生相当大的影响……蒋光慈和段可情也有同样的想法。我们取得郭沫若同志的同意和支持，同去访问鲁迅先生，谈出联合的意思，鲁迅先生立即欣然同意。他并且主张不必另办刊物，可以恢复《创造周报》，作为共同园地，他积极参加。我们都很高兴。沫若也表示非常欢迎。我为此曾两次访问过鲁迅先生。这计划曾由鲁迅和沫若领衔发表过启事。"《创造周报》是前期创造社刊物，1923 年 5 月创刊，1924 年 5 月停刊。鲁迅和郭沫若领衔发表的"启事"刊登于 1927 年 12 月 3 日上海《时事新报》。附录如下：

《创造周报》优待定户

编辑委员：成仿吾、王独清、郑伯奇、段可情。

特约撰述员：鲁迅、麦克昂、蒋光慈、冯乃超、张资平、陶晶孙、赵伯颜等三十余人。

原定每期五分，全年二元五角。现为优待定户起见，凡在月内预定，全年八折，只收二元，另加寄费二角五分……

准一月一日出版。[①]

1928 年 1 月 1 日，在创造社的另一刊物《创造月刊》上刊载又一则"启事"——《〈创造周报〉复活了》，分为复活预告、编辑委员、特约撰稿人三部

---

①　吴腾凰，徐航．蒋光慈评传［M］．北京：团结出版社，2000：360．

分。编辑委员仍是上则"启事"四人，在特约撰稿人中，鲁迅为首、蒋光慈居次、张资平居三。

可是《创造周报》并未复活，主要因为成仿吾以及从日本归来的 5 位新人另有计划而反对联合。成仿吾 1927 年 10 月上旬赴日本邀约留学日本的冯乃超、李初梨、朱镜我、彭康、李铁声 5 位新人回国参加后期创造社工作。经过认真讨论商谈，成仿吾与他们一致认为中国大革命失败后，当务之急是宣传马列主义，提倡无产阶级革命文学，强化文学的阶级意识和革命观念，拟创办一个纯粹理论批判刊物作为阵地。5 位新人革命情绪火热，为了推行这一计划，毅然放弃学业回国，冯乃超、朱镜我 10 月下旬回到上海，李初梨、彭康、李铁声 11 月上旬回到上海，成仿吾则暂留日本继续做些发动工作。此前，郭沫若、蒋光慈、郑伯奇等在制订联合计划时，满以为成仿吾会同意的，因此事前并没有征求他的同意。虽然《创造周报》两则"启事"都列有成仿吾、冯乃超、李初梨等为编委或撰稿人，但他们仍然坚持原定计划而反对联合。于是郭沫若电催成仿吾回沪商议，做出抉择。来看郭沫若作于 1947 年《跨着东海》一文中关于此事的回忆：

> 两个计划彼此不接头，日本的火碰到了上海的水，在短短的初期，呈现出一个相持的局面。我主张等仿吾回来，彼此谈好之后，再来一个抉择。打电报去催仿吾，仿吾也从日本回来了。他坚决反对《创造周报》的复活，认为《周报》的使命已经过去了；支持回国朋友们建议，要出版战斗性的月刊，名叫《抗流》（后来这个名字没有用，是改为了《文化批判》）。对于和鲁迅合作的事情，大家都很冷淡。到了这样，却是该我自己抉择自己的态度了。我深深地知道，假如我要坚持我的主张，照当时的情形看来，创造社便可能分裂。这是我所极不愿意的。并且我不久便要出国，仿吾对于将来的创造社要负更多的责任，照着他所乐意的计划进行，精神上必然更加愉快而收到更大的效率。更何况新的主张，虽然危险得一点，说不定是更合理的办法，没有经过实验，我也不好凭空反对，因此我也就退让了。①

成仿吾和李初梨、冯乃超等人，反对联合鲁迅，认为鲁迅的文学思想与革命文学大相径庭。就这样，创造社有头无尾地放弃了联合鲁迅的计划，也没有向鲁迅作妥善安排和交代。"我们准备与鲁迅联合时，成仿吾还在日本，我把这事写

---

① 郭沫若. 郭沫若全集文学编·第 13 卷 [M]. 北京：人民文学出版社，1989：309.

信告诉他，他不同意。他认为老的作家都不行了，只有把老的统统打倒，才能建立新的普罗文艺。这是受当时国际共运中'左'倾思潮的影响……结果，我们与鲁迅的合作没有搞成，我也没有再跟鲁迅联系，没有把停止合作的事通知他。"郑伯奇如是回忆。

与鲁迅联合的失败，对一直为此奔波的蒋光慈来说是一桩难以释怀的憾事，他多么希望革命力量能够联合起来。由于成仿吾等人的排斥，盛气凌人的创造社新秀们也对蒋光慈加以批评，于是蒋光慈决定另起炉灶。他与钱杏邨、杨邨人等好友 1928 年 1 月创办《太阳月刊》的同时，创立太阳社。正如郭沫若所说的那样："让蒋光慈也被逼和另一批朋友组织起太阳社来了。于是语丝社、太阳社、创造社，三分鼎立，构成了一个混乱的局面。"语丝社是 1924 年 11 月成立于北京的文学社团，因《语丝》周刊而得名。《语丝》1927 年 10 月在北京被军阀张作霖查禁，12 月 17 日在上海复刊出版，鲁迅、柔石先后担任编辑。

后期创造社于 1928 年 1 月 15 日创办《文化批判》月刊，朱镜我主编，从哲学、政治、社会、文艺等领域宣传马列主义学说，提倡无产阶级革命文学，同时扬起文艺思想斗争旗帜。"《文化批判》的出现不仅改变了和鲁迅合作的局面，而且他们从日本带回来的福本主义的'分离结合'的理论，与既成的文坛和作家分离决裂，在中国文坛上制造了剧烈的分裂活动"①。福本即福本和夫，日本左翼文艺运动领导人之一，他提出应该进行彻底的理论斗争，把具有纯粹革命意识的分子从不纯的分子中间"分离开"，然后由革命意识纯粹的人团结起来，到群众中去培植革命思想。福本主义的"理论斗争""分离结合"理论是极端派主义理论，后期创造社的几位新人在日本留学时受到了福本主义影响。苏联"拉普派""左"倾幼稚病，对太阳社及其"首脑"蒋光慈也有影响。因此后期创造社、太阳社在倡导无产阶级革命文学的同时，把鲁迅、茅盾、叶圣陶、郁达夫等作为"社会变革期中的落伍者"加以批判。

冯乃超首先发难，他在《文化批判》创刊号上发表《艺术与社会生活》，中心议题是"现在中国的艺术与社会的关系应该是怎么样"，文章引用马克思、列宁、普列汉诺夫著作进行分析，具有鲜明的革命开拓性和较高的理论深刻性。但该篇对一些新文学作家的评论失之偏颇，或严重错误，指责郁达夫与《沉沦》的主人公没有差别，陷入了悲哀，认为叶圣陶"是中华民国的一个最典型的厌世

---

① 旷新年.1928——革命文学［M］.济南：山东教育出版社，1998：43－44.

家，他的笔尖只涂抹灰色的'幻灭'的悲哀"。错误地指责鲁迅为变革时代的"落伍者"，"鲁迅这位老牛……常从幽暗的酒家的楼头，醉眼陶然地眺望窗外的人生……追悼没落的封建情绪"，是"隐遁主义"。接着，创造社的成仿吾、李初梨、彭康、李一氓等蜂起围攻鲁迅。责难鲁迅的文章，一篇接着一篇，鲁迅被他们称为"中国的堂吉诃德""神经错乱"，是"趣味文学"派，甚至鲁迅的籍贯、家族等被作为奚落的资料。《文化批判》第 3 期发表麦克昂（郭沫若）的《留声机器的回音——文艺青年应取的态度的考察》，进一步把"趣味文学"打成了"不革命的文学家"。成仿吾称以鲁迅为首的语丝派是"闲暇，闲暇，第三个闲暇"。李初梨说："一切的文学，都是宣传，普遍地，而且不可避免地是宣传。"太阳社的钱杏邨在《太阳月刊》发表长文《死去了的阿 Q 时代》，批判与否定鲁迅创作的意义。

这突如其来的批判令鲁迅始料未及，对于突然改变合作计划，操戈相向，他感到不满，他知道"联合"已经破产。他不得不写文章给这些情绪冲动的青年泼一点冷水，同时借以阐明自己对中国社会和革命文学的认识。《语丝》第 4 卷第 11 期刊登的《"醉眼"中的朦胧》是鲁迅的最初回击，他用讽刺笔法反讽了冯乃超的所谓"醉眼陶然"。鲁迅对片面宣扬文学工具论表示反感，在《文艺与革命》中指出不能将文艺等同于政治。在《我的态度气量和年纪》中，对创造社用鲁迅的"籍贯，家族，年纪，来作奚落的资料"予以批驳。

论争愈演愈烈，1928 年 8 月 10 日郭沫若以杜荃的笔名在《创造月刊》第 2 卷第 1 期发表《文艺战线上的封建余孽——批评鲁迅的〈我的态度气量和年纪〉》，认为鲁迅是"一个封建余孽"，是"二重的反革命的人物"，是"一位不得志的 Fascist（法西斯谛）"这样极端错误的指责。郁达夫对此非常气愤，认为创造社和郭沫若等情绪化的行为，太令人失望，太不知天高地厚，便仿杜甫《戏为六绝句》，作了一首诗赠予鲁迅，以示声援："醉眼朦胧上酒楼，呐喊彷徨两悠悠。蚍蜉撼树不自量，不废江河万古流。"

在 1928 年的后期创造社、太阳社和鲁迅之间的革命文学论争中，蒋光慈没有直接参与论战的文章，但他发表在《太阳月刊》2 月号的《关于革命文学》一文中，虽未点名却旁敲侧击地指责鲁迅是"非革命文学的势力"，文章还指出"中国社会革命的潮流已经到了极高涨的时代"。他在《现代中国文学与社会生活》说："我们的时代是黑暗与光明斗争极热烈的时代……可是我们把现代中国文坛的数一数，有几部是表现这种斗争生活的著作？有几个是努力表现这种斗争生活的作家？我们只感觉得这些作家是瞎子，是聋子……他们对于时代实在是太落后了。"由于蒋光慈深受苏联"拉普派"理论的影响，不能正确分析中国革命和阶级斗争现实状况，没有认识到 1928 年前后中国革命处于低潮时期，对五四新文学的成绩存在错误评价。

蒋光慈组织太阳社，和创造社联盟围剿鲁迅，鲁迅心里是清楚的。《太阳月刊》上发表的攻击批判鲁迅的文章，这笔"账"鲁迅是算在《太阳月刊》主编蒋光慈头上的。《语丝》第 4 卷第 34 期发表鲁迅的《文坛的掌故》，首次回击蒋光慈，称"我在'革命文学'战场上，是'落伍者'，所以中心和前面的情状，不得而知。但向他们屁股那面望过去，则由成仿吾司令的《创造月刊》，《文化批判》，《流沙》，蒋光 X（恕我还不知道现在已经改了那一字）拜帅的《太阳》"。鲁迅戏称蒋光慈为"蒋光 X"，源于蒋光慈（原名蒋儒恒）有蒋侠生、蒋光赤、蒋光慈等多个笔名，出于斗争需要他不断变换笔名。鲁迅对蒋光慈的首次回击仅这一句话，文风简洁风趣而又尖刻，虽然有点嘲谑，但离批判甚远。

对于"蒋光 X"的戏谑，蒋光慈十分恼怒，写下回敬文章《鲁迅先生》，发表于 1929 年 1 月 5 日的上海《海蜃》半月刊第 1 期，这是蒋光慈唯一一次和鲁迅先生笔战专门文章。文章从他近来致力于小说创作，无暇做论文参与革命文学论争说起，很快进入正题，对鲁迅先生把他改名挂帅不满，回赠鲁迅先生以"皇帝"称号。接着，文章进一步挖苦鲁迅："新文学运动以来，这第一把交椅，为大家所公认，毫无疑义地属于他老先生"，但"在 1928 年春天出版了几种杂志，竟公然向鲁迅先生发些不敬的言词，说他的思想已经落后，说他看不清什么时代。这不禁令鲁迅先生发老火，大肆咆哮"。蒋光慈认为，1928 年以前的鲁迅先生，成绩卓著，德高望重，而 1928 年以后的鲁迅则已经落伍了。年轻人肝火旺盛，不可避免地带上意气用事的成分，以至下文出现一些错误的言论："他由攻击革命的提倡者而攻击革命文学，由攻击革命文学再攻击及革命的本身，并宣传着说，革命与文学是根本不相容的。"不仅误解了鲁迅，也伤害了鲁迅。

不过，这篇文章总体而言，蒋光慈始终注意保持一种君子风度，心情平和，态度冷静。蒋光慈在文章中仍对鲁迅先生相当地敬重："平心而论，鲁迅先生总是可敬佩的，尤其是我应当敬佩他。他译了《新俄文艺政策》，又在译鲁纳卡尔基的《新艺术论》，或者又译了许多别的关于新俄文学的东西。这的确是一个很大的功绩。我是一个懂俄文的人，所译的东西在什么地方呢？混蛋！惭愧！所以我尤其要敬佩鲁迅先生！"翻译介绍苏俄革命文艺和进步文艺是蒋光慈和韦素园等的重要文学目标，他们翻译介绍了一批倾向革命的苏俄作家作品，如李别金斯基、罗曼诺夫、果戈理、勃洛克、安特列夫、阿尔志跋绥夫等名著。鲁迅先生早年曾翻译过阿尔志跋绥夫的中篇小说《工人绥惠略夫》，随着革命文学在中国社会革命的历史语境中应时而生，他拼命地介绍革命文学理论、翻译革命文学著作，蒋光慈对此相当认同和敬佩。

对于蒋光慈的挖苦和误解，鲁迅先生难免气恼不堪，但他表现出最大的冷静和克制，没有立即撰文还击。只是在近一年后的《奔流》月刊第 2 卷第 5 期（1929 年 12 月 20 日）的《〈奔流〉编校后记（十二）》中，对蒋光慈捎带一笔：

> 若在中国，则一派握定政权以后，谁还来明白地唠叨自己的不满。眼前的例，就如张勋在时，盛极一时的"遗老""遗少"气味，现在表面上已经销声匿迹；《醒狮》之流，也只要打倒"共产党"和"共产党的走狗"，而遥向首都虔诚地进"忠告"了。至于革命文学指导者成仿吾先生之逍遥于巴黎，"左翼文艺家"蒋光 Y 先生之养疴于日本（or 青岛？），盖犹其小焉者耳。①

鲁迅情绪化地把成仿吾、蒋光慈与张勋与醒狮派相提并论，仍然从名字上戏谑蒋光慈，仍然是一句话。对于"蒋光 Y"的称谓，蒋光慈少了上一次的火气，没有写"接招"文章。需要说明的是，《〈奔流〉编校后记（十二）》这段文字对成仿吾有误解。鲁迅认为后期创造社对他的攻击，主要是由成仿吾挑起的，因此对成仿吾相当不满，曾在《文坛的掌故》中称成仿吾为"司令"。这里说成仿吾"逍遥于巴黎"着实冤枉他了，成仿吾去巴黎后，经过深入学习马克思主义理论而逐渐成熟，摆脱了以前的偏见与偏激，由此他走上职业革命家道路。成仿吾在巴黎加入中国共产党，从事革命活动，主编中共柏林、巴黎支部机关刊物《赤光》。"自然，这些情况鲁迅当时是不可能知道的。但鲁迅这种随意调侃、渲染，对成仿吾的声誉无疑是造成了不好的影响。当然比起成仿吾对鲁迅的肆意攻击，这又是小巫见大巫了"②。

1929 年 8 月至 11 月，蒋光慈因病在东京治病游学，其间作有 54 则日记。回国后，蒋光慈把部分日记题为《东京之旅》发表在《拓荒者》创刊号（1930 年 1 月 10 日），其中 10 月 30 日这天的日记开头一段内容：

---

① 吴腾凰，徐航 . 蒋光慈与鲁迅笔战始末［J］. 江淮文史，2002（2）：120 - 138.
② 徐续红 . "将他诱进水里去，淹得他两眼翻白"：鲁迅序跋与成仿吾［J］. 上海鲁迅研究，2012（4）：46 - 58.

下午到藏原的家里。我和他又谈论了一些关于文学上的问题。后来我们谈起翻译的事情，他说，日本有许多的翻译太坏，简直比原文还难读⋯⋯我笑起来了。我说，在这一种关系上，那中国的翻译界更要莫名其妙了。近来中国有许多书籍都是译自日文的。如果日本人将欧洲的哪一国的作品带点错误和删改译到日本来，而中国人又将这部作品带点错误和删改从日文译到中国去，试问这作品岂不是要变了一半的相貌吗？如果俄国的作品先由德国人带点错误和删改译成德文，如此辗转地而英文，而日文，最后再由中国人集其"错误和删改"的大成，并再加上一点或者更多些，试问这部俄国的作品到底变成了一部什么东西了呢？⋯⋯谈到此地，我俩觉得不禁好笑起来了。

蒋光慈在东京近三个月时间，与藏原惟人交游颇多，且感情深厚。这段日记，记述和藏原惟人一次有关翻译文学的交流。可是"言者无心，听者有意"，鲁迅精通德文和日文，他翻译的苏俄文学作品，多是从德文或日文转译（重译）的，有时请韦素园帮他从俄文版校对。蒋光慈的这段关于中国翻译界的言论，引起了鲁迅的疑心。

此时，鲁迅正在与新月派理论家梁实秋进行"文学基于普遍人性"的论争。梁实秋发表在《新月》第1卷第4期的《文学与革命》（1928年6月10日）中说"革命的文学""无产阶级的文学"根本不能成立，因为"伟大的文学乃是基于固定的普遍的人性"。从1929年9月起，梁实秋连续写了《文学是有阶级性的吗?》《论鲁迅先生的"硬译"》等文章，公然抹杀文学的阶级性，妄图将无产阶级革命文学扼杀在摇篮里。

鲁迅先生奋起回击，撰文与梁实秋论战，于1930年3月1日（《萌芽月刊》第1卷第3期）发表《"硬译"与"文学的阶级性"》一文，文笔犀利，思维缜密，理论色彩浓厚。在批驳梁实秋文艺观的同时，鲁迅在文章中顺带"回击"了蒋光慈的有关中国翻译言论："在'中国新兴文学的地位，早为读者所共知'的蒋光Z先生，曾往日本东京养病，看见藏原惟人，谈到日本有许多翻译太坏，简直比原文还难读⋯⋯他就笑了起来。"[①] 显然，鲁迅先生认为蒋光慈的关于中国翻译的言论是针对他的，既送了"蒋光Z"的称谓，又指出"学过俄文的蒋先生"应该更多翻译介绍俄文作品。鲁迅先生的指责令蒋光慈十分委屈，此时他正

---

① 鲁迅. 鲁迅杂文全集［M］. 郑州：河南人民出版社，2000：385.

在翻译苏联作家维列赛也夫的小说《此路不能》，故在《翻译小说〈此路不能〉的篇末附记》（原载于《拓荒者》第 3 期，1930 年 3 月 10 日）回应了鲁迅的质疑："在萌芽的第三期上，鲁迅先生有一篇文章，中间有指责我的地方：一，我反对重译；二，我不努力从俄文译些作品到中国来"，蒋光慈心平气和地对鲁迅先生的两点质疑做了回答。

在我国近代翻译史上，主要有直译、意译、重译等翻译方法，翻译技巧多式多样。鲁迅早期的翻译活动崇尚意译，后期为了唤醒民众改以直译为主，并补充以重译、意译等。选择哪种翻译方法，要根据不同翻译对象以及翻译目的等。蒋光慈比较客观地谈了他对翻译的认识："这并不是重译不重译的问题，而是译者对于原书的理解和他的翻译的技巧问题"。蒋光慈和鲁迅先生的最后一次论争属于纯学术之争，即关于翻译方法论的不同见解。至此，蒋光慈与鲁迅先生笔战画上了句号。

"据不完全统计，从 1928 年初至 1929 年底，发表有关革命文学论争的文章约有 270 篇，而直接与鲁迅既'论'且'战'者亦过百篇之多"[①]。鲁迅参与反击论战的文章大多收在《三闲集》，但他专门和蒋光慈论战的文章，一篇也没有，仅是在文章中只言片语捎带反击。两人在有关革命文学的这场论争中，都遵循着一个无产阶级革命的原则，表现了最大的冷静和克制。在他们看来，个人的一切应当服从革命的利益。

三、鲁迅先生的博大胸襟

在纷繁复杂的斗争环境中，蒋光慈和后期创造社、太阳社同仁没有看清鲁迅在当时所起的重要作用，错误地把鲁迅当作革命文学的反对者，加之他们在文学主张上也夹杂了一些不正确的观点，与鲁迅发生笔战。鲁迅心中虽然也不免凄然无奈，但还是采取了冷静的态度，高瞻远瞩，以大局为重，终不失为仁者风度、长者胸怀。后期创造社、太阳社对鲁迅围攻的时候，鲁迅起初采取不予理睬的容忍态度。诚如鲁迅 1933 年 12 月 28 日给太阳社成员杨邨人的《答杨邨人先生公开信的公开信》中，对 1928 年革命文学论争的回忆：

当时我一声不响。为什么呢？革命者为达目的，可用任何手段的话，我是以为不错的，所以即使因为我罪孽深重，革命文学的第一步，必须拿我来开刀，我也敢于咬着牙关忍受。杀不掉，我就退进野草里，自己舐尽了伤口的血痕，决不

---

① 卫公. 鲁迅与创造社关于"革命文学"论争始末 [J]. 鲁迅研究月刊，2000（2）：51-58.

烦别人傅药。但是，人非圣人，为了麻烦而激动起来的时候也有的，我诚然讥诮过先生"们"，这些文章，后来都收在《三闲集》中，一点也不删去，然而和先生"们"的造谣言和攻击文字的数量来比一比罢，不是不到十分之一么？①

　　从鲁迅发表的论战文章也可以看出，鲁迅对无产阶级革命文学是持肯定态度的，他认为"世界上时时有革命，自然会有革命文学"。他分析革命文学之所以旺盛起来，是因为社会的背景，即无产阶级文学运动兴起的特定历史背景，一般的群众、青年有了这样的要求，并指出无产阶级革命文学倡导者之中"很有极坚实正确的人"，肯定他们倡导革命文学之功。

　　论争伊始，无产阶级革命文学倡导者表现了比较浓厚的"左"倾和宗派情绪，但随着论争的进一步开展和深入，这种情绪逐步有所克服。不久，中共领导介入干预这场文学论争，部署文化战线方面的考虑和安排。1928年10月，周恩来得知创造社、太阳社与鲁迅之间关于革命文学的论争。关于这段情况，夏衍在《懒寻旧梦录》中转述了作家楚图南提供的一个材料，称："周恩来同志开完'六大'，从莫斯科到远东越境进入国境，从任国桢那里看到了鲁迅给任国桢的一封信，谈到创造社的'理论'和对这次论争的不满，恩来同志回到上海后，就要党组织干预这方面的工作。"周恩来指出这种状况不能再继续下去了，他无暇直接与上海文化界接触，便委托时任中共江苏省委宣传部部长的李富春去有效地"干预"。

　　李富春代表中共中央找阳翰笙谈话，指示创造社、太阳社停止论争，停止围攻鲁迅。李富春曾召开一次太阳社、创造社党支部会议。在会上，李富春要求他们终止与鲁迅的论战。上级组织的指示使阳翰笙等人意识到党组织对于团结鲁迅的坚定立场，身为党员的阳翰笙等人坚定地表示服从党的指挥。正是这次会议，为创造社、太阳社与鲁迅握手言和打下了坚实基础。

　　阳翰笙即刻与主管上海文化工作的中共中央文化工作委员会（简称中央文委）书记潘汉年取得了共识。潘汉年召集两社主要成员开会，传达上级党组织的指示，决定两社所办刊物一律停止攻击鲁迅，并派人向鲁迅赔礼道歉。鲁迅以极大的宽容原谅了这些曾经深深伤害过他的文坛后辈，他乐于接受冯乃超、彭康、李初梨等这些年轻人的善意，他以为年轻人总是可以谅解的，一声道歉足以为之释然。1929年10月，中共中央宣传部部长李立三指示，要团结鲁迅，联合其他进

---

① 鲁迅．鲁迅杂文全集［M］．郑州：河南人民出版社，2000：518.

步作家，筹建新的革命文艺组织。潘汉年拟定筹委会12个成员名单：鲁迅、冯雪峰、柔石、冯乃超、郑伯奇、彭康、阳翰笙、蒋光慈（时在日本）、钱杏邨、洪灵菲、夏衍（沈端先）、戴平万。主要是鲁迅及在鲁迅影响下的作家们、后期创造社以及太阳社三方面成员构成。新文学阵营内部这场历时一年多的论争进入尾声。

从总的方面来说，新文学阵营这场关于革命文学的论争，双方都致力于马克思主义的译介和学习，促进了双方理论水平和思想认识的提高。左翼作家加强对马克思主义基本原理和革命文艺理论的学习，使左翼作家队伍在政治和创作上日趋成熟。论争也促使鲁迅加强马克思主义文艺理论的学习，致力于马克思主义文艺论著的翻译介绍工作。鲁迅通过这一年多时间潜心研读普列汉诺夫、卢那察尔斯基的著作，在思想上也更加靠近和认同无产阶级文艺。鲁迅于1932年4月24日的《三闲集·序言》中写道："我有一件事要感谢创造社的，是他们'挤'我看了几种科学底文艺论，明白了先前的文学史家们说了一大堆，还是纠缠不清的疑问，并且因此译了一本蒲力汗诺夫的《艺术论》，以救正我——还因我而及于别人——的只信进化论的偏颇。"经过中国共产党的批评帮助，双方逐步消除了已经出现的误解和分歧，增进了团结，统一了认识，为实现左翼作家的大联合奠定了基础。

1930年2月16日下午，潘汉年与12个筹委会成员在上海北四川路窦乐安路公啡咖啡馆秘密召开名为"上海新文学运动者底讨论会"，实际就是左联筹备小组最后一次全体会议。筹委会讨论了左联的发起人名单和纲领，推举冯乃超为《理论纲领》的起草人。为了联合起来，共同反对国民党反动派的反革命文化围剿，在中国共产党的领导下，1930年3月2日左联成立。左联的成立，实现了数年前创造社谋求与鲁迅联合作战的夙愿，而且是在更广泛更深入的意义上实现了这个夙愿。

随着左翼作家大联合的酝酿和实现，蒋光慈对鲁迅先生的认识有了根本的转变，彼此之间也有接触。据吴似鸿回忆："光慈一向尊敬鲁迅先生，记得我们还住在广益里的时候，他对我说：'杏邨是左翼批评家，端先是翻译家，鲁迅是真正的作家'。"① 在白色恐怖下，鲁迅和蒋光慈都遭到国民党反动派的迫害。1930年9月30日，陈立夫签发中国国民党中央委员会秘书处取缔左联组织的密令，并通缉鲁迅、蒋光慈等"主谋分子"。鲁迅对待冯乃超、蒋光慈等也像对其他进

---

① 吴似鸿．我与蒋光慈［M］．南宁：广西教育出版社，1992：101.

步青年一样，是宽宏大量、不计前嫌的。据陆立之（陆梦衣）回忆，蒋光慈与鲁迅先生在1931年春夏之交，有过一次长谈：

> 有一天，我奉秋白嘱咐，送一稿件给鲁迅……在内山书店后屋，我惊异地见到鲁迅和蒋光赤在对话。这是意想不到的会见……我注意到，鲁迅的神色怡然，并不激动，一面吸烟，一面和颜悦色地，似在劝慰什么事。蒋光赤容颜疲惫，脸色青黄有病态，但他矜持的有些拘礼的样子，有谦恭尊敬的姿态。他的语言有韵味，铿锵地有吸引力。我十分高兴地总算第一次正面认识了蒋光赤（可惜也是唯一的一次）。之后，因顾顺章叛变白色恐怖嚣张，我离开上海，下半年就听说蒋光赤病逝。①

陆立之，出身于湖南长沙一个官宦世家，曾参加五卅运动，1927年赴苏联莫斯科东方大学学习，曾翻译《普希金传》等多部俄文作品。新中国成立后，陆立之任安徽省滁州市政协委员。《蒋光慈传》作者吴腾凰也在滁州市工作，他曾多次访谈过陆立之，从而获得鲁迅先生与蒋光慈促膝交谈的这一珍贵史料。

1931年春夏之间，蒋光慈病情加重，身体极度衰弱，即陆立之看到的"蒋光赤容颜疲惫，脸色青黄有病态"状态。国民党查禁他的全部书籍，生活艰难，贫病交加。蒋光慈对自己之前误解、伤害鲁迅的言论真诚道歉，并向尊敬的鲁迅先生诉说自己的苦衷。鲁迅先生十分理解蒋光慈的苦恼，一面吸着烟听他倾吐郁闷，一面和颜悦色地耐心劝慰他。鲁迅先生的悉心开导、亲切交谈，给予疾病缠身的蒋光慈莫大的慰藉和温暖，也让我们看到了鲁迅先生的博大胸襟，真切感受到鲁迅先生的"对于为了远大的目的，并非因个人之利而攻击我者，无论用怎样的方法，我全都没齿无怨言"②的态度。

蒋光慈病逝后，鲁迅先生在文章、书信里多次提到蒋光慈，都是以"蒋光慈先生""蒋光赤"或"蒋光慈"称之。如作于《伪自由书·后记》里："现在使我记起了蒋光慈先生。事情是早已过去，恐怕有四五年了，当蒋光慈先生组织太阳社，和创造社联盟，率领'小将'来围剿我的时候，他曾经做过一篇文章"③。《准风月谈·后记》里："既不满意于郭沫若蒋光赤之左倾，又不满意于鲁迅徐志

---

① 史挥戈．不记起也罢，偏记起：蒋光慈与鲁迅关系辩析［J］．济南教育学院学报，2002（4）：53-56+82．

② 鲁迅．鲁迅杂文全集［M］．郑州：河南人民出版社，2000：373．

③ 鲁迅．鲁迅杂文全集［M］．郑州：河南人民出版社，2000：572．

摩之右倾，而惟倾慕于所谓'让清'遗老之流风余韵，低徊感喟而不能自已，钱先生之志，皎然可睹矣。"①《且介亭杂文二集·后记》中，引录 1934 年 3 月 14 日《大美晚报》一则新闻——《中央党部禁止新文艺作品》，列出蒋光慈被禁书目 11 种。鲁迅抄录这则旧闻，既表达了对国民党反动派的愤怒，也寄托了对蒋光慈的哀思。

鲁迅在 1933 年 12 月 20 日致曹靖华书信里提道："《一周间》译本有两种，一蒋光慈从俄文译，一戴望舒从法文译，我都未看过，但听人说，还是后一本好。"1934 年，鲁迅应美国记者伊罗生邀请，和茅盾共同编选一部中国现代短篇小说集《草鞋脚》，由伊罗生等译成英文介绍到国外。1934 年 7 月 14 日，鲁迅和茅盾在回复伊罗生关于小说集篇目选择问题时，对于蒋光慈作品选择建议："蒋光慈的《短裤党》写得并不好，他是将当时的革命人物歪曲了的；我们以为若要选他的作品，则不如选他的短篇小说比较好些。至于选什么短篇，请您自己定罢。"尽管对蒋光慈某些作品评价不高，鲁迅、茅盾从爱护蒋光慈出发，向伊罗生推荐他的短篇小说。鲁迅、茅盾为《草鞋脚》确定选目 26 篇，但该集在编选工作完成后未能及时出版。直到 1974 年才由美国麻省理工学院出版社印行，蒋光慈的《野祭》入选。需要说明的是，麻省理工学院出版社正式出版的《草鞋脚》，在篇目上与鲁迅、茅盾当初确定的选目相差较大。

鲁迅先生还对蒋光慈遗孀吴似鸿的文学创作和生活十分关心，以至半个世纪后，吴似鸿仍不忘当年鲁迅先生的爱护与关怀，在《关于鲁迅先生的片断回忆》中深情忆说：

> 我最难忘的，是鲁迅先生对我创作上和生活上的关怀。一九三三年七月，我生了一个孩子，生活困难。在田汉母亲家里坐月子，田汉把我的情况，告诉了鲁迅，鲁迅先生叫田汉转言给我。他说："鲁迅先生关心你呀！他知道你有孩子了，他叫你写了文章拿去给他看，他会给你发表的。"

蒋光慈去世后，吴似鸿与左联美协的王日东同居，后王日东去了日本。吴似鸿独自艰难地抚养她和王日东的孩子，困境中鲁迅先生伸出援助之手。这既是鲁迅先生对文学青年后辈的提携帮助，也可以看作是他对蒋光慈的一种纪念方式。两位新文学先驱在共同的无产阶级革命文学理论探索、论争中，结下了别样友谊。

---

① 鲁迅.鲁迅杂文全集 [M].郑州：河南人民出版社，2000：646.

第四节

蒋光慈与钱杏邨、杨邨人等太阳社同仁的同志情

一、蒋光慈主帅革命文学社团太阳社

四一二反革命政变后，上海大学师生参加集会和游行示威，控诉反动派屠杀革命者的罪行，5月3日上海大学被反动当局强行查封，蒋光慈追随瞿秋白来到武汉。当时武汉还没有一种供进步作家发表作品的文艺刊物，瞿秋白提议并委托蒋光慈筹办一份刊物。这时，钱杏邨、孟超、杨邨人等年轻人，被革命的潮流裹挟着陆续到了武汉，在武汉中华全国总工会宣传部工作。

安徽人钱杏邨，是蒋光慈在芜湖读书时期的老朋友，1927年5月由芜湖赴武汉向安徽省委汇报情况，后被分配至中华全国总工会宣传部编辑科工作。山东人孟超，1926年加入中国共产党，系蒋光慈在上海大学的学生，学校被查封后由上海赴武汉。广东潮安人杨邨人，1925年加入中国共产党，四一二反革命政变后受国民党通缉，由广东逃亡到武汉，与钱杏邨、孟超成为同事从而结识蒋光慈。出于对文艺的共同兴趣，蒋光慈约请钱杏邨、孟超、杨邨人一起创办刊物。正如杨邨人所回忆："到武汉以后大大失望，一般青年都向军政机关钻营……我们几个爱好文艺的人便主张着干我们的文艺运动。已经和某书店接洽好了，要出版一种杂志，我们四个人——光赤，杏邨，孟超和我——每日有空的时候，一碰头就开会讨论着办杂志的事。内容是早已经决定了的：提倡革命文学。"① 他们商

---

① 杨邨人．太阳社与蒋光慈［J］．现代，1933（4）．

议以象征光明的"太阳"为刊物命名，并紧锣密鼓地投入筹集创刊号的稿子，包括小说、诗歌、文学批评以及苏联文艺理论等。由于七一五反革命政变在武汉发生，他们不得不暂时放下编刊工作。钱杏邨回到安徽老家，蒋光慈先回到上海，孟超、杨邨人随后也来到上海。

1927 年 11 月，蒋光慈投入以郭沫若、郑伯奇为代表的创造社谋求与鲁迅联合作战的计划，他还邀请孟超、杨邨人一起参加《创造周报》复刊工作。在创造社发布的《创造周报》30 位特约撰稿人名单中，有孟超、杨邨人的名字。遗憾的是，联合计划因为后期创造社的几位新主力成员（包括成仿吾）的反对而破产，蒋光慈本人受到创造社新人们的排斥和批评。大革命失败后，瞿秋白回到上海，他敏锐地意识到上海文化阵地的重要性，必须紧紧抓住这个阵地宣传马克思主义，团结文化界进步人士。当时创造社党内力量比较薄弱，为了充实文艺界党的力量，瞿秋白认为可以成立一个以中共党员为主体的文学社团，使之成为白色恐怖下文化战线上一个坚强的战斗堡垒。

多重因素下，蒋光慈和钱杏邨、孟超、杨邨人决定重新启动"太阳"创刊工作。为刊物出版发行作长远打算，他们决定自己开个书店，取名春野书店。春野书店的四个发起人，每人各认 10 股 100 元（每股 10 元），蒋光慈稿费较多，先拿出 100 元来作开办经费。他们在北四川路租下了一个铺子作为春野书店的门面，孟超请长于绘画的徐迅雷帮忙写了店名。他们邀请创造社出版部的周灵均当经理，钱杏邨的一位亲戚当账房，聘请一名售书员。1927 年 12 月 13 日，春野书店开张。同日，春野书店在《申报》上刊登广告："专卖新文艺书籍，今日起先行营业。""本店出版书籍杂志，兼代售创造社、北新、开明、光华、亚东、泰东、新月及其他各大书局新文艺书籍。"书店还登出蒋光慈、郁达夫、钱杏邨、杨邨人等新书预告。1928 年 1 月，在春野书店基础上，蒋光慈、钱杏邨、孟超、杨邨人怀着年轻人的热情，发起成立革命文学社团太阳社，创刊机关刊物《太阳月刊》，蒋光慈任主编，钱杏邨、杨邨人担任编辑工作。《太阳月刊》由春野书店出版发行。

太阳社成员除 4 位发起人外，陆续加入的还有洪灵菲、冯宪章、戴平万、任钧（森堡）、楼适夷（楼建南）、殷夫、林伯修（杜国庠）、刘一梦、顾仲起、祝秀侠、迅雷、圣悦（李平心）、童长荣、王艺钟等 20 多位。成员大多是大革命失败后，从实际斗争中转移到上海从事文化活动的中共党员。他们有着相似的斗争经历和共同的思想基础，在文学主张上积极提倡无产阶级革命文学，创作上主要反映工农大众生活与斗争。蒋光慈挚友郁达夫为了支持他们的事业，不仅秘密加入太阳社，还将《达夫代表作》（小说、散文合集）交由春野书店出版发行（1928 年版），所得版税 1000 元，全部捐赠太阳社作为活动经费。

瞿秋白对太阳社的革命文学事业给予高度关心与支持，通过蒋光慈、杨之华对该社加以指导。据时在中共中央宣传部工作的郑超麟回忆，他常在瞿秋白家见到蒋光赤。瞿秋白夫人杨之华也曾回忆说，蒋光慈经常去他们家里，同瞿秋白谈论文学工作方面的问题。瞿秋白本人应蒋光慈邀请，常到太阳社"亲加指导"。瞿秋白和蒋光慈这对文坛知己与战友，共同推进早期革命文学运动与发展。

中共不仅重视革命文学这个特殊的战斗武器，还非常重视对革命文学的领导。1928 年 5 月至 9 月，从日本回国的朱镜我、彭康、李初梨、冯乃超、李铁声、王学文等人在潘汉年的介绍下，先后加入中国共产党。正是在党的领导与帮助下，创造社逐渐成为中国共产党领导下的一个革命文化组织。太阳社成立时，主持中央工作的瞿秋白和中央干部杨匏安、罗绮园、高语罕等参加太阳社成立大会。

为了更好地促进党在两个文学团体中的作用，中共将太阳社中 20 余名党员分为两个党小组，并和创造社的一个党小组统一编为中共上海闸北区第三街道支部，支部书记为潘汉年。后来，江苏省委考虑到闸北区第三街道支部文人群聚，较为特殊，遂将其改为上海闸北文化支部，直属省委领导，支部书记为阳翰笙。由于环境险恶，太阳社成员都以分散的方式活动，集体活动一般采取类似聚会的形式。

蒋光慈在《太阳月刊》创刊号卷头语写道："弟兄们！向太阳，向着光明走！……倘若我们是勇敢的，那我们也要如太阳一样，将我们的光辉照遍全宇宙。"在革命最黑暗的时刻，蒋光慈带领太阳社勇敢地向光明前行。《太阳月刊》每月按时出版，当出至第 7 期时，被国民党查禁。不久，春野书店因发行《世界周刊》而被查封，"为了查封春野书店，国民党政府连发三道密令，要求'上海市政府严禁《世界周刊》并转饬上海临时法院查封经售该刊物之春野书店'"①。春野书店存在时间不长，却出版发行 7 期《太阳月刊》《达夫代表作》等刊物和作品，并于 1928 年 3 月印行"太阳小丛书"，汇集太阳社成员蒋光慈、钱杏邨、

---

①　张小红. 太阳社和春野书店［J］. 书城杂志，1995（5）：45-46.

杨邨人、王艺钟著译的四部作品。

《太阳月刊》、春野书店被查封后，蒋光慈变换斗争策略，把《太阳月刊》改头换面为《时代文艺》，由时代文艺出版社出版。《时代文艺》1928 年 10 月 1 日仅出 1 期就被查封；继而，改名为《海风周报》，由泰东图书局发行，共出 17期；随后，又更名《新流月报》（共 4 期）和《拓荒者》（共 5 期 4 册）皆由现代书局经售，直至《拓荒者》成为左联刊物之一。一份革命文艺刊物，四易其名阵地不失，始终坚守在烽火中，这既是蒋光慈等太阳社成员对革命文学的贡献，也是现代期刊史上一段经久传颂的佳话。

在 1928 年的革命文学论争中，后期创造社、太阳社之间曾出现过短暂的论争。创造社的《文化批判》和太阳社的《太阳月刊》同期创刊，两份刊物在各自的第 1 期均相安无事。第 2 期《文化批判》发表李初梨的《怎样地建设革命文学》，批评《太阳月刊》第 1 期发表的蒋光慈论文《现代中国文学与社会生活》。《太阳月刊》则在第 3 期发表钱杏邨的《关于"现代中国文学"》展开反驳，两社之间的论争由此拉开序幕。

李初梨不仅对蒋光慈的"革命的步骤实在太快了，使得许多人追赶不上"等观点不以为然，在文章中对其进行批评和论辩，还争夺革命文学的首倡权。他认为："一九二六年四月，郭沫若氏曾在《创造月刊》上发表了一篇《革命与文学》的论文。据我所知，这是在中国文坛上首先倡导革命文学的第一声。"① 这意味着后期创造社成员对郭沫若《革命与文学》的宣言性价值意义的集体认可。其实，李初梨记忆有误差，郭沫若的这篇文章发表于 1926 年 5 月 16 日《创造月刊》第 3 期。该文是郭沫若在广州参加北伐革命前夕写成的，标志着 20 世纪 20年代郭沫若文艺思想的重大转变。

钱杏邨在《关于"现代中国文学"》中与之争辩，指出蒋光慈发表于《新青年》季刊第 3 期的《无产阶级革命与文化》和《民国日报》副刊《觉悟》上的《现代中国社会与革命文学》才是革命文学的"第一声"。《文化批判》第 3 期刊载了李初梨的《一封公开信的回答》答复钱杏邨的争论，并回应了《太阳月刊》第 3 期"编后"申明。成仿吾在《创造月刊》第 1 卷第 10 期发表《全部的批判之必要》，再次批评蒋光慈的观点。而后，《太阳月刊》第 4 期刊发杨邨人的《读成仿吾的〈全部的批判之必要〉札记》，指责成仿吾行文的矛盾。钱杏邨在同期

① 李初梨. 怎样地建设革命文学 [J]. 文化批判, 1928 (2)：3-20.

发表的《批评与抄书》一文中有很大篇幅是批评成仿吾"征引高深理论"，即存在"抄书"的嫌疑，以及过于强调理论的重要性[①]。

　　后期创造社、太阳社虽然在革命文学论争中有不少共鸣之处，但由于宗派主义作祟，各自为战、据理力争，剑拔弩张。最后，还是通过两社的一次联席会议，双方才言归于好。首先提出要解决问题的是创造社，"创造社方面以同是一条战线的友军，这样互击下去未免笑话，便发起了一个两社的联席会议言归于好"[②]。太阳社只有蒋光慈、钱杏邨、杨邨人三人到创造社参加会议，创造社出席人数较多，有成仿吾、郑伯奇、冯乃超、彭康、李初梨、朱镜我、李铁声、王独清、张资平、李一氓、华汉等。开联席会议的目的是双方作自我批评组成联合战线，但自我批评变成了互相指责。据杨邨人《太阳社与蒋光慈》描述："朱镜我对于我们《太阳月刊》的态度的批评，他高声大叫，甚至于拍案大斥，空气十分紧张……等到他们似乎觉得自己的话说得太多了，应该让我们分辩一番的时候，这才由主席成仿吾请我们发表意见……光慈忍耐不住，站起身发表他对于文艺运动的意见；杏邨也解释他写批评的态度，又引起他们的联合战线的进攻。"[③]张资平在《读〈创造社〉》文章中对这次联席会议也有类似描述。从两人的描述，可见这次联席会议的激烈争论。但会议结束时又比较温和，双方结成联合战线，决定以后每周开一次联合会议，创造社成员把太阳社成员送至门口，握手相别。

　　1928 年 4 月 15 日出版的《文化批判》的卷首栏目发表了石厚生（成仿吾）的《知识阶级的革命分子团结起来》，号召"知识阶级的战斗的分子团结起来！"5 月 1 日，《太阳月刊》第 5 期"编后"对此次两社论争做了一个总结："在本刊四月号发行之后，我们邀集社内外从事革命文艺的同志们，开了两次的批评大会，检举本刊过去四号及本社已发行及在印刷中的丛书的错误，并决定以后改进的方针。"后期创造社、太阳社的这两份杂志的表态，是两社在联席会议之后对之前争论的一个小结。不可否认，双方在论争中出现了一些不利于团结的宗派主义倾向。但两社特别是太阳社，在"检举"中发现许多不足，积极提出"改进的方针"。至此，后期创造社、太阳社之间的论争画上了句号。

　　在太阳社活动过程中，1928 年 5 月，太阳社成员洪灵菲、林伯修、戴平万

---

①　洪世林.《太阳月刊》创刊及太阳社成立史实考辨［J］. 延安大学学报（社科版），2014（2）：79 - 83.

②　杨邨人. 太阳社与蒋光慈［J］. 现代，1933（4）.

③　杨邨人. 太阳社与蒋光慈［J］. 现代，1933（4）.

等在上海组织创建我们社，其他成员还有陈礼逊、秦静（秦孟芳）、罗澜、罗克典、柯伯年（李春蕃）、李春鍏[①]等。该社团成员带有明显的地域特征，清一色的潮汕籍作家，多为大革命失败后由广东辗转流亡抵达上海。我们社成员的这种地域特征，在现代社团流派中极为少见。我们社创办《我们月刊》、创建晓山书店，书店门市部设在北四川路海宁路口，斜对门是太阳社办的春野书店。《我们月刊》1928 年 5 月创刊，由晓山书店出版，同年 8 月出版第 3 期后停刊。《我们月刊》主要刊登革命文艺创作和翻译，力举无产阶级革命文学旗帜，积极参加革命文学论争。1929 年 2 月 20 日，我们社和晓山书店同时被国民党政府查封。

1929 年 9 月，先后到达日本东京的太阳社成员冯宪章、任钧、蒋光慈等，成立太阳社东京支部（支社）。支部还吸收少数中共留学生党员伍劲锋、古公尧、胡晓春等参加会议与活动。同年年底因支部主要成员归国而停止活动。

上海市虹口区太阳社旧址（蒋厚恩先生提供）

太阳社于 1929 年年底自动宣告解散，1930 年春全部成员加入中国左翼作家联盟，不少人成了左联的骨干。在中国现代文学史上，太阳社是一个产生过广泛影响的革命文学社团，对无产阶级革命文学的开创与拓展做出了一定贡献。现今，上海市虹口区仍保存有"太阳社旧址"纪念地点。

---

① 李春鍏曾是上海大学学生，1925 年经施存统、蒋光慈的介绍加入中国共产党。

二、蒋光慈与钱杏邨——五四一路走来的老战友

钱杏邨（1900—1977），安徽芜湖人，原名钱德富，笔名有阿英、方英、魏如晦等，剧作家、批评家、编译家。著有短篇小说集、散文集、剧本、专著等。新中国成立后曾任天津市文化局局长、天津市文联主席，兼任《民间文学》主编。

1912 年，钱杏邨与小学同学李克农进入省立第一商业中学读书，一学期后，转入萃文中学读书，开始接触《青年杂志》等进步书刊。当时钱杏邨和李克农都是《皖江日报》副刊《皖江新潮》的投稿者，得以结识《皖江新潮》的主要撰稿者芜湖五中的李宗邺、蒋光慈。1918 年 9 月，经蒋光慈和李宗邺介绍，钱杏邨、李克农加入安社。钱杏邨通过蒋光慈等人的关系，结识了高语罕。高语罕、蒋光慈对钱杏邨的人生道路影响很大，正如他自己所说的："五四至一次大革命，关系较密者有高语罕、蒋光慈，光慈给我影响最大。"安社出版发行《自由之花》，标榜反对强权、反对礼教、反对专制，在当时有着一定的进步意义，在安徽省内外学校中产生较大的反响。蒋光慈在芜湖创办安社的最大收获，是结识了钱杏邨和李克农[①]。从此，蒋光慈与钱杏邨开始了一辈子的友谊。

1918 年，钱杏邨只身去上海深造，进入了上海中华工业专门学校土木工程系读书，立志成为工程师，实业救国。钱杏邨积极投身伟大的五四爱国运动，参加上海学联，与国立交通大学的学生邹韬奋一起编辑《上海学生联合会日刊》。1919 年暑假，钱杏邨回到芜湖参加革命运动，和好友蒋光慈等人写标语、搞宣传。开学后回到上海，开始了最初的文学创作，有独幕剧《农民的悲剧》。

1918 年，中国民主革命的先驱之一、六安人朱蕴山回家乡筹建安徽省立第三甲种农业学校（简称六安三农，也叫三农学堂）。学校设农、林两科，学制四年（预科一年，本科三年）。1920 年秋，学校又增聘了钱杏邨、金禹侯等几位思想进步教师，钱杏邨任国文教员。1920 年年初，朱蕴山、桂月峰、翟其善等六安三农进步师生发起成立了"中国革命小组"，这是安徽最早的学习马克思主义的组织。"中国革命小组"主张"以俄为师"，钱杏邨在朱蕴山、沈子修、桂月峰等的支持下，在课堂上公开讲述十月革命，介绍列宁、高尔基、陈独秀、鲁迅，

---

① 李克农（1899—1962），祖籍安徽巢县，其父李道铭在芜湖海关工作。李克农出生于芜湖，入芜湖安徽公学附属小学读书时与钱杏邨同学。后来成为中共情报"龙潭三杰"之一，新中国成立后被授予上将军衔。

宣讲革命道理。

钱杏邨和六安三农的进步教师，积极宣传新文化、新思潮，为皖西革命事业培养了王逸常、桂伯炎、刘淠西、陈绍禹等一批爱国青年和革命志士，六安三农成为"皖西革命的摇篮"。这是钱杏邨与光慈故乡结下的一段革命情缘。

1922年，钱杏邨回到芜湖，任教于求是中学，后又被请到当涂省立八中教书；1924年秋，再次回到家乡，在省立第三女子师范学校任教。任教期间，钱杏邨一边传播新思想，一边开展斗争，组织成立芜湖外交后援会。蒋光慈的《新梦》和《少年飘泊者》出版后，都寄给了钱杏邨，钱杏邨还曾在课堂上试教过《新梦》诗集。"五卅"惨案后，6月10日，芜湖外交后援会领导全市罢市、罢工、罢课，向上海死难同胞致哀，同时举行大规模示威游行，声讨帝国主义的滔天罪行。钱杏邨还曾组织群众大会，欢迎中共中央委员恽代英来芜湖指导工作。

1926年秋，钱杏邨因被孙传芳五省司令部通缉，而逃到上海。和蒋光慈等人的接触，钱杏邨的政治信仰越来越明确，经高语罕和蒋光慈介绍而加入中国共产党。其间，蒋光慈在照顾病妻、忙于教书和写作之际，还抽空到芜湖找到钱杏邨夫人戴淑真哥哥戴淑清的客栈，替钱杏邨送信报平安，两人的友谊可见一斑。第二年年初，钱杏邨受中国共产党的委派，回芜湖从事革命活动。他与李克农、宫乔岩等暗中策划起义，以迎接北伐军的到来。1927年3月6日，以林伯渠为党代表的国民革命军第六军先头部队到达芜湖。钱杏邨以共产党员身份，担任新成立的国民党芜湖县党部常委，领导芜湖的国民革命运动，影响甚大。4月18日，在蒋介石亲自策划下，芜湖发生反革命事件。钱杏邨与李克农等人迅速转移隐伏，避居在长江北岸的裕溪口，后转移至巢县李克农的叔父家。5月，钱杏邨由巢湖至合肥到六安，翻过大别山，由党派往武汉向安徽省委汇报情况，请示下一步工作方案，后被分配至中华全国总工会宣传部编辑科工作。

在武汉见到钱杏邨，蒋光慈异常高兴。钱杏邨热情地把蒋光慈介绍给杨邨人等同事们，称赞蒋光慈是中国普罗列塔利亚文学（无产阶级文学）的最初代言人！几个共同爱好文艺的革命青年同气相求，摩拳擦掌，决心在武汉掀起一个革命文学浪潮。根据瞿秋白的委托建议，他们准备创办一种革命文艺刊物，为刊物命名，联系接洽汉口长江书店出版，提倡革命文学。

7月15日，汪精卫在武汉公开叛变革命，蒋汪合流。轰轰烈烈的大革命失败了，中国革命处于极大的震荡和分化时期。汪精卫和汉口的卫戍司令李品仙，四处清党，捉拿共产党员。蒋光慈、钱杏邨等人的办刊计划在白色恐怖中暂时搁浅。这时蒋光慈住在汉口一位友人家里，附近的旧府街、江汉北路都变成了国民党的刑场。蒋光慈悲愤郁结于胸，于 8 月 10 日下午过江到武昌去向钱杏邨倾吐。钱杏邨在其日记《流离》中记有："下午 3 时光慈过江来一次。"两位五四时期的老友，对时局变化无比愤激痛苦，都想拿起枪杆与敌人见于阵前。在革命处于低潮的痛苦时期，蒋光慈、钱杏邨、孟超、杨邨人经常在武昌见面交流，互相鼓励，共商大计。

1927 年 8 月 7 日，中共中央在汉口秘密召开"八七会议"，制定了土地革命和武装反抗国民党反动统治的总方针，中共中央机关将从武汉向上海迁移。蒋光慈他们也准备伺机撤走，孟超、杨邨人打算去上海，钱杏邨准备撤退回安徽，蒋光慈则计划回安徽老家看看几年未见的双亲。钱杏邨替蒋光慈开了旱路路线，是从汉口经黄陂、英山、霍山，回六安，正是钱杏邨 5 月来武汉的反向路线。

钱杏邨 8 月 26 日最先离开武汉，蒋光慈是 8 月底离开武汉的，他没有走旱路，而是先坐轮船由武汉到芜湖，准备按照他当年在芜湖上学的路线回家。蒋光慈看到芜湖戒备森严，听闻钱杏邨在安庆乡下亲戚家避风头，就放弃回乡计划，从芜湖乘船直接返回上海。到处都是白色恐怖，断送了蒋光慈筹划已久的回乡之梦，回到上海后，他一腔悲愤，提笔写下长诗《写给母亲》。"祖国而今变成了鬼气森森的死城，无论走几步你都要嗅着血肉的膻腥"，诗人为祖国母亲"几次想投笔从军，将笔杆换为枪杆"，"战死在阵前！"

钱杏邨应蒋光慈之邀，于 1927 年 11 月 20 日清晨辞别父母奔赴上海，自此一别，就再也没有回到过故乡。钱杏邨挈妇将雏来到上海，蒋光慈、钱杏邨再度聚首。钱杏邨、戴淑真夫妇及孩子们租住在四川路丰乐里一家芜湖人开办的成衣铺楼上，这里成为蒋光慈等人聚会的地点。

此时，蒋光慈已是上海滩小有名气的革命文学作家。蒋光慈介绍钱杏邨结识郁达夫、田汉等文人。不久，钱杏邨与郁达夫合作主编中国济难会文艺刊物《白华》半月刊。为了帮助钱杏邨出版叙事长诗《暴风雨的前夜》和中篇小说《一条鞭痕》等作品，蒋光慈介绍他与泰东书局老板赵南公相识，助力钱杏邨在上海站稳脚跟。钱杏邨到达上海时，正值蒋光慈的中篇小说《短裤党》出版。捧读老友新作，钱杏邨受到很大震撼，在该书出版第二天就写出书评投到《创造周报》。从此，钱杏邨成为太阳社的首席文艺批评家。他在创作的同时，集中精力写了大量的文艺批评文字，主要是对蒋光慈、鲁迅、郭沫若、郁达夫等中国现代作家作品的论述评价，泰东书局 1928—1930 年陆续出版其评论著作《现代中国文学作家》(1—2卷)。

钱杏邨是蒋光慈的天才听众,蒋光慈需要这样的听众,能给他以创造性的影响。钱杏邨赞美蒋光慈的激情、作品选材的尖端……热情地肯定蒋光慈在创作上所取得的实绩。在钱杏邨前期评论中,他对蒋光慈的作品可谓情有独钟,肯定他对中国无产阶级文学事业所作的历史性贡献。在1928年的无产阶级革命文学倡导以及论争中,钱杏邨始终是太阳社的主力。钱杏邨发表在《太阳月刊》第5期上的《批评与建设》一文,集中地表达了他对革命文学的批评观念与批评策略,系统地提出了文艺批评的标准与要求。钱杏邨希望通过自己的批评能够召回大革命失败后缺失的革命意识及精神,他被誉为革命文学首屈一指的批评家。

《太阳月刊》出至第7期,因宣传赤化被禁。1928年9月28日,国民党上海警备司令部政训部社会科调查上海的出版物,《太阳月刊》被列为"反动刊物",并在报纸上点名蒋光慈和钱杏邨是"新卖国贼""第三国际走狗"。

1929年4月左右,中央文委书记潘汉年多次召集创造社、太阳社的同志开会,传达党的指示,要求两社停止攻击鲁迅并与之合作。钱杏邨与其他同志一起拜访鲁迅,为论争中过火的言论向鲁迅赔礼道歉。同月,蒋光慈完成了他的新作中篇小说《丽莎的哀怨》全部书稿。该作分别连载于《新流月报》第1—3期,1929年8月由现代书局初版。蒋光慈在这部作品中作了大胆的尝试,小说主人公由革命的知识分子、工人转变为十月革命后流亡上海的俄国贵族少妇,作者试图从新的创作视角展现十月革命的历史功绩。这一尝试,受到革命文学阵营的批评,尽管钱杏邨一直对蒋光慈作品都给予高度评价,却对这部作品持批评态度。国民党审查官还是从作品中看出了作者的"革命性",将此书列为禁书。

1929年7月14日,钱杏邨奉命参加地下党组织的反帝游行示威活动,被英租界巡捕房逮捕,与他一起被捕的27人关在一间四尺长、三尺宽的临时拘留栏里,审讯结束后,被押往提篮桥西牢。蒋光慈一边托人想办法不让这批政治犯被国民党引渡过去,一边安慰钱杏邨夫人戴淑真。戴淑真带着3个年幼的孩子,既担忧钱杏邨安危,又为生活而焦虑。那时左翼作家的生活都比较拮据,蒋光慈送给戴淑真50块钱,帮助她度过艰难时期。多年的革命友谊,蒋光慈与钱杏邨亲如手足、患难与共。

这时蒋光慈正准备去日本治病,他早在1929年4月1日出版的《新流月报》第2期扉页上刊载一帧《蒋光慈启事》:"敬启者,光慈因身体不健,亟待离沪修养。"蒋光慈身体不健,是因为他老是感到胃痛,以为自己害了比较严重的胃病,替他看病的十里洋场名医黄钟也说是胃病。洪灵菲等建议蒋光慈去日本治病，当时中国人到日本，日本人到中国都不要护照，太阳社成员冯宪章、任均都在日本。于是，蒋光慈放弃去青岛计划，决定东渡日本，走之前又去看了看戴淑真母子。

当时日本的医疗条件优越于中国，令人痛惜的是，蒋光慈抵达东京后，没有去医院全面检查诊断，只是请胃病专家开药治病。其实，他被宋若瑜传染上了肺结核并引起了肠结核，病情的误诊和大意，使他失去结核病有效的治疗时间。在日本治病疗养，蒋光慈继续从事无产阶级革命文学事业。身在异邦，蒋光慈仍心系国内的老战友。8月26日，蒋光慈致信钱杏邨，他在当天的日记中写道：

> 今天写了一封信给钱杏邨。我离国的时候，他进了监狱，现在算来，该是他要出狱的时候了。我身虽在异邦，可是我的心实未有片时曾将我的在祖国内的朋友们忘记过。而况杏邨是我最好的朋友，又在过着监狱的生活吗？……我忘记不了他的三个小孩子，我忘记不了他的夫人的那一副因焦虑而瘦削了的面相。我由此更忘记不了我的悲哀的祖国……

8月30日日记："杏兄还没有信来，令我念念！他是否已经出了监狱呢？"钱杏邨出狱后，第一时间给蒋光慈写信，告知自己近况以及国内现状，两人信件往来不断。蒋光慈10月6日日记载："杏邨来了信，他说，他很苦闷……怎么办呢？我简直为他和灵菲等想不出妥当的办法。他说，他们希望我即速地回到上海去。"太阳社的《新流月报》自第3期后一直处于停刊状态，钱杏邨等迫切希望"首脑"蒋光慈尽快回国恢复刊物的出版。10月13日下午，为庆祝中篇小说《冲出云围的月亮》的完稿，蒋光慈邀约任均、楼适夷外出逛街。"后来我们走到日本桥，进到丸善书店内看一看，我的目的是在于看看有无俄国书籍，及杏邨所要的关于研究屠格涅夫和阿尔志拔绥夫两人的一类英文书籍。"蒋光慈在当天日记如是记载。可知，蒋光慈去书店是为钱杏邨找寻文学研究所需书籍。1929年11月15日，蒋光慈匆匆结束日本之旅，登上归国航船。

蒋光慈回到上海，见到钱杏邨、洪灵菲、戴平万等太阳社一众好友，倍感亲切。他们详细地告知蒋光慈国内文艺界的变化。这时，钱杏邨全家已搬到塘山路业广里。为了生活方便，蒋光慈也搬过来，租住在钱杏邨家前面的一栋楼里。1929年12月15日，蒋光慈主编出版了《新流月报》第4期。是年冬，蒋光慈和钱杏邨按照党的指示，做田汉的思想工作，吸收田汉入党，促使南国社转变。

1930 年 1 月，上海北新书局初版蒋光慈的《冲出云围的月亮》。钱杏邨评论这部作品不仅是蒋光慈思想的一个进步，而且在当时的小说创作中打破了因革命失败带来的苦闷伤感的空气，可以说是革命文学创作朝着更为健康方向发展的征兆。

蒋光慈还在东京时候就被列为左联 12 个筹委会成员之一，回国后他和钱杏邨召集太阳社会议，传达了党的有关指示，会议决定自动解散太阳社，所有成员参加即将成立的中国左翼作家联盟。蒋光慈决定把《新流月报》第 5 期易名为《拓荒者》，以作为左翼作家的共同阵地。在筹备左联的时候，蒋光慈常到中华艺术大学讲课。中华艺术大学于 1925 年 12 月 28 日创建，1926 年 1 月开始招生，陈望道为校长，夏衍任教务长。作为中国共产党领导的一所综合性艺术大学，学校成为左翼文艺运动的中心，郑伯奇、彭康、冯乃超、李初梨、朱镜我、钱杏邨等都在该校任教。

左联成立后，蒋光慈主编的《拓荒者》从第 3 期开始成为左联机关刊物之一。《拓荒者》在发表革命文学作品的同时，非常注重马克思主义文艺理论批评的建设。杂志的主要联络员只有冯铿一人，稿子都是经过她传送，她以南强书局编辑部作掩护。蒋光慈忙不过来，钱杏邨帮他约稿、校对，取稿件、校样，共同讨论有关编排问题等。《拓荒者》经过蒋光慈和钱杏邨的精心运作，刊登了大量革命文艺理论和文学作品，成为上海滩为数不多的"销量颇多"的几本杂志之一，培养了一批革命作家。

蒋光慈和吴似鸿同居后，一边编选出版"中国新兴文艺丛书"，一边专注于创作。但吴似鸿不会做家务，没有贤内助，影响到他安心写作。为了便于生活上互相照顾，蒋光慈和钱杏邨商定租住在靠近复旦大学的吕班路上的万宜坊，这个坊里有好几条弄堂，每条弄堂里有七八栋三层楼房。1930 年 6 月，两家合租万宜坊 38 号，钱杏邨家住二楼，蒋光慈家住三楼，一楼客堂、厨房两家公用。蒋光慈夫妇不开伙，伙食搭在钱杏邨家，两家像一家人和睦相处。

蒋光慈极重友情，慷慨大方，他接济帮助过很多生活有困难的朋友，为刚出狱的同志既赠衣物又赠钱财，还曾汇钱到日本，接济生活困难的中国留学生朋友。据吴似鸿回忆："杏邨家孩子多……光慈时常接济他们，杏邨有时付不出房租费，光慈就代他付了。他们是亲密的战友，亲如手足，不分彼此。"① 蒋光慈的"仗义疏财"，并不是他多么富有，上海大学被查禁后他仅靠稿费谋生。他自

---

① 吴似鸿. 我与蒋光慈［M］. 南宁：广西教育出版社，1992：74.

己的生活非常节俭，不抽烟、不嗜茶，除了伙食、看病，不多用一分钱。他以为，朋友间不管是放浪笑傲，还是静室晤对，只要确乎是心心相印的良朋佳友，都可以从中体味出沁人心脾的情致，他看重的是友情。

蒋光慈终于在吕班路万宜坊完成了《咆哮了的土地》的写作，小说落款为"1930 年 11 月 5 日于吴淞"，这是蒋光慈斗争的策略，故意转移敌人视线。两个月前，陈立夫签发中国国民党中央委员会秘书处取缔左联等组织的密令，并通缉鲁迅、蒋光慈等"主谋分子"，蒋光慈不能暴露住处。小说手稿 16 万多字，没有一处修改的地方，字体方正秀丽。郭沫若慨叹蒋光慈写文章"一字不掉，一字不改，一气呵成"，这一点毫不夸张，蒋光慈腹稿时间长，先在脑海里修改然后形成文字。他写的文章从不誊抄，原稿就可以送印刷厂付印。遗憾的是，现代书局已经打好《咆哮了的土地》纸版，却因国民党禁止各出版社和报刊出版发表蒋光慈的文章而未能出版。直到蒋光慈去世的第二年春天，由钱杏邨谋划将《咆哮了的土地》改名为比较抒情的《田野的风》，交由中共地下党员宣侠父创办的上海湖风书局出版。虽然仅印 2000 册就被反动当局禁止，但这部耗尽蒋光慈心血的巨著因此得以流传下来。

1930 年年底之后，蒋光慈这个名字等于共产党，他居住的万宜坊还是被特务盯上了。幸而钱杏邨通知他和吴似鸿及时转移，警备司令部的捕车扑了个空。万宜坊住不下去了，蒋光慈在上海的最后住所位于虹口区裕德里，是一栋普通的弄堂房子，月租 15 元。蒋光慈不能出面，他在万宜坊的物品以及《咆哮了的土地》的纸版，全靠钱杏邨帮助搬运过来。此时，蒋光慈生活相当艰难，内外交困，但他依然心境平静，坦然处之，一心扑在革命文学事业上。他开始构思一部书信体的长篇小说，计划写一位农村女性抗争封建婚姻，从封建家庭逃到都市，最终投入革命洪流的曲折道路。奈何 1931 年夏蒋光慈病情恶化，化名陈资川住进上海同仁医院。蒋光慈临终之际，钱杏邨前来看望，这对从五四一路走来的亲密战友从此永别。

着重刊登上海左翼文化界消息的《文艺新闻》周刊，在第 27 期（1931 年 9 月 15 日）出了"追悼蒋光慈专号"。钱杏邨用方英笔名写下了一篇悼文，概述了蒋光慈的一生，节录如下：

他生活了三十年；在他的全生命之中，他是以无限的精力献给了革命。他热烈地参加了伟大的"五四"。他不避艰险的走向国内战争激烈时代的苏联。回国以后，是八年如一日的，不为任何所屈，从事于文艺运动。在十余年的创作生活之中，他写了近百万言的著作。开拓了中国文艺运动最先的路。他的创作所反映的意识形态，虽始终一贯的表现了革命的小资产阶级的倾向；创作的内容，虽然在很多的地方表现了空虚；在后期的创作里所采用的技术虽不免日渐的回头走向过去的旧的形式之路；但这些在广大的青年读者之中，是发生了巨大的作用。许多的青年，因着他的创作的鼓励，获得了对于革命的理解；走向革命。①

作为从五四一起走来的战友，钱杏邨始终在蒋光慈的身边，他的这篇悼文对蒋光慈一生的评价比较准确。他肯定了蒋光慈不为任何所屈从事革命文艺活动，以全生命献给了中国革命，肯定了蒋光慈的作品发生的巨大的作用，即鼓励了许多青年获得了对于革命的理解从而走向革命。

三、蒋光慈与杨邨人、孟超、洪灵菲的同志情

杨邨人（1901—1955），广东潮安人，出身于一个破落的工商地主家庭。杨邨人的继母陈新宇在潮汕早期共产党员许甦魂的影响下走上革命道路，后在大革命中牺牲。受继母的影响，杨邨人萌发进步的思想，在家乡任小学教员。五四运动爆发后，他加入家乡的爱国同志会，写文章抨击旧思想、旧制度，成为一个思想激进的青年。1922年，杨邨人考入湖北武昌高等师范学校国文系读书。在校期间他积极参与共产党领导的学生运动，并于1925年加入中国共产党；毕业后，由党组织介绍回家乡，先后任广东省立第一中学和第二中学教导主任，秘密指导青年学生的革命活动。

四一二反革命政变后，杨邨人因受到反动当局通缉潜往武汉，担任全国总工会宣传部编辑科干事，与钱杏邨、孟超成为同事。通过钱杏邨，杨邨人得以结识久已景仰的革命诗人蒋光慈。蒋光慈成为杨邨人走上文学道路的领路人，杨邨人回忆说："那时我喜欢写些小说之类投登报纸，对于文学还是不放弃，因此和光赤谈得起劲。"太阳社在上海成立后，杨邨人为左翼文艺运动做了大量的工作，还介绍了一批潮汕籍作家林伯修、戴平万、洪灵菲加入太阳社。洪灵菲、戴平万还成为左联筹委会成员，洪灵菲更被选为左联七常委之一。林伯修后来任"中国社会科学家联盟"党团书记，在普罗文学的理论建设和马克思主义哲学的传播上做出一定的贡献。

---

① 钱杏邨. 在发展的浪潮中生长　在发展的浪潮中死亡［M］//方铭. 中国文学史资料全编现代卷：蒋光慈研究资料. 北京：知识产权出版社，2010：81.

太阳社的几种刊物由蒋光慈主编，日常的编辑工作由杨邨人和钱杏邨负责，杨邨人与钱杏邨一起被誉为辅助蒋光慈的左右手。

1929年，夏衍、冯乃超、杨邨人等共同发起组织上海艺术剧社，明确提出无产阶级戏剧口号。剧社开办戏剧讲习班、组织公演和到工厂、学校巡演等戏剧活动，"有力地促进了进步的戏剧工作者的团结及左转，为左翼戏剧运动的兴起和发展做出了不可磨灭的贡献"①。上海艺术剧社引起国民党当局不满，1930年4月被查封。不久，以上海艺术剧社为中心，联合南国社、辛酉社等成立中国左翼剧团联盟，这是在党直接领导下的戏剧界的统一战线组织，1931年年初改组为以个人名义参加的中国左翼戏剧家联盟，简称"剧联"，杨邨人任党团书记。

得知蒋光慈病在同仁医院，杨邨人多次去看望他，与他推心置腹地畅谈，给病痛中的蒋光慈带来些许安慰。1931年8月30日早晨，杨邨人推开病房门，看到睡在病床上的蒋光慈已经瘦得变形，明白蒋光慈的生命危在旦夕。听到蒋光慈说："我不愿死，我还有许多事没有做完！我要太阳，我要光明"，杨邨人已控制不住眼泪。蒋光慈病逝后，一切后事由汪梦邹老先生帮忙操办，钱杏邨、杨邨人、楼适夷等几位老朋友为他送殡。

杨邨人始终视蒋光慈为偶像，蒋光慈的英年早逝让他无比伤感、扼腕痛惜。蒋光慈病逝后，杨邨人写有《"向光明，向太阳！"——终于在阴影中逝去》《太阳社与蒋光慈》等纪念回忆文章。

杨邨人文学创作始于1925年，其创作涉及小说、话剧、散文等多题材领域。在太阳社之前，以小说创作为主，主要写知识分子的爱情苦闷与感伤。太阳社和左联前期，是杨邨人文学创作的高峰期，他开始戏剧创作，作品注入了无产阶级革命文学的观念，写出了工农的被压迫和反抗。抗战时期，杨邨人是广东省文化界抗敌协会委员，主编广州《民族日报》副刊，并参加了中华全国文艺界抗敌协会。新中国成立后，杨邨人曾担任南充川北大学文学院教授、四川师范学院中文系教授。

孟超（1902—1976），山东诸城人。孟超出生在诸城城里一个仕宦地主家庭，1917年年底，因参与闹学潮驱赶校长被济南省立一中开除。1919年，五四运动波及诸城，他参加徐宝梯（陶钝）等组织的反日会，受到民主主义思想的启发和

---

① 黄会林.中国现代话剧文学史略［M］.合肥：安徽教育出版社，1990：125.

教育。1924 年秋，孟超毅然离开封建家庭奔赴上海，考入上海大学中文系学习。和众多青年一样，孟超也是受到蒋光慈的《新梦》诗集昂扬革命热情的鼓舞，迈上了革命的第一步。他一边在上海大学读书，一边从事革命活动。

孟超在瞿秋白的介绍下认识了蒋光慈。1925 年的一个秋天，瞿秋白把文艺青年孟超带到上海静安寺路民厚里蒋光慈居住的亭子间，介绍他俩相识。蒋光慈给孟超的第一个印象是意气豪迈、风姿焕发、笑声爽朗。"我们乍一见面，他就滔滔不绝地向我缕叙着列宁领导的苏维埃工人阶级对于人类新的史页的创造，由此而谈到文学作为革命的武器，当仁不让的抒发了他的抱负，如果不是我和他同气相投的话，的确他那种狂态是会使个别的人有'不逊'之感的"[①]。孟超在读过蒋光慈的《少年飘泊者》原稿后，进一步在"同一意念之下"，他们之间建立了深厚的友谊。从此，一个安徽人，一个山东人，结下了终生友谊。

孟超 1926 年加入中国共产党，时值国共合作，他任国民党上海大学区分部执行委员、国民党上海特别市党部干事。在相互交往中，蒋光慈从孟超的革命经历中获取创作素材。1927 年 3 月 21 日下午，上海闸北区起义指挥部接到情报，有一列火车载着 500 多名军阀官兵，由吴淞返回上海，增援闸北火车站。指挥部立即派孟超等人去割电线以切断敌人的联系，为上海工人第三次武装起义成功立下汗马功劳。孟超等人在上海工人第三次武装起义中的革命行动，为蒋光慈创作中篇小说《短裤党》提供了鲜活素材。《短裤党》表现了中国无产阶级武装斗争最初阶段的面貌，孟超为蒋光慈蓬勃恣肆的笔力以及作品汹涌澎湃的热情，而感到欣喜激动。蒋光慈却谦逊地说仅想为革命做一番铙吹，留下一个历史的见证。

孟超在上海大学被查封后辍学，不久赴武汉参加全国第四次劳动大会，后在武汉中华全国总工会宣传部工作，与钱杏邨、杨邨人成为同事。他们与时在武汉的蒋光慈常结伴出游，黄鹤楼、东湖留下了他们跏蹰慨歌的踪迹。孟超回忆："我们当时已经朦胧的觉到以文学服务革命事业的口号，随着革命的步调的前进应该愈加明确，由此在光赤的倡议之下，开始了'太阳社'的组织，而最初无产阶级革命文学的旗帜，也是通过了光赤的口头和笔下，首先展示在人们的面前的。"[②] 受蒋光慈影响，孟超从新诗开启了自己的文学创作之旅，他的第一本诗

---

① 孟超.《蒋光赤选集》序言［M］//方铭.中国文学史资料全编现代卷：蒋光慈研究资料.北京：知识产权出版社，2010：305.

② 孟超.《蒋光赤选集》序言［M］//方铭.中国文学史资料全编现代卷：蒋光慈研究资料.北京：知识产权出版社，2010：306.

集《候》1927年9月由上海光华书局出版，标志着孟超以新诗人的面貌出现在中国文坛。1928年前后，孟超与蒋光慈、阿英等人在上海创办春野书店及《太阳月刊》，成立太阳社，在提倡革命文学方面起到了先锋作用。1929年秋，孟超与夏衍、冯乃超、杨邨人等共同创建上海艺术剧社。同年8月，蒋光慈东渡日本养病，自此直到他病逝，孟超没有和他再见过面。在当时极端的白色恐怖环境下，孟超没能为蒋光慈送葬，他一直引为恨事。

洪灵菲（1902—1934），广东潮州人，原名洪树森，曾用笔名洪素佛、林曼青、林荫南、李铁郎等，现代文学作家、革命活动家。在广东潮安县金山中学读书时期的洪灵菲，深受五四新思想、新文化的影响，追求自由解放，爱好写旧体诗。1922年，他考入国立广东高等师范学校①，开始参加学生运动。1926年3月，郁达夫到广东大学任教，洪灵菲常去听他的课，得到郁达夫的赏识。

洪灵菲1926年加入中国共产党，1927年冬抵达上海，担任中共上海闸北区委第三街道党小组组长。来到上海不久，洪灵菲通过郁达夫结识了蒋光慈、钱杏邨等人，与戴平万一道参加了太阳社。1928年5月，洪灵菲与杜国庠、戴平万等人又发起成立了文学团体我们社，洪灵菲为社长兼《我们月刊》主编。孟超曾在回忆文章中谈到，洪灵菲是他们这部分人中"最勤奋最辛劳的一个"。

洪灵菲对蒋光慈久闻大名，他们共同崇拜英国浪漫主义诗人拜伦。早在中学时代，洪灵菲对拜伦的诗有着强烈的兴趣。拜伦诗歌中洋溢的浪漫主义气息，奔腾澎湃的激情，以及对自由民主的追求，都使洪灵菲的内心世界产生强烈的共鸣。他在自己的书籍上以及给朋友们的书信里，署名为"拜伦·洪灵菲"。蒋光慈更是引拜伦为偶像，以"东亚革命的歌者"的自况与拜伦作比，写有《怀拜轮》一诗。很快，洪灵菲与蒋光慈成为同志知己。蒋光慈因创作《丽莎的哀怨》受到革命文艺界的批判和党内警告处分时，洪灵菲常去看望并安慰他。洪灵菲觉得在对待《丽莎的哀怨》上，革命文艺阵营内有的激进派作家太原则化、太生硬，忽略了艺术自身的规律。洪灵菲此时已是上海中共党组织一个区委的负责人，他认为蒋光慈刻苦勤奋、埋头苦干，不计较个人得失地从事革命文艺工作，体现出一个共产党员的优秀品质。蒋光慈短暂治病游学日本时，他们时有信件往来。9月8日，蒋光慈回复老友洪灵菲一封信，他在当天日记记载：

---

　　① 　该校1924年9月与广州地区多所高校整合为广东大学，1926年7月，为纪念孙中山先生，广东大学改名为中山大学。

复了灵菲一信。我说，"秋凉了，异国的秋风更容易动人的思念，我思念上海，思念住在上海的你们……你们千万别要忘记我在此地是很寂寞呵！"

9月20日，蒋光慈收到洪灵菲来信，他在当天日记写道："灵菲、平万来信，言语之间，颇多苦闷之慨……怎么办呢？我真不知用什么话来安慰他们。但是在我的眼光中，他们俩是新兴文学中的特出者。"1929年秋，党指示创造社、太阳社共产党员要促进革命作家的团结，与鲁迅一道成立革命作家的统一组织。洪灵菲积极和进步作家联络，消除内部隔阂，尽可能地扩大进步作家联盟。1930年，中国左翼作家联盟成立时，洪灵菲和鲁迅、田汉等7人一起当选为常务委员，组成了左联的领导核心。

蒋光慈和吴似鸿同居后，曾宴请夏衍夫妇、洪灵菲夫妇以及戴平万夫妇等。一次蒋光慈和吴似鸿在居住地一带散步时，造访洪灵菲和戴平万住所。洪灵菲和戴平万住在一起，两人正在电灯下刻蜡纸，油印党内文件和纪念即将到来的红五月宣传品。看到他们如此刻苦地工作，蒋光慈感到很内疚，内疚自己写得太少了，鞭策自己得抓紧创作。

左翼文化运动的迅速发展壮大，使国民党当局加紧了对左翼文化工作者的迫害，洪灵菲受到国民党通缉。1930年下半年，为了转移敌人目标，在党的安排下，洪灵菲暂时放弃写作，转入地下，辗转江苏、北平等地，一直隐姓埋名。1933年7月26日，由于叛徒的出卖，洪灵菲在北平被捕，随后被秘密押至南京，第二年被国民党反动派秘密杀害于南京雨花台。尸骨埋于何处，至今没有人知道。

洪灵菲短暂的一生创作了近200万字的文学作品，有小说、诗歌、散文、文学评论等各种体裁。从1927年冬至1930年春，是洪灵菲文学创作的鼎盛时期。其中，最有影响的作品是其长篇小说"流亡三部曲"：《流亡》《前线》《转变》。洪灵菲怀着满腔的热情投身于革命洪流之中，面对国民党对革命者的残酷镇压，他以笔为枪进行抗争，宣传革命思想。

受蒋光慈开创的"革命＋爱情"小说模式的影响，洪灵菲的"流亡三部曲"也采取了该模式。"总的来说，这种'革命＋爱情'的世界观，在内心和行动上造成的种种矛盾，都是时代的真实反映，我们今天不必过于苛求和指责。相反，洪所描写的这些人物最终都从沉沦中挣扎出来，走向革命，革命终于战胜沉沦，这一洪灵菲特有的主题，倒是值得我们大为赞赏的。毫无疑问的是，这些小说对那个时代的有志于革命的青年起着一种多么大的支持鼓励"①。

洪灵菲中篇小说《大海》1930 年春连载于蒋光慈主编的《拓荒者》第 2、3 期，正面描写广东潮汕地区农民革命，是其革命文学创作题材的转变和拓展之作。农村不再沉默，农民革命的情绪像大海一样在"翻腾着，咆哮着，叫喊着了"。小说的基调与蒋光慈连载于《拓荒者》第 3、4、5 期的《咆哮了的土地》相似，风格粗犷奔放。作为初期无产阶级革命文学的代表作家，洪灵菲和蒋光慈一起走在无产阶级文学创作的前沿。

除创作外，洪灵菲还翻译出版了高尔基的《我的童年》，陀思妥耶夫斯基的《赌徒》《地下室手记》等中长篇小说。1930 年 11 月，蒋光慈替林曼青（洪灵菲）翻译的《我的童年》写下一篇长达万言的书前（序言），向国内读者详细介绍为无产阶级高歌的苏联革命作家高尔基。蒋光慈的序言，表达了和译者相同的价值评判。

四、蒋光慈对太阳社青年作家的培养

冯宪章（1910—1931），广东兴宁县人。关于冯宪章的出生年份，有 1910 年说和 1908 年说两种观点。蒋光慈在《太阳月刊》创刊号《编后记》中这样写道："宪章是我们的小兄弟，他今年只有十七岁。"蒋光慈的这篇文章作于 1928 年 1 月，按此推算，冯宪章生于 1910 年。冯宪章加入太阳社是蒋光慈介绍的，作为冯宪章的师长，蒋光慈写他的年龄，应该不会有误。故本书取 1910 年说。

冯宪章在梅县东山中学读书期间阅读进步书刊，结识进步学生，在共产党人张维的倡导下，成立兴宁留梅学会，宣传民主革命思想，进行街头演出。冯宪章对五四新文学特别是新诗产生浓厚兴趣，他对鲁迅、郭沫若的著作十分崇拜，尤其钟爱蒋光慈的散文、诗歌。当时的冯宪章也许没有料到，若干年后，自己会与这位大名鼎鼎的作家相交，并得到他的扶掖、赞誉。

冯宪章 1926 年由中国共产主义青年团转入中国共产党。1927 年 12 月赴广州加入工人赤卫队，参加广州起义。起义失败后，冯宪章流亡到上海，翌年初考入上海艺术大学，认识蒋光慈、钱杏邨等人，并参加了刚成立的太阳社。经历了广东大革命洪流的洗礼，冯宪章成为太阳社的活跃分子。像当时众多喜爱蒋光慈作

---

① 郑群辉，黄景忠. 无产阶级革命作家洪灵菲——左联中的潮汕作家之一 [J]. 韩山师范学院学报，1996（1）：68-75+80.

品的文艺青年一样，冯宪章也是蒋光慈的崇拜者。他所写的诗歌，无论内容还是形式，都明显受到蒋光慈的影响。他以经历过的斗争实践为素材，以诗文当刀枪，向"地狱和魔鬼"发起进攻。冯宪章把诗作送给久已敬仰且已是文坛名人的蒋光慈阅改，颇受蒋光慈的赏识。在《太阳月刊》创刊号《编后记》里，蒋光慈特地向读者介绍冯宪章："他的革命诗歌里流动的情绪比火还要热烈，前途是极有希望的。"冯宪章在《太阳月刊》上发表了不少诗作，其作品挤进了太阳社中坚者的行列。

冯宪章1928年秋留学日本，次年与蒋光慈、任均、楼适夷等建立太阳社东京支部。由于冯宪章先到日本一年，他自然成为大家的向导和翻译。不论找旅舍、买东西，还是与日本进步作家联系，冯宪章义不容辞，主动跑腿一手经办。在支部活动中，冯宪章凭自己的年轻、活力和勤奋，俨然成为东京支部没有职务的"总干事"。冯宪章还代表中共组织秘密与日本共产党组织取得联系，参加党组织活动。不久，中日两国的共产党组织被日本警察当局发现，从冯宪章屋子里抄去一本藏原惟人送蒋光慈的书，为此向冯宪章追究蒋光慈，冯宪章被逮捕入狱。在狱中，冯宪章的精神和肉体受到严重的摧残，是年年底被遣送回上海。

冯宪章回国后，继续革命文学创作和活动。冯宪章在创作的同时，还翻译了一些革命文艺理论著作。1930年7月现代书局初版其译著《新兴艺术概论》，其中辑译了日本无产阶级作家小林多喜二等的文艺论著多篇。与此同时，他还译有《叶山嘉树集》，收入蒋光慈主编的"拓荒丛书"。另外，冯宪章与夏衍合作翻译德国革命女作家露沙·罗森堡的《狱中通信》。

1930年3月2日，冯宪章出席了左联成立大会。5月，冯宪章受党组织指派，参加一次向反动派的示威活动而被捕。他在狱中与敌人作了坚决的斗争，保持了共产党员的革命气节。1931年8月，冯宪章因监狱恶劣条件折磨病重致死。

任钧（1909—2003），广东梅县人，原名卢奇新，后改为卢嘉文，曾用过笔名卢森堡、森堡、叶荫等。任均早年在梅县东山中学读书时，与冯宪章是同班同学。两人都担任了学生会的干部，积极参加社会活动，同时对文艺产生了浓厚兴趣。对他影响最大的是当时创造社出版的文艺作品和蒋光慈等人的诗歌、小说。在东山中学读书时，任钧就开始写一些短篇小说和短诗。

1928年9月，任钧考入复旦大学，由冯宪章介绍参加了太阳社，开始与蒋光慈、钱杏邨认识，并在太阳社的刊物《太阳月刊》《海风周报》《拓荒者》上发表作品。此时的署名是卢森堡或森堡，因为他很崇拜德国革命家卢森堡，自己正好姓卢，便以此为笔名。由于身处白色恐怖的险恶环境之中，任均和蒋光慈等太阳社成员见面的机会并不多，因而彼此并不怎么熟悉。

1929 年夏天，任均离开上海到日本留学，考入了早稻田大学文学部。秋，蒋光慈到东京治病游学。在蒋光慈的建议下，他们成立了太阳社东京支社，互相交流对日本文艺界现状的认识和看法，讨论国内文坛的各种情况。在上海时曾经有人告诉任均，蒋光慈是个冷冰冰的人，为人高傲骄矜，沉默得令人讨厌，只喜欢在自己的作品中描写内心世界，而缺乏同现实中人打交道的乐趣。但是通过交往接触，任均觉得蒋光慈为人很坦率、平易、宽厚、和蔼可亲，性格相当开朗，凡是和他接触过的人都很愿意跟他交朋友。虽然当时蒋光慈身体有恙，经济条件拮据，但经常给年轻同志谈文学的作用以及普罗文学发生的必然性，为他们创作上遇到的问题答疑解惑，生活中慷慨帮助、关心爱护他们，这些都给任均留下了深刻的印象。

任均、冯宪章、古公尧、伍劲锋等都曾把自己创译的文稿拿给蒋光慈看，他总是笑眯眯地接了下来，抽时间阅读，尽快给出修改建议。任均把留学之前创作的中篇小说《爱与仇》手稿送给蒋光慈看，没想到第二天蒋光慈就看完了，并马上找他交谈，提了很多有益的意见，令任均感动万分。《异邦与故国》中 10 月 23 日载："将森堡的短篇小说仔细看了一下。我觉得他的这一篇是失败了。晚饭后散步，顺便将原稿带给他，他很承认我所指摘的一切。他说他要重做。"蒋光慈回到上海后，把《爱与仇》发表在《拓荒者》杂志上。蒋光慈还在主编的"拓荒丛书"中，收入任钧的中篇小说集《爱与仇》，这是任钧的第一部作品集，1930 年 3 月由上海现代书局出版。正是蒋光慈的传帮带，使得任均一举进入中国作家之列。

1931 年 8 月上旬，还在东京的任钧接到冯宪章从监狱里设法托人辗转寄来的一封信。信中说，他在狱中病得很厉害，要他想办法在上海找一个熟人给他捎一些钱和衣物去。但是这封信来得太迟了！任钧来不及办这件事，上海已传来了冯宪章病殁在狱中的噩耗。蒋光慈也于 8 月底在上海虹口同仁医院中病逝。直至晚年，任钧仍对这两位英年早逝的诗友和战友念念不忘，深情地为他们写回忆文章："光慈是在一九三一年八月三十一日去世的，而宪章也是在同年同月结束了比光慈更加短促的生命！真是一桩叫人伤心的巧合！"①

殷夫（1910—1931），浙江象山人，原名徐白，学名徐祖华，笔名殷夫、白

---

① 任钧．蒋光慈在东京［M］//中国现代文艺资料丛刊·第八辑．上海：上海文艺出版社，1984：5.

莽，左联五烈士之一。在现代中国红色政治抒情诗的创作上，殷夫承续蒋光慈又跨越了蒋光慈，他把革命诗歌创作推向了新的水平，成为红色鼓动诗的代表诗人。

同济大学读书时，殷夫把在狱中创作的诗歌《在死神未到之前》，以"任夫"笔名向《太阳月刊》投稿，由此而结识蒋光慈。殷夫早已读过蒋光慈的诗作和倡导革命文学的理论文章，把蒋光慈视为崇拜偶像。蒋光慈被《在死神未到之前》中的革命激情感染，嘱咐钱杏邨写信约殷夫到编辑部见面。从此殷夫与蒋光慈成为忘年交，私交甚密，蒋光慈介绍殷夫加入太阳社。蒋光慈十分欣赏殷夫诗歌的充满狂放热情而又富有韵律的写作风格，他在心里预感到殷夫将来会是胜过自己的伟大的诗人，有意在创作和思想上给予殷夫很大帮助。

《在死神未到之前》长达 500 多行，蒋光慈拍板将其刊登于《太阳月刊》4月号。长诗描写诗人参加革命被捕后的经历和感受，表现出年轻的诗人对革命事业忠贞不渝、视死如归的崇高气节，可谓红色鼓动诗的前奏曲。蒋光慈等在《编后》中特地指出："任夫的一首几百行的长诗，是他去岁在狱中所作。技巧虽然不怎样的成熟，但出于一个十七岁被捕以后的革命青年之手，在我们觉得是值得纪念的。我们在这一首诗里，可以看到一个革命青年的情绪在当时是怎样的奔进；全诗的情绪虽然带着一点病态，然而没有一点幻灭的调子，在这样的环境中，有这样的作品，我们觉得是很可以矜持的。"① 蒋光慈的这种诚恳关怀和热心奖掖，令殷夫倍感亲切、深受鼓舞。

1929 年，为纪念五卅运动四周年，殷夫创作了诗歌《血字》，诗人以饱满的激情歌颂了这一中国革命史上反帝斗争的光辉一页。蒋光慈把《别了，哥哥》《血字》，发表在《拓荒者》第 4、5 期合刊上，诗歌鲜明地体现了红色鼓动诗的特色，字里行间激荡着革命的激情，感情激越，气势磅礴，鼓动性很强。殷夫的这些红色鼓动诗思想境界有明显的提高，艺术上更趋于成熟，固然是革命斗争锻炼的结果，但不可否认，与蒋光慈的指导分不开。

殷夫是左联发起人之一，他在《萌芽》《拓荒者》《巴尔底山》等左联刊物上发表了很多普罗诗歌，偶尔也写随笔和小说。1931 年 1 月 17 日，殷夫在上海东方旅社参加党的会议时被英国巡捕逮捕。得知殷夫、胡也频等左翼革命作家被捕，蒋光慈十分担心他们的安危，匆忙赶到左联参加商讨营救的会议。蒋光慈与

---

① 编者.《太阳月刊》编后［J］. 太阳月刊，1928－04－01（4 月号）.

殷夫关系非常要好，殷夫等被国民党秘密杀害于上海龙华的消息给蒋光慈无以名状的打击，他痛苦地感到每根神经都在愤怒地颤抖着。他对吴似鸿说："我一生中经历的事件，没有比殷夫他们的逝世更使我感到震惊了！"对于殷夫的诗歌创作，蒋光慈倾注了心血，寄予了厚望。正如杨邨人在《"向光明，向太阳！"——终于在阴影中逝去》悼文中所道："我突然地告诉他（指蒋光慈——引者），《前哨》出版了。第一期是任夫（即殷夫，光慈最看重他的诗，最初是他同他来往的）他们的追悼专号。"

"殷夫是继郭沫若、蒋光慈之后，中国现代文学史上又一位重要的革命诗人"[①]，他被认为是蒋光慈革命浪漫主义诗歌的继承人。在殷夫的普罗诗歌创作探索中，蒋光慈的引领提携起到了举足轻重的作用。蒋光慈把他引进革命文学的园地，帮助他锤炼作品，精心校订他的诗作，孜孜不倦地使他的创作技巧走向成熟，从而成长为革命文学界一位耀眼的新诗人。

---

① 王学海．重读殷夫［J］．中国现代文学研究丛刊，2011（7）：114-120.

第
五
节

夏衍、田汉——蒋光慈的清交素友

一、蒋光慈与夏衍——同一个党小组战友

夏衍（1900－1995），原名沈乃熙，字端先，浙江杭州人。"夏衍"是沈乃熙1936年发表短篇小说《泡》时，第一次使用的笔名。夏衍是中国著名的革命文艺家、社会活动家、中国左翼电影运动的开拓者。作品结集有《夏衍剧作选》《夏衍选集》等。新中国成立后夏衍历任上海市委常委、宣传部部长、文化部副部长、中国文联副主席等职务。

1926年3月，创造社成立出版部，蒋光慈是那儿的常客。9月，创造社的《洪水》杂志复刊，改为半月刊，周全平任主编。周全平收到来自东京的一篇稿件，署名"宰白"。周全平一看就对蒋光慈说，这个人真了不起，反动派正在屠红，他却要宰白，这是夏衍给蒋光慈的第一个印象。

1927年5月，夏衍因参与日本工人运动被日本驱逐回国，6月加入中国共产党，在闸北区从事工人运动，任务是在沪东一带纱厂工人中做组织宣传工作。当时，他住在沪东塘山路业广里一带。由于夏衍从事宣传工作，组织关系便和蒋光慈等人编在闸北区第三街道支部。夏衍所在支部的成员大都是文艺青年，其中有太阳社、创造社的青年作家，如蒋光慈、钱杏邨、孟超、冯乃超等，夏衍通过他们认识了不少文艺界的朋友。夏衍认识蒋光慈的时候，入党才几个月，他对蒋光慈可谓顶礼膜拜。太阳社成立后，夏衍与蒋光慈同在一个支部的同一个党小组，

两人往来频繁。

1927 年冬，出于谋生需要，夏衍经好友吴觉农推荐，向开明书店投递译稿，受书店资方代理人章锡琛赏识，被吸纳进书店的译者队伍。他陆续翻译了日本学者本间久雄的《欧洲近代文艺思潮论》、德国早期马克思主义者倍倍尔的《妇女与社会主义》、苏联柯根的《新兴文学论》，以沈端先之名发表。夏衍的译作选题新颖、文笔流畅，颇受读者欢迎。酷爱翻译的蒋光慈，怂恿夏衍翻译世界名著，夏衍便选择翻译高尔基的世界文学史上第一部描写无产阶级革命斗争的巨著《母亲》，蒋光慈答应帮助他进行翻译。夏衍用日译本作为底本，间或参考英译本。当时夏衍与蒋光慈住楼上楼下，夏衍每翻译一章，就送给蒋光慈用原文加以校对。夏衍的《母亲》翻译还没结束，蒋光慈便于 1929 年春将这本译作推荐给陈望道主持的大江书铺出版，1929 年 10 月出版第一部，1930 年 11 月出版第二部。《母亲》中积极的革命性和顽强的战斗意志，为渴望进步的青年提供了宝贵的精神食粮，也为夏衍赢得了翻译家的美誉。

蒋光慈在《异邦与故国》中多次提到"端先的夫人"蔡淑馨，如 10 月 8 日日记载："晚饭后同沈叶沉君一道儿去看端先的夫人。她住在中华女生宿舍里。我觉得她有女艺术家的风味。在言语之间，她表示很不喜欢上海，而想常在东京住。我很同意于她的意见。"当时，蔡淑馨只身一人在东京学习油画，还没有与夏衍举行婚礼。蒋光慈称其"端先的夫人"，可见蒋光慈与夏衍之间走得很近，关系很厚。

夏衍在翻译领域声名鹊起，在文化界内颇有名望。1929 年秋，夏衍与郑伯奇、钱杏邨等发起和领导了上海艺术剧社，这是由中国共产党直接领导的第一个剧社，也是夏衍踏进戏剧领域的开始。紧接着，正在上海中华艺术大学任教的夏衍接到中央文委书记潘汉年的通知，让他参与筹办左翼作家联盟。这时，夏衍在心里还是很有些顾虑，他只是写过一些剧本，自己并不是文艺圈里的活跃人物，至多敲敲边鼓，写些小文章，现在要以作家身份出现在筹备小组中，心里没有底。但他知道这是中央要求结束这场文艺论战并建立统一战线，可见中央对文化战线的重视。在这种情况下，自己被确定参加左联筹备工作，那肯定是党中央慎重考虑后做出的决定。自己作为一名党员，必须服从组织安排。

为了完成这项任务，夏衍去找好朋友、同为左联筹备小组成员之一的钱杏邨谈心。钱杏邨也住在塘山路广业里，他坚决主张夏衍参与筹建左联。钱杏邨晚年曾忆述他当年的看法：为了争取鲁迅对左联的巨大支持，必须有人经常与鲁迅打交道。当时在党组织领导下几个主要从事筹备工作的人大多是原创造社、太阳社的。像乃超和我都与鲁迅有过文字之争，夏衍没有参加革命文学论争，不存在这个问题，而且他与鲁迅已有点往来。同时，他同太阳社人员很熟，与后期创造社的几位也熟（他们在日本时就认识了），太阳社与创造社虽然在一起开过会，解决了一些问题，但彼此思想意识上都有毛病，互不服气，所以，增进团结问题仍然存在。党一再提醒我们首先要搞好党内这些同志的团结。我想，代表创造社、太阳社一些同志去做鲁迅工作，夏衍更能发挥作用，同时也有利于进一步调整两个社团成员之间的关系①。

钱杏邨的分析打消了夏衍的顾虑，他全身心地投入左联的筹建工作中，并联合钱杏邨、冯雪峰等人一起做创造社、太阳社与鲁迅的沟通工作。1929 年冬季的一天，夏衍与冯乃超带着拟好的左联发起人名单和纲领来到鲁迅家中，请他审阅。鲁迅极为认真地逐字逐句地阅读纲领，表示同意纲领内容，对筹备小组拟定的左联发起人认可。在党的领导下，经过夏衍等人的努力，左联成立所需要的各项准备工作基本完成。经过充分协商，筹委会最终选择中华艺术大学作为左联成立大会地址。中华艺术大学除具备地理环境和自身条件外，还有一点就是它离鲁迅的住所景云里很近。

在左联成立大会上，夏衍与鲁迅、钱杏邨一道被推定为 3 名主席团成员，之后当选为左联常务委员。成立大会总共进行了 5 个小时，直到晚上 7 点才在热烈的欢呼声中宣告结束。左联成立后，归中央文委领导。左联历任党团书记为冯乃超、阳翰笙、冯雪峰、钱杏邨、耶林（张眺）、丁玲和周扬。

1933 年 3 月，党的"电影小组"成立，夏衍任组长，从此他退出了左联的工作，成为 20 世纪 30 年代左翼电影的开拓者、领导者、编剧和影评家，写了大量电影剧本。夏衍作为中国 30 年代开始的左翼戏剧运动的先驱者和主要领导者之一，对中国现代话剧事业的发展做出了突出贡献。无论从戏剧的表现内容，还是戏剧的表现手法和艺术风格，他都进行了许多开艺术先河的创造性探索，从而形成了独特的创作个性和艺术风格。

1953 年 5 月 23 日，蒋光慈的遗骸由上海市文联主持，从庙行安徽同乡会公墓移到了上海虹桥公墓。蒋光慈的棺木已经腐烂，时任上海市文联领导人夏衍，让文联同志买了一口新棺木。夏衍还请陈毅市长为蒋光慈亲笔书写墓碑。这一

---

① 吴泰昌．阿英忆左联［J］．新文学史料，1980（1）：12－29.

天，夏衍担任主祭，他站在苍劲浑厚的"作家蒋光慈之墓"碑前，为昔日战友致悼，为挚友英灵致哀。迁葬工作完成后，夏衍和送殡的同志们一起进入虹桥公墓礼堂，"夏衍走上讲台讲话，他讲了和光慈住在一幢房子里（即塘山路业广里），讲他翻译《母亲》，光慈给他校对"①。

1981 年 2 月，蒋光慈研究专家、时为安徽大学中文系大四学生哈晓斯在北京访问了夏衍。夏衍向哈晓斯回忆当年与蒋光慈同在一个党小组、"同住一幢楼里"的工作与生活的点点滴滴，留下些许珍贵史料②。

二、田汉及南国社的左转，蒋光慈功莫大焉

田汉（1898—1968），原名田寿昌，湖南省长沙县人，戏剧活动家、剧作家、诗人、歌词作家，文艺批评家，社会活动家。田汉毕生奉献于文化艺术事业，多才多艺，著作等身。2000 年 12 月，花山文艺出版社出版《田汉全集》，共 20 卷 830 余万字。田汉写的《义勇军进行曲》，经聂耳谱曲传唱全国，被定为中华人民共和国国歌。

田汉少年时代受到湖南籍革命者谭嗣同、陈天华、黄兴等人和舅父易象的影响，具有反帝爱国志向。1912 年，田汉考入长沙师范，得到校长徐特立精心教诲。1916 年，他随舅父易象（民国初年曾任湖南省政府政务厅厅长）去日本，考入日本东京高等师范学校；1919 年，在东京加入李大钊等组织的少年中国学会，开始发表诗歌和评论；1920 年，发表话剧处女作《梵峨琳与蔷薇》。田汉 1921 年与郭沫若、郁达夫、成仿吾等人共同组织建立创造社，倡导新文学；1922 年回国，受聘于上海中华书局编辑所。1924 年，田汉与其妻易漱瑜创办文艺刊物《南国》半月刊，"南国"的名称从此流传下来。此后，田汉相继任教于长沙第一师范学校、上海大学、大夏大学。田汉在上海大学中国语言文学系任教，教西洋诗歌，讲美国的惠特曼、英国的华兹华斯。田汉为人豪爽，和耿直义气的同事蒋光慈性情相投而成为好友，彼此交往甚密。

1926 年，田汉与唐槐秋、唐琳、顾梦鹤等在上海创办南国电影剧社，从事电影的制作。当年夏，苏联新兴文学作家诗人皮涅克来华游历，由蒋光慈陪同兼作翻译。之前，皮涅克先到日本游历，受到日本文艺界热烈欢迎。皮涅克到上海

---

① 吴似鸿. 我与蒋光慈［M］. 南宁：广西教育出版社，1992：122.
② 哈晓斯. 听李宗邺和夏衍谈蒋光慈［J］. 江淮文史，2021（2）：14 - 29.

后，却受到冷遇，人们都怕沾上"赤化"嫌疑。蒋光慈找到老朋友田汉，请他出面为皮涅克举行一场欢迎演出。依靠田汉的热情发动和多方联络，上海文艺界100多人在南国电影剧社举办了一次盛大的欢迎皮涅克的"文酒会"。欢迎会上歌舞朗诵、京剧演出等，应有尽有，让皮涅克领略了东方文化的魅力。

此时南国电影剧社正在物色演员，筹拍电影《到民间去》。这部影片情节很简单，出场人物是一位来华游历的俄国革命诗人和他的翻译、一群中国大学生以及咖啡店里的女侍者等。田汉正因为经费紧张用不起外国演员而发愁，皮涅克的到来可谓送上门的演员。在田汉盛邀之下，皮涅克和蒋光慈粉墨登场，一个扮演来华游历的俄国革命诗人，一个扮演俄国革命诗人的陪客兼翻译。据夏衍先生回忆，当年这部电影拍摄时，他曾去看望田汉，也"成了送上门来的临时演员"。演员中还有唐槐秋、唐琳、易素、李金发等人。同年7月4日，上海《文学周报》发表蒋光慈撰写的《介绍来华游历之苏俄文学家皮涅克》一文，把皮涅克及其著作介绍给中国读者。

田汉、皮涅克、蒋光慈三人合影（哈晓斯先生提供）

这次活动进一步促进了蒋光慈与田汉的友谊，田汉、皮涅克、蒋光慈三人合影留念。皮涅克把蒋光慈和田汉介绍给苏联驻上海领事馆领事林德。不久，在林德的安排下，南国电影剧社放映了苏联著名导演谢尔盖·爱森斯坦1925年导演的影片《战舰波将金号》。这部被公认为当时世界电影杰作的影片，使南国电影剧社同仁们大开眼界，田汉称此"为真正苏俄艺术影片入中国之始"。试映结束后，蒋光慈、田汉与皮涅克、林德等在场 12 人集体摄影留念。皮涅克回国后，专门写了一本书叫《中国故事》，记叙他游历中国的历程，把中国民众的生活、中国文化介绍给苏联读者。

与苏联驻沪领事林德等合影。后排右一皮涅克、右二蒋光慈、前排右三田汉
（哈晓斯先生提供）

　　1984 年 5 月，哈晓斯在安徽省图书馆首次发现这两张照片。两张照片刊于 1930 年 3 月 20 日《南国月刊》第 2 卷第 1 期所载田汉撰写的《我们的自我批评》一文插页，把蒋光慈名字标为"蒋霞村"。这时的上海白色恐怖弥漫，如果照片标注蒋光慈的真实姓名，无疑会给他带来危险。"蒋霞村"这个名字蒋光慈此前从未用过，是他曾用名"蒋侠僧"或"蒋侠生"的谐音。瞿光熙的《蒋光慈事迹考》中提到蒋光慈在自己照片上题字"霞生民国十四年元月摄于上海"。朋友也爱用"霞生"称呼蒋光慈，如 1927 年间，郁达夫在给王映霞的信中多次称蒋光慈为"霞生"。"霞生"具有象征意味，白色恐怖之中，仍能见到缕缕霞光冉冉而生。

　　1926 年 11 月至 12 月，由西方现代舞鼻祖依莎多拉·邓肯的学生爱玛·邓肯率领的莫斯科邓肯舞蹈团从中国东北部进入中国。蒋光慈带钱杏邨一起拜访田汉，并请他以南国电影剧社的名义欢迎邓肯舞蹈团。田汉即与蒋光慈、唐槐秋、周信芳等一起商量举办欢迎晚会事宜，最后决定演京剧《投军别窑》。在欢迎晚会上，由高百岁和王芸芳主演，舞蹈团也表演了舞蹈。田汉在席间发表了热情洋溢的讲话，由蒋光慈当翻译。两位颇具浪漫主义气质的作家，兴趣相投，互为欣赏。

为了在上海公演《战舰波将金号》，蒋光慈与南国电影剧社联系，并在共和影院试映。蒋光慈多次带南国电影剧社社员去苏联领事馆看电影，向他们介绍苏联作家托尔斯泰、高尔基等人的作品。南国电影剧社在与苏联领事馆的接触中，受到十月革命道路的影响，这对于该社倾向革命起了一定的作用。通过与蒋光慈的交往，南国电影剧社的社会活动愈来愈广泛，与苏联驻上海领事馆也建立了关系。南国电影剧社后因经济困难停办。

1927年秋，田汉任上海艺术大学文学科主任，不久被推举为校长。是年冬，田汉和欧阳予倩、徐悲鸿等40余人在上海成立文艺团体南国社，其前身为南国电影剧社，以"培植能与时代共痛痒之有为青年作艺术上之革命运动"为宗旨。田汉组织南国社进行戏剧活动，以狂飙精神推进新戏剧运动，多次到南京、广州、杭州等地演出，同时主编《南国月刊》。

南国社戏剧演出以1930年"转向"革命戏剧运动为界限，可分为前后两个时期。前期剧目不同程度地发出对军阀混战和封建势力的抗议、控诉及变革社会的呼声。同时，又渗透着寻求光明而又找不到正确出路的迷惘情绪，反映了小资产阶级知识分子在革命低潮时思想上的矛盾和苦闷。1929年田汉在由南京返回上海的旅途中即兴编写的短剧《一致》，开始"以一定的意识目的，从事艺术之创作与传播"，喊出了革命群众反抗暴戾统治的心声，预示了田汉及南国社即将向左转向。

1929年秋，夏衍、冯乃超等共同发起组织上海艺术剧社，明确提出无产阶级戏剧口号，中央文委书记潘汉年与蒋光慈、钱杏邨商谈，田汉的南国社在上海戏剧界颇有影响，争取他们向左转，对无产阶级文艺运动有着重要支持，蒋光慈是和田汉进行联络的最合适人选。于是，是年冬，遵照党的指示，蒋光慈和钱杏邨经常出入田汉领导的南国社，做田汉的思想工作，促使田汉及南国社转变。据吴似鸿回忆："当时，田汉尚未入党，但思想进步，他领导的南国社也积极靠近党。中共准备发展田汉入党。蒋光慈提出，还可以让田汉作为左翼作家联盟的发起人之一。起先，有的同志不赞成，认为田汉在大革命失败后曾经一度感伤，所写的剧本，演出的话剧，多数是感伤的。但多数同志认为：田汉不只他自己一个人，他的周围还有一大批人，只要把田汉影响过来了，整个南国社也影响过来。于是中共叫蒋光慈和田汉联系，吸收田汉入党，邀请田汉为左联发起人。"[①] 蒋光慈很快就和田汉以及南国社社员打成一片，亲切称呼田汉为"田老大"。

田汉及南国社成员知道蒋光慈的名气、为人也非常诚恳，对他非常信任。此后，田汉在从事文艺活动的同时，积极参加政治活动。经过蒋光慈细致耐心的工作，田汉、洪深等上海戏剧界进步文化人士聚集在中国共产党的旗帜之下。1930年2月，田汉与鲁迅、柔石、郁达夫等发起组织中国自由运动大同盟，田汉被选为执行委员。

蒋光慈在助力田汉左转的同时，意外地在南国社找到了爱人。经蒋光慈邀请，田汉以发起人之一的身份参加了左联成立大会，并被选为左联常委。

1930年4月，南国社邀请上海画家、音乐家及其他文艺人士共100多人，在法租界举行茶话会。蒋光慈在会上作了言词锐利、铿锵有力的演讲。他说："身为中国现代的艺术家，必须站在人民的立场，创造自己的艺术，创造自己的文化。"田汉紧接着发表演讲，他准备了长达万言的《我们的自己批判》，全面检查和批判了自己和南国社戏剧活动中的小资产阶级非政治倾向的错误和缺点。《我们的自己批判》是田汉得到蒋光慈和钱杏邨等党的领导，经历南国社内部的思想斗争之后形成的，标志着田汉及南国社政治方向和艺术方向的"转向"。按照田汉的说法，"转向"就是"转换一个新的方向"，转向共产党领导的左翼文艺战线。南国社从此进入戏剧活动的后期。田汉及南国社的转换方向，大大增强了革命文艺创作队伍的力量。

1930年6月，转变后的南国社在上海中央大戏院演出田汉根据法国作家梅里美同名小说改编的话剧《卡门》，成功地塑造了一个酷爱自由、敢于反抗压迫的妇女形象。剧本对人民革命发出了热烈的呼唤，是一出"借外国故事来发挥革命感情影响中国现实"的剧目。该剧被国民党当局以"鼓吹阶级斗争，宣传赤化"为由勒令停演，国民党特务开始杀害进步的戏剧文艺工作者。9月，南国社被查封，田汉遭到当局通缉，特务搜走了《卡门》演出时使用的道具刀、枪，部分演员被捕入狱。曾在《卡门》里主演革命者卢卡斯的演员宗晖（谢纬棨），在

---

① 吴似鸿.我与蒋光慈［M］.南宁：广西教育出版社，1992：5-6.

南国社被封后遭特务诱捕，1930年10月19日，在南京雨花台壮烈牺牲。之后，南国社绝大部分成员在田汉率领下加入左翼剧团联盟，是党直接领导的戏剧界的统一战线组织。因国民党反动当局不许以团体名义联合，遂于1931年1月改组为以个人名义参加的左翼戏剧家联盟（简称"剧联"），田汉是发起、组织者之一。

据夏衍回忆文章，1930年冬蒋光慈曾告诉夏衍，田汉已决定申请加入中国共产党。夏衍说，党还要对他加以考验。1932年春，坚决要求入党的田汉，经党组织的考察，被批准加入中国共产党，入党监誓人是瞿秋白。田汉及南国社的左转，蒋光慈功莫大焉。1935年2月，田汉曾被捕入狱，后被保释出狱。夏衍在田汉被捕后，将其所作的《义勇军进行曲》手稿交由聂耳完成谱曲工作，日后成为中华人民共和国国歌。

第六节

蒋光慈与同乡同学李宗邺轶事钩沉

2021 年暮春，蒋光慈研究专家哈晓斯研究员应邀为皖西学院师生作"蒋光慈在 1921"学术讲座时，特别提到蒋光慈的同乡同学好友李宗邺在五四时期的影响力要超过蒋光慈，但知之者甚少。笔者通过中国知网文献检索，发现仅有一篇以蒋光慈、李宗邺为主题的论文，即哈晓斯的《听李宗邺和夏衍谈蒋光慈》，这不能不说是蒋光慈研究的薄弱环节。蒋光慈七绝诗句"不道当年生死友，而今分道两相驰"中的"当年生死友"指的就是李宗邺。李宗邺既是诗人，又是当代著名历史文献学家、史学史专家。

一、携手并肩共向革命

（一）在摸索寻找救国救民真理道路上携手共进

"李宗邺 1896 年生于安徽省金寨县白塔畈镇船板冲村（时属霍邱）人，谱名恒著，字若梅，出生于贫农家庭，幼读私塾。富有才华，少有文名，和蒋光慈、葛鲁生并称为白塔畈三大才子。"① 少负文名的蒋光慈、李宗邺经常在一起海阔天空谈古论今，谈理想、谈人生，谈社会的不公、乡民的苦难，立志读书报国。1916 年，蒋光慈和李宗邺分别考入河南固始中学、安庆六邑中学读书求进。第

---

① 马德俊．蒋光慈佚文考论［N］．文艺报，2018-09-17（8）．

二年春，李宗邺因从事学生运动被学校除名，他和同样因参加学生运动被开除学籍的小老乡胡苏明结伴来到设在芜湖赭山的芜湖五中，被主持校务的老乡刘希平收在该校读书。李宗邺暑假归乡，得知蒋光慈因侠义行为被学校开除辍学在家，便鼓励他走出大别山到外面读书。当年秋学期，蒋光慈由李宗邺引介入学芜湖五中，与李宗邺、胡苏明同在丙班求学。刘希平和国文教员高语罕在学校积极传播新文化、新思想，锐意教育改革，提倡民主治校，芜湖五中于1917年秋就成立了学生自治会。表现突出的李宗邺当选为学生自治会首届会长，带领学生监督学校厨卫和财务，评议教师的授课能力。李宗邺酷爱经史，刘希平评论他"议论经史、口若悬河"。蒋光慈国文水平很高。两人深受刘希平、高语罕赏识喜爱，师生结下亦师亦友的深厚情谊。置身进步的校园文化氛围，学生们常常一起"抵掌纵谈"天下大事，抨击封建专制制度，如李宗邺《与蒋侠生吴葆萼胡苏明月夜登赭山顶》一诗所云："当前第一爱韶华，各有胸罗百万家。抵掌纵谈天下事，江山如画走龙蛇。"少年同学风华正茂、胸怀苍生，列强瓜分中华、军阀屈膝卖国、人民痛苦挣扎的黑暗现实，激起他们强烈的忧国忧民之情。芜湖五中进步师生共同摸索寻找救国救民的真理。

辛亥革命后，世界各种新思潮开始传入中国。产生于英国的无政府主义（音译"安那其主义"）逐渐成为其中一股有影响的思潮。其反强权、反剥削、反专制的主张特别吸引饱受封建压迫和强权奴役的中国青年，在一些知识分子和青年学生中迅速流传开来。"高语罕本人在当时就是一个著名的无政府主义者。正是在高语罕先生的影响下，蒋光慈等人才开始接受无政府主义思想的。"[1] 无政府主义思潮不可阻挡地涌入蒋光慈、李宗邺的视野，他们痴迷克鲁泡特金的著作《告青年》、廖抗夫的话剧《夜未央》等无政府主义书籍。1918年9月，芜湖五中的蒋光慈、李宗邺、胡苏明、吴葆萼、祖茂林、凌纯池与校外的钱杏邨、李克农等十多名青年学生成立安社，编印小报《自由之花》，反对礼教、反对专制，猛烈抨击时政。蒋光慈和李宗邺任《自由之花》主编。

（二）五四爱国革命运动涌现出的一对"生死友"

五四运动爆发后，李宗邺、蒋光慈积极投入芜湖学生爱国运动。这时的芜湖五中已然成为芜湖乃至安徽爱国民主运动的策源地，朱蕴山先生曾指出："安徽

---

① 哈晓斯. 研究蒋光慈早期思想的一份珍贵史料（介绍新发现的一封蒋光慈佚信）[J]. 新文学史料，1983（3）：129-132.

的运动，实际上是从芜湖五中开始的"①。芜湖学生运动同省内的安庆、合肥等地遥相呼应，沉重打击了安徽军阀的反动统治。在伟大的五四运动中，李宗邺、蒋光慈已从同乡同窗好友成长为一个战壕中的"生死友"。

成立于 1919 年 6 月 16 日的全国学联是五四运动的直接产物。同年 11 月，李宗邺作为芜湖学联和刚成立不久的芜湖各界联合会代表，前往上海参加全国学联及全国各界联合会各项活动。在全国各界联合会成立大会上，李宗邺当选为全国各界联合会评议部评议员，他不断在沪上报刊撰文宣介芜湖和安徽学生运动的近况。1920 年 4 月，芜湖学联和芜湖各界联合会增派蒋光慈为赴沪代表："1920 年 4 月 16 日，全国各界联合会接受蒋光慈为芜湖各界联合会出席该会代表。"②蒋光慈抵达上海后，李宗邺如虎添翼，两人携手投入全国学联反对鲁案直接交涉的罢课斗争。李宗邺、蒋光慈于 4 月 18 日联名在上海《民国日报》发表了《代表通告书》，痛斥北京政府卖国行径，呼吁安徽各地学生会与全国学联一致实行罢课斗争。通告书落款署名为"芜湖学生会赴沪代表李宗邺蒋侠生"，这是李宗邺、蒋光慈在五四时期并肩从事革命活动的一个珍贵历史记录，标志着他们登上了全国性学生运动舞台。"《代表通告书》发表次日，李宗邺请假两周，以全国各界联合会赴皖代表身份前往芜湖、安庆等地联络，而蒋光慈则留在上海与他遥相呼应，继续鼓荡着芜湖乃至安徽爱国民主运动的浪潮。"③ 其间，李宗邺在芜湖领导学生抵制日货，发动"打商会"斗争；蒋光慈则在上海利用报刊及时报道斗争实况，两人联袂使芜湖乃至安徽罢课斗争引起舆论的广泛关注和支持。

关于五四运动时期的斗争，在李宗邺、蒋光慈日后的文学作品中都有描述呈现。作为亲历者，李宗邺发表于 1920 年 9 月 29 日《民国日报》副刊的纪实小说《罢市的流血》，以 1919 年 6 月 8 日芜湖罢市斗争为题材。芜湖是继上海、南京等沿江城市宣布罢市之后、安徽省第一个举行罢市的城市。小说通过一个人力车夫家庭在罢市当天的不幸遭遇，揭露和鞭挞了"皖南镇守使马大人"（影射马联甲）和"商会副会长邵侃如"狼狈为奸、镇压罢市斗争的罪行，真实生动地反映了五四运动当年芜湖罢市流血斗争的情形。蒋光慈小说《少年飘泊者》也有对 W 埠（即芜湖）学生斗争的描写："我想起那一年 W 埠学生抵制日货的时候……你们当时真是热心啊！天天派人到江边去查货，天天派人到商店来劝告不要卖东洋

---

① 王军．白话书信：一部再版 39 次的书［N］．中国青年作家报，2019－01－22（16）．
② 哈晓斯．蒋光慈早期史实三题［J］．安徽大学学报（哲社版），1987（4）：79－83.
③ 哈晓斯．革命文学先驱蒋光慈在 1921［J］．纵横，2021（6）：32－37.

货。"学生砍了日货招牌，奸商们竟然密谋雇用流氓暗杀学生领袖。李宗邺和蒋光慈深知革命斗争有流血有牺牲，但他们毫不畏惧、勇当前锋、并肩作战、生死与共。

二、"分道两相驰"

（一）蒋光慈幸运地"遭遇"马克思主义真理

20世纪20年代初，马克思主义曙光初照中国。1920年9月，以陈独秀为首的上海共产主义小组创办了外国语学社，其任务是输送进步青年赴苏俄学习，为中国红色革命培养干部。该社由杨明斋（系当时以维金斯基为代表的共产国际中国活动小组成员）担任校长，教师主要是俄国红色来华人员和上海共产主义小组成员，学员主要学习俄语和马克思主义著作。芜湖五中学生蒋光慈和吴葆萼经高语罕推荐，成为外国语学社最早一批学员。外国语学社集结一群来自全国各地的进步青年，其中有刘少奇、任弼时、萧劲光、罗亦农、彭述之、韦素园、曹靖华等。初次"遭遇"《共产党宣言》等马克思主义学说，蒋光慈受到了全新的思想冲击，马克思主义者把为人类谋幸福作为他们矢志不渝的终生追求，这正是蒋光慈苦苦探寻的方向。他兴奋地预感到，自己走近了真理。

经过一段时间的理论学习，蒋光慈自觉参加营救安徽省立第二中学校长王蔼如的斗争。王蔼如，即王仁峰（台湾艺人王祖贤曾祖父），中国近代民主革命家，早年参加辛亥革命。他办学开明，热心整顿，购买进步书刊，遭到反动军阀忌恨。1921年4月13日，驻守在合肥的新编安武军（原为张勋麾下定武军）第二营营长与合肥县知事合谋以莫须有罪名逮捕王蔼如。事件发生后，在安徽省内外引起轩然大波。4月19日，上海《民国日报》首次披露该事件前前后后的经过，蒋光慈联系几位在沪皖籍学生，次日联名致函《民国日报》，严词声讨军阀当局的倒行逆施。函文落款为"安徽旅沪学生韦素园章人功蒋光赤吴葆萼王逸龙同叩"，列名其间的"蒋光赤"是蒋光慈首次使用的又一笔名。"蒋光赤"署名显然表达的是向往赤光、向往红色苏俄的心愿，这是蒋光慈世界观转变过程中留下的一个重要印迹。说明初步接受马克思主义理论教育学习后，蒋光慈与无政府主义思想渐行渐远。

蒋光慈如愿被上海共产主义小组选派，赴其向往的红色苏俄留学。1921年5月中旬，刘少奇、任弼时、萧劲光、蒋光慈、韦素园等一批外国语学社青年精英乘船离开上海，历经无数艰难险阻，终于到达目的地——红色圣地莫斯科，进入东方大学学习。东方大学是共产国际创办的培养东方各民族革命干部的大学，外国语学社学员组成东方大学第一届中国班，至此，中共第一代留俄生正式诞生。中国班学生学习内容主要集中于马列主义理论，具体课程有："俄文，国际工人运动史，俄国共产党党史，列宁的《青年团的任务》、马克思和恩格斯的《共产党宣言》、布哈林的《共产主义 ABC》、波格旦诺夫的《政治经济学》等。"①

经过马列主义理论的系统学习，目睹红色政权的蓬勃朝气，蒋光慈最终厘清了马克思主义与无政府主义的本质区别，从而抛弃了无政府主义信仰，明确了奋斗的目标。1922 年 12 月，在时任中共中央执行委员会委员长陈独秀的主持下，蒋光慈光荣地加入中国共产党，成为中共旅莫支部早期党员之一。在中共领导的红色革命中，蒋光慈结合自己专长选择"笔杆子"作为斗争的武器，其《新梦》诗集为中国无产阶级革命文学奠下了第一块基石。高语罕在《〈新梦〉诗集序》中称赞蒋光慈"受了赤光的洗礼，变成红旗下一个热勃勃的马克思主义的信徒"。这位"热勃勃的马克思主义的信徒"以文章化利剑劈开黑暗，在短暂的生命历程中创作了近 160 万字的革命文学著译作品，主编出版多种红色刊物、红色丛书，创建参加多个红色文学社团组织，竭尽全力推动中国红色革命不断发展，死而后已。

（二）爱国志士李宗邺的漫漫求真路

相较于蒋光慈的幸运之路，李宗邺则走了一段弯路。1920 年李宗邺已 24 岁，在婚龄较低的民国时期已属大龄青年，若到外国语学社再留学会耽误婚姻大事，基于此，高语罕推荐了年龄较小的蒋光慈和吴葆萼，而没有推荐影响力更大的李宗邺。李宗邺在芜湖五中毕业后便留校任教，1921 年春与高语罕、沈泽民等芜湖教育界、文化界知名人士及进步学生组织芜湖学社，创办社刊《芜湖》半月刊，以此阵地发文揭示爱国运动的意义，谴责军阀政府镇压学生运动的罪行。1923 年秋李宗邺考入国立东南大学历史系，身处象牙塔之中，他为国内军阀连年混战、民不聊生而苦闷失望，为个人婚恋受挫而悲观消沉。1924 年年初，他提笔写下《题照赠蒋光赤》一诗："清才薄福一身秋，难叩天阍问自由。碎了我心拂尽血，万人如海看尸浮。"他将诗寄给远在莫斯科的蒋光慈，向老友倾吐胸

---

① 徐行．中共第一代留俄生述论［J］．中共党史研究，1997（1）：7 - 13.

中块垒。蒋光慈深为这位"风云一时"的同道好友的悲观情绪担忧，当即步此诗原韵奉答《赠李宗邺七言诗》："阳春未到必经秋，天道循环有自由。冲出云围还是月，共君携手看沉浮"。诗歌暗喻灾难深重的祖国必将走向光明的未来，诗人殷切地劝告战友千万不能悲观失望，鼓励老同学重新焕发革命精神。

　　李宗邺 1925 年下半年由东南大学回到芜湖，住在教会学校里。他和钱杏邨、李克农等共同募捐办了两所中学，直到 1927 年北伐军第六军收复芜湖，学校才解散。"这位引领蒋光慈走向山外的引路人此时倾向爱国，但对孙中山新三民主义和无产阶级专政不理解"[①]。据河北人民出版社《民国人物大辞典·上》载，李宗邺 1922 年加入中国国民党，但没有确切资料佐证。从相关资料看，笔者倾向于李宗邺 1925 年加入中国国民党：他早年信仰无政府主义，无政府主义在我国 1924 年之后进入破产阶段；胡苏明 1925 年在芜湖加入中国国民党，李宗邺当时已在芜湖。再看 1925 年 12 月 6 日《民国日报》上的一则《公电》，由芜湖孙文主义学会（1925 年 11 月成立）所发，电文内容涉及选举李宗邺、于祖训等五人为执行委员的信息[②]。孙文主义学会是国民党右派青年组织，遗憾的是，李宗邺误入了国民党西山会议派道路。1926 年 2 月 22 日，安庆的国民党管鹏派成立安徽省国民党临时省党部（右派），李宗邺当选为 9 位执行委员之一，不久该党部遂告解散。第二年，李宗邺参加北伐战争，到实际斗争中锻炼，任职于国民革命军第十军政治部，1928 年到中央陆军军官学校任政治教官。

　　李宗邺终因对国民党当局专制统治的不满，转而从事教育和文史研究。"九一八事变"后，李宗邺选录编纂中国历代具有民族气节与爱国精神的诗词，集为《注释中国民族诗选》（1－6 集，中华书局 1935—1936 年初版），号召人们重温爱国诗词，增强爱国情怀。日本发动"七七事变"挑起全面侵华战争，中华民族面临生死存亡之际，他又精心编著爱国诗文选集《满江红爱国词百首》（商务印书馆 1938 年 3 月初版）。黄炎培先生在《跋满江红爱国词百首》开篇指出此书"编者用意甚深"。此外，李宗邺还著有《彭玉麟梅花文学之研究》（商务印书馆 1935 年 8 月初版），从彭氏功业、画梅本事、感怀知己等方面考证辑佚湘军将领彭玉麟的梅花情诗，有一定的文学史料价值。

　　皖西曾是抗战时期国民政府安徽临时省会驻地：1938 年 1 月至 6 月，临时省

---

　　①　马德俊．蒋光慈佚文考论［N］．文艺报，2018－09－17（8）.

　　②　吴元康．国民革命时期安徽若干历史问题辨正［J］．安徽史学，2008（6）：110－118.

会设在六安；1938 年 6 月至抗战胜利，临时省会设在立煌县（今金寨县）。李宗邺在上海沦陷后返回故乡，任安徽省教育厅科长等职，继续从事教育工作。1941年，安徽临时政治学院在立煌县县城所在地——金家寨镇成立，李宗邺参与协助创办并任教授。第二年秋，他在立煌县麻埠镇天柱中学旧址建私立皖西初级中学，师生员工有 200 多人，李宗邺任校长兼历史教员，直至 1947 年秋停办。当年，李宗邺回到上海即刻加入中国农工民主党，投入反对蒋介石独裁的爱国民主运动。

上海解放后，李宗邺响应中共号召，支援边疆文化建设，先后在黑龙江省的北安师范学校、齐齐哈尔师范专科学校以及沈阳师范学院任教。1958 年，沈阳师范学院与沈阳俄文专科学校、东北财经学院合并成立辽宁大学。李宗邺成为辽宁大学历史系教授，在中国史组讲授历史要籍介绍等课程。他德高望重、教学经验丰富，留给学生的印象"形象消瘦，是一位很精干、有专攻的长者"。"文革"期间，李宗邺因其复杂的经历遭到迫害，1979 年复职，继续从事历史文献研究。1982 年 8 月上海古籍出版社出版李宗邺 20 世纪 50 年代学术著作《中国历史要籍介绍》（曾作沈阳师范学院教材内部印刷），全书 33 万多字。《中国历史要籍介绍》将中国史学史分为萌芽期、创立期、发展期及科学研究时期，依历史发展顺序着重对各个时期的著名史学家及其著作内容篇目，作了相当详细的评述；对于各个门类的史学著作，也均一一提及。全书引用资料丰富，为文献学科的重要著作。

三、蒋光慈、李宗邺信仰演变审视

历史和实践证明，马克思主义是符合中国社会发展的一种价值体系，早期进步知识分子马克思主义信仰的建立就是基于这一先进和科学的价值选择。从蒋光慈、李宗邺的信仰演进轨迹来看，马列主义理论教育对早期进步青年正确的道路选择起到了至为重要的作用。

从故乡到芜湖五中，蒋光慈和李宗邺几乎有着相同的成长历程：故乡发蒙、外出求学，然后同校同班、忧国忧民，尔后参加学生爱国革命运动并从中脱颖而出。五四时期是各种新思潮广泛传播的时期，各种思潮竞相争鸣。在寻求探索救国救民真理的路途中，蒋光慈、李宗邺同五四时期许多进步青年一样，最初是被反强权、反剥削的无政府主义思潮深深地吸引。无政府主义宣扬的无贫富、无尊卑、无政府、无纲常在中国确实引起了封建军阀统治的恐慌，北洋军阀政府称

"其祸甚于洪水猛兽","非议订专条,从严惩办,恐不足以资制止"①,视其为异端邪说。芜湖五中时期的蒋光慈、李宗邺不可能了解无政府主义思想本质上的危害,他们共结"安社",自办小报,宣传无政府主义,以此反抗官府、反帝反封建。作为无政府主义的信仰者,蒋光慈、李宗邺活跃于安徽爱国学生运动和稍后全国逐渐高涨的革命潮流的前列。

蒋光慈与李宗邺的"分道"原点是在芜湖五中。蒋光慈从芜湖五中走进外国语学社,也就走近了马克思主义真理。外国语学社是中共第一代留俄预备班,在这里,蒋光慈开始接触到《共产党宣言》等马克思主义著作。马克思主义与无政府主义两种思潮的相遇,在蒋光慈内心不可避免激起思想的碰撞。蒋光慈并非立马抛弃无政府主义来接受马克思主义,而是经过一段时间的学习比较,逐渐认识到马克思主义所具有的真理品质。他致芜湖五中同学凌纯池的一封信反映了他这一时期思想的微妙波动:一方面,他仍旗帜鲜明地为无政府主义信仰进行辩护;另一方面,他对不同思潮有所审思,"一种理想的主义都是少数学者因看得社会有了大病,想出医治他的方法。有的主缓攻,有的主急下,有的主清补,方法虽不同,却都是想救命的"。哪种"主义"是医治社会疾病的良方?经过半年的马克思主义理论初步教育学习,蒋光慈有了答案,他的世界观随之发生重大转变,因而在参加营救王蔼如校长的斗争中,他首次用了"蒋光赤"笔名。从"侠生"到"光赤",是蒋光慈信仰演进轨迹的重要一环,他由早期的侠义思想、无政府主义思想向马克思主义思想转变。蒋光慈在比较中学习进步,慢慢感悟马克思主义真理的力量,由此向往红色革命。

东方大学为中国班学生全面开设了马列主义相关理论课程,蒋光慈有机会读到马列主义理论原著,系统学习马列主义。马列学说闪烁着耀眼的真理光芒以及党的教育,促使蒋光慈人生观、世界观发生彻底的改变,最终抛弃了无政府主义信仰,确立马克思主义信仰。

从无政府主义者成长为一个坚定的马克思主义者,是蒋光慈勇于探索、不断追求真理的必然结果。不可否认,"遭遇"马克思主义、接受马列主义理论教育,促成他在较短时期内走上了正确的革命道路。

而李宗邺的真理追寻之路则经历了对各种社会新思潮的甄别、取舍的漫长过

---

① 中国社会科学院近代史研究所,中国第二历史档案馆史料编辑部. 五四爱国运动档案资料 [M]. 北京:中国社会科学出版社,1980:623.

程，报国之路有坎坷，报国之心无动摇。从芜湖五中到东南大学，面对封建军阀对革命的血腥镇压，李宗邺发出"难叩天阍问自由"叩问，对祖国前途深沉忧虑，不免彷徨迷茫。1924年后，无政府主义走向衰落，其反苏、反共及社会改良主义面目也彻底暴露。随着第一次国共合作的形成以及无政府主义的破产，李宗邺选择了三民主义信仰。在国民党阵营里，他先后加入芜湖孙文主义学会、国民党西山会议派，后又参加北伐战争、任教于中央军校。1930年，蒋光慈收到李宗邺寄赠的一张照片，照片中的李宗邺着国民党军官装，佩带手枪，煞是威武。李宗邺的误入迷途，令蒋光慈无比痛惜，他拈笔写下《七绝四首》。其一便是前文提到的："秋深接读故人诗，风雨联床忆旧时；不道当年生死友，而今分道两相驰！"客观地说，李宗邺打倒帝国主义、打倒军阀、救国救民的信念始终没变，只是一时没有看清中国革命的正确道路而走了一段弯路。

李宗邺很快认清以蒋介石为代表的国民党新军阀的反动统治实质，毅然选择离开，投身教育事业和学术研究，继续他的爱国报国之路。抗战时期，他编著多部爱国诗词集，宣扬民族正气和爱国精神，鼓舞国人奋起抗战、保家卫国。在抗战最艰难的几年，他一直战斗在家乡皖西大别山区教育战线。他参与创建的安徽临时政治学院1943年秋更名为省立安徽学院，成为抗战时期安徽唯一的一所高等院校，不仅解决了安徽乃至周边地区高中毕业生的求学问题，也培养了一批抗战所需的干部。立煌县作为战时临时省会驻地，各界精英纷纷聚集，小小县城一下涌进10万多人，医疗教育等基础设施吃紧。李宗邺便在立煌县发动社会力量捐资创办初级中学，县长支持划拨300石公田的田租作为建校基金，学校一直坚持到抗战胜利。随着中国共产党废除国民党一党专政、成立民主联合政府主张的提出，国统区掀起民主运动的热潮。李宗邺在上海加入与中国共产党通力合作的亲密友党——中国农工民主党，全力投入反内战、反对蒋介石独裁专制的爱国民主运动行列。新中国成立后，李宗邺以极大热情投入新生的社会主义新中国建设，投身高等教育和学术研究，桃李满天下，成为著名的历史文献学家、史学史专家。

尽管李宗邺探求救国救民真理的道路曲折坎坷，但他和蒋光慈殊途同归，都在各自的道路上留下了深深的爱国主义足迹，都为新中国的建立、为人民的幸福生活做出了独到的贡献。

1984年夏，已届九旬高龄的李宗邺为哈晓斯新著《蒋光慈生平史实考略》题词——七绝四首，蒋光慈短暂而闪光的生命历程流淌于老诗人笔端。附录

如下:

其一

光慈吾友实堪哀，
文采昙华不久开。
地下刘师应叹息，
门生短命哭颜回。

其二

同班同学并同乡，
曾记狂呼夜未央。
誓与工农求解放，
普罗文学首开荒。

其三

勤加考证务求真，
开卷琳琅满目新。
不使天才遭冷落，
发扬伟烈继阿英。

其四

笔不生花脑不灵，
江郎才尽岂能文。
谢君重写光慈传，
好向泉台慰故人。①

可见，李宗邺一生视蒋光慈为知己故人，他高度评价了蒋光慈的革命事业追求和革命文学首创成就。1991 年 12 月，李宗邺病逝于沈阳，此时距蒋光慈去世已整整一个甲子，故人知己泉台终相会。两位从皖西大别山走出的"同班同学并同乡"由同道到"分道"再同归，让我们看到了一对"生死友"的"世纪"友情和为国为民的赤子之心。

---

① 哈晓斯．听李宗邺和夏衍谈蒋光慈［J］．江淮文史，2021（2）：14－29．

第五章

蒋光慈『皖西建党』考辨

在蒋光慈研究中，皖西建党是一个绕不过去的命题。原皖西日报主任编辑徐航在蒋光慈诞辰 120 周年纪念文章中写道："虽然'个人发展党员'和'建党'是两个不同的概念，但蒋光慈 1924 年 7 月 14 日，到河南固始县志成小学发展恩师詹谷堂为中共党员，詹稍后到河南笔架山等地发展了一批党员，几乎都是商城县南部（商南）人，而商南 1932 年又划归新设立的'立煌县'（即金寨县），统属'皖西'。因此，皖西的党史、文史工作者，习惯地把蒋光慈此举称为'皖西建党'。"① 关于蒋光慈是否回故乡点燃皖豫边区革命火种，学界有存疑、有争议。一种观点认为蒋光慈曾回"皖西建党"，以皖西党史、文史研究者为代表；一种观点认为蒋光慈自苏俄留学后再没有回过故乡，继而否定"皖西建党"，以哈晓斯为代表。

一、皖西地区第一个党支部——中共笔架山农校支部

1923 年冬，中共寿县小甸集特别支部成立，直属党中央领导。特支共有党员 8 人，曹蕴真任书记，徐梦周任宣传委员，鲁平阶任组织委员，成员有薛卓汉、徐梦秋、方英、曹练白、陈允常。寿县小甸镇因此成为皖西地区，也是安徽省境内党的火炬最早诞生地。2015 年 12 月，国务院批复同意将六安市寿县划归淮南市管辖。寿县划归淮南市之后，皖西地区建立的第一个党支部则是 1924 年秋建立的中共笔架山农校支部。笔架山农校是 1915 年商城县在笔架山大庙（今属金寨县汤家汇镇）建立的商城甲种蚕科学堂，当地人称之为笔架山农校。笔架山农校党支部的建立，得从蒋光慈的恩师詹谷堂在皖豫边区对马克思主义的积极传播说起。

十月革命一声炮响，给中国送来了马克思列宁主义。"五四运动推动了新文化运动的发展，促进了马克思主义在中国的广泛传播。五四运动以后，在北京、上海、芜湖等地读书的皖西籍进步青年不断传回各种进步书刊，使皖西地区马克思主义的学习、研究活动逐步展开"②。1920 年 3 月，六安三农教师朱蕴山、桂月峰和学生会会长翟其善等人组建了"中国革命小组"，开始学习研究马克思主义。同年 10 月，霍山县第六区燕子河（今属金寨县）燕溪小学校长徐狩西，以办学教书为掩护，团结带领本校进步教师和青年，成立了"马克思主义学习小

① 徐航. 纪念蒋光慈颂党恩［N］. 皖西日报，2021 - 11 - 23（7）.

② 中共六安市委党史和地方志研究室. 中国共产党安徽省六安历史·第一卷［M］. 北京：中共党史出版社，2021：21.

组",宣传新文化、新思想,传播马克思主义。燕溪小学"马克思主义学习小组"是皖豫边区较早传播马克思主义的学习组织,它带动和影响了皖豫边区的志成小学、笔架山农校等学校类似组织的建立。

此时,在志成小学教书的詹谷堂开始接受新文化运动和马克思主义思想的熏陶,思想日趋进步。1921 年,他在学校主持成立了"马克思主义学习研究会"(又称读书会),参加师生由十多人发展到一百多人。他经常将《新青年》《每周评论》等期刊送给进步师生阅读,启发他们参加变革现实的斗争。面对当时军阀混战、民不聊生的时局,詹谷堂向学校师生愤情吟出《斩尽妖魔济众生》一诗:

> 茫茫神州起战争,苍生何日见升平。
>
> 大江一片狂浪起,斩尽妖魔济众生。①

华夏大地上战争频仍,黎民百姓哪一天才能看到天下太平?但愿革命潮流能如这长江之上掀起的一片巨大波浪,斩杀那些制造战争的军阀妖魔,帮助人民大众过上幸福美好的生活。近代以来,中国大地上连年军阀混战,造成数以万计的贫民伤亡,大批人民群众流离失所,生命财产得不到保障,挣扎在死亡线上。这首诗直接表现了詹谷堂对争权夺利的军阀战争的愤恨,对人民群众深陷战争灾难的同情,并且反映了他扫清国内各种腐朽军阀势力,使人民群众过上太平幸福生活的强烈愿望。

詹谷堂
(出自《六安革命文学史》)

与志成小学同期建立的马克思主义读书会性质的组织,还有明强小学、淠阳小学、笔架山农校等。特别是笔架山农校的马克思主义学习活动极为活跃,他们除了成立"青年读书会"、组织进步师生学习马克思主义和进步书刊外,还成立了新文化演剧社、歌咏队,向群众宣传新思想、新文化,深受群众拥护。马克思主义在皖西迅速广泛地传播,促进了一批激

---

① 詹谷堂 . 斩尽妖魔济众生〔M〕// 许正英 . 皖西苏区诗联集注 . 六安:六安市印刷一厂,2009:21.

进民主主义者和具有初步共产主义思想的知识分子向马克思主义者的转变。

金寨县南溪人袁汉铭，少年时随姨父詹谷堂就读于志成小学，1921 年春考入武汉中学。武汉中学是由董必武等人创办的学校，具有光荣的革命传统。它是武汉共产党早期组织传播马克思主义、培养革命力量的重要阵地。中共第一次全国代表大会的 13 位代表中，董必武、陈潭秋、李汉俊 3 位代表从这里走出。1921 年秋，詹谷堂的妻弟及学生王禾生考入武汉中学，詹谷堂送他们到武汉。詹谷堂经袁汉铭的引荐，有幸结识董必武。

詹谷堂与董必武一见如故，两人围绕时事和文化进行深入交流，詹谷堂深受教育和启发。受董必武影响，詹谷堂视野一下子开阔起来，摆脱了旧式文人的人生追求，开始思考运用马克思主义理论来探索改造中国的道路。詹谷堂怀着极度兴奋的心情，挥笔写下了这首词：

> 束发读书时，着意爱梅洁。一任漫天风雪飞，怒放花称泄。
> 结识陆放翁，千载知音客。傲骨道姿更扬眉，堪笑群芳歇。①

词的大意是：我从年幼读书时，就喜爱梅花的高洁。我非常喜爱那朵朵梅花在满天风雪中怒放的姿态，看那满树花朵，焕如云霞，清香阵阵，而又那样的滋润、那样的亲切，是何等的妖娆！南宋陆放翁也喜爱梅花的品格，写了《卜算子·咏梅》这首千古名作，他和这梅花也就成了千载知音，这是何等美好的遇合！看那虬枝傲骨，扬眉展笑，而那么多别的花卉都不能忍受严寒，纷纷凋谢了，只有这梅花凌寒绽放，傲视群芳。这是词的表面意思。在表意之下，詹谷堂把董必武比作爱国诗人陆游，而能结识他，对自己来说，也是遇到了千载知音。

可以说，1921 年结识董必武，是詹谷堂人生中的一个重大转折点，他逐步成长为一名马克思主义知识分子。1922 年暑假前，詹谷堂再次来到武汉，与董必武会面，两人结下更深的革命友谊，他也坚定地走上了革命道路。关于詹谷堂入党情况，《金寨县革命史》中有一说，即"詹谷堂 1922 年在武汉念书时接触董必武，经董必武介绍加入中国共产党"②。此说，没有确凿史料佐证。其中，"詹谷堂 1922 年在武汉念书"应该是误写，此时詹谷堂年已 39 岁，念书的可能性极小。

---

① 詹谷堂 . 卜算子·1921 年在武汉喜见董必武同志 [M] //许正英 . 皖西苏区诗联集注 . 六安：六安市印刷一厂，2009：20 - 21.

② 中共金寨县委党史办公室 . 金寨县革命史（1919—1949）[M] . 合肥：安徽人民出版社，2017：24.

1922年，袁汉铭由董必武和另外一名老师介绍加入中国社会主义青年团，不久转为中国共产党党员。袁汉铭1924年前后回乡，以教书为掩护，在皖豫边区宣传马克思主义，发展党的组织。虽然现无史料佐证，詹谷堂是由董必武或袁汉铭介绍加入中国共产党，但是詹谷堂的入党与董必武、袁汉铭的影响分不开。

关于詹谷堂入党另一说，即多数皖西党史研究者观点，詹谷堂1924年加入中国共产党。随后，詹谷堂发展志成小学教师曾静华、学生杜孝芬等人加入中国共产党。詹谷堂根据社会的现实，认为中共党组织首先应在知识分子中发展。于是，他决定把党组织发展工作的重点放在家乡的最高学府笔架山农校。为此，他常以应邀讲学和看望在笔架山农校教书的弟弟为名，将传播马列主义和新文化运动的进步书刊送给笔架山农校的罗志刚、李梯云、周维炯、漆德玮等进步师生，准备在条件成熟时，在该校建立党组织。

正当詹谷堂、曾静华酝酿到笔架山农校建立党组织之际，笔架山农校郑校董向他发出讲学的邀请函，他们心中暗喜，欣然接受。詹谷堂和曾静华在前往笔架山农校的路上触景生情，发出阵阵感叹。詹谷堂脱口而出"四季秋最美"，曾静华随声对吟"七彩赤奇艳"；詹谷堂接着说"今日赴笔架"，曾静华续"明朝红满天"。詹谷堂和曾静华以讲学的方式，到笔架山农校发展该校"青年读书会"骨干李梯云、周维炯、漆德玮、漆海峰、李声武等加入中国共产党，并成立了党小组，李梯云任组长。不久，党小组扩展为党支部，李梯云任书记。笔架山农校支部是如今皖西地区建立的最早的一个党支部。

1925年1月，中共第四次代表大会，指示各地建立农民协会和农民自卫军。以金家寨为中心的鄂豫皖边区的中共党组织在发展党员建立组织的同时，积极组建农民协会。袁汉铭通过办贫民学校、识字班等活动，组建农民协会，发展农民武装。1925年3月，詹谷堂离开志成小学，回到家乡南溪任明强小学校长。

詹谷堂在大力倡导新文化教育的同时，积极开展党组织建设，他与同来任教的袁汉铭在校内组织学生会，在校外组织农会，从中发展王凤池、曾昭烈（曾泽民）等进步教师入党。1925年夏，中共南溪支部成立，詹谷堂任书记。年底，南溪党支部和笔架山农校党支部合并到一起，发展成为南溪特别支部，詹谷堂任书记。

1926年秋，在金寨地区建立的党支部还有中共简家坳支部、禅堂（白沙河）支部、太平山支部。1927年3月，又成立了由《八月桂花遍地开》词作者罗银青任书记的漆家店（沙堰）党支部等。在此期间，袁汉铭还到商城县中、一小、女小、平民夜校等学校宣传马克思主义，发展共产党员，并成立了支部、特支。与此同时，共青团组织也有了较大的发展，仅斑竹园一带就建立了小河、桥口、简家坳、吴家店等支部，有团员20多人。1927年春，金家寨、燕子河、白塔畈等地也有很多知识分子加入中国共产党。10月，中共燕子河支部成立；11月，中共古碑冲支部成立；白塔畈、大岗、开顺街一带也成立了白塔畈党支部。党员们利用办学、开商店等作掩护进行革命活动，为后来的党组织建设和农民运动培养了大批骨干①。

1929年5月6日，在中共商罗麻特委领导下，徐子清、周维炯、詹谷堂、李梯云等共产党人成功地组织了大别山地区第二次大规模的武装起义——商南起义（立夏节起义）。在商南区委的领导下，由打入丁家埠、李家集民团内部的共产党员周维炯等率领部分士兵起义。与此同时，牛食畈、斑竹园、吴家店、南溪等地的农民武装也举行了起义，并迅速解除了当地民团的武装，摧毁了这一地区的反动统治和封建势力，建立了红色政权和鄂豫皖第二支红军队伍——红十一军第三十二师，开辟了鄂豫皖地区第二块革命根据地——豫东南革命根据地。

立夏节武装暴动之夜，詹谷堂在南溪发动明强小学师生和200多名农民，配合斑竹园、吴家店等地武装起义。5月7日，詹谷堂在南溪火神庙主持召开了2000多人的庆祝大会，并为大会会场题写庆祝立夏节起义胜利成功的大会对联《祝"商南起义"胜利联》："赤帝本威灵，应教普天赤化；红军初暴动，试看遍地红花"②。6个月后，六霍起义爆发，革命的烽火燃遍皖西、豫东南大别山区，六霍起义队伍整编为红十一军第三十三师。之前，以黄麻起义部队为基础组建了红十一军第三十一师。1930年3月，许继慎接受中共中央委派，到大别山区开辟鄂豫皖革命根据地。4月，红十一军改编为红一军，军长为许继慎，政委为曹大骏，副军长兼参谋长为徐向前。豫东南革命根据地也与黄麻起义胜利后创立的鄂豫边革命根据地、六霍起义胜利后创立的皖西革命根据地连成一片、共同发展成为全国第二大革命根据地——鄂豫皖革命根据地。

二、对于蒋光慈回乡点燃皖豫边区革命火种的不同观点

1924年秋，詹谷堂等组织建立皖西地区第一个党支部——中共笔架山农校

---

① 胡遵远. 记皖西地区第一个党支部的建立［EB/OL］（2021－03－06）［2021－12－11］. https：//tougao. 12371. cn/gaojian. php？tid＝3836626.

② 詹谷堂. 视"商南起义"胜利联［M］//许正英. 皖西苏区诗联集注. 六安：六安市印刷厂，2009：173.

支部，这已达成共识。那么，詹谷堂是否由蒋光慈发展为中共党员？这一直是蒋光慈研究存在争议的问题。

（一）皖西党史史料观点

先来看一份口述史料——《金寨地区初期党组织建立情况》①，这是 1960 年 5 月 19 日曾静华的口述笔录资料。这份材料详细追述了蒋光慈回乡点燃皖豫边区革命火种的经过：

> 蒋光慈同志是白大（塔）畈人，小时从占谷堂（即詹谷堂——引者，下同）读书，后在芜湖赭山中学读书时加入了中国共产党。寒暑假回来，总要看望占谷堂老师。因见占对革命事业关心，要求迫切，便于一九二三年介绍他入党。并于一九二三年古历十二月间又同占介绍了曾静华（口述者）加入中国共产党。这时袁汉民（即袁汉铭——引者）同志从武汉中学毕业回来，经占谷堂介绍也在志成学校教书（袁是葛藤山人，在武汉读书由董必武介绍入党）。这三个党员教师同在一校，读书会的活动更好开展了。因而在一九二四年古历六月十三日晚上，在蒋光慈同志的主持下，吸收了青年学生葛文宗（又名葛鲁生）、杜孝芬，在庄严鲜艳的红旗下面，举行了入党宣誓。选举占谷堂为组长，五个党员正式成立了第一党小组。宣誓后，蒋光慈同志还讲了一些革命道理……占谷堂同志还在黑板上写下了这样两句诗"漫天撒下革命种，伫看将来爆发时"，示意革命远大理想……②

曾静华，金寨县南溪镇丁家埠曾家湾人，1924 年前后在志成小学任教，是早期皖西地区中共党员，曾在鄂豫皖苏区文化部门工作。2021 年安徽省六安市大别山革命历史纪念馆在整理库存文物时，发现一本由成仿吾参与修订的红军时期的大型京剧《七夕泪》剧本。这部豫鄂皖红军革命时期的戏剧作品，描写土地革命时大别山农村的阶级矛盾和阶级斗争的现实。这本十分珍贵的剧本就是由曾静华保存下来的。1958 年，曾静华将珍藏的一批革命文物献出，其中包括《七夕泪》剧本。新中国成立后，曾静华任湖北省文史馆馆长。作为金寨早期从事革命的共产党人，曾静华在皖西地区党的建设和革命斗争中做出过一定的贡献，他对早年入党经历的回忆应该真实可信。但曾静华的口述资料，有两处明显不实之

---

① 此件现存金寨县委党史办公室。
② 哈晓斯．蒋光慈回乡建党质疑 [J] ．安徽大学学报（哲社版），1980（4）：95-99.

处：一是蒋光慈1922年在苏联留学时由中国社会主义青年团团员转为中国共产党党员，而不是"在芜湖赭山中学读书时加入了中国共产党"；二是蒋光慈1924年6月25日从莫斯科起程回国，不可能于1923年介绍詹谷堂、曾静华入党。然而仅凭记忆，回述36年前的革命往事，存在错讹之处，在所难免。

再来看《皖西革命史（1919—1949）》《中国共产党安徽省六安地区组织史资料（1922.春—1987.11）》《金寨县革命史（1919—1949）》以及《中国共产党安徽省六安历史·第一卷（1923—1949）》4部皖西党史史料的相关记载内容。

《皖西革命史（1919—1949）》，中共六安地委党史工作委员会编，安徽人民出版社1987年出版，由郭述申作序。土地革命时期，郭述申曾任鄂豫皖特区苏维埃政府人民委员会副委员长，领导军民参加鄂豫皖苏区第三、第四、第五次"反围剿"斗争。《皖西革命史（1919—1949）》第37页写道：

一九二四年秋，霍邱县在苏联学习的蒋光慈回国。他先介绍霍（邱）固（始）两县边界的陈淋志成小学蒙师詹谷堂入党，后又与詹谷堂一起介绍该校教师曾静华入党。这时，从武汉中学毕业的共产党员袁汉铭也应聘到此校任教。不久又吸收学生杜孝芬入党，成立了党小组，詹谷堂任小组长。党小组成立后，在本校向学生讲授《共产党宣言》，在附近农村向贫苦农民宣传革命道理，继续发展党员。这年冬，成立了中共志成小学特别支部，詹谷堂任支部书记。

《中国共产党安徽省六安地区组织史资料（1922.春—1987.11）》，中共六安地委组织部、中共六安地委党史办编，安徽人民出版社1995年出版。该书的第10—15页相关内容如下：

高语罕、曹蕴真、薛卓汉等分别于1920年至1923年在北京、上海入党，留学苏联的蒋光慈亦于1922年由团转党，成为皖西地方党组织的创始人。

…………

1924年夏，蒋光慈离俄回国。不久回到家乡，介绍皖豫边界的固始县志成小学教师詹谷堂加入中国共产党。

《金寨县革命史（1919—1949）》，中共金寨县委党史办公室著/金寨县党史县志档案局修订，安徽人民出版社2017年出版，由"两膺上将"洪学智题写书名。该书第24—25页涉及内容如下：

1924年，蒋光慈回乡，发展他小学的蒙师——志成学校读书会组织者詹谷堂加入中国共产党。不久，詹谷堂又发展了曾静华等人入党。10 月，詹谷堂、曾静华以讲学的方式，到笔架山农校发展了该校青年读书会骨干李梯云、周维炯、漆德玮、漆海峰、李声武等加入中国共产党，并成立了党小组，李梯云任组长。不久，党小组扩展为党支部，李梯云任书记。

（笔者按：该页同时脚注"一说詹谷堂 1922 年在武汉念书时接触董必武，经董必武介绍加入中国共产党"。）

《中国共产党安徽省六安历史·第一卷（1923—1949）》（简称《六安党史一卷》），中共六安市委党史和地方志研究室著，中共党史出版社 2021 年出版。《六安党史一卷》是在 1987 年出版的《皖西革命史（1919—1949）》基础上编修而成，是六安红色基因最有代表性、传承性的集中体现，也是向中国共产党百年华诞奉献的一份厚礼。《六安党史一卷》第 35－36 页写道：

1924 年秋，蒋光慈从苏联回国，先介绍霍（邱）固（始）两县边界的志成小学教员詹谷堂入党，后又与詹谷堂一起介绍该校教员曾静华入党。这时，从武汉中学毕业的共产党员袁汉铭也应聘到该校任教。不久，发展了杜孝芬、葛文宗入党，在志成小学成立了党小组，詹谷堂任小组长。党小组成立后，在本校向学生讲授《共产党宣言》，在附近农村向贫苦农民宣传革命道理，继续发展党员。1924 年冬，中共志成小学特别支部成立，詹谷堂任书记。

从 4 部皖西党史史料记载叙述内容来看，大同小异。显然，皖西党史和地方志研究者基本认同蒋光慈 1924 年归国后曾回故乡，到志成小学发展恩师詹谷堂为中共党员，点燃皖豫边区革命火种，仅《金寨县革命史（1919—1949）》以脚注形式增加了不确定因素。

（二）学界肯定与否定并存

学界对蒋光慈回乡建党问题的研究，既有肯定，也有否定。吴腾凰、徐航撰写的《蒋光慈评传》认为"蒋光慈 1924 年 7 月回乡建党的顺利与成功，可谓是时势使然，是'水到渠成，瓜熟蒂落'的事"[①]。《蒋光慈评传》主要从蒋光慈留学归国时间、地方史料记载、志成小学"读书会"组织基础，蒋光慈为什么多次在诗文、日记和通信中否认自己曾经回乡等方面分析论证。所述内容颇令人信服，很多资料来源于两位著者通过采访获得的第一手材料。唯有蒋光慈与王书英

① 吴腾凰，徐航.蒋光慈评传［M］.北京：团结出版社，2000：126.

的事实婚姻值得商榷，这一点本书第七章第一节将作探讨。

蒋光慈研究专家哈晓斯则对蒋光慈回乡建党持否定态度。哈晓斯发表在《安徽大学学报》（哲社版，1980 年第 4 期）的《蒋光慈回乡建党质疑》，是学界首次对蒋光慈回乡建党发出质疑的文章。文章从"原始根据的由来""蒋光慈是哪一年回国的""蒋光慈 1920 年以后始终未回过家乡"三个部分论证蒋光慈 1920 年以后始终未回过家乡，回乡建党也就是空中楼阁。在"原始根据的由来"部分，文章对蒋光慈回乡建党的原始依据，即曾静华的口述资料进行否定论证。该口述资料的错讹之处上文已说明，这是不争的事实。关于"蒋光慈是哪一年回国的"，哈晓斯认为"他（指蒋光慈——引者）回国的具体时间，应当在 1924 年 8、9 月之间"[①]。关于蒋光慈回国具体时间，本书第一章第二节已作论述。文章第三个部分依据蒋光慈本人的书信及自传体小说、诗歌等作品描写，并以吴似鸿的《蒋光慈回忆录》，力证蒋光慈自 1920 年离开家乡之后，直到病逝上海，始终没有回过家乡，故而，蒋光慈回乡建党之事无从谈起。

哈晓斯的《蒋光慈回乡建党质疑》发表后，很快被《新华文摘》和《中国人民大学报刊复印资料》转载，引起皖豫边区党史研究部门高度重视。六安地委党史办、河南固始县委宣传部分别于 1981 年 1 月和 7 月，走访哈晓斯，调查蒋光慈回志成小学建党一事。信阳、六安两地区党史部门联合发文，于 1982 年 9 月 11 日至 13 日和 1983 年 8 月 10 日至 12 日，分别在固始陈淋子和六安召开了《志成学校建党问题专题讨论会》。

与哈晓斯持相似观点的，还有固始籍中央党校唐天然教授。详见 1983 年 8 月 24 日，唐天然针对原固始县委党史办副主任孙克新的问题，给出的有关答复[②]：

二、蒋光慈回乡建党一说不可靠，所据曾静华的回忆，似不足信。

1. 蒋一九二三年尚未回国，该年十二月当然不可能回乡介绍其老师詹谷堂并青年教师曾静华入党（曾或由别人介绍入党）。

2. 蒋光慈一九二四年七月六日后回国，也不大可能于七月十四日（即古历六月十三）就回乡主持青年学生葛文宗等二人的入党宣誓礼。

---

① 哈晓斯. 蒋光慈回乡建党质疑 [J]. 安徽大学学报（哲社版），1980（4）：95-99.

② 孙克新. 关于红色作家蒋光慈 [EB/OL]. (2014-09-24) [2021-12-26]. https://www.gsw.gov.cn/subject/detail/post-5158.html.

3. 蒋曾多次自述，离开家乡后，未曾有过回乡之行。

4. 退一步说，蒋当时回乡，也不大可能和当地党组织联系，负有发展党的任务；即便参加了宣誓礼，恐怕也不能说明就是回乡建党的。

与哈晓斯研究观点稍有不同的是，唐天然一是研究论证蒋光慈从苏联回国的时间不是在"1924 年 8、9 月之间"，而是"七月六日后"；二是没有完全否定蒋光慈回乡以及参加入党宣誓礼。

三、蒋光慈是否回乡乃至建党尚需确凿史料作为论据

根据蒋光慈生平资料、文学作品以及对蒋光慈家族后人的走访，笔者以为蒋光慈 1924 年夏短暂回乡可行可信。

首先，蒋光慈从莫斯科回国时间，笔者认为蒋光慈于 1924 年 6 月 25 日从莫斯科起程坐火车经海参崴、威海卫回到上海是铁板钉钉的事（详见本书第一章第二节）。根据瞿秋白 1923 年 1 月 30 日发表的《赤俄之归途》一文中对从莫斯科回国交通情况描述，可以推论东方大学第一批留学回国人员一行 10 人 1924 年 7 月上旬能够抵达上海。先期到达上海的蒋光慈，与第二批、第三批回到上海的任弼时（7 月 23 日起程，8 月抵达上海）、彭述之（7 月 30 日起程），同被党组织安排到上海大学教书。在上海大学开学之前，蒋光慈完全有时间返回故乡。

其次，笔者曾专程拜访过蒋儒谦长子蒋业农之孙蒋厚恩先生，他收藏有蒋从甫、蒋光慈父子参与修订校对的《蒋氏宗谱》（1917 年续修），可以视为蒋光慈家族后人的代言人。2020 年 6 月 20 日《金寨视窗》推出一则新闻："蒋厚恩先生藏书转交仪式"在金寨白塔畈镇新时代文明实践广场举行，蒋光慈家族后人蒋厚恩将自己部分有关蒋光慈藏书和一部蒋氏宗谱转交给白塔畈镇光慈展厅收藏。蒋厚恩对笔者说："我父亲从小听大表爹①说过，三太②是回来一次。先去志成小学，然后经武陟山阳回上海"，蒋厚恩力陈 1924 年夏蒋光慈曾短暂回乡。蒋厚恩的父亲是蒋业农长子蒋纯孝，"武陟山阳"即六安蒋氏祖居之地武陟山，1917 年蒋光慈曾在此地参加修订校对《蒋氏宗谱》。蒋光慈作为家族里的佼佼者，家族里的言事应该多是关于他的记忆。蒋纯孝 1938 年出生，作为蒋光慈兄弟的第三代，与蒋光慈年龄相差 30 多岁，对于家族中长辈们的说事记忆是可信的。

---

① 大表爹是皖西方言，是蒋厚恩爷爷的表哥。
② 三太指蒋光慈，皖西人称呼爷爷的父辈为太太，蒋光慈是蒋厚恩的三太。

那么，为什么蒋光慈在小说、诗歌、通信甚至论文中叙说自己多年没有回家乡？这是不少学者认为蒋光慈自去上海读书后一直没有回乡的主要依据。笔者尝试探析其中缘由。

其一，从文艺创作理论角度，它属于文学创作中生活真实和艺术真实的关系问题。文学创作从本质上说是一种发现和创造，它不能也不应该等同于现实，和现实是有区别的。生活真实，是社会生活的自然形态，是文学创作的源泉。艺术真实是一种假定的真实，是作家在生活真实的基础上，按照其审美理想和生活逻辑，对生活材料加以艺术概括、提炼、加工，进行艺术创造的结果。蒋光慈短篇小说《弟兄夜话》取材于蒋光慈大哥蒋儒谦从老家来沪劝说他回家与王书英完婚之事，作品中有些内容和现实是有区别的。如"忽然于一九二〇年元月，江霞的父母接到江霞从上海寄来的一封信，信上说，他现在决定到 R 国去留学，不日由沪动身，约四五年才能回国，请父母勿念等语。"蒋光慈是 1921 年 5 月去苏俄留学，这个描写显然与现实不符。再如："江霞从未见过自己的未婚妻生得什么样子：是高？是低？是胖？是瘦？是麻子？是缺腿？江霞连想象也想象不着，至于她的性格是怎样，聪明不聪明，了解不了解江霞的性情，那更是谈不到了。"而现实生活中，蒋光慈与王书英是儿时玩伴，两小无猜，王书英豆蔻年华便来蒋家当童养媳，俨然像蒋家的一个女儿。

真正具有生命力的作品，是生活真实与艺术真实的完美统一，也只有在这两种真实的共同铸就下，文学创作才能显示出强大的精神力量。通俗作家徐枕亚名作《玉梨魂》，小说男主何梦霞与女主白梨娘的爱情悲剧，取材于作者徐枕亚和青年寡妇陈佩芬的真实情感经历。但艺术真实不同于生活真实，现实生活中，陈佩芬撮合徐枕亚与小姑蔡蕊珠的婚姻非常恩爱，并非作品中虚构的筠倩"郁郁而死"，徐枕亚为读者提供了一个生活真实与作家虚构的生动案例。

至于蒋光慈与宋若瑜的通信集《纪念碑·下卷》第 2、第 23、第 30 封信里写到的"看看我那多年未见面的双亲""瞧瞧我多年未见面的母亲""我对于我自己的母亲已五六年未见着了"，则要从蒋光慈的"箩窝亲"谈起。蒋光慈幼年时父母给他与邻村王家女儿王书英订了"箩窝亲"，即娃娃亲，少年王书英因母丧提前住进蒋家待婚，有点像童养媳。芜湖读书时期的蒋光慈，开始反对家庭为其包办的婚姻，并以诗明志："此生不遇苏维亚，死到黄泉也独身。"幸运的是，他遇到了心中的"苏维亚"宋若瑜。上面 3 封信正是写于蒋光慈留学归国后热烈追求宋若瑜之际，蒋光慈向宋若瑜坦陈自己"箩窝亲"一事，表明自己已脱离家庭，以不回家方式抗婚。不回家，自然是多年未见双亲。

宋若瑜父母本就不满女儿自由恋爱，更何况蒋光慈老家还有"箩窝亲"。他们担心女儿上当受骗，打算去金寨蒋家调查蒋光慈家里情况。而此时，王书英还待在蒋家，直到 1925 年秋才嫁给邻村潘姓青年。因此，蒋光慈无论如何得"脱离家庭"，确切地说是"脱离"与王书英的关系。《纪念碑·下卷》第 36 封信："我现在很愿意知道你母亲和父亲对于我俩的事情作什么打算……我久已向你说过，我已经是一个实际上脱离家庭的一个人。"

正是由于这样的个人婚约背景，蒋光慈在追求宋若瑜的信件中反复强调多年未回故乡有其不得已的隐情。蒋光慈作于 1924 年 12 月 31 日的诗歌《过年》有一句"哦，多年未见面的双亲！"而这首诗的第一节、第二节全节出现在《纪念碑·下卷》第 2 封信中，诗、信相通。据《蒋光慈研究资料》："1926 年 7 月，宋若瑜抵沪。曾帮助他（指蒋光慈——引者）誊抄《弟兄夜话》手稿。"[①] 笔者统计，蒋光慈在《弟兄夜话》中，提到或暗示主人公江霞五六年未回故乡，有六次之多。通常一部短篇小说的写作不会出现这种情况，结合小说创作时间、背景，其用意应该与《纪念碑·下卷》3 封信类似。

文学作品不等于现实生活，但日记必须真实，事情必须是亲身经历的，感想必须是真情实感。蒋光慈的旅日日记《异邦与故国》有两则内容与故乡有关。一则是 1929 年 9 月 3 日："我的故乡呵，我离开你已经有整整的九年了……我的母亲，我离开你的怀抱已经有这么多年了！"另一则是 1929 年 9 月 13 日："有些人说，革命者一定要脱离家庭，可是我，在实际上虽然脱离家庭已经快要有十年了，并不觉得我的家庭讨厌。反之，我时常很思念它。我的父亲是一个忠厚的乡老，我的母亲是一个慈惠的妇人，我的两个兄长是很谨慎的小市民，他们都很爱我，所以我也就不忍心故意去讨厌他们。"这些内容的表述，与是否回过故乡没有必然的联系。也就是说，在这两则日记里，蒋光慈没有明确说这么多年未见母亲以及离家十年未回。

其二，是白色恐怖环境下的斗争策略。除了《纪念碑·下卷》中的 3 封信、《过年》《弟兄夜话》外，蒋光慈其他叙说自己多年没有回家乡的诗文创作时间都是在四一二反革命政变之后。蒋光慈政治敏锐、颇识时务，面对政治形势的骤变，能够巧妙地变换策略与敌人斗争，如前文提到的《太阳月刊》四易刊名得以

---

① 方铭．中国文学史资料全编现代卷：蒋光慈研究资料［M］．北京：知识产权出版社，2010：13.

延续。在白色恐怖环境中，他频繁更换自己的笔名、住所，甚至在作品完稿后故意留下假地址，以此混淆敌人视听。如其长篇译著《爱的分野》"译者小序"落款："一九二八年十二月二十日于德国柏林"，显然是他与敌人周旋的策略。

1927 年 8 月底，蒋光慈预备从武汉回安徽，钱杏邨为他开了张旱路路程单，他打算取道旱路回家。蒋光慈途经芜湖，准备从这里取道合肥回乡。但是他从戴淑真哥哥戴淑清处了解到安徽处于白色恐怖之中，他亲眼看到芜湖大街上戒备森严，便放弃回乡打算，直接回到上海。非常时期，蒋光慈不愿因自己从事的革命活动连累家乡亲人。从这个角度来看，蒋光慈在诗文中撇清与家乡的联系，是对家乡亲人保护的一种策略。尽管蒋光慈如此谨慎，其安徽老家还是因他而被国民党查抄，家里亲人不得不东躲西藏。蒋光慈去世当年，他的两位淳朴的兄长并两个侄子，先后死于非命。虽然四人死亡原因已无从考证，但可想而知与"宣传赤化的暴徒"蒋光慈不无关系。

另外，戴映东（戴铸久）曾回忆："1924 年冬我回到故乡白塔畈，蒋从甫告诉我说，今年光慈回家来了，他在上海，并将地址告诉我。不久我去上海找到了蒋光慈。我入武汉黄埔军校是光慈和沈雁冰介绍去的。"[①]

既然蒋光慈 1924 年夏短暂回乡可行可信，那么他回乡发展恩师詹谷堂入党极有可能。

少年蒋光慈受詹谷堂启发引导，接受进步思想，一边勤奋苦读，一边愤慨于社会的不平，在志成小学、固始中学读书时就有许多侠义行为。芜湖五中是五四运动前后芜湖革命斗争的策源地之一，每次放假回乡，蒋光慈都会去拜访詹谷堂，与老师交流探讨时事热点。"取经"归来的他，怎能不利用短暂回乡机会看望阔别多年的恩师，迫不及待地把自己看到的红色世界告知詹谷堂。此时詹谷堂由结识董必武而扩大了政治视野，坚定地走上了革命道路。他组织的读书会，吸收了一大批进步师生参加，读书会经常集会演说、游行示威，逐渐成为建团建党的基础。

旧中国大别山人民生活于水深火热之中，"穷人头上三把刀：租子重，债利高，苛捐杂税多如毛；穷人面前三条路：逃荒、上吊、坐监牢"（皖西民歌）、"狗叫一声，保长一哼；不是要粮，就是抓丁"（信阳民谣）。这些民谣都反映人民深受反动统治者剥削、压迫之苦。身处红色苏俄学习三年，蒋光慈坚信马列主

---

① 见《蒋光慈回国、回乡、建党、子嗣考》，《金寨文史》第 5 辑，1985 年。

义是救民于水火的"真经"。蒋光慈始终心系故土，他回故乡向詹谷堂"传经"，发展恩师入党，点燃皖豫边区革命火种，是顺理成章的事。

2019 年 9 月 8 日，央视军事频道讲武堂《丰碑》第二集《十万英烈铸两源》中，洪学智上将之子洪虎谈到，蒋光慈回故乡传播的火种到笔架山农校已经成为火盆，从而无限地扩大下去。皖西、豫东南这块土地，陆续诞生了红 11 军第 32 师、第 33 师，红 25 军（1931 年 10 月成立于安徽金寨麻埠）以及红 28 军（军长徐海东），成为鄂豫皖革命根据地的重要组成部分。

2021 年 1 月 7 日，央视纪录频道开播大型纪录片《八月桂花遍地开》（共六集）。该片是首部献礼建党百年纪录片，由安徽广播电视台、安徽省金寨县人民政府联合策划并摄制，通过寻访式拍摄，呈现了诸多鲜为人知的历史细节。《八月桂花遍地开》第一集《革命火种》以蒋光慈到莫斯科留学开篇，深度探访蒋光慈当年留学的莫斯科东方大学的中国学生档案。俄罗斯著名学者、汉学家潘佐夫带领我们探视 1921 年 8 月来自中国的 26 名留苏学员档案记录，差不多所有学生都有俄罗斯别名，任弼时是别林斯基，蒋光慈是乌特金，刘少奇没有。苏联十月革命刚胜利不久，国内的物质生活、经济条件十分艰苦。纪录片引用《萧劲光回忆录》中对于这段留学生活回忆："我们白天上课，晚上还要在街上站岗，星期天还要做工"；"那时真是饿得难受，我们的课堂在四层楼上，上四楼真是困难啊，一步步地慢慢往上挪，中间还得休息几次。"在异常艰苦的条件下，蒋光慈始终表现得很坚定，激情如火地学习，一方面学习革命思想和革命理论，一方面坚持文学创作。取得"真经"归国后，蒋光慈以笔为枪，向旧社会发出"粗暴的叫喊"，为当时许多正在黑暗中苦苦探索的青年指明了方向，鼓舞影响了千万青年走上革命道路。

皖西共产党人李云鹤、戴映东（戴铸久）皆由他介绍入党、从军，由此点燃了皖豫边区革命的火炬。此外，蒋光慈还介绍了一些不知名的革命者加入中国共产党、战斗在大别山区。戴铸久曾对吴腾凰说过，他当年在安庆监狱有个王姓同室难友，临刑前高喊自己是蒋光赤介绍入党的。

李云鹤（1894—1969），原名郑鼎，号卫华，曾化名李梅村、秦波，安徽省霍邱县南乡白塔畈（现金寨县白塔畈镇）人。五四运动时，李云鹤在家乡读书，参与抵制日货等进步活动，被学校开除。李云鹤离开故乡赴省城安庆求学，结识了安庆学生领袖蔡晓舟、王步文，开始接触《新青年》《共产党宣言》《唯物史观》等书刊，初步了解马克思主义。1921 年，李云鹤考入皖江专科师范，参加

"六二"学潮以及反对省长李兆珍和曹锟贿选的斗争。事后，他和王步文、蔡晓舟等人遭军阀当局的通缉，转赴上海。1925年4月，李云鹤辗转来到北京从事教育工作。

蒋光慈在张家口做冯玉祥将军苏联顾问的翻译时，时常来往于北京和张家口两地之间，完成上级交给他的其他重要工作。他还负有发展党的力量的重大使命，在国民军中做了大量的宣传和组织工作，及时地把北京的指示传播到塞外山城。这期间他认识了白塔畈同乡李云鹤，经过多次交谈，他发现李云鹤有着很高的爱国热情，有为革命牺牲一切的精神，有着严守纪律的品格。经过一段时间考验，蒋光慈与学友赵世炎介绍李云鹤加入了中国共产党，为党的队伍增添了力量。1925年秋，赵世炎派李云鹤到河南樊钟秀部队开展工作，李云鹤很快被提升为第四支队副司令兼参谋长。

1926年秋，李云鹤接受党的派遣，前往合肥组织武装起义。此时，北伐军挥师直逼安徽。为迎接北伐军攻打合肥，高语罕派李云鹤与国民党左派临时省党部联系，策动武装起义，接应北伐军。是年冬，李云鹤与蔡晓舟等人领导吴山庙起义。在敌众我寡的情况下，起义军失败，化整为零，转入地下。此后，李云鹤转去武汉。1927年5月，经董必武、陈潭秋介绍，李云鹤作为湖北省委特派员，去武汉卫戍司令部叶挺手下任副官处长。七一五反革命政变后，李云鹤受中共中央派遣，去西北任中共绥远省委书记，并参加西北军委。

1928年春，李云鹤离开包头抵达上海，与蔡和森联系后，被派往河南工作。此时，豫东平原活跃着一支农民武装"红枪会"，由鹿邑县农民武装首领张朝聘领导创立，这支农民武装声势浩大，威震豫东大地。李云鹤努力引导这支农民武装队伍走上正确的革命道路。在李云鹤的策划组织下，张朝聘带领"红枪会"2万多人围攻鹿邑县城。国民党驻扎在商丘的援军、驻扎在亳州的骑兵先后开赴鹿邑。在多面受敌的情况下，"红枪会"被迫撤退。围攻鹿邑县城失败后，李云鹤命张朝聘带领武装主力转移到皖豫边界的沈丘、太和、霍邱一带建立新的革命根据地。1930年6月，经中共河南省委批准，以"红枪会"为基础举行起义，建立红27军，任命李云鹤为军长，李云鹤把"红枪会"编入红27军第2师。国民党在全国实行白色恐怖，共产党地下党组织受到严重破坏。为保留革命火种，中共河南省委于1931年秋取消红27军的番号，调李云鹤离开鹿邑。原红27军第2师战士陈玉龙、刘文中奔赴鄂豫皖革命根据地参加了红军。中华人民共和国成立后，陈玉龙被授予大校军衔，刘文中曾任信阳地区副专员。李云鹤曾任中共安徽省委统战部部长、安徽省政协副主席。

戴映东（1905—1992），曾用名戴铸九、戴霞，安徽省霍邱县南乡白塔畈（现金寨县白塔畈镇）人。戴映东是蒋光慈的同乡好友，1924 年年初他从故乡来到上海持志大学中学部读书，是年底回乡，从蒋从甫处得知蒋光慈在上海的地址。他经常去蒋光慈住处，受到蒋光慈的多方帮助和教育引导。1925 年春，蒋儒谦奉父母之命专程赶往上海，劝说蒋光慈回乡完婚，就是由戴映东接他去上海的。在蒋光慈住处，戴映东出入室内，时而听到他们兄弟对话："俺大俺爸，急得天天夜里睡不着觉""将就一些吧""家中有多大为难"。这些后来化为蒋光慈中篇小说《弟兄夜话》素材。

1926 年 10 月，北伐军胜利攻克武汉三镇，中国革命的中心由广州移至武汉。广东黄埔军校在武汉设立分校，把黄埔第 5 期政治科学员移往武昌就读，同时面向全国招收新生。武汉分校，全称中央军事政治学校武汉分校，实际负责人是恽代英。中共为培养干部，致电上海的沈雁冰（茅盾），要他负责在上海为武汉分校招生。此时身在上海英语专门学校学习的戴映东，在刊物上看到招生广告，按捺不住革命激情，他久已耳濡目染蒋光慈从事的革命活动，便找到蒋光慈表明自己想报考武汉分校。蒋光慈十分赞赏戴映东的革命理想，沈雁冰是蒋光慈上海大学时期的同事好友，当即为他写介绍信。蒋光慈一边写信，一边对他说，沈雁冰住在顺泰里，你拿着我的信可以直接去找他。戴映东拿着蒋光慈的推荐信，找到沈雁冰的住处。沈雁冰一看戴映东是蒋光慈推荐的，免考了，就发给一个第 56 号的国民党党证和路费，让他直接去武汉，戴映东顺利入武汉黄埔军校[①]。

戴映东 1926 年秋参加中国共青团，后转为中共党员。党组织安排他在叶挺领导的国民革命军 24 师 71 团二营五连任指导员，参加北伐战争，后入武汉党的劳动大学培训。戴映东 1927 年秋任湖北省农民协会组织部秘书。大革命失败后，戴映东回到故乡安徽省霍邱县。

1928 年春，戴映东与李何林、王冶秋等组建安徽省霍邱县党组织，戴映东任县委委员。据王冶秋回忆："1927 年 11 月，我从北京回到南京，在南京遇到了李何林、乔锦卿、宋日昌，我们于是回皖北寻找党的组织。之后我与李何林回到霍邱，这时霍邱还没有党组织，于是大家开会商议建立党组织，当时参加会议的有李何林、刘介华、袁新民、戴映东（即戴铸九）等，会议决定成立霍邱县党

---

① 马德俊. 蒋光慈传［M］. 合肥：安徽人民出版社，2001：232.

委、团委，县委书记刘介华，团委书记是我。"[①] 当时县委的主要任务是宣传发动群众，积蓄力量，帮助各基层组织积极发展秘密农会，为开展土地革命做准备。在刘介华、戴映东等霍邱县委领导下，干了霍邱革命史上一件惊天动地的大事——"文字暴动"。

霍邱县委分析该县当时的实际情况，认为发动武装起义尚缺群众基础，于是决定举行一次"文字暴动"，以宣传、威慑敌人。经过一番准备，全县于 1928 年7 月 27 日夜，统一行动，将油印的以"打倒帝国主义""打倒新军阀蒋介石""打土豪分田地""拥护共产党"等为内容的标语、传单，散发和张贴到全县纵横二百余里沿线的集镇和村庄。白塔畈大地主王子敬门缝里塞了 10 多张传单，第二天早晨看到后，吓得他连忙到县政府报告，说共产党领导农民造反了，要求派兵镇压。国民党县政府展开了全县大搜捕。霍邱县委为了保存革命力量，决定由杨晴轩、李养泉等组成党的特别小组，坚持地下活动，其他县委成员和已暴露身份的党员、进步人士转移到外地。戴映东、王治秋等县委成员均暴露了身份，在不得已情况下转移到外地。

1928 年年底，戴映东任安徽省芜湖市区委书记，同年被捕入狱，与 1928 年10 月在南陵被捕的任弼时关押在一起[②]。戴映东与任弼时同在一处牢房，他对这次牢狱之灾印象深刻。狱中，有些同志想着马上冲出监狱。任弼时却认为如果没有冲出去的条件，就要有坐牢的准备，利用坐牢的时间学习革命理论提高自己。戴映东回忆：在弼时同志的启发下，许多同志都能以正确态度对待狱中生活，狱中学习的空气浓厚起来[③]。经组织营救，任弼时 1929 年 3 月出狱，由安庆回到上海。

1933 年夏，戴映东出狱后，在上海、南京、北京等地继续为党做工作；1938年春再度回故乡，任霍邱县委委员、统战部部长等职；1940 年夏在豫皖苏解放区（新四军 4 师）党校工作；1949 年 5 月上海解放后，任华东局及上海市委直属机关党委副书记兼华东局及上海市委机关党委书记；1951 年任上海市直机关党委书记兼市纪检委委员；1953 年至 1956 年任上海市委党校一部秘书长直至离休。

---

① 许祖范，汪大根. 关于霍邱县委成立、发展及阜阳四九暴动、霍邱文字暴动［EB/OL］（2014 - 09 - 09）［2023 - 04 - 30］. http://new. ahlads. gov. cn/content/detail/5faca18227b573e2e3420d17. html.

② 1928 年 9 月 18 日，任弼时被中共中央派驻前往安徽省做巡视工作。10 月，任弼时因南陵县党内出现了叛徒而被捕。国民党对任弼时施以酷刑，企图严刑逼供，任弼时始终坚称自己只是一个来南陵旅游的商人。问不出什么结果，国民党并没有打算放过这个"嫌疑犯"，把他转移到了安庆饮马塘"知"字号牢房。

③ 史全伟. 任弼时：培养正确的领导方法与工作作风是一种艺术［J］. 湘潮，2019（10）：7 - 11.

第六章

『敢为人先、坚守执著』的光慈精神

"敢为人先、坚守执著"是六安学界对蒋光慈精神的基本概括。2011 年 9 月 11 日，由皖西学院主办的皖西著名无产阶级革命作家蒋光慈诞辰 110 周年纪念暨学术研讨会在蒋光慈故乡安徽省六安市隆重召开。在研讨会上，皖西学院王全林教授最早提出"敢为人先、坚守执著"光慈精神，并对此作初步阐释。作为早期共产党员和马克思主义传播者，蒋光慈对皖西地区早期党组织的建立做出过重要贡献。蒋光慈是一面旗帜，是六安 400 多万老区人民的骄傲。"敢为人先、坚守执著"光慈精神有着三个方面蕴含：一是蒋光慈作为无产阶级革命文学先驱，勇于探索、敢于创新，在中国革命文学史上贡献了众多的首创，开一代文风；二是无论处于怎样血雨腥风的白色恐怖环境，无论受到多大误解委屈，蒋光慈始终执著党领导的革命文学事业；三是蒋光慈始终坚守知识分子社会批判良知与关心劳苦大众的忧国忧民情怀。

一、蒋光慈开无产阶级赤色文学之先

（一）蒋光慈在中国革命文学史上有着众多的首创

作为无产阶级革命文学拓荒者，蒋光慈在中国革命文学史上有着众多的首创。安徽省政府文学奖获奖作品《蒋光慈传》的作者马德俊曾把蒋光慈在中国革命文学史上众多的首创归纳总结为"十五个第一"，即：一、他是我国用文学作品反映十月革命和苏联实况的第一人；二、他是我国用文艺体裁描写列宁丰采的第一人；三、他是我国现代作家用书信体创作长篇小说的第一人[①]；四、他是用自己的作品影响外国革命者的中国第一位作家；五、他是第一个倡导并实践革命文学的作家；六、他是第一个用文学作品反映上海工人武装起义的作家；七、他是第一个用文学作品反映中共早期领导人形象的作家；八、他是大革命时期第一个替苏联顾问担任翻译的中国作家；九、他是第一个用诗歌追悼中国工人运动领袖刘华的作家；十、他是第一个用小说反映五卅运动的作家；十一、他组建了第一个全部由中共党员组成的文学社团；十二、他创作了第一部歌颂中国工农红军革命的长篇小说；十三、他在中国第一个翻译列宁、斯大林的著作；十四、他是系统地向中国读者介绍苏联文学的第一人；十五、他是第一个被国民党政府通缉并查禁作品的革命作家[②]。如此众多开创性贡献，中国革命文学的开山之祖非他

---

① 《少年飘泊者》现在被视为中篇小说。
② 马德俊. 蒋光慈写在中国革命文学史上的十五个第一 [J]. 党史纵览，2001（4）：27-30.

莫属。

马德俊所归纳的"十五个第一"本文不再赘述。除了马德俊总结归纳的"十五个第一"之外，蒋光慈在革命文学活动中，还有一些首创，意义深远。1924年11月，回到国内不久的蒋光慈，与中共早期领导人沈泽民在上海组织创办中国第一个革命文学社团春雷社。沈泽民是在五四运动中成长起来的马克思主义理论宣传家，是党的革命文艺的倡导者。1921年4月，沈泽民由兄长茅盾介绍参加了上海共产主义小组，成为中国共产党正式成立前最早的50名党员之一。之后，沈泽民听从党组织安排，经恽代英、蒋光慈的介绍，到芜湖五中任数学教员，秘密组织和发展安徽革命力量。1923年年底，沈泽民任上海大学社会学教授，并编辑五四时期"四大副刊"之一《民国日报》副刊《觉悟》。1924年4月，沈泽民在《觉悟》上发表《我们需要怎样的文艺》，明确提出"我们需要革命的文学！"

蒋光慈回国后，党安排他任教于上海大学社会学系。作为党的革命文艺的倡导者，沈泽民、蒋光慈带着上海大学学生王环心、王秋心等创办春雷社。他们以《觉悟》为主阵地，在《觉悟》上开设《春雷文学专号》，由蒋光慈编辑。春雷社是最早鼓吹革命文学的社团，《春雷文学专号》刊发的文章革命态度鲜明，如蒋光慈诗作《我是一个无产者》等。该刊第2期发表了沈泽民代表作《文学与革命的文学》，文章号召青年作家"不要望空徘徊！起来，为了民众的缘故，为了文艺的缘故，走到无产阶级里面去！"[①]虽然春雷社存在时间不长，却是最早引起人们注意的革命文学社团，对于后来的无产阶级革命文学运动，起到了积极的推动作用。

下面，笔者对蒋光慈在中国革命文学史上的又一独创进行初步探析挖掘，即他把通俗文学写作手法适当引入革命文学、把革命内容与罗曼蒂克联姻，使革命文学成为畅销书，实现了最大范围受众的广度。这一创新举措，使得蒋光慈作品风行一时，被翻版作品数量惊人。

1. 把通俗文学写作手法适当引入革命文学。作为中国早期革命文学的代表性人物，蒋光慈带着激情努力探寻把创作目的与写作手法很好结合起来的创作路径。20世纪初，随着上海这座新型文化市场的创建，通俗文学出现了一个热潮。

---

① 郭长保. 早期工运理论宣传家沈泽民与新文学［J］. 天津市工会管理干部学院学报，2009（2）：53-55.

各种通俗文学类型诸如言情小说、黑幕小说、武侠小说、侦探小说等，你方唱罢我登场，上海出版潮流跟着读者的眼光变化而瞬息万变。中国文学由古典向现代转型过程中，通俗文学培育了广大读者阅读欣赏习惯。蒋光慈对上海文化市场的行情有一定的了解，为了扩大作品发行量，以广泛宣传鼓动革命，他在革命文学创作中，尝试适当吸取通俗文学若干创作手法。

首先，他把革命这一先锋性内容与才子佳人故事（言情小说故事情节）融在一起，开创了"革命＋恋爱"小说模式。19 世纪末 20 世纪初，中国现代言情小说在上海文化市场经历了狭邪小说、倡门小说、哀情小说的发展，都有过短暂的兴盛时期。到了 20 世纪 20 年代中后期，十里洋场图书市场最红火的作品类型已属于武侠小说，此时言情小说的热潮在北平，即张恨水的社会言情作品。1927年，蒋光慈开启"革命＋恋爱"小说模式，可以说是弥补了言情小说在上海文化市场的弱档期。《野祭》《冲出云围的月亮》等作品男女主人公一边参加热烈而紧张的革命斗争，一边品尝爱情的美好，革命者对异性的吸引主要来自精神层面。人类爱情的发生是青年人正常的情感需求，所谓"那燃烧着的不过是成熟的年代"。在革命文学的园地里，蒋光慈独辟蹊径，把青年人追求革命理想与爱情这种美好情感联系在一起，"本身就是一种大胆而超前的创造，隐寓着极大的接受潜力"[1]，引领了一个潮流。左翼作家胡也频、洪灵菲、华汉等都有模仿"革命＋恋爱"小说模式作品，丁玲的《韦护》《1930 年春上海》（之一、二）也有该模式的痕迹。"蒋光慈在短短一两年时间内创造了新文学的奇迹，他使先锋文学转变成为了畅销书和流行读物"[2]。

其次，蒋光慈革命文学语言面向大众，浅显通俗，朴素无华。界定通俗文学的综合标准之一，便是语言的浅显易懂，多数人没有阅读障碍。蒋光慈革命文学的读者期待是广大处于迷茫期的青年读者，既包括知识青年，也包括文化程度不高的广大青年，若仅是在知识阶层中传播，广泛宣传鼓动革命的目的很难达到。为了扩大革命宣传效果，蒋光慈把文学审美功能与文学社会功能相结合，特别重视文学载体合乎大众语言、简明易懂，哪怕只有小学文化程度读者也能读懂，妥妥地达到了革命文学的创作目的。

"他（指蒋光慈——引者）的仰慕者不外是仅能识几个字的青年……从作品

---

① 王智慧．"革命＋恋爱"新探［J］．海南师范学院学报（社科版），2006（1）：60－64.
② 旷新年．1928——革命文学［M］．济南：山东教育出版社，1998：95.

的销路可以看出他多么受欢迎"①，海外华人学者夏济安指出蒋光慈作品语言的典型特点——识几个字就能读。诚然，蒋光慈作品语言没有华丽辞藻的堆砌，朴素易懂。如《新梦》："冰雪的寒威去了，春光带着笑意来了，草也青了，花也开了。"诗句简洁通俗、明白晓畅，却也带着一股直击心灵的冲劲。《诗人的愿望》语言浅显直白，字里行间表达了诗人为革命事业献出生命的愿望。《中国劳动歌》："起来罢，中国劳苦的同胞呀！我们受帝国主义的压迫到了极度；倘若我们再不起来反抗，我们将永远堕于黑暗的深窟。"诗歌用平实而朴素的语言激发同胞的革命意志，情感却异常丰富。《我是一个无产者》运用了大量简洁的短语和感叹句，号召青年们坚定革命理想信念。《我应当归去》语言直白，不加修饰，真挚地表达了革命诗人对祖国的深沉思念。

尽管蒋光慈作品存在直白的说教，他自己在《新梦》自序及三版改版自序也曾谈到作品的文学价值不高，但特定时代革命文学的主要价值是对大众进行政治启蒙，蒋光慈把准时代的脉搏，把通俗文学写作手法适当引入革命文学，成功地扮演革命作家的角色。从这个角度，可以说蒋光慈作品在上海文化市场的流行畅销，是革命作家"引俗入雅"一次成功的尝试。几乎同时期，张恨水的社会言情小说正在北平流行，他在《春明外史》《金粉世家》中一步步地"引雅入俗"。两位从大别山走出的作家，一南一北，同期引领中国文学风尚，可谓现代文坛的一段佳话。

2. 把革命内容与罗曼蒂克联姻。蒋光慈身材高大魁梧、任侠仗义，却天生具有浪漫气质，性格直率而又敏感。个性浪漫敏感又正值青春飞扬，红火的革命时代一定程度上激起他心中的浪漫热情，不自觉地影响到他对革命的激情理解："在现在的时代，有什么东西能比革命还活泼些，光彩些？有什么东西能比革命还有趣些，还罗曼谛克些？"正是对革命的激情理解和浪漫想象，使他的革命文学蒙上了罗曼蒂克面纱，成为中国红色罗曼司的肇始。蒋光慈把革命的内容与罗曼蒂克联姻，使他的作品呈现出蓬勃强劲的生命力，无论诗歌抑或小说。

"我们读歌德、拜轮（今译拜伦）、海涅、惠特曼诸诗人的作品，总觉得他们有无限的伟大"，蒋光慈对这些浪漫主义诗人情有独钟，在诗文中多有表达对他们的崇敬之情。他尤其崇拜英国杰出革命浪漫主义诗人拜伦，写有诗歌《怀拜轮》，渴望自己能够成为拜伦式的英雄。他曾把自己比作 20 世纪中国的拜伦，诗

---

① 夏济安，庄信正. 蒋光慈现象［J］. 现代中文学刊，2010（1）：61－84.

歌创作较多受到拜伦浪漫主义风格的影响，弥漫着澎湃奔腾的青春激情。整个《新梦》诗集洋溢着奔放不羁、豪迈热情的风格。诗人甚至在《红笑》中，把新生的莫斯科比喻为"多少年梦见的情人！"在《劳动的武士》中把苏俄喻为劳动的武士的"情妇"。革命诗歌表现出浪漫主义气质，令人耳目一新，在普罗诗歌中别具一格。蒋光慈革命小说还不乏抒情与诗意，《少年飘泊者》人物心理刻画细腻，抒情意味极浓，《丽莎的哀怨》《冲出云围的月亮》弥漫着较浓郁的感伤格调，颇具浪漫抒情小说特征。

集体性质的革命斗争与个体性质的浪漫情怀自觉不自觉融合，使蒋光慈笔下革命的内容获得了浪漫的表现，这是一种新颖的阅读感受，广大青年读者争相购读，其作品销量在当时是惊人的数据。随着蒋光慈革命文学的大量发行，革命思想必然会得到最大范围的宣传。受众面广，社会影响力自然大，从而出现了激励许多青年走上革命道路的盛况。

另外，蒋光慈对浪漫一词的理解，除了激情、理想、燃烧等罗曼蒂克元素外，还有就是勇于创新元素。这可从郭沫若《创造十年续编》一文中寻找蛛丝马迹："我却要佩服光慈，他在'浪漫'受着围骂——并不想夸张地用'围剿'那种字面——的时候，却敢于对我们说：'我自己便是浪漫派，凡是革命家也都是浪漫派，不浪漫谁个来革命呢？'他这所说的'浪漫'大约也就并不是所谓'吊儿郎当'。但他很恳切，他怕我们还不能理解，又曾这样为我们解释过几句：'有理想，有热情，不满足现状而企图创造出些更好的什么的，这种精神就是浪漫主义。具有这种精神的便是浪漫派'。"① "不满足现状而企图创造出些更好的什么"，这岂不是蒋光慈"敢为人先"精神的表现。

（二）不满足现状，始终寻求自我突破，勇于尝试，不断创新

蒋光慈在中国革命文学史上贡献了众多的首创的同时，在作品风格、人物塑造等方面努力尝试创新超越，不乏引领时代潮流之作。自 1921 年 7 月于乌拉岭创作第一首红色诗歌《红笑》开始，到完成最后一部小说《咆哮了的土地》，蒋光慈在十余年摸爬滚打的文学创作道路上，不满足现状，始终寻求自我突破，勇于尝试，不断创新。

1925 年 1 月，其第一部诗集《新梦》由上海书店出版发行，为中国无产阶

---

① 郭沫若. 郭沫若全集文学编・第 12 卷［M］. 北京：人民文学出版社，1989：267 - 268.

级文学大厦奠定了第一块基石。该集大部分诗歌歌颂十月革命、歌颂列宁、歌颂新生的苏维埃政权，十月革命的赤色雄风最早吹进了中国诗坛。《新梦》以其崭新的主题和昂扬的精神，开创了无产阶级革命诗歌的风气。蒋光慈第二部诗集《哀中国》显示出和《新梦》不同的格调。集子中所收 23 首诗歌，是蒋光慈回国后所作。诗人所看到的景象使他梦碎，唱起了"哀"歌。诗人把对祖国的沉重哀叹之情寄托到具体的对象上，把伤痕累累的祖国母亲的躯体展现到读者的面前，力图唤醒民众的斗志，拯救祖国母亲于水深火热中。因此在诗作中减少了前期激昂的浪漫主义因素，他以现实主义的笔触，真实生动地描摹中国的现实社会。诗人的情绪也由《新梦》集的热情奔放转为悲愤深沉，却突出作者的沉稳性格，具有更加坚毅的力量，如《罢工》《诗人的愿望》《哀中国》《哭孙中山先生》《在黑夜里——致刘华同志之灵》《血祭》等诗篇，将单纯热情转变为冷静沉思。集子中少数诗歌充溢着诗人与工人阶级共命运的共情思想，如诗歌《血花的爆裂》，诗人得知工人遇害，自己几乎就要昏晕，把对无产阶级深沉的爱体现得淋漓尽致。

蒋光慈第三部诗集《乡情集》收录了蒋光慈创作的 5 首长诗，创作于 1927年至 1929 年，诗节在 16－36 节之间，艺术上趋于成熟。中国 20 世纪 20 年代中后期长篇叙事诗的创作多集中于冯至、朱湘两位诗人。与冯至、朱湘两位诗人笔下的《蚕马》《采莲曲》《催妆曲》《摇篮歌》不同的是，蒋光慈创作的是长篇革命抒情诗。其《写给母亲》创作背景是大革命刚刚失败，大批共产党员被残杀，反动势力高涨，诗人面对这样的现实，感到无比的悲痛。诗人以愤怒的心情控诉了国民党反动派屠杀人民的罪行，表达了坚定的革命信念和不屈的斗争意志。《牯岭遗恨》为中国文学史上悼亡诗名篇，诗人把个人的坎坷遭遇、为国为民和革命忠诚结合起来抒写，情感真挚，刚柔兼济，十分感人。《乡情》是新诗史上较早塑造革命农民形象的诗歌作品。《给某夫人的信》别具匠心地通过我和某夫人在大革命前、大革命中和大革命失败后的三次相遇，描绘出了当时的政治动荡以及阶级的差异而走的不同道路。《我应当归去》是诗人在日本治病游学时的作品，传达了愿为祖国"溅心血"的深沉之爱。相较于前两部诗集，《乡情集》的精神内涵更加丰富，情感方面的抒发与表达也更加细腻，不是之前那样"横冲直撞"。另外，《乡情集》里有很多内容展现了皖西地区农村风貌，地域文化特征凸显。

蒋光慈的小说创作集中在 1925 年至 1930 年，中篇小说《少年飘泊者》《短裤党》，以及短篇小说集《鸭绿江上》，主要叙写革命青年的成长。随后，蒋光慈开创了一种新的小说范式——"革命＋恋爱"模式，先后出版了《野祭》《菊芬》《最后的微笑》《冲出云围的月亮》等中篇小说。该模式将革命斗争与恋爱内容有机糅合在一起，通过恋爱来肯定革命，成功地获得了众多青年读者的青睐，从而有效地扩大革命宣传。蒋光慈在"革命＋恋爱"小说模式创作的同时，还尝试创作了一部富有争议的中篇小说《丽莎的哀怨》。在这部作品中，作者的尝试很是大胆，改换了题材和人物，主人公不再是工人、革命者以及知识分子，而是一个沦为上海妓女的白俄贵族妇女丽莎。丽莎形象的丰富性、复杂性，突破了一个阶级一个典型的刻板做法，由此，蒋光慈革命文学中的人物也由"扁平"开始走向"圆整"。长篇小说《咆哮了的土地》是蒋光慈最为成熟的一部作品，也是现代文学史上第一次以文学的形式反映中国共产党领导的农村土地革命的作品，同时还是红色文学经典的开山之作。

蒋光慈是一位勇于探索、不断创新的革命作家，他在十多年的革命文学创作探索中，始终没有停下创新的脚步，他的文学作品也在创新中不断走向成熟。我们完全有理由相信郭沫若对他文学创作的高度肯定，假如再多活几年，以他那开朗的素质，加以艺术的洗练，不断创新，将会创作出伟大作品。

二、蒋光慈始终执著党领导的革命文学事业

"坚守执著"的一层蕴涵，是指作为共产党人，蒋光慈始终执著地坚守党的革命文学事业。五四运动为中国青年提供了直接的斗争经验，并锻造了一批进步分子。这场运动让蒋光慈上了第一次政治课，他在斗争中很快成长为安徽学生运动的骨干人物。中国的五四运动，受到了共产国际的关注。1920 年 4 月，以维经斯基为首的共产国际代表团抵达北京，前来访问中国最早的马列主义者之一、五四运动的领导人李大钊。5 月，维经斯基一行赶往上海与五四运动领袖陈独秀会晤，双方就中国革命的问题进行了深入讨论。在共产国际代表团的帮助下，1920 年 5 月，陈独秀组建了秘密团体马克思主义研究会，并于 8 月成立了上海共产主义小组。

进步青年是革命运动的重要主力，陈独秀、李大钊等人在共产主义小组的筹建过程中，就注意到从青年中培养和挑选预备党员的重要性。于是，他们在上海共产主义小组成立不久，便立即委派党小组内最年轻的俞秀松负责社会主义青年团的组建工作。1920 年 8 月 22 日，上海社会主义青年团正式成立，它的成立意

味着中国社会主义青年团的诞生①，该组织成员有俞秀松、李汉俊、陈望道、叶天底、施存统、袁振英、金家凤、沈玄庐，俞秀松任书记。9 月，上海共产主义小组和上海社会主义青年团开办了第一所培养青年革命者的学校——外国语学社。该社是为输送进步青年赴俄学习进行准备，名义上公开办学，故而在报纸上刊登了招生广告，但实际上所招学员多是来自于熟人介绍。任弼时、萧劲光等学员就是经毛泽东的推荐，从长沙来到这里学习的。蒋光慈经高语罕推荐，由芜湖五中转赴上海外国语学社读书。同年冬，蒋光慈与上海外国语学社的部分同学被吸收为中国社会主义青年团团员。他波澜壮阔的革命生涯，就要轰轰烈烈地展开。

赤都莫斯科的勃勃生机，激起蒋光慈献身无产阶级革命的强烈愿望。1922年 12 月，蒋光慈在莫斯科东方大学光荣地加入中国共产党。从此，蒋光慈把自己的生命与信仰融为一体，无论处于怎样血雨腥风的恐怖环境，无论受到多大误解毁谤，始终执著地坚守党的革命文学事业。除了钻研马列主义，蒋光慈还广泛涉猎了俄国和欧洲进步文学，为他的无产阶级革命文学创作，打下了坚实的基础。

（一）在革命队伍中拿起"笔杆子"

毛泽东主席曾说过，干革命要靠"两杆子"，即"笔杆子"和"枪杆子"。出于对文学的浓厚兴趣，蒋光慈选择了"笔杆子"作为革命斗争的武器。置身于新生的苏维埃俄国，蒋光慈怀着高昂的革命激情，创作了一批歌颂十月革命、歌颂新生政权、歌颂列宁的诗歌，结集为《新梦》出版。这本诗集，包含着蒋光慈"燃烧着无涯际的红火"的一颗赤子之心。诗集一经出版，在社会上即引发热烈的讨论。当时的评论家普遍认为，《新梦》是"中国革命文学的一盏明灯""炸碎旧世界的一颗炸弹""中国革命文学著作的开山祖"。此成就堪称前无古人。蒋光慈在诗集自序中写道："我生适值革命怒潮浩荡之时，一点心灵早燃烧着无涯际的红火。我愿勉力为东亚革命的歌者！"他在题献中写道："这本小小的诗集贡献于东方的革命青年——光赤"。"东亚革命的歌者""东方的革命青年"是蒋光慈在革命事业中的自我角色定位，他尽心竭力地扮演好自己的角色。

告别幸福明朗的赤都，回到苦难深重的祖国，蒋光慈奋力为祖国为人民呐喊

---

① 1925 年 1 月，中国社会主义青年团在上海召开的第三次全国代表大会上，更名为中国共产主义青年团。

高歌。《诗人的愿望》即是蒋光慈回国不久，在为上海党组织举办的工人夜校上课时的有感之作。年轻的诗人心怀赤子之情，愿将一腔热血融化到如火如荼的革命事业之中。

> 愿我的心血化为狂涌的圣水
> 将污秽的人间洗得净净地！
> 愿我的心血化为光明的红灯
> 将黑暗的大地照得亮亮地！
>
> 愿我的鲜艳的心血之花
> 香刺得人们的心房透透地！
> 愿我的荡漾的心血之声
> 飞入了人们的耳鼓深深地！

　　面对黑暗污秽、民不聊生的社会现实，诗人无比愤怒，希望用诗歌对工人进行政治启蒙，鼓动工人起来战斗。蒋光慈悠扬而激越的诗篇，如同一阵雄风，对五卅前夜的进步青年，起到了激励和鼓舞的作用。当时在上海棉厂当工人的顾正红，也参加了工人夜校的学习，深受蒋光慈革命诗篇的鼓舞，成为工人中的积极分子，在五卅反帝爱国运动中壮烈牺牲。

　　1925年2月，蒋光慈参加上海纱厂三万工人大罢工运动。5月，举世瞩目的五卅运动爆发，浩浩荡荡的反帝国主义游行随即展开，上海大学学生也积极地参加。此时蒋光慈身在冯玉祥将军处，担任俄语顾问的翻译。远离上海这个革命中心，让他心绪难平，因而在给宋若瑜的信件中，抱怨着生活的"无聊"。于是，他向组织要求调回上海。1925年12月，直系军阀孙传芳秘密杀害了五卅运动领导者、上海总工会副委员长刘华。朋友的惨死，蒋光慈悲愤难抑，他以122行悼诗《在黑夜里——致刘华同志之灵》控诉帝国主义和军阀的罪行。面对屠戮，诗人毫不畏惧，大胆地歌颂工人运动领袖"是一个伟大的战士""是上帝的叛徒，黑暗的劲敌！""领着数万被压迫者寻找解放的路"。《少年飘泊者》通过主人公从漂泊流浪到投身革命壮烈牺牲的道路探索历程，引导了一代青年走上革命的道路。一批批进步青年，因为《少年飘泊者》的影响，投身于革命，继而改变了中国。

　　《短裤党》是现代文学史上第一部表现中国共产党领导工人武装斗争的小说，

这本书很快成为上海滩的畅销书,处于革命低潮的人们从这本书中得到鼓舞。小说出版不久便遭到国民党反动当局及其御用文人的忌恨和围剿,大肆攻讦《短裤党》"是赤化的宣传品,是鼓吹暴动的作品",攻击作者是一个赤化的暴徒。

两次反革命政变,蒋光慈为祖国命运无比痛心担忧,一度想拿起"枪杆子":"我纵想到黑暗,我也没想到会有黑暗的今朝。什么是正义,人道,现在只是残忍与横暴……我几次想投笔从军,将笔杆换为枪杆。"(《写给母亲》)但他深知革命文艺是革命战争不可或缺的一翼,它可以鼓舞动员广大人民支持革命、参与革命。在瞿秋白指导支持下,蒋光慈等人在上海发起成立革命文学社团太阳社,成员多是共产党员作家。当时蒋光慈经常到瞿秋白家里同他谈论太阳社方面的工作,并从瞿秋白处了解革命斗争的情况。

蒋介石在南京建立政权后,经过一系列新军阀混战,建立起在全国范围内的统治。这个独裁专制政权对外实行反苏、亲帝的政策,对内竭力维护官僚买办资产阶级和封建地主阶级的利益,限制和压制民族资本主义的发展,残酷地镇压、屠杀共产党人和革命群众。据不完全统计,从 1927 年 3 月到 1928 年上半年,被杀害的共产党员和革命群众达 31 万多人,其中共产党员 2.6 万多人。在国民党反动派大肆捕杀共产党人和革命群众的白色恐怖时期,蒋光慈和他主持的太阳社始终没有停止战斗。"编辑、出版刊物,这是作为革命文学社团的太阳社最主要的、最富于战斗性的任务之一"[①],蒋光慈主编的太阳社机关刊物《太阳月刊》为革命文艺构建了重要的发表平台。他机警地变换斗争策略坚守阵地,刊物前脚被查封后脚改头换面接着出版,从《太阳月刊》到《时代文艺》《海风周报》《拓荒者》,作为一块无产阶级革命文学的阵地,始终坚挺在腥风血雨的中国大地。左联成立后,太阳社全部人员加入左联,为左联贡献了多位核心成员和一种机关刊物《拓荒者》。蒋光慈手中的"笔杆子"始终没有停下来过,其短暂的一生共著译 160 万字革命文艺作品,主持编辑 36 期红色刊物,主持编印 3 种红色丛书,既为 20 世纪 30 年代左翼文学蓬勃发展助力,也为后人留下了一笔宝贵的红色文化遗产。

(二)不忘初心,砥砺前行

自 1922 年 12 月蒋光慈在莫斯科东方大学由陈独秀主持加入中国共产党,他

---

① 任钧. 关于太阳社 [J]. 新文学史料,1979 (2):156-161+169.

就把自己的生命与信仰和党的革命事业融为一体。1924 年 8 月，蒋光慈在给东方大学同学秦抱朴《一封公开的信》中表露："我自己虽然没有大出息，但是我总顺着革命道上走。无论我受了多少气与毁谤。"在此后革命前行的路上，无论怎样的失意落寞，怎样的坎坷崎岖，他始终坚守信仰，以实际行动践行了诺言。1929 年 8 月，蒋光慈的中篇小说《丽莎的哀怨》由上海现代书局出版单行本，小说的主角不再是蒋光慈作品中常见的工人、革命者、知识分子，而是一位流落到上海的白俄贵族妇女。这是蒋光慈在文学创作上的尝试与创新，通过作品拙朴地表达个人经验感受，但在革命话语语境中，这部艺术性很高的小说及其作者受到左翼文学界的严厉批评。随着批评的升级，他在文学上的成就几乎被一概抹杀。蒋光慈以惊人的意志忍受着误解和委屈，没有辩解，没有消沉，不忘初心，为理想信念继续前行，表现了忠贞不渝的无产阶级战士的高贵品质。

蒋光慈忍受着委屈，拖着病体，在严重的白色恐怖下，坚持无产阶级革命文学活动，号召广大群众投入无产阶级革命斗争："中国的白色恐怖虽然比之日本来得更为急激，最近，如艺术剧社的被封，与社员的被捕，学校的不断被封闭，革命学生的成十成百的拘捕，文艺刊物的不断的查禁，文艺组织的不能公开，一切一切，都表示白色恐怖的加紧，但是，我们一定是要突破这种种的压迫来进行我们的运动，同时，也要号召广大的革命的群众来参加我们的斗争，来扩大我们的宣传，来完成我们的解放运动。"（《拓荒者》第 4、5 期合刊《编辑室消息》）他替左联常委洪灵菲翻译的《我的童年》（高尔基著）写下一篇长达万言的书前（序言），为国内读者详细介绍苏联无产阶级革命作家高尔基的生平及其著作。1930 年年底，创作完成他唯一一部长篇小说《咆哮了的土地》，作品首次大场面描写大别山地区土地革命的风起云涌，一定程度上体现了蒋光慈对政治的远见卓识。《咆哮了的土地》完稿后，蒋光慈着手构思一部书信体长篇革命成长小说，他计划转换主人公人物形象，拟写一位农村女性冲破家庭投身革命的曲折道路。然而壮志未酬身已病，他的肺结核越来越严重。

1930 年年底，国民党反动派发动了对中央苏区的第一次围剿。与此同时，在文化上也采取了一系列法西斯手段，对左翼文化阵线实行反革命的文化围剿。同年 12 月，又颁布"出版法"，进一步加强对进步报纸、杂志、书籍以及其他出版物的限制。蒋光慈在敌人眼里是"宣传赤化的暴徒"，其所有著作都被国民党当局列为禁书。反动当局派出大批军警、特务，侦察左翼作家的行踪，随时采取恐怖行动。1931 年 1 月初的一天晚上，蒋光慈刚外出，寓所即被特务们包围，发现蒋光慈不在，便在暗中布下岗哨，严密监视。幸亏钱杏邨在寓所外面的马路口将他拦住，才避免了这场不幸。蒋光慈住所多次被特务包围，几次虎口脱险，甚至从行进中的电车跳出逃避追捕，却仍然不懈地从事革命的实际斗争。得知柔石、殷夫、李伟森、胡也频、冯铿等左翼作家被捕，蒋光慈十分担心他们的安危，即刻赶到左联参加商讨营救的会议。五位左联作家被杀的噩耗令他痛心不已，那个与他关系非常要好的殷夫小弟，那个在被捕前还在为他鸣不平的李伟森兄弟，还有那个不久前与他把酒畅谈创作的胡也频，都为信仰而牺牲！蒋光慈在悲愤中继续前行。

奈何蒋光慈的生命烛光，已经燃烧到了最后的时刻。1931年夏他病情加剧，由汪孟邹老先生为他垫付医药费，帮他住进上海同仁医院。杨邨人在《"向光明，向太阳！"——终于在阴影中逝去》纪念文章中，提到蒋光慈临终前向他询问"那边胜利了吗"，"那边"即中央革命根据地，让我们看到了蒋光慈对党的革命事业赤诚之心。"我是不愿意死的，我还有许多事情要做"，在生命的最后时刻，他仍盼望能早日恢复健康，重新拿起笔战斗，执着地坚守信仰。正如钱杏邨在悼文中所说的，蒋光慈生活了30年，在他的全部生命之中，他是以无限的精力献给了党领导的革命文学事业，生命不息，事业不止！

三、蒋光慈始终坚守中国知识分子忧国忧民的家国情怀

"坚守执著"的另一层蕴涵，是指蒋光慈始终坚守中国知识分子社会批判良知与关心劳苦大众的忧国忧民情怀。在中国传统文化中，家国情怀是一种对家和国的热爱，一种忧国忧民的责任感，已经潜移默化为知识分子的精神支柱。家国情怀已经积淀为中国知识分子的内在品格。"修身、齐家、治国、平天下"精练地概括了中国传统知识分子的精神追求。

自古以来，中国知识分子素来强调以身许国的救世情怀，自觉将个人追求与国家命运联系在一起。"死去元知万事空，但悲不见九州同"，"人生自古谁无死，留取丹心照汗青"，"苟利国家生死以，岂因祸福避趋之"，"铁肩担道义，妙手著文章"，"横眉冷对千夫指、俯首甘为孺子牛"，从陆游、文天祥、林则徐到李大钊、鲁迅，这些中国古今同类知识分子的内心世界里有着一脉相承的精神因子——中国知识分子的家国情怀。同样，在蒋光慈短暂的生命历程中，始终坚守中国知识分子心系国家命运、思索民族未来、忧虑人民疾苦的家国情怀。

蒋光慈八世祖鸣贤公于晚晴时期，离开祖居之地六安武陟山，开始了近百年

漂泊生活，几代人居无定所。蒋光慈祖父以抬轿子为生，受尽冷眼和凌辱。蒋光慈父亲蒋从甫在当学徒的时候，跟着店主家请的塾师后面"剽学"，凭着他的勤奋好学，写得一手好字，能诗作文。蒋从甫历尽社会动乱，深受剥削压迫，尝尽人间疾苦，不满社会不平。他在《挑塘泥》一诗中写道："一肩泥土一吁声，仰叹长空恨不平。终岁辛勤难半饱，老天忍负苦耕人。"塘泥，被皖西老农誉为"乌金"，下到田地里，肥效好又改良土壤，田地还不易生稗长草。入冬以后，农人乘农闲季节，放干塘水，把塘泥挑到田间，却是"终岁辛勤难半饱"。诗篇通俗易懂，朗朗上口，反映了蒋从甫"恨不平"、同情百姓疾苦的思想。这无疑在蒋光慈幼小的心灵里播下了仇恨社会不公、关心人民疾苦的种子。

蒋从甫苦心经营，勤俭持家，在白塔畈扎下根。一大家子温饱问题解决后，蒋从甫试图培养一个读书人来"撑持门面"。在兄妹4人中，蒋光慈天资聪慧，棋下得很好，一般大人都下不过他。蒋从甫认为孺子可教，于是送蒋光慈入白塔寺保小私塾发蒙。早在蒋光慈入学之前，他就已经熟记父亲的那首劝学诗："父母田中作，乃尔口中食；在校不读书，天地容不得。"[1] 由此他懂得读书的重要性。蒋光慈跟着塾师朱子杰先生读史诵经、临帖、对对联，读书很用功，几乎每天清晨，都坐在房屋后面的柳树下，高声吟诵诗词。对于《三字经》《百家姓》《弟子规》《千家诗》《千字文》，他勤学善记，不多日就将这些蒙学读本背得烂熟。有长者抓着他头上的乌尾巴[2]夸奖说："巧子，你的心咋那么灵！"蒋光慈笑着说："人的心还不是长得一样的，我把书当成山歌唱，记得快着哩！"

少年蒋光慈把蒙学读本用大别山山歌曲调来歌唱熟记，可谓别具匠心。大别山山歌表现人民生产劳作、生活、爱情、受剥削受压迫等多方面内容，曲调高亢、悠扬，大别山人民几乎人人都会唱山歌。蒋光慈从小就受到山歌、民谣、小调的熏陶，耳濡目染不自觉成为一名小歌手，经常与小伙伴们在上山打柴或在小河边玩耍时，唱山歌、童谣。

> 喜鹊过河尾巴长，
>
> 累死爹爹，
>
> 哭死了娘，

---

① 史挥戈，吴腾凰. 蒋光慈与读书［M］. 济南：明天出版社，2001：4.

② 皖西风俗，男孩从出生开始在后脑勺留一小缕头发，俗称乌尾巴。12岁前从未剪过，越来越长，最后成为小辫，迷信的说法就是想让孩子健康长寿。

屋漏又遭连阴雨,

孤儿伤心哭断肠。

哭声爹,叫声娘,

哪天才能见太阳?[①]

　　一支支山歌,一首首童谣,凝聚了大别山人民的智慧,写出了民间疾苦,道出了人们对美好生活的向往。皖西大别山浓厚的民间文学氛围,孕育了蒋光慈的诗人气质和文人情怀。"蒋光慈生活在山歌、民谣的海洋里,那'山歌无本句句真'的现实性、鲜明的节奏感以及赋、比、兴的艺术手法,无不潜移默化地铭刻在他(指蒋光慈——引者)那聪明的脑瓜里"[②]。蒋光慈12岁那年,家乡山洪暴发,沛河水猛涨,他尝试以《洪水》为题赋诗一首:"滔滔洪水害如何,商旅相望怕渡过。澎湃有声千尺浪,渔舟遁影少闻歌。"这是蒋光慈诗歌创作的第一声,具体描摹洪水波涛汹涌掀起千尺浪,"商旅相望""渔舟遁影"现实情景。面对滔滔洪水,小诗人想到的是洪水给乡民带来的灾害,心系黎民百姓之情跃然诗篇。

　　少年蒋光慈不仅心系黎民百姓,而且同情穷人、痛恨社会不平等。他的小伙伴"黄牛",住在镇北头河沿上,大名叫王舜武。因为长相像小牛,头发偏黄,被乡邻称为"黄牛"。"黄牛"的父亲与蒋光慈的祖父一样,也是一个轿夫,家徒四壁,许多孩子都不愿同他一起玩耍。蒋光慈则喜欢与"黄牛"一起嬉闹,与他结伴下河摸鱼、捉虾,用柳枝在地上教他识字,拿出家里"美食"与他一起分享。蒋从甫十分欣慰小儿子的善良、爱心,经常给他讲一些当地土豪劣绅向佃户逼租、官逼民反的故事。蒋光慈被白塔畈佃农傅延龙带领贫苦农民冲进地主庄园开仓分粮的故事深深吸引,也为傅延龙被杀前的面不改色钦佩不已。一次,蒋光慈与"黄牛"等小伙伴结伴到白塔畈东边的陡山玩耍,蒋光慈指着那里的累累坟堆,愤然地说:"你们看,只有这里,大家才一样平等,谁都不欺负谁!"每当放寒假后,蒋光慈经常帮穷人写对联,画年画。

　　蒋光慈随私塾先生和父亲读完了《论语》《大学》《中庸》《孟子》,接着又读《诗经》《唐诗三百首》《三国演义》等书籍。读书使他增长了见识,开阔了视野,传统的私塾教育已远远满足不了他的需求。1910年,蒋从甫为蒋光慈找到一所

① 史挥戈,吴腾凰.蒋光慈与读书[M].济南:明天出版社,2001:6.
② 史挥戈,吴腾凰.蒋光慈与读书[M].济南:明天出版社,2001:7.

新式学堂，即与白塔畈毗邻的固始县陈淋子镇志成小学，该校当时在皖西大别山区是一所远近闻名的新型学堂。蒋光慈离开家乡时，小伙伴"黄牛"问他什么时候回来，他答道："要等到中国不分穷富的时候。"可见，少年蒋光慈已胸怀为国为民的读书之志。在志成小学，蒋光慈幸运地遇到学识超群、关心国事民瘼的詹谷堂老师。蒋光慈各门功课都是上等，尤其是国文成绩最为突出，詹谷堂对他倍加偏爱，把自己年轻时所写的一首诗送给蒋光慈，勉励他努力读书："十年面壁决心大，读破青灯万卷书。铁砚磨穿参造化，不甘碌碌与沉浮。"① 课后，詹谷堂给蒋光慈讲孙中山先生领导的辛亥革命，讲袁世凯窃国，讲白朗起义军。正是在詹谷堂的指引下，蒋光慈决心走出小天地，为人民造福，为社会效力。蒋光慈深信孙中山的"非学问无以救国"，为此他刻苦读书并涉猎广泛。蒋光慈 16 岁别亲离乡走出大别山，先后赴芜湖、上海、莫斯科等地读书留学求真理、取"真经"。芜湖读书时期，砸商会、斗军阀，上海外国语学社学习时期，散发传单、示威游行、自觉组织营救合肥二中校长斗争，为着一份道义与担当，将生死置之度外。

　　1922 年年底，蒋光慈在莫斯科由中国社会主义青年团团员转为中共党员，最终成长为一名为民族谋解放、为人民谋幸福的红色革命战士。在党领导的革命文学事业中，他始终坚守中国知识分子社会批判良知与关心劳苦大众的忧国忧民情怀。透过蒋光慈留下的近 160 万字的革命文学著述作品，我们可以看到作者的无产阶级立场非常坚定，始终贯穿着强烈的爱国热情，也让我们看到作者一颗永远奋斗、为国为党为民的拳拳赤子之心。他在文艺理论文章中明确表明，文艺的创造者应该立在时代前面，拿起笔为光明、为正义、为被压迫群众求解放、为人民的幸福而奋斗，并在文学创作中积极实践自己的文学观，《每回搔首东望》《钢刀与肉头》《中国劳动歌》《余痛》《罢工》《我是一个无产者》《我应当归去》《写给母亲》《论新旧作家与革命文学》等一系列诗文，体现了诗人与祖国和人民命运休戚与共的爱国情怀。

　　蒋光慈身处红色圣地，时刻心系祖国和人民："每回搔首东望，我的心只是跳动不停。诗人客地的情怀，最苦的是遥悲故土的沉沦！哎！中国，中国，你何时复生？"（《每回搔首东望》）。他同情被压迫群众，大声呐喊："起来罢，中国劳苦的同胞呀！……打破帝国主义的压迫，恢复中华民族的自主。"（《中国劳动

---

　　① 史挥戈，吴腾凰. 蒋光慈与读书［M］. 济南：明天出版社，2001：20.

歌》)。回国后，诗人看到的是 20 世纪 20 年代的中国社会处在军阀统治之下，民不聊生、生灵涂炭的黑暗现实："他们打来打去，横竖是小百姓吃亏"，"饱的是大将军的腰包，流的是小百姓的血水"（《在战争中》）。诗人时时自我勉励："我的笔龙能为穷人们吐气，我的呼吼能为穷人们壮色"（《我是一个无产者》）。诗人梦想用自己的热泪洗刷旧世界污秽的痕迹："诗人的热泪/是安慰被压迫人们的甘露，也是刷洗恶暴人们的蜜水"（《新梦》）。诗人为满目疮痍的祖国悲愤，为改造旧河山鼓与呼："江河只流着很呜咽的悲音，山岳的颜色更惨淡而寥落！"诗人哀祖国之飘零，禁不住"为中国命运放悲歌""为中华民族三叹息"（《哀中国》），更是感时忧国情怀的集中体现。

大革命失败后，大批共产党员和革命群众被残杀，反动势力不断猖獗，中国革命转入低潮。在国民党的白色恐怖笼罩下，蒋光慈于 1927 年 7 月创作诗歌《寄友》，在诗作中大胆地揭露国民党新军阀的反动本性，敏锐地认识到"枪柄""炮弹"是革命胜利的保障：

朋友，我觉悟了，我们要把枪柄拿到自己的手里！
请你相信我，只有炮弹可以保障我们的胜利！
我们要到军队中去，到军队中去，到军队中去呵！
去把那枪柄紧紧地，紧紧地拿到自己的手里……

在此严重的时期，在此危急存亡的时期，
我的心灵满充着痛苦，我的胸腔满充着悲愤；
我恨我是一个微弱的诗人，我的笔不能冲锋破阵，
但是让我狂喊罢，跟着勇士们前进呵，前进！

诗人满腔悲愤，向人们发出呼唤，拿起枪杆投身革命军队。蒋光慈在稍后创作的长诗《写给母亲》中写道："我几次想投笔从军，将笔杆换为枪杆"，要勇敢地"荷着武器与敌人相见于阵前"，"战死于阵前"。长诗通过话别母亲出国留学和讲述自己回国后的遭遇，展现给我们的是诗人热爱祖国、关心劳苦大众的心境。"母亲呵！而今的世界到处可听着穷苦的哀鸣，这哀鸣只逼得你的心软的儿子神魂不定；他要为着一般穷苦的人们多多地多多地歌吟。"诗人的一颗心始终在为祖国为人民而燃烧。蒋光慈认识到文学是伸入人民内心的力量，认清了文艺的巨大作用，所以他始终如一地坚持革命文艺创作。"我们很大胆的说，在现代

蒋光慈塑像（王凤霞女士提供）

的中国文坛思想始终如一而不变而又站在时代前面的，光慈就是重要的一个！"①
诚然，蒋光慈为无产阶级革命事业一直战斗到生命的最后时刻，把毕生精力奉献
给了祖国和人民。

　　而今，为纪念杰出乡贤、无产阶级革命文学家蒋光慈，蒋光慈故乡党校——
中共金寨县委党校（安徽金寨干部学院）把学术报告厅命名为"光慈讲堂"，并
为蒋光慈塑像。"敢为人先、坚守执著"的光慈精神被镌刻在"光慈讲堂"前的
一块石碑上。"敢为人先、坚守执著"的光慈精神，在新时代的伟大征程中，愈
发激励人心，催人奋进。

---

　　① 钱杏邨．蒋光慈与革命文学［M］//方铭．中国文学史资料全编现代卷：蒋光慈研究资料．北京：
知识产权出版社，2010：216.

第七章

蒋光慈的婚姻情感本事

第
一
节

蒋光慈的"箩窝亲"

一、父母包办的"箩窝亲"

据《蒋氏宗谱》（卷十四）记载，蒋光慈"元聘熊仁山小女，幼殇，继聘王诗华长女"。在白塔畈单门独户的蒋从甫老人为培厚蒋家的根基，先是为蒋光慈与本镇中医熊仁山小女定下"箩窝亲"，熊女不幸"幼殇"，继聘当地大地主王子敬族亲王诗华长女王书英。箩窝是大别山人家用的一种竹编摇篮。"箩窝亲"，即他们年纪很小时，两家父母就为他们交换了生辰八字，订下了婚事。

王书英，生于光绪三十一年（1905），家住白塔畈，在王家排行老五，人称"五姑娘"。王书英的父亲王诗华，在白塔畈小街蒋家的斜对面开一肉案兼营豆腐作坊。王诗华妻姚氏在王书英十来岁时，因伤寒病亡故了，娶续弦蔡氏。蔡氏为人凶狠，视王书英为眼中钉。王书英12岁开始青春期发育，身高猛长，偶尔也敢与继母顶嘴。"加之白塔畈周围山里土匪横行，无恶不作，常常绑'花票'。他们在月黑风高之夜，把人家大姑娘、小媳妇抓去，先作践一番，然后令家主花钱去赎，不然就要'撕票'"①。基于这两个原因，王诗华决定提前把王书英送到蒋光慈家，成为事实上的童养媳，却又不似其他童养媳。

---

① 徐航，吴腾凰. 明月为君侣：蒋光慈的情感历程［M］. 重庆：重庆出版社，2008：11.

　　童养媳是皖西地区的一种婚俗，往往属于家境贫寒或一些重男轻女户生下女孩后，将女孩从小送给男家作为未来的媳妇，以减少扶养费用和免去出嫁时的嫁妆。及至婚龄，择日完婚圆房。童养媳在男方家受到虐待现象居多。旧中国童养媳的现象是非常普遍的，如湘西作家沈从文的小说《萧萧》、东北作家萧红的小说《呼兰河传》都曾写过童养媳，两位大家笔下的童养媳命运各不相同，却反映了童养媳曾是旧中国社会常见的一种婚俗。

　　王书英是幸运的，她比蒋光慈小4岁，彼此家庭为街坊邻居，自幼和蒋光慈在一起玩耍，青梅竹马，两小无猜，积累了不少儿时小伙伴的情感。蒋光慈9岁起在外读书，她更是常到蒋家走动，俨然像蒋家的一个女儿。王书英12岁来到蒋家当童养媳，蒋光慈已赴芜湖求学。此时蒋家家境较好，又是厚道人家，劳力充足，不需要她过多操劳，加之蒋光慈读书在外，蒋家把思念游子之心，化成万般珍爱，一齐浇灌在童养媳身上，使她倍感滋润，出落得标致有姿。可以说，蒋从甫老两口看待王书英，比看待亲生闺女还要重。王书英又是不幸的，她和旧社会众多女性一样，没有婚姻自主权，成为封建婚姻制度的受害者。在闭塞的皖西山村，王书英对于这桩包办婚姻没有自觉的反抗。

二、蒋光慈革封建婚姻的命

　　蒋光慈来到芜湖五中读书，初沐新文化、新思想阳光，开始审视自己和王书英的婚约。蒋光慈对王书英的情感更像是一种亲人间的感情，并没有因日久而爱上她。他理想中的伴侣是与自己情投意合，有着共同理想和追求的灵魂伴侣。蒋光慈不满意这桩包办婚姻，也意识到王书英同样是封建婚姻制度的受害者，对她寄于怜悯和同情。在反对旧文化、旧礼教的斗争中，蒋光慈首先革封建婚姻的命，暗自决定反对家庭为其包办的婚姻。这在当时封建思想还相当浓厚的社会背景下，既难能可贵，又异常艰难。中国现代文学史上的鲁迅、郭沫若、徐志摩等文人，都曾由父母之命媒妁之言而接受无爱的封建婚姻。蒋光慈知道他挑战的不仅是双方父母的传统底线，以及乡土陋习的习惯势力，更是封建社会的礼法。他的争取婚姻自主之路，注定道阻且长。

　　蒋光慈读到波兰剧作家廖抗夫的《夜未央》时，被作品中刺杀沙皇的女英雄苏维亚深深吸引，并以诗明志："此生不遇苏维亚，死到黄泉也独身"，在同学之间广为传播。随着伟大的五四运动爆发，蒋光慈全身心地投入安徽学生运动，很快成长为学生运动中的佼佼者。蒋光慈通过小学同学叶毓情介绍，加入了开封二中学生进步团体青年学会。蒋光慈通过书信结识了该会唯一的女会员、河南省立第一女子师范学校学生宋若瑜。宋若瑜也是学生运动的知名人物，两人在书信往返中结下了深厚的情谊。虽然未曾谋面，蒋光慈朦胧地感觉到，宋若瑜即是他心中的"苏维亚"。

为了抗婚、躲婚，蒋光慈长期不回皖西老家，他在家信中多次表露出对于包办婚姻的不满，试着向父母表明希望解除婚约。自然，父母无论如何也不能答应，正如《弟兄夜话》里所写的："解除婚约？这怎么能办得到呢？这是古今中外未有的奇闻，至少是江霞的家乡百余里附近未有的奇闻！办不到，绝对地办不到！况且 W 族是有势力的大族，族中有很多的阔人，他们如何能够答应？"《弟兄夜话》是蒋光慈 1926 年 7 月创作的一篇带有自传性的小说，主人公江霞有作者本人的影子。蒋光慈为这桩婚事反抗了 7 年，也经受了 7 年时间的折磨。

1924 年夏蒋光慈从苏联留学回国，在上海大学任教，从事革命文学创作并执念于自由恋爱，正式提出和在他家生活近 7 年的童养媳王书英解除婚约，这在白塔畈引起轩然大波。王家碍于情面拒不领回自己的女儿，王家同族大地主王子敬也出面干涉这件事。当地舆论对蒋家悔婚也是谴责大于同情，蒋从甫老人一家在白塔畈处于风口浪尖。1925 年春，蒋从甫老两口派大儿子蒋儒谦到上海劝说蒋光慈回家完婚，遭到蒋光慈拒绝。这也成为《弟兄夜话》的主要情节，作品中的大哥对江霞说："我以为可以将就一些儿罢！你可知道家中因你有多大的为难！"江霞答道："我岂是不晓得这些？但是婚姻是一生的大事，怎么能马马虎虎地过去呢？"现实中的蒋光慈也是耐心地跟大哥讲解男女婚姻应当自由，夫妻关系只有建立在互爱之上才能获得真正幸福等道理。至此，蒋儒谦只好答应回家向父母复命，设法解决蒋光慈与王书英这桩棘手的婚事。

三、"箩窝亲"得以圆满解决

除了蒋光慈提出与王书英解除婚约之外，还有一件事令蒋从甫老两口忧心如焚，童养媳王书英未婚先孕。据吴腾凰、徐航合著的《蒋光慈评传》，王书英于 1925 年农历四月三十日（公历 6 月 20 日）在蒋家生下一男孩，乳名小富子（后取名倪承相）。对于这一件事，1985 年《金寨文史》第 5 辑刊载的昌海、运行、永洲三人撰写的《蒋光慈回国、回乡、建党、子嗣考》以及《蒋光慈评传》，都有详细论述，观点一致，都认为倪承相是蒋光慈 1924 年夏回故乡与王书英留下的子嗣。需要说明的是：几位前辈的观点是建立在走访蒋儒香（蒋光慈胞妹）、倪承相、潘乾湖（王书英与潘姓丈夫生育的儿子）等基础之上。

笔者以为澄清事实，弄清真相，还其历史的本来面目，是蒋氏后裔和蒋光慈研究应该秉持和遵循的原则。且不说蒋光慈 1924 年夏是否回故乡，从王书英生产日期推算，其受孕时间应是 1924 年 9 月。而蒋光慈 8 月 23 日撰文《一封公开的信》，批驳无政府主义者秦抱朴反对苏俄及共产党的文章，9 月又作《抱朴与反革命》继续与之论战，这时上海大学也已开学，蒋光慈怎么可能是倪承相的父亲。另据吴腾凰提供给笔者的倪承相（又名倪成相）的身份证照片，显示他的出生日期是 1925 年 9 月 30 日，推算王书英受孕时间是 1925 年 1 月上旬。这个时间，蒋光慈仍在上海，有他与宋若瑜的书信为证。先看蒋光慈在 1925 年 1 月 11 日给宋若瑜信中所写："上海大学已经放假了。我本拟回里一行，看看我那多年未见面的双亲，看看那多年未入眼帘的乡景，但是因种种事，故不能如愿。"宋若瑜是 1925 年 1 月 22 日收到这封信，她当天给蒋光慈复信，信中有这么一句："我因为好久没有接你的信，我以为你已经离开了上海。"时隔一日后，宋若瑜在给蒋光慈的信中写道："我很希望我友能回家探双亲。"潜台词就是蒋光慈没有离开上海回故乡。

笔者专门就此事走访蒋氏后裔、蒋光慈大哥蒋儒谦曾孙蒋厚恩先生，他虽置身商界，却一直热心"光慈精神"的继承和发扬。蒋厚恩肯定地告知笔者，倪承相是王书英与蒋光慈二哥蒋儒让所生。蒋家对外人说"蒋光慈 1924 年夏回家与王书英圆房"，既是无奈之举，也是解释王书英未婚先孕的最好缘由。这样一来，几位前辈在文章中所陈述的相关内容就能说得通了。如《蒋光慈回国、回乡、建党、子嗣考》文中所述，戴铸九（戴映东）曾详细地向倪承相女儿倪忠溶介绍他1924 年冬回乡，蒋从甫老人告诉他蒋光慈回乡之事以及蒋光慈在上海的地址。

出了这样的事，是当时封建礼教所不能容忍的。作为封建婚姻制度的受害者，王书英面对闭塞的山间小镇浓重的封建礼教氛围，所受的压力可想而知，她多次欲寻短见险酿悲剧。为了生下的孩子安全，王书英既不敢声张，又不便留在蒋家，便忍痛将孩子抱给了与她情谊深厚的干姐姐高启荣，孩子随养父倪贤扬姓，取名倪承相。王家向蒋家提出，把王书英当蒋家姑娘看待。蒋从甫夫妇把王书英认作义女，卖了一部分田地做嫁妆，以姑娘出嫁规矩陪了双箱双柜的厚礼，把王书英嫁给本地忠厚勤劳潘姓农民，蒋光慈送了 200 块大洋作陪嫁。最终，让蒋光慈多年有家不能回的"箩窝亲"得以圆满解决，王书英儿孙满堂，耕读传家。

　　知书达理的蒋从甫老人因为蒋光慈这桩婚事不但"理屈词穷",而且又"斯文扫地"。单门独户的蒋家在白塔畈再也不能立足了,蒋从甫只得变卖家产,于1925年秋举家搬回到祖居之地六安"武山之阳",一年后再迁至六安莲花庵蒋家行附近置地建屋,蒋家行现属六安市裕安区分路镇古城村三口塘村民组。蒋从甫担心王书英所生的孩子抱给家境贫寒的倪家难以成人,于是把自家老庄子(现属白塔畈镇东楼村民组)的三间草房和一块旱地,留给倪家。倪承相4岁时,养父倪贤扬病故。他便靠蒋家留给的房地为生,与养母高启荣相依为命。其间,不断得到生母王书英以及蒋、王两家亲人的接济和照应[①]。倪承相1955年与白塔畈乡龚店村王清秀结婚,两人育有一女,即倪忠溶。倪忠溶在初中读书时,蒋氏后裔曾一度把她的名字改为蒋纯霞。

---

　　①　吴腾凰,徐航. 蒋光慈评传 [M]. 北京:团结出版社,2000:139.

第二节

蒋光慈与"苏维亚"缔结"赤色婚姻"

一、鸿雁传书寄情谊

宋若瑜（1903—1926），河南省汝南县人，因家境贫寒，少年时随父母迁居到外婆家所在地开封，在商业繁华的大坑沿定居下来。宋若瑜有兄弟姊妹九个，全家靠她父亲宋殿卿做仆役、卖锅盔维持生计。母亲秦氏略通文字，一度给有钱人家当用人以补贴家用，全家还是过着饥寒交迫的生活，以致九个儿女中仅宋若瑜一人幸存。作为父母膝下"唯一"孩子，父母竭尽全力培养她，含辛茹苦供她读书。1912 年秋，宋若瑜入开封前营门县立女子小学读书。宋若瑜天资聪慧，初小毕业，没有经过高小阶段，于 1917 年就直接考入开封河南省立第一女子师范学校（后文简称为开封一女师）。宋若瑜的才华和聪慧深得教授刺绣课的丁明德老师赏识，这位老师是秋瑾的密友，秋瑾牺牲后，离开绍兴北上开封任教。丁明德思想进步，经常向宋若瑜讲述秋瑾、徐锡麟的革命事迹，在宋若瑜心里播下了革命的火种。随着《青年杂志》《每周评论》等进步刊物在开封青年学生中的传播，宋若瑜、曹靖华等进步学生率先觉醒，积极投入反帝反封建行列。

1919 年 5 月 4 日，伟大的五四运动爆发，其怒潮迅速波及河南，开封的学生率先参加了声援北京的学生爱国运动。宋若瑜与开封二中学生曹靖华、叶毓情、汪昆源等进步学生，冲破重重阻挠，冒着风险出席了请愿大会。他们去贡院（今河南大学校内），去省府，强烈要求当局致电北洋军阀政府撤销丧权辱国的《二十一条》。5月9日，开封一女师召开女界国耻大会，参加会议的有一千多人。宋若瑜登台演讲，声泪俱下，情感浓烈，即兴朗诵秋瑾"万里乘风去复来，只身东海挟春雷。忍看图画移颜色，肯使江山付劫灰"诗句，呼吁同胞们携手奋起，捍卫国土。"又一日，开封学生界在马道街路东商场召开大会，宋若瑜正在演讲时，省府派来捣乱的军警向空中鸣枪，顿时会场大乱。当场一名学生在楼上跌倒，摔断了腿。宋若瑜一面呼喊大家不要乱，一面指挥大家高唱战歌，以稳定会场秩序，对抗暴力的捣乱和镇压。会后，男女学生对宋若瑜的沉着冷静，对她的胆略和气魄，无不交口称赞"①。

宋若瑜

（出自《蒋光慈宋若瑜情书全集》）

宋若瑜多次组织开封一女师进步学生走上街头，集会演讲，示威游行，宣读《北京学生界宣言》，声讨卖国贼的滔天罪行。古老的省城舆论沸腾，爱国救亡的呼声如同黄河的波涛，汹涌澎湃。宋若瑜还和外校的男同学一起抵制日货，巾帼不让须眉。

1919年年底，进步学生团体青年学会成立于河南开封，由开封二中学生曹靖华负责。青年学会会员仅10余人，大都是开封二中的学生，蒋光慈的小学同学、叶集人叶毓情也是青年学会成员。青年学会创办《青年》半月刊，宣传新文化思想，追求革命真理，反封建、反礼教。宋若瑜摆脱了封建礼教的束缚，打破男女校际界限，成为青年学会中唯一的女成员，并参加了《青年》半月刊的编辑工作。每当在北京印刷、面向全国发行、期印5000份左右的《青年》半月刊一出版，宋若瑜就组织开封一女师学生迎寒风、忍饥渴，在繁华的马道街，在热闹

---

① 史挥戈，吴腾凰. 中州女杰宋若瑜与革命作家蒋光慈的生死恋［J］. 名人传记（上半月），2018（8）：49－55.

的寺后街，在交通要道和其他人多的地方叫卖，为宣传新文化、新思想奔走呼号。

继青年学会之后，1920 年 1 月宋若瑜和开封一女师同学成立了女子同志会，创办社团刊物《女权》半月刊，立志"改良黑暗的家庭，促进社会的文明"。女子同志会的成立，给青年学会增添了一支劲旅。曹靖华在《青年》半月刊第 3 期发表题为《欢迎我们的妹妹——女子同志会半月刊》文章，大加褒扬。乃至新中国成立后，曹靖华仍在《回忆青年学会》一文中津津乐道，女子同志会是觉醒了的河南妇女挣脱了吃人礼教的枷锁、走出深闺、争取妇女解放、参加爱国运动的急先锋。面对日益高涨的学生运动，开封反动当局严控爱国学生的活动，外界与开封一女师的联系越来越困难。青年学会、女子同志会成员一起商讨如何应对反动当局的斗争策略，叶毓情建议既然开封一女师规定不让男生进入校园，可以在校外建立一个固定联络地点。宋若瑜提议联络点就设在她家，她家离开封一女师、开封二中都很近，得到了大家的认可。一时间，宋若瑜和父母居住的大坑沿 45 号成为开封进步学生组织的活动中心和集散地。"在这里，革命青年熙来攘往，大量宣传革命真理的报刊信稿得以分发传递，也锻炼了宋若瑜的组织本领和革命胆量，从而显示其非凡的才能"[1]。

宋若瑜组织开封一女师同学上街游行示威等反帝爱国行动，激怒了反动当局和开封一女师校长。1920 年春，宋若瑜等一女师八名"出风头"进步爱国学生被校方无理开除。作为一个倾向革命的新女性，宋若瑜对自己的言行毫不后悔，事隔五年之后，她在给蒋光慈的信中回忆："这种反抗或者是我的生性，我自幼就爱反抗，因为反抗，所以在开封一女师被开除了，——但是我很愿为这种有价值的反抗被开除。"（《纪念碑·上卷》）宋若瑜没有停止寻求救国之路，她把被开除的同学组织起来复习功课，准备报考新的学校。

蒋光慈通过叶毓情申请加入青年学会，他的《读李超传》《我对于自杀的意见》两篇文章在《青年》半月刊第 4、5 期上发表。李超是北京女高师学生，被封建家长专制、封建礼教压迫而亡。时为北京大学教授的胡适先生，愤而作《李超传》，向封建宗法制度提出强烈控诉。蒋光慈读了《李超传》，悲愤难抑，热血偾张，一口气写下抒情新诗《读李超传》。宋若瑜被作者对李超的同情心所打动，为文章磅礴气势、崭新思想所折服，被作者的文笔和才华深深吸引。宋若瑜有意

---

① 　周仕生．中州女杰宋若瑜［J］．新文学史料，2005（4）：118 - 122.

向叶毓情旁敲侧击了解蒋光慈的为人、学识，叶毓情口中的蒋光慈待人热情诚恳，具有斗争精神，是芜湖学生运动中风云人物。1920 年 4 月，宋若瑜怀着崇敬之情，给远在芜湖五中的蒋光慈写了一封短信，表达了对他的敬佩之情：

侠僧社友：

　　请原谅一个陌生女子的冒昧，给你写信。读你的诗文，深感有一种奔突的力量；听禹勤（指叶毓情——引者）、靖华友言及你的为人，均夸奖你的爱国热情，表扬你的学识，令我敬仰。如蒙不弃，愿与你结为良友……

青年学会会员宋若瑜①

　　蒋光慈收到来信后，对宋若瑜充满了好感。不久，蒋光慈、曹靖华分别作为安徽、河南学生代表，共赴上海参加中华全国学生联合会第二次代表大会，终于得以在上海初次相遇见面，蒋光慈向曹靖华详细地了解宋若瑜的情况。曹靖华称赞宋若瑜既是一位难得的才女，又是河南学生运动中女中豪杰，美丽大方，温婉端庄。1920 年 6 月 4 日蒋光慈给宋若瑜写了第一封信，从而开始了两人之间长达六年的鸿雁传书。在最初的书信交往中，他们谈理想、谈人生、论时事，交流学生工作心得，可谓兴趣相投、志同道合，彼此建立了深厚的革命情谊。从此，蒋光慈的心中悄悄地为宋若瑜留下了重要的一角。

　　1922 年秋，宋若瑜凭借优异的成绩考上了东南大学教育系，她立志"当一个平民教育者"。遗憾的是，由于家庭贫困生活拮据，读书用功过劳，宋若瑜染上了肺病，加之学费没有着落，于 1924 年春便休学了。她通过好朋友的推荐，1924 年至 1925 年休学期间，应聘到信阳河南省立第二女子师范学校（后文简称为信阳二女师）任教，继续宣传新思想、新文化、培育新人。宋若瑜是蒋光慈心中"苏维亚"式女性，蒋光慈初到苏联时曾给宋若瑜写过信，后因宋若瑜地址变更而联系中断。

二、冲破重重阻力，缔结"赤色婚姻"

　　蒋光慈留学回国之后，四处打听宋若瑜的近况，几经周折最终从汪昆源那里得知宋若瑜的地址，便迫切地将中断了的书信寄到了信阳宋若瑜手中。情窦初开的宋若瑜自然无法拒绝蒋光慈猛烈的追求，两个人在频繁的书信往来中传达爱

---

　　①　吴腾凰，杨连成.蒋光慈宋若瑜［M］.北京：中国青年出版社，1995：28 - 29.

意，笔恋成为他们生活中一项重要的内容。宋若瑜对蒋光慈的态度，也从最初的崇拜变为了深深地爱慕。宋若瑜在信阳二女师既担任教学工作，又担任斋务主任。虽然工作任务繁重，但她有时间就与学生一起唱歌跳舞，和她们相处亲密无间，深得学生喜爱。宋若瑜教授英文、音乐和体育，也喜欢诗词，热爱文学。

蒋光慈和宋若瑜的相爱，除了五四时期结下的革命情谊之外，还有着深厚的根基。第一，两人有着相似的性格和思想，又情趣相近，容易相互吸引。故虽未谋面，却早已将对方视为知己。第二，他俩都憎恨社会的不平，敢于反抗黑暗的势力，向往光明的未来。这从五四时期两人在芜湖、开封学生运动中的表现可以窥见。第三，两人有着共同的奋斗目标，即投身革命，服务社会。蒋光慈自1920年加入中国社会主义青年团始，就立下了投身革命、为穷苦大众奋斗终生的志愿。宋若瑜在信阳二女师一有机会，就向学生宣传革命思想，她自己身体力行，经常组织学生排演反映革命思想的戏剧、舞蹈，在游艺会上表演，以此寓教于乐，以点燃学生们心灵的火种，"促进革命的实现"①。第四，他们都爱好文学。1925年秋，宋若瑜在蒋光慈的经济支持下，回到东南大学复学，继续在教育系读书。她在功课之余，一本又一本地阅读国内外名著，有时兴趣来了还写一首新诗或翻译几节名诗，请蒋光慈指教。蒋光慈为她寄去《新梦》诗集、田汉的《咖啡店之一夜》、创造社《洪水》等新文学作品和刊物。他俩特别对拜伦及其作品表现出共同关注和喜好。蒋光慈对拜伦充满仰慕之情，在《怀拜伦》一首中自比为20世纪的拜伦。宋若瑜在给蒋光慈的信中，多次谈到阅读拜伦的作品和对拜伦的认识，如1925年11月13日信中提道："我现在也看些文学书。苏曼殊著的《英汉三昧集》你看见过吗……《拜伦诗选》一小本很好，也是曼殊译，有原文及中文。"紧接着，11月16日信再次写道："又读拜伦的《去国行》……当拜伦去国的时候，他是何等的悲壮！"在革命的洪流中，蒋光慈拿起"笔杆子"，选择做一个革命文学家，宋若瑜则是与他同心同德的司文艺的女神。他甚至憧憬宋若瑜和自己一样，成为一个女诗人："我想我俩将来走一条路，我希望你也勉成一个女诗人"。两人完全符合各自恋爱择偶标准，从此，曾经沧海难为水，除却巫山不是云。

宋若瑜在信阳二女师注意发现文艺新苗，对培养、推荐文艺新苗更是不遗余力。信阳籍著名剧作家赵清阁就是在她的指点下，踏上文学之舟的。赵清阁在回

---

① 吴腾凰．宋若瑜播爱信阳[J]．中州今古，1994 (6)：6-7.

忆自己成长的历程时，曾深情地怀念宋若瑜："音乐体育老师姓宋，是著名作家蒋光慈的夫人，她发现我爱好文学，常常叫我到屋里去为我讲些新文学知识，介绍我阅读'五四'以来的新书和杂志，如冰心的《寄小读者》、《小朋友》月刊等。她和孙老师（指赵清阁的国文老师——引者）都是我新文学方面的启蒙老师，在她们的培养下，我这棵幼苗便逐渐奠定了矢志文艺的兴趣和志愿。"① 信阳二女师新来的国文教员周仿溪为人诚实，"对于诗学很有兴趣"，他在报刊上经常看见蒋光慈的作品，非常崇拜、佩服蒋光慈，很想和蒋光慈交流文学创作，希望宋若瑜从中给予介绍。在宋若瑜的热情推荐下，周仿溪得到蒋光慈的殷切指导，周仿溪后来成为 20 世纪 30 年代河南著名诗人。

宋若瑜在与蒋光慈情感交融的一封封信札里进一步对蒋光慈有了切实的了解："我（指蒋光慈——引者）不愿做一个政治家，或做一个出风头的时髦客，所以我的交际是很少的。我想做一个伟大的文学家。""诗人的伟大在于他能够反抗一切的黑暗。帝国主义者对待中国人真是黑暗极了！我反抗，我一定要反抗……"（《纪念碑·下卷》）她也逐步认识了共产党，从而看到了革命胜利的曙光，她要把自己真诚的爱献给这位年轻的共产主义战士。宋若瑜向父母明确表示，要么嫁给蒋光慈，要么独身。这在旧思想、旧礼教、旧道德还相当顽固的 20 世纪 20 年代，需要相当的勇气和胆识。

蒋光慈与宋若瑜两情缱绻，鹣鲽情深，却天各一方。1925 年 4 月中旬，蒋光慈被调到中共北方局工作，李大钊派他去冯玉祥部担任苏联顾问的翻译，他经常往来于北京、张家口之间。蒋光慈把宋若瑜的照片带在身上，一有空就拿出来看看，见面的欲望也因此越来越强烈。他想结束这种两地相思而难谋面的煎熬，所以，此后几乎每封信都催促宋若瑜进京。两人在书信中倾诉着对彼此的思念，他们的感情日趋浓烈。

下面以《纪念碑》中两封书信为例，窥见此时蒋光慈与宋若瑜的情根深种。

…… ……

我的侠生！我暑假决定要去北京看看你，安慰安慰我们六年来相思的苦衷。请你相信我罢。

亲爱的侠生！我因为了解你，相信你，所以才能诚恳的热烈的爱你，不过有

---

① 赵清阁. 漫忆写作与编辑［J］. 新文学史料，1981（2）：164－169＋121.

时候自己疑问，"侠生究竟能否永远的爱你？……"这也不过是因为爱你过于热烈不得已的一种疑问，想你一定可以原谅我的。

侠生！你以为我是一个贪生怕死的贵族式女子吗？哈哈！你猜错了！你是一个革命者，我也是一个反抗者。我反抗宇宙间一切的不平等不自由的待遇！我咒诅所有的资本家及帝国主义者。这种反抗或者是我的生性，我自幼就爱反抗，因为反抗，所以在开封一女师被开除了，——但是我很愿为这种有价值的反抗被开除。

侠生！我虽然知识幼稚，但是我很表同情你作为一个革命的文学家。

…… ……

你爱的瑜妹
5 月 29 日夜

再看蒋光慈给宋若瑜的回信。

亲爱的瑜妹：

五月二十九日的信收到了。

…… ……

你决定暑假来北京看看我，安慰安慰我们六年来的相思，这是我唯一希望的事情！我的瑜妹！我相信你，我相信你决不至于不践约！固然，真正的恋爱不必斤斤于见面的迟早，但是我们都是人，都具有通常的人的习惯——早些见面总比迟些见面好些；会聚总比不会聚快乐些；握着手儿谈话总比拿起笔来写信要舒畅些。我的瑜妹！你以为？

…… ……

海可枯，石可烂，我俩的爱情不可灭！

我的瑜妹！

祝你珍重

你爱的侠哥
6 月 3 日

鱼载深情，雁寄情思，历经六年的鱼雁传书，宋若瑜得到母亲默许，远赴北京与蒋光慈见面。1925 年 7 月 20 日，宋若瑜终于在北京见到了蒋光慈。虽然是第一次相见，但两人仿佛早已刻画了在彼此心中的模样。一个西装笔挺，一个旗袍加身，站台上，他们几乎是同时认出了对方。六年的书信往来，两人已建立了无坚不摧的情感，第一次见面，让他们彼此坚信，对方值得用生命来爱。两人年龄在当时已属大龄青年，谈婚论嫁水到渠成，于是蒋光慈提出暑期内结婚的愿望。两人甜蜜地计划着婚期。然而蒋光慈因公务在身，不得不匆匆离开，回到张家口。见面后的他们，那份爱意和相思变得更加浓烈。7月28日，思念成疾的宋若瑜给已去张家口的蒋光慈发了一封短信："旅馆握别，怅然若失！……数日来迷糊若梦，不知所以……念兄心切，匆草数行借以慰问，望兄速复。"

宋若瑜母亲秦氏视女儿如掌上明珠，害怕女儿被人欺骗，拖着病躯，千里迢迢于7月31日抵达北京。秦氏认为，女儿仅仅凭着几封信就认定了一个人太过草率，对方家世、人品如何无法确定，是否真心更是无法验证。第一次见面就谈婚论嫁实为不妥，坚决反对女儿匆忙结婚。而蒋光慈和王书英的"箩窝亲"，更是蒋光慈和宋若瑜婚事跨不过去的坎："母亲对于我们的事没反对，并且说我父亲也没表示大反对，啊！这真是我们的幸事！不过他们所最疑惑的是你的家庭情形，他们听说你已经订过婚的，我说你已经与之完全脱离关系，但他们不大相信。"（《纪念碑·上卷》）蒋光慈急忙从张家口赶回北京，向宋母说明一切。当时蒋光慈和王书英的"箩窝亲"还没有彻底解决，也就是说他在老家有一位未婚妻。这事不弄清楚，宋母是不愿将女儿随便嫁出去的，她要去皖西调查蒋家的情况。从父母的角度，关心女儿婚姻幸福美满，人之常情，无可厚非。这却让宋若瑜、蒋光慈很是无奈、痛苦，但两人在通信中毫不气馁、情比金坚：

"我亲爱的哥哥！一切事不用再提了，只要你我的爱情永远的坚决，我们什么都不怕的！"

"不怕困难才是真爱情。我俩爱情非一般的可比，当然不因一点小挫折即有所更变。妹妹！我相信你，我永远地相信你！"

宋若瑜与母亲于8月6日动身离京返开封。宋母被蒋光慈温文尔雅的举止谈吐和一腔热情所打动，但仍然坚决地要去调查蒋家是否为蒋光慈退了婚。宋若瑜也不敢多问父母，只待他们调查清楚，再与蒋光慈商议。然一波未平一波又起。宋若瑜与蒋光慈自由恋爱、北京见面，为封建势力、封建礼教所不容："数日来心绪缭乱，悲苦已极！妹此次北上实为爱情所支使，本无足怪，不意竟为开封信阳一般人所注意，并加以许多望风捕影之谣言，实一恨事。此种谣言对我个人无关紧要，然我父母对之甚为愤恨，并对我加以许多责斥！"（《纪念碑·上卷》）宋若瑜置身的20世纪20年代的河南社会，与鲁迅先生《伤逝》中涓生、子君所处的封建、守旧、庸俗、无聊的社会环境何其相似！宋若瑜父亲宋殿卿为人刚烈，把脸面看得比性命还重要，有浓重的大男子主义和重男轻女思想，既不支持女儿到外地读书，更不支持女儿自由恋爱。宋若瑜母女的北京之行引起的谣言非议，令宋父大发肝火，不停地数落妻女。

宋若瑜只有将心中的苦闷向远方的情人倾诉，针对此风波谣言，蒋光慈在回信中对封建礼教、习俗于爱情的"侵噬"作了颇为深刻的分析批判：

> 社会黑暗，习俗害人，到处均是风波，无地不有荆棘，吾侪若无反抗之大胆及直挠不屈之精神，则将不能行动一步，只随流逐浪为被征服者可矣。数千年男女之习惯及观念，野蛮无理已极，言之令人可笑而可恨……父母固为爱子女者，然礼教之权威能使父母牺牲其自身子女而不顾，戕杀其子女而不惜；子女若欲作礼教之驯徒，则只有牺牲爱情之一途……

"吾妹！我永远不甘屈服于环境！我将永远为一反抗，为一赞颂革命之诗人！"这既是自勉，也是鼓励宋若瑜。同时令我们感到蒋光慈的"情"既有对恋人的爱情，也有对国家、对人民、对革命事业的热爱之情。宋若瑜收到蒋光慈的这封回信后，就离开开封到信阳，9 月转赴南京东南大学复学。10 月，蒋光慈回上海大学教书，上海与南京两地相隔不太遥远，所以，蒋光慈常常找机会到南京与宋若瑜相聚。虽然两地相隔，两人度过了一段风平浪静的美好恋爱时光。1925年深秋，宋父派去大别山调查的"探子"带回消息：蒋光慈是老蒋家的第三子，自小与王姓姑娘定亲，现在王姓姑娘已经嫁到潘姓婆家，蒋光慈的"箩窝亲"已经彻底解决。

随着寒假的到来，两人的婚事重又提上日程，宋若瑜还是坚持要等父母的意见，她是新时代的女性，但同时她也要照顾父母的心情。1926 年元月，宋若瑜从南京回开封过年，却一病不起。2 月，蒋光慈由上海前往开封探视。蒋光慈极力劝说宋若瑜退学到上海休养，他也好有时间照顾她，并表示要娶她。宋若瑜患的是肺病，在那个年代很难治愈，并且还有很强的传染性。宋若瑜的母亲问蒋光慈："肺病是会传染的，你不害怕么？"蒋光慈说，夫妻本就是一体，能同病也是一种幸福。蒋光慈向宋母保证他会好好照顾宋若瑜，即便她将来重病缠身，自己也绝对不会抛下她不管。有了这样的承诺，宋母也释然了，既然女儿喜欢，蒋光慈也是真心，就答应她们的婚事。"经过一段时间治疗，宋若瑜的病情有了好转。在蒋光慈三番五次要求下，宋若瑜忍痛自动从东南大学退学，于阳春三月随老母亲从开封去上海。在上海，蒋光慈对她体贴入微，把她安排在上海一家美术专科学校听课，课余时间一边读书作画，一边治病求医。蒋光慈经常来看宋若瑜，给她带来生活用品和一些室内装饰品等"①。

1926 年 8 月，蒋光慈和宋若瑜终于步入婚姻殿堂。婚后，他们居住在卡德路一座石库门房子里，过着温馨甜蜜美满的生活。他们在上海的那段时间，是宋若瑜一生中最幸福的时光，也是蒋光慈一生中最怀念的日子。蒋光慈在上海大学教书，平时在家写作、翻译，宋若瑜则帮助他誊抄《弟兄夜话》手稿、整理资料，鼓励他成为一名"伟大的平民文学家"。夫妻俩琴瑟和鸣、伉俪情深。

三、遗恨牯岭终古绵绵

蒋光慈、宋若瑜婚后仅仅一个月，宋若瑜的肺病复发了。病情严重，高烧不退，精神不振，甚至出现头昏休克症状。蒋光慈慌了手脚，奔走于上海各大医院，四处求医寻药。一位名医指点说，肺结核到了三期，上海没有办法，只有到庐山去疗养。于是蒋光慈和宋若瑜由上海吴淞口乘船，星夜兼程赶赴庐山牯岭医院。宋若瑜见蒋光慈日渐憔悴疲惫，阵阵心酸，不忍给亲爱的人再增加负担，执意住进价格便宜的内科病房。

庐山的幽静给宋若瑜带来了希望，病情与心情都有所好转。为了工作与生活，蒋光慈不得不往返上海与庐山两地。1926 年 8 月 22 日，宋若瑜给返回上海的蒋光慈写信说，自己近几天不发烧了，也能吃些饭了，准备住到 10 月份就下山。这期间，革命家方志敏也在牯岭医院住院治疗肺病，他与蒋光慈既是文友又是战友。宋若瑜在 9 月 15 日给蒋光慈的一封短信中，提到"方君也来了"，"方君"，即方志敏。方志敏经常探望宋若瑜，给她力所能及的照应。

转眼 1926 年的中秋节（9 月 21 日）就要到了，这是宋若瑜婚后的第一个中秋节，她不愿让蒋光慈一个人冷冷清清过节，便不顾医生的反对，向医院请假下了庐山，从九江登上大轮，风尘仆仆地赶回上海。爱妻从天而降，蒋光慈无比欢愉。当天晚上，蒋光慈和宋若瑜从卡德路信步走到法国公园（今复兴公园）。两人坐在水池边，沉醉于佳节团圆的幸福时光。这一岁月静好画面深印于蒋光慈脑海，乃至三年后的中秋节，身在日本的蒋光慈仍清晰地忆起："曾记得那一年中

---

① 史挥戈，吴腾凰. 中州女杰宋若瑜与革命作家蒋光慈的生死恋［J］. 名人传记（上半月），2018（8）：49–55.

秋节在法国公园里，我和若瑜并坐在绿荷池边，互相依偎着，向那欢欣、圆满而晶莹的明月望去，两人默不一语，如被幸福的酒浆所溶解了也似的，恍惚升入了仙境。"（《异邦与故国》）

中秋节过后，蒋光慈陪宋若瑜重返牯岭医院。由于舟车劳顿和节日迎来送往的操劳，宋若瑜刚到病房就发烧了。经医师检查后，她被转到了传染科病房隔离起来了。蒋光慈平时探视宋若瑜，只能在隔离室玻璃窗外看上几眼，不准入内。宋若瑜的病情恶化了，蒋光慈无比焦虑而又无能为力，他盼望冥冥中出现奇迹。蒋光慈在旅馆里铺开稿纸，只有写作才能让他静下心来。蒋光慈在牯岭的旅馆里完成了《橄榄》《逃兵》两部短篇小说的创作。他刚写完《逃兵》，就接到上海党组织"速回"电报。隔着玻璃窗，蒋光慈挥手告别爱妻。这一别，竟是永别，10月底，牯岭医院的"瑜病危急，速来医院"电报传至蒋光慈。

11月6日，当蒋光慈急如星火地奔上庐山牯岭医院时，年仅23岁的宋若瑜已经停止了呼吸，带着遗憾，永远地离开了挚爱蒋光慈、离开了年迈的双亲。宋母得到女儿病危的消息，只身抱病奔赴庐山，途经南京传来噩耗，痛不欲生，折回开封，在古观音寺皈依佛门，1958年悄然离逝。宋父在抗战时期，被日本侵略者的流弹击中身亡。蒋光慈把宋若瑜葬在云雾迷蒙的庐山牯岭上，失魂落魄地回到上海。

爱妻的突然离世，蒋光慈悲痛欲绝。在空荡荡的陋室里，宋若瑜帮他抄写的《弟兄夜话》文稿，依旧摆放书桌上，这篇小说融进了宋若瑜最后的心血。于是，蒋光慈把《弟兄夜话》《徐州旅馆之一夜》《橄榄》《逃兵》等创作于1926年1到11月期间的8本短篇小说结集为《鸭绿江上》，1927年1月由亚东图书馆初版，为宋若瑜短暂的生命留下了一丝痕迹。《鸭绿江上》集子中的作品，要么与宋若瑜有关，要么作于牯岭，在该集的扉页上，蒋光慈加框标注"本书纪念亡妻若瑜"，并附短文：

与若瑜决定正式关系不过一年，而这一年中她也就完全在病的状态中。本书是在这一年中写成功的。现在本书出版的时候，她却久已离开人世，而无一读的机会。人世间真有许多难以逆料者！呜呼！

在宋若瑜周年祭日，蒋光慈立在黄浦滩上向着遥远的庐山洒泪泣号："魂兮归来，我的爱人！魂兮归来，我的若瑜！"作为20世纪20年代进步爱国知识青年，宋若瑜在中州大地留下了为自由民主奔波的坚实的脚印，被誉为"中州女杰"。她给蒋光慈留下的 57 封书信，见证了他们的革命友情和爱情。蒋光慈原打算把与宋若瑜的通信烧掉以示祭奠，汪孟邹劝说他将其整理出版，以永久地纪念。于是，蒋光慈把他保存下来的两人间的往来通信，一字不易地结集出版，取名《纪念碑》。他在《纪念碑·序》中悲哀地写道："我曾幻想与若瑜永远地同居，永远地共同生活，永远地享受爱情的幸福。但是在这一生中，我统共只与她同居了一个月，短促的一个月！唉！这是她的不幸呢还是我的不幸呢？我陷入无底的恨海里，我将永远填不平这个无底的恨海。"《纪念碑》中一封封情真意切的书信，让我们看到了一对至情至性的革命情侣。

　　1928 年 11 月 6 日，宋若瑜两周年忌日，蒋光慈写出了他的字字泣血的悼亡长诗《牯岭遗恨》。"在云雾弥濛的庐山的高峰，有一座静寂的孤坟，那里永世地躺着我的她——我的不幸的早死的爱人。"诗篇从牯岭上一座孤坟意象入诗，一唱三叹，荡气回肠。在 19 节 76 行诗作中，诗人把对亡妻的爱情和思念写得至纯至真。庐山风月无边，牯岭的遗恨终古绵绵。但是诗人没有消沉，没有一味沉溺于个人的伤痛之中，而是把对亡妻的痛彻心扉的思念与为国为民的赤子之情融为一体，勇敢地继续战斗、冲杀。诗人写道："请你放心罢，我永不会忘情！请你放心罢，我依旧的歌吟！我歌吟，我勇敢地歌吟，一半为着你，一半为着革命。"蒋光慈拿起笔继续从事革命文学事业，奋力为无产阶级革命呐喊助威，把对爱妻的思念与革命诗人意志完美交融。

　　"若瑜走了，没留下后嗣，没留下财产，留下的是她为自由民主奔波于开封街头、中州大地上那坚实的脚印，留下的是她给光慈革命友情的得以幸存的 57 封书信"[1]。如今，蒋光慈与中州女杰宋若瑜生死恋的故事，信阳人耳熟能详。笔者曾查阅信阳市党史网红色文化栏目，发现有红色诗人蒋光慈的专章内容介绍。这一方面源于蒋光慈的河南女婿身份，另一方面由于他与信阳的深厚渊源。他的出生地安徽省六安市金寨县，与河南省信阳市固始县毗邻。蒋光慈就读的志成小学、固始中学都在固始县陈淋子镇。正如固始县史志研究室的阎峻在文章中所道："固始人民说到《少年飘泊者》，无不把它与白姑坟联系在一起，与固始中学联系在一起，无不为固始出了个革命文学家蒋光慈而感到光荣与自豪。"[2] 蒋光慈、宋若瑜是大别山养育的优秀儿女！

---

① 周仕生. 中州女杰宋若瑜［J］. 新文学史料，2005（4）：118－122.

② 阎峻. 少年蒋光慈轶事［J］. 中州今古，2001（5）：50－51.

第三节

蒋光慈与"乡姑娘"同居

宋若瑜去世后，蒋光慈把一腔热血投入革命文学事业上，正如他在《给某夫人的信》一诗中所写的："我爱的她久已死亡，梦破了恐无再圆的希望，但是爱情并不是我的生命，我的生命是在我的工作上。"1927年以后的两三年，蒋光慈迎来了革命文学创作高峰期，成为一名畅销书作家，实现了其广泛传播革命思想、为革命呐喊助威的创作目的。

1929年冬，蒋光慈在做田汉及南国社思想转变工作中，经田汉介绍与南国社演员吴似鸿相识。吴似鸿眉眼含笑的样子让蒋光慈感到亲切又心动，好像看到了宋若瑜的影子，便与她交往恋爱。蒋光慈提出了"不婚"的要求，因为妻子这个名分，对他来说只属于宋若瑜。吴似鸿欣然同意，她坚信自己可以让蒋光慈慢慢爱上自己。于是，他们过上了没有名分的同居生活。蒋光慈和吴似鸿虽然没有正式领证，但是以夫妻关系同居生活在一起，直至蒋光慈去世。吴似鸿事实上是蒋光慈的第二任妻子。

一、绍兴"乡姑娘"吴似鸿

吴似鸿（1907—1990），绍兴州山乡（今柯桥镇）人，作家，艺术家，笔名湘秋、苏虹、吴峰。吴似鸿出身贫寒，父亲在一家当铺当一名小职员，母亲在家务农。吴似鸿从小浪迹田头地角，与农民孩子一起生活。吴似鸿父亲的思想还算开通，虽然家境贫寒，还是尽力送孩子们（除了大女儿）进学堂读书识字。吴似

267

鸿 9 岁入私塾，11 岁入小学。小学校长钱颐素，是绍兴县城人，不仅注重学生学业教育，还常常教育学生要有独立人格，追求平等自由。吴似鸿深受影响，刻苦读书，成绩名列前茅。此后，吴似鸿的求学之路，受到多位贵人相助。

小学毕业后，吴似鸿想上中学。由于孩子多，家境困难，父亲不同意她继续读书。校长钱颐素来到她家，劝她父亲说："你这个女儿是值得培植的。要是经济困难，可以让她读师范。师范生由政府供给一半伙食费……学杂费和书籍费，我来帮她付。"这样，吴似鸿父亲才同意她去报考师范。在当年考试中，吴似鸿是唯一的乡下姑娘，她以总分第四名的成绩考取了绍兴女子师范学校。这所学校的前身是秋瑾与徐锡麟等创办的明道女子学堂，后为纪念秋瑾而改办为女子师范。

绍兴女子师范校长朱少卿曾留学日本，是国民党左派人士，他请来的教师大多思想进步，校内还有共产党员活动。据吴似鸿回忆："这些老师和朱校长一样，不满现实，给学生灌输进步思想。每逢纪念日，带着我们学生去参加校外政治活动，去洋货店搜查日货，劝阻商人不卖日货，共同抵制日货。"[①] 吴似鸿在绍兴女子师范学习很认真，成绩优异，她还爱好文艺，思想也比较活跃。教音乐的李汉谱老师是位共产党员，他教学生们唱国际歌。在新思想新文化的激荡中，吴似鸿与同学们在学校排演郭沫若的历史剧《卓文君》，引发了一场风潮。她们还排演过郭沫若的诗剧《棠棣之花》，吴似鸿饰演刺客聂政的角色，同学汪曼之扮演聂政的姐姐聂嫈。1926 年冬，北伐军到绍兴，吴似鸿在各方面积极带头，被绍兴女师的同学推举为校学生自治会会长，以后又被推举为绍兴妇女协进会会长。

吴似鸿从绍兴女师毕业后，被聘为绍兴女师附小音乐和美术教师。她在女师附小导演了《月明之夜》《麻雀与小孩》两剧，赢得多方赞誉。绍兴省立第五师范附小高薪聘请她去任教，女师附小不让她走，经过协商，吴似鸿兼教两个学校的美术和舞蹈课。

1928 年初夏，绍兴盛传国民党要抓捕革命分子，吴似鸿和同学汪曼之因参加学生运动有可能被抓，汪曼之逃到绍兴士绅杜海生家避难。杜海生给上海开明书店老板章锡琛写信，请他收留汪曼之。绍兴人章锡琛，是杜海生的学生，两人情谊深厚，他安排汪曼之在开明书店当职员。吴似鸿在春学期结束

---

① 吴似鸿. 我与蒋光慈 [M]. 南宁：广西教育出版社，1992：1.

后，也来到开明书店，向章锡琛表明想进大学半工半读。章锡琛伸出援助之手，帮助她解决学费、膳费。这年秋学期，吴似鸿考入新华艺术专科学校学习美术。

1928 年冬，吴似鸿从报纸上看到南国社招收演员的启事，听同学说南国社领导田汉是一位大作家、艺术家，非常仰慕，决定去报考南国社。吴似鸿来到新新里 48 号南国社所在地参加考试，主考正是田汉本人。吴似鸿既大方又朴实，田汉第一次见到她，就说她是农村姑娘，在十里洋场少见，虽然她不会讲普通话，还是录用了她。南国社有唐槐秋、万籁天、陈凝秋、陈白尘、吴作人、金焰等社员，艺术家、作家等各路人才齐聚一堂，很是热闹。吴似鸿每天晚上都去南国社，田汉教她说普通话、念台词、走台步，她悟性很高，很快学会普通话。不久，就在田汉编的话剧《生之意志》中扮演角色。吴似鸿走上进步文艺之路，田汉是引路者和导师，她一直视田汉为恩师。田汉母亲田老太太心地善良、热情好客，南国社的社员都很尊重她。当她得知吴似鸿有时候穷得连饭都吃不上，对她说："我有三个儿子，没有女儿，你就给我当女儿好了。你没有饭吃，就到我家来吃好了。"令吴似鸿热泪盈眶、倍感温暖，她把田老太太当作母亲。

吴似鸿由于生活困难，常常吃了上顿没下顿，在田汉的鼓励指导下，拿起笔写文章，在南国社机关刊物《南国月刊》发表《流浪少女的日记》。接着，她又以自身经历为素材，创作了《吉卜赛女日记》，很快发表在《南国月刊》。不久，吴似鸿又连续发表了第一篇小说《毛姑娘》和散文《还乡记》。她在《毛姑娘》中，塑造了一个纯朴、天真、富于牺牲和反抗精神的农村姑娘形象，歌颂了劳动妇女的优秀品质，在社会上反响较大。此外，吴似鸿还在《申报》副刊"学生栏""艺术栏""社会栏"以及"自由谈"，发表了一些抨击时弊、力主妇女自由解放的杂感、散文和画稿。

吴似鸿凭她的多才多艺，逐步受到文坛瞩目。"有一个姓朱的《申报》副刊编辑，想方设法接近吴似鸿。他鼓励吴似鸿写文章。吴似鸿写了一大批随感、杂文、散文，姓朱的拿去在《申报》好几个专栏上发表，用的署名是湘秋、SH、吴峰等笔名，当然换来了不少稿费。姓朱的先要介绍吴似鸿到上海市党部做抄写员，被吴拒绝；后又要吴似鸿担任上海市学生会会长，也被吴似鸿婉拒"①。引

---

① 徐航，吴腾凰．明月为君侣：蒋光慈的情感历程［M］．重庆：重庆出版社，2008：127－128．

文中的"姓朱的"指的是朱应鹏，擅长油画和艺术理论，曾任国民党上海特别市党部监察委员、国民党上海市政府委员等职。朱应鹏介绍吴似鸿到国民党上海特别市党部工作，吴似鸿不愿在国民党政府做事，尽管她迫切需要赚钱养活自己。虽然共同爱好艺术，朱应鹏也给吴似鸿不少帮助，但是两人的道路选择不同，吴似鸿与朱应鹏保持着距离。吴似鸿立场十分明确，是一个进步文艺青年。

二、蒋光慈与"乡姑娘"的事实婚姻

（一）蒋光慈相中"乡姑娘"

田汉既是吴似鸿的良师益友，又如兄长一样关心她，关心她的婚事。田老太太把吴似鸿当作女儿一样关心、爱护。母子两人都希望吴似鸿找到如意的伴侣，组建一个幸福的家庭。1929年冬，上海中共党组织交给蒋光慈一项任务，进一步接近田汉，与南国社打交道，促使田汉及南国社的转变。蒋光慈在繁重的工作中需要一位爱人照顾他的生活，请田汉给他介绍爱人。出于蒋光慈共产党员作家身份考虑，田汉为蒋光慈介绍吴似鸿和她的同班同学梁白波两位"靠得住"的优秀女性，由蒋光慈自己选择。梁白波，广东中山人，生于上海，思想激进，学生时代踊跃参加共产党组织的飞行集会。她才貌双全，在新华艺专成功扮演《第四十一》中苏联女红军，小有名气。她虽不是南国社社员，有时也去南国社走走，田汉对她非常了解。

蒋光慈按照田汉的意思，分别与吴似鸿和梁白波见了面。蒋光慈倾向于年龄稍长于梁白波的吴似鸿，吴似鸿身上散发的那种尚未洗尽的农村姑娘的朴实气质吸引了蒋光慈，更令蒋光慈心动的是他在吴似鸿的身上似乎看到了宋若瑜的影子。蒋光慈的选择得到了田汉的认可，便主动追求吴似鸿。他给吴似鸿的初步印象：身材高大，脸型瘦削，牙齿洁白整齐，穿一件淡咖啡色呢大衣，下着西裤，脚蹬皮鞋，戴一顶鸭舌帽，看上去着实有点风度。蒋光慈带吴似鸿到四马路现代书局门市部，请营业员把他1929年前后在现代书局出版的每一种书和主编的刊物，捆成一包，赠送给吴似鸿。这是蒋光慈送给吴似鸿的第一份礼物，有《野祭》《菊芬》《最后的微笑》《光慈诗选》《丽莎的哀怨》《异邦与故国》《新流月报》等新近出版的著作与刊物。面对如此才华的革命作家，既高大英俊、谈吐得体，又善解人意、体贴入微，吴似鸿心里涌起莫名的暖流，爱情的火花被点燃。

恋爱中，蒋光慈把吴似鸿带到亚东图书馆编辑部，领她直接上楼。只见一条长长的走廊，摆着三张方桌，一位50多岁老先生坐在桌旁抽水烟。此人正是亚东图书馆老板汪孟邹，蒋光慈为他们作了相互介绍。蒋光慈与汪孟邹情同父子，他把吴似鸿带去那里，是请汪老先生替自己参谋。汪孟邹以他深谙社会人生的眼光，打量着吴似鸿，连说："我在宁波同乡会馆看过你的戏，演得好，演得好。"汪孟邹认为吴似鸿老实朴素，可以做蒋光慈的爱人。蒋光慈与吴似鸿的恋爱，既得到田汉及南国社朋友的支持，也得到了汪孟邹老先生的赞同，他认定吴似鸿为自己的人生伴侣。于是，蒋光慈给吴似鸿写了第一封极为简短的求爱信："乡姑娘，我要和你生活在一起。光慈"

蒋光慈称吴似鸿为"乡姑娘"，是因为他和田汉等都认为她是一位朴素、诚实的农村姑娘。蒋光慈提出要和吴似鸿"生活在一起"，即同居，他认为妻子名分始终属于宋若瑜。"不客气地说，他（指蒋光慈——引者）完全是以一种居高临下的态度来安排这段感情，但是那也是一颗付出真爱的心"[①]。在吴似鸿看来，难忘亡妻，这反而是蒋光慈身上的闪光点。吴似鸿不在意名分，但在意自己的学业，她想等自己大学毕业，找个工作，再考虑成家。蒋光慈穷追不舍："乡姑娘，你和我生活在一起，你依然可以读书的，并不影响你的学业。"田老太太对蒋光慈十分满意，为他帮腔："吴似鸿哎，蒋先生可是好人啊，人有本事不说，心儿也很细呢。你跟这样的人过日子，我算放心了。田先生也说，他也放心呢。"蒋光慈向吴似鸿坦诚自己对宋若瑜用情很深，妻子去世后这几年遇到过几位女性，但总是感到不如意，直到遇见吴似鸿。吴似鸿被蒋光慈的真心真意所感动，不再坚持己见。

客观地说，他们的相爱是有一定基础的。蒋光慈是一个革命文学作家，一心为祖国的解放独立、为人民脱离苦海而奋斗。吴似鸿是一个进步文艺青年，爱憎分明，追求光明。他们是有共同语言、共同心声的。作为时代新女性，吴似鸿没有计较名分，同意和蒋光慈"生活在一起"。1930 年 2 月，蒋光慈到新华艺专把吴似鸿的铺盖、学习用品等搬到他居住的沪东区业广里一栋普通的二层楼房，他们开始同居生活。两人虽然没有法律意义上的婚姻关系，却跟正式夫妻没有区别。

新婚宴尔，蒋光慈和吴似鸿买了两只火腿，去南国社看望田老太太。南国社演员郑君里看到他们走进客堂，打趣他们道："哟！新姑爷，新姑奶奶到娘家

---

① 徐航，吴腾凰．明月为君侣：蒋光慈的情感历程［M］．重庆：重庆出版社，2008：137.

'回门'来了。"① 南国社就是吴似鸿的娘家，田老太太忙活了一桌又油又辣的湘菜，招呼大家围坐一桌，回门宴好不热闹，让在外漂泊多年的蒋光慈切实地感受到大家庭的温暖。

婚后，蒋光慈待吴似鸿很好，对她是有求必应，他们的生活平静温馨。但吴似鸿不会做家务，蒋光慈多少有些遗憾。蒋光慈理想中的女性，是一个贤妻良母型的，能料理家务，终日不出，日日夜夜可以在闺房里伴着他著书的女性。当时，钱杏邨家住在沪东区业广里的弄堂屋子里，与蒋光慈家只隔两条弄堂。钱杏邨夫人戴淑真是典型的贤妻良母，持家有方，使钱杏邨能专心从事革命文艺工作。吴似鸿看在眼里，想在心里，她认识到作家有位贤内助很重要，但自己还要读书，不能像戴淑真那样做家庭主妇，更何况她性格好动，爱唱、爱玩。

左联的成立，左翼作家的结队，给蒋光慈带来很大的鼓舞。他虽然疾病缠身，但精神很好，工作热情也高，不仅编辑左联刊物《拓荒者》、撰写新作《咆哮了的土地》，文学活动也比较活跃。他是白天在家工作，晚上出去活动，这与他拥有一个志同道合的妻子和稳定的家庭不无关系。钱杏邨是蒋光慈的得力助手，帮助他约稿、定稿、校对，取稿件拿校样，他俩合作使《拓荒者》在马克思主义文艺理论批评建设方面做出了突出贡献。

1930 年春季开学，吴似鸿因新华艺专离家太远而转学到沪东郊区的艺术大学。艺术大学由留学日本的画家黄道源创办，黄道源与田汉相熟，吴似鸿曾去过黄先生家，在该校读书安全放心。离学校近，吴似鸿走读，三餐饭都在家吃。可是，上学没几天，学校里的学生和个别教授，对吴似鸿特别关注，令她局促不安。因为她和蒋光慈的住址是保密的，除了钱杏邨外，别人都不知道，若让外人知道了可能会出事。思考再三，吴似鸿决定停学在家自学。虽然蒋光慈说过，"你和我生活在一起，你依然可以读书的"，事实上，他不是一个自由人，吴似鸿跟着也就失去了自由。吴似鸿偶有抱怨，但还是以大局为重。她上午学画，下午读托尔斯泰、高尔基等俄罗斯进步作家作品。时在日本的任均、楼适夷，在给蒋光慈的信件中，送给吴似鸿一帧日本普罗美术画片，画中有工人、农民，反映被压迫劳动人民的苦难生活。吴似鸿很是喜欢，把这些普罗美术画临摹成油画。蒋光慈写作中间休息，跑过来默不作声地看吴似鸿作画，吴似鸿兴趣来了还给他画

---

① "回门"又称归宁，指的是在新人结婚之后，新娘带着新郎首次回娘家的风俗习惯。不同地区的回门时间稍有不同，多数是新婚夫妇结婚的第三天，也有的地方在新婚后第二天，如湖南大部分地区、皖西地区等。

一幅速写像，多么美好和谐的画面。

1930 年初夏的到来，蒋光慈的肺病严重起来，他们居住的沪东区是工业区，空气不新鲜。于是蒋光慈在法租界法国公园旁的环龙路上租了一间楼房养病，房东是一对美国人，蒋光慈夫妇的伙食搭在房东家里。吴似鸿既不能上学，又不能参加社会活动，整天待在家。她不甘心做家庭主妇，对前来找蒋光慈谈论工作的钱杏邨说："我希望光慈另找爱人，我要上学去！"为了吴似鸿可以热闹些，也为了便于生活上互相照顾，蒋光慈和钱杏邨两家合租在万宜坊 38 号，蒋光慈家住三楼，钱杏邨家住二楼，两家公用一楼客堂和厨房，蒋光慈夫妇伙食搭在钱杏邨家。秋学期，吴似鸿进入刘海粟担任校长的上海美专，插入三年级，平时住在学校，周末回家，重新过起学校生活。吴似鸿在学校化名吴峰，除了一名原先是南国社社员的男同学外，没有人知道她的底细，吴似鸿很满意于这种婚姻状况。

（二）蒋光慈、吴似鸿与丁玲、胡也频会晤

时已进初冬，蒋光慈的长篇小说《咆哮了的土地》终于完稿，他大感轻松，心情非常愉悦。一天，钱杏邨带来一个消息：丁玲想和蒋光慈见见面，已约定了日期和地点。钱杏邨是左联的联络员，他知道左联作家的住址。原来胡也频、丁玲夫妇于 1930 年 10 月住进相隔不远的万宜坊 60 号，与蒋光慈、钱杏邨的租住地只隔一条小弄堂。"因为丁玲要生孩子，把家搬到条件好些的万宜坊（今重庆南路）。11 月 7 日丁玲住进医院，第二天中午儿子出生"[1]。1930 年 11 月 8 日，胡也频、丁玲夫妇儿子蒋祖林出生。

丁玲（1904—1986），湖南临澧县人，原名蒋伟，出身于没落士绅家庭，其母亲具有浓厚的民主思想，受母亲教育和熏陶，丁玲产生反封建思想。1923 年丁玲与好友王剑虹结伴同赴上海大学读书，瞿秋白鼓励她走上文学道路。胡也频（1903—1931），出身于福州一个戏剧世家。1924 年，胡也频参与编辑《京报》副刊《民众文艺周刊》，开始在该刊发表小说和短文。在一场阅读交流会上，他与来到北京的丁玲相识相恋，两人于 1925 年秋结婚。

1928 年春，胡也频和丁玲来到了上海。胡也频阅读了大量的由鲁迅和冯雪峰翻译的苏联文艺理论以及其他社会科学书籍，对革命和革命理论有了充分的认识[2]。胡也频 1930 年 5 月加入左联，后当选为左联执行委员，11 月加入中国共

---

①　李向东，王增如．丁玲传［M］．北京：中国大百科全书出版社，2015：70 - 71.

②　丁玲．也频与革命［J］．诗刊，1980（3）：31.

产党。受到左翼革命思潮的洗礼，1929 年和 1930 年，胡也频分别创作了中长篇小说《到莫斯科去》《光明在我们的前面》，塑造了素裳与白华两位鲜活的革命女性。"通过描写两位女性如何选择革命的道路，如何在革命道路中成长，作者向人们展示了五四以后中国妇女解放道路与'救亡图存'的紧密结合，展示了中国青年知识分子的成长与中国无产阶级革命的紧密结合"①。这两部作品带有蒋光慈开创的"革命＋恋爱"模式色彩，表达作者对革命的极大热情。

1927 年 12 月，丁玲发表处女作《梦珂》，显出了作者独特的女性意识，引起文坛注意。1928 年 1 月，成名作《莎菲女士的日记》问世，作品以女性的自我意识觉醒为起点，向世俗挑战，刻画了主人公莎菲的独特形象。1930 年 5 月，丁玲加入左联，成为一位非常有影响力的作家。进入 20 世纪 30 年代，丁玲力求突破自身情绪的宣泄，创作了以革命者为主人公的《韦护》，生活气息比较浓郁，在整体框架上，属于蒋光慈首创的"革命＋恋爱"小说模式的模仿之作。《一九三〇年春上海》之一也带有该模式痕迹。

吴似鸿读过丁玲的《莎菲女士的日记》，佩服她的文学才华，也想见见她。于是 1930 年 12 月中下旬，蒋光慈携吴似鸿一道去了丁玲家。蒋光慈、吴似鸿与丁玲、胡也频会晤时，丁玲儿子刚满月不久。吴似鸿日后对他们样貌的描述，丁玲"长着一个圆脸，粗眉大眼，穿一件宽大的蓝布长衫"，胡也频"穿着条纹的西装，显得很年轻，好像只有 20 多岁，马面形的脸，像年轻时的田汉"。丁玲、胡也频留蒋光慈夫妇吃午饭，胡也频还特地去买了一听鸡肉罐头。他们边吃边聊，从"新写实主义"谈到"革命浪漫主义"，一直谈到下午三四点钟才握手言别。

此次丁玲、胡也频邀请蒋光慈见面，正值他们"在写作中摸索，在摸索中前进的当儿"。此时，蒋光慈在文学创作上，纠正了"革命＋恋爱"模式的流弊，推出了《咆哮了的土地》(1—13 节已分别连载于《拓荒者》第 3 期，第 4、5 期合刊上)。他们看到了《咆哮了的土地》获得的成功，故而邀请蒋光慈这位革命文学的先锋见面畅谈，深入交流探讨文学创作理论中的相关问题。

1931 年胡也频遇难后，丁玲勇敢地担任左联机关刊物《北斗》的筹备和主编工作，蒋光慈常去《北斗》筹备处与丁玲联系。丁玲 1932 年加入中国共产党，在中国现代文学史上作出过无法取代的贡献。

---

① 纪晓霞. 浅析胡也频小说中的革命女性形象——读《到莫斯科去》与《光明在我们的前面》[J]. 安康学院学报，2014（3）：66 - 69.

（三）吴似鸿陪伴蒋光慈走完最后人生

蒋光慈《咆哮了的土地》原稿交给现代书局出版，纸版已打好。此时，白色恐怖笼罩着上海，蒋光慈的所有著作都被国民党反动派查禁。蒋光慈在万宜坊的住处被特务发现了，捕车来时蒋光慈夫妇不在家，特务就在屋里等他们回来。蒋光慈夫妇晚上回来，幸而钱杏邨及时出现，避免了蒋光慈的被捕。万宜坊不能住了，蒋光慈在提篮桥附近自来火街租住一间小房，不久因二房东白俄老太婆骚扰，他们又租住在位于虹口区、内山书店斜对面的大陆新村。没到一个月，蒋光慈发现女房东的外籍男友可能是暗探。于是，他们又搬到了裕德里一栋普通的弄堂房子，这是蒋光慈夫妇的最后住所。自 1930 年 2 月蒋光慈和吴似鸿同居，到 1931 年 8 月蒋光慈去世，一年半时间共搬了六次家，他们在上海滩与敌人打起了"游击战"。

裕德里房子没有家具，蒋光慈不能出面活动，全靠钱杏邨帮助把万宜坊的东西运来，他们总算安顿下来，蒋光慈可以继续从事他的革命文学创作。虽然作品全部被查禁，蒋光慈还是不屈不挠地坚持创作。此时，他正在写一部书信体小说，已在万宜坊开了头。小说计划写一位农村姑娘，不满封建婚姻，从乡村逃到上海，经过曲折的苦难生活，最后参加革命。在辗转租房中，蒋光慈已打好这部小说的腹稿。蒋光慈写文章腹稿时间很长，写作时"一字不掉，一字不改，一气呵成"，原稿不需要誊抄，直接就可以送印刷厂付印。只要假以时日，这部主人公已发展为农村女性的革命小说将会闪亮问世。

可是，蒋光慈、吴似鸿的经济到了困难时刻，仅能维持几个月生活。由于蒋光慈的"仗义疏财"，他们几乎没有存款，他的著作被查禁没有了版税收入。蒋光慈不能出去工作，吴似鸿不好意思再去麻烦钱颐素、章锡琛等恩师和老乡。她去找开明书店总经理夏丏尊，想请他帮忙找个工作，夏丏尊根本不相信蒋光慈的太太会没有饭吃。吴似鸿又去找同学，但因她是蒋光慈的妻子而不敢给她介绍工作。蒋光慈把吴似鸿的两篇小说《毛姑娘》《罗娜》和两篇散文《巴西米亚女郎日记》《还乡记》，结集为《流浪少女的日记》，拿到北新书局出版，准备换点版税渡过难关。北新书局却一直没有消息。

屋漏偏逢连阴雨，1931 年春天蒋光慈的病情加重，吴似鸿检查出肺病初期，是蒋光慈传染的。贫病交迫中的蒋光慈在上海街头偶遇老友郁达夫[①]，看到他

---

① 郁达夫常在江浙内地居住，不大在上海住落。

"清瘦不堪，说话时老在喘着气"，郁达夫无比惊讶，他们在咖啡馆里谈了一个下午。了解到蒋光慈的生活艰难，郁达夫亲自去为他介绍中华书局的翻译工作事宜，后因蒋光慈肺病加剧而搁浅。医生叮嘱蒋光慈夫妇赶快养病，从经济条件、安全性考虑，蒋光慈决定让吴似鸿一人去西湖养病，自己留在上海。

吴似鸿身在西湖养病，心系与病魔抗争的蒋光慈，6月回到了上海，一心照顾陪伴蒋光慈。蒋光慈身体渐渐恢复，能起床走动了。这时，他们开始卖掉一些小家什，典当衣服，以此维持生活。1931年8月，蒋光慈病情发作疼痛严重，在汪孟邹帮助下，蒋光慈化名陈资川住进上海同仁医院三等病房。医生诊断蒋光慈为肺结核二期，同时诊断他得了肠结核。汪孟邹给吴似鸿50元钱，让她安排蒋光慈住上单人病房，以便她日夜陪护。吴似鸿日夜照料蒋光慈，身体支撑不住了。她写信、打电报给蒋光慈父亲，告知光慈病危，望老家速来人帮助照顾。亚东图书馆的陈啸青来看望蒋光慈，蒋光慈托他给皖西老家的亲人发了一封简短的诀别信：

> 父亲：
> 我要远行。这次去，恐怕不能回来了。请你和母亲不要挂念我！
>
> 　　　　　　　　　　　　　　　　　　　　　儿　侠生

按照蒋光慈意愿，汪孟邹帮助他拟好遗嘱："我的版税，一半给我父母，一半给似鸿"[1]。1931年8月31日清晨，蒋光慈永别了他的亲人爱人友人，永别了他为之奋斗一生的热爱的中国。他的一切后事都由汪孟邹老先生操办，吴似鸿、钱杏邨、杨邨人、楼适夷、汪孟邹、陈啸青等，为蒋光慈送葬到江湾上海公墓，公墓名字用蒋资川，号码777。

直到蒋光慈病逝、落葬，皖西老家既没信息，更没人来。对此，吴似鸿一直耿耿于怀。关于此事，20世纪80年代吴似鸿有一段回忆：1953年浙江省文化局派了一位同志到上海接我，安排我在杭州养病。这时，蒋光慈的侄儿蒋成思[2]为光慈的版税问题来找我。我很不高兴，问他为什么光慈病危时打电报给老家，你们竟一个人也不来？蒋成思解释说，那个时候，安徽老家也被国民党查抄，家里的人都躲到别处去了。了解情况后，吴似鸿终于释然。原来，当蒋光慈在上海的

---

① 由于吴似鸿生活无定，蒋光慈的遗嘱一直由亚东图书馆保存，汪孟邹去世后，由其侄子汪原放保管。
② 即蒋业勤，蒋光慈大哥蒋儒谦三子。

病榻上、在死亡线上挣扎的时候，此时老家也被敌人抄家，家人四处星散。而且也就在这一年，蒋光慈两位淳朴忠厚的兄长以及两个侄子，先后死于非命。这四人死亡详情史无记载，只留下了蒋从甫老人"怕临残境发忧白，每到伤心泪滴红"等诗句。因为"宣传赤化的暴徒"蒋光慈，蒋家所受的沉重迫害可想而知。

三、吴似鸿继续从事进步文艺活动

蒋光慈去世后，吴似鸿失去依靠，亚东图书馆每月照顾她 30 元，给她生活和养病。她协助沈兹九编辑《申报》副刊《妇女园地》，写些文章赚点稿费。其短篇小说《丁先生》，颇得鲁迅先生的赞赏。1932 年年初，吴似鸿化名苏虹参加了中国左翼美术家联盟（简称"美联"）。"美联"书记黄日东，上海美专的学生，比吴似鸿小 4 岁，对吴似鸿展开大胆的追求，痛苦与孤寂中的吴似鸿接受了他的爱情。"两人的幸福并不长，担任美联总干事的于海让吴似鸿带一封信给黄日东，信中表示：他也爱吴似鸿。黄日东看后，勃然大怒，吴似鸿再怎样解释，他也不听，独自去了日本，不久，黄日东在日本因肺病剧发，在医院猝然去世，只有24 岁。此时，吴似鸿已经怀孕三个月，1933 年 7 月 3 日吴似鸿在上海红十字医院生下一子，取名小鸿"①。小鸿学名吴强，他在动荡的岁月，随母亲在艰难困苦中长大，新中国成立后参加了中国人民解放军，后在重庆市歌剧团工作。

1932 年 8 月，吴似鸿与郑野夫、陈卓坤、陈学书等青年美术家发起成立野风画会，又称野风社，是"美联"为开展活动而建立的一个团体，会址设在江湾路公园坊 24 号。野风画会的名称，取自"野火烧不尽，春风吹又生"诗句，象征不屈不挠的革命斗争，美术创作的对象主要是工人和城市贫民。鲁迅先生对野风画会的成立非常关心，不仅捐资助会、为会员讲学，还特请蔡元培为画会题写匾额。鲁迅一次来野风画会讲演，由吴似鸿负责记录，她第一次近距离接近久已仰慕的大作家，留下了深刻印象。野风画会在 1932 年 11 月，发起联合上海、南京、杭州等地各美术院校同学，在上海新世界大楼举行"为援助东北抗日义勇军联合画展"，画展内容突出揭露日帝侵华罪行，歌颂东北抗日义勇军的英勇战绩，号召人民群众积极投入抗日救国运动。

抗战爆发后，吴似鸿积极参加抗日救亡的演出等活动。1937 年，她参加了上海左翼电影戏剧工作者组织的赴绥远前线慰劳团，慰问以傅作义将军为首的抗

---

① 丁言昭. 他们曾遇见萧红［J］. 新文学史料，2021（4）：20 - 26.

日将士。上海沦陷后，吴似鸿流亡到香港、桂林、重庆等地，发挥其文艺特长，继续从事抗日文艺宣传活动，并在《新华日报》《妇女生活》等报刊上发表了许多宣传抗日的小说、散文、戏剧作品，其中《北上劳军日记》是她这一时期的代表作。

1941 年 5 月，吴似鸿到香港避难，找到了教书的工作。吴似鸿在香港期间，曾两次见过萧红，但都没有说过话。一次是在皇后大道的商务印书馆中看到萧红正在看书，"脸色很温和，头发扎成辫子，盘在脑后，身上穿着浅色的西服，显得年轻又美丽"[①]。萧红身边有一位男士也在看书，因为吴似鸿没有见过端木蕻良，不确定是不是他。还有一次是在玛丽医院，当年史沫特莱帮助萧红接洽住进玛丽医院，萧红在医院里完成《小城三月》。舞蹈家戴爱莲与萧红住在同一家医院，吴似鸿去看望戴爱莲时，戴爱莲对吴似鸿说："萧红在隔壁，你去看看她吗？"吴似鸿来到萧红的病房，那是个单人病房，萧红正蒙头睡觉，床边放着一双大红皮拖鞋，吴似鸿没有进去打扰。1942 年 1 月 22 日萧红去世，直到半年后吴似鸿才知晓，她深以没有等萧红醒来与之交谈为憾。日军占领香港，吴似鸿回祖国之前，来到萧红坟前，默默地向她告别。

1946 年，吴似鸿在重庆参加中华文艺界联合会，继续从事专业创作。其间，吴似鸿与原中央大学教授李崴同居，1950 年生下她和李崴的儿子。四川解放后，吴似鸿一度在西南文联任职，在西南文联负责人、作家沙汀帮助下，他和李崴来到上海。由于吴似鸿和李崴性格不合而离婚，吴似鸿带着孩子回到了杭州，自此在浙江文联工作。1953 年冬，吴似鸿返回故里，寓居州山柯桥，直至 1990 年 4 月 26 日在柯桥逝世。吴似鸿曾写《忆念达夫先生》《萧红印象记》《怀念南国社导师田汉》《记许地山先生》等珍贵回忆文章，在杭州《西湖》杂志发表。1984 年，吴似鸿的长篇回忆录《浪迹文坛艺海间》，由浙江人民出版社出版。1992 年，吴似鸿著《我与蒋光慈》，由广西教育出版社出版。吴似鸿笔下的蒋光慈是一个温文尔雅、乐善好施的革命作家。

四、吴似鸿为蒋光慈身后事操劳奔波

抗战时期，日军占领上海华界，要把江湾上海公墓平掉改建飞机场，勒令各坟主迁移坟墓。那时吴似鸿已流亡香港。亚东图书馆老板汪孟邹是蒋光慈的忘年

---

① 丁言昭. 他们曾遇见萧红［J］. 新文学史料，2021（4）：20-26.

交，从蒋光慈重病入院、离世、安葬乃至灵柩迁移，始终都是他在关照。汪孟邹得到迁坟消息后，便请可靠人把蒋光慈的灵柩迁移到庙行安徽同乡会公墓，仍用蒋资川的名字。这位可靠的迁移人是一位地下党员。后来汪孟邹告诉吴似鸿说："当时我告诉迁移人，这口灵柩是作家蒋光慈的，你把 777 的标签指在墓前，以便将来容易找到。"

　　新中国成立后，吴似鸿被安排在浙江文联工作，生活安定下来。她写信给中央文化部，请求给蒋光慈择地安葬。不久，中央文化部复信，同意她的要求，并通知上海市文联办理此事。上海市文联为此在报上刊登启事，宣布蒋光慈遗灵安葬的时间、地点，通知其生前亲朋好友参加安葬仪式。蒋光慈没有子嗣，吴似鸿提前两天赶赴上海，参与迁坟事宜。蒋光慈灵柩的棺木已经霉烂，上海市文联买了一口新棺木，把他的遗骨捡到新棺木中，于 1953 年 5 月 23 日迁葬于虹桥公墓。夏衍请陈毅市长为蒋光慈的墓碑题名，"作家蒋光慈之墓"七个大字苍劲浑厚，这是对逝者的最大慰藉。

吴似鸿摄于蒋光慈墓前（出自《我与蒋光慈》）

　　"文革"期间，吴似鸿被造反派揪斗，行动被监视，无法去给蒋光慈扫墓。她从邻居那里听说，上海的公墓都被造反派平掉了，焦急万分。1973 年，吴似鸿初步得到"解放"，可以自由行动了，便来到上海虹桥公墓探个究竟。那里所有坟墓和墓碑都不见了。吴似鸿赶紧给上海市委写信。上海市委回信，让她去询问上海市民政局。上海市民政局有一位工作人员读过蒋光慈的书，了解他的情况，答应帮助找寻蒋光慈的棺木。吴似鸿留下地址回到绍兴等候消息。过了一段时间，上海市民政局来信，蒋光慈的棺木已找到，请吴似鸿去上海面谈如何安置。上海市民政局和吴似鸿最终商定把蒋光慈遗骨火化存放。

"四人帮"倒台后，古稀之年的吴似鸿给中央文化部写信，叙述蒋光慈骨灰存放情况，建议把蒋光慈骨灰存放到革命公墓。1981年，蒋光慈骨灰被存放入上海龙华革命烈士陵园，他所写的一首诗歌《诗人的愿望》被镌刻在陵园内烈士诗碑林上。

蒋光慈的情感外篇

一、苏联女孩安娜

1921 年 5 月，蒋光慈前往苏俄留学。这个留学机会对蒋光慈来说意义非凡，他先前对苏俄革命的了解仅凭借于书本和报刊，如今是亲身体会感受。在留学期间，蒋光慈为了更好地融入于异国他乡，奋力学习俄语和有关马克思主义学说，大量阅读名家的著作学说，积极参加各种社会活动。正是这三年的留学经历，让蒋光慈见识到了十月革命的伟大光辉和国际意义，创作了大量的诗歌来歌颂十月革命和列宁。

蒋光慈在莫斯科留学的时候，结识了一个苏联女孩安娜，安娜对他悉心照顾，并且向他委婉表明了爱意。蒋光慈和吴似鸿婚后，曾告诉吴似鸿："我在苏联读书的时候，爱过一个俄国姑娘，她叫安娜，我回国时，安娜要跟我来中国。我想回国后自己的生活也没有着落，所以我没有把她带来中国。"① 1921 年和 1922 年年初，肆虐苏俄的大饥荒是 20 世纪最严重的人类灾难之一，这次大饥荒的主要原因是严重的旱灾，广大人民处于饥饿之中。外国留学生虽享受和红军战士同样的生活待遇，但每天也只不过一块巴掌大的黑面包和几个劣等土豆。

---

① 吴似鸿. 我与蒋光慈［M］. 南宁：广西教育出版社，1992：42.

蒋光慈应该算是幸运的。因为有一个叫安娜的美丽俄罗斯姑娘，在悄悄地关心他。"安娜是莫斯科师范专科学校的学生。1922 年'五一'劳动节，东方大学学校的学生和莫斯科师范专科学校的学生联欢时，蒋光慈认识了她"①。苏联政府号召共青团要关心外国留学生，帮助他们顺利度过眼前苏维埃面临的经济困难。安娜就用省下的面包票，买面包送给蒋光慈："乌特金（蒋光慈的俄文名）同志，请吃吧。"这令蒋光慈艰苦的留学生活充满温情和友谊。蒋光慈留学时沙眼病复发。沙眼病曾经是皖西大别山人常见的一种眼疾，很难治愈。所幸苏联的医疗技术条件能根治这种病，他在莫斯科医院里接受电火烧死病菌手术。安娜陪他度过手术剧烈的疼痛和双眼被纱布蒙住的黑暗时刻，两个年轻人很快成了无话不说的朋友，这算是蒋光慈真正意义上的初恋。

初恋总是难以圆满的，很快就到了 1924 年夏天，蒋光慈要回国了。一心爱慕蒋光慈的安娜表示愿意跟蒋光慈一道回中国，但蒋光慈想到多灾多难的中国，自己将在火热的战斗中生活，时刻有生命危险，不能连累她，且不忍心安娜跟着自己背井离乡，所以就独自挥泪登上了回国的列车。蒋光慈作于 1924 年 7 月的诗歌《与安娜》《怀都娘》，为自己的初次恋情留下了痕迹。"都娘"，苏联首都的姑娘，指的就是安娜。

蒋光慈初到苏联时记挂着国内的宋若瑜，曾给宋若瑜写过信，后来因宋若瑜的地址变更而失去联系。在蒋光慈和安娜那段短暂而模糊的恋情当中，他的心底深处，有那么一个位置属于宋若瑜，以至于后来毅然同安娜分手也有宋若瑜的因素在里面。

二、蒋光慈与陈锡贤的短暂情缘

自宋若瑜去世到蒋光慈与吴似鸿同居前的三年多时间里，瞿秋白、郁达夫、钱杏邨等挚友都曾为蒋光慈介绍过对象。蒋光慈要么婉言推辞，要么与对方短暂相处无果而终。其中，陈锡贤是郁达夫为蒋光慈介绍的女友，她是王映霞（时为郁达夫女友）的同窗好友。对于蒋光慈丧偶，郁达夫颇感同情，便于 1927 年 3 月将陈锡贤介绍给他。这在郁达夫的《郁达夫日记》和《王映霞自传——郁达夫前妻的回忆》中均有记载。陈锡贤时在上海坤范女中任教，王映霞在上海即寄居在陈锡贤的宿舍里。《郁达夫日记》1927 年 3 月 24 日有这样记载：

---

① 马德俊 . 蒋光慈传［M］. 合肥：安徽人民出版社，2001：71.

先打算上印刷所去看出版部新出的周报《新消息》的，后来因为路走不通——都被帝国主义者绝断了——只好绕过新闸桥，上映霞那里去，因为她寄寓的坤范女中，就在新闸桥的南岸。

上坤范去一打听，知道陈女士和她已经出去了，所以只好上蒋光赤那里去问讯。上楼去一望，陈女士和映霞，都坐在那里说话，当然是欢喜之至。和她们谈到五点钟，就约她们一块儿的上六合居去吃晚饭，因为雨下得很大，又因为晚上恐怕回闸北不便，所以饭后仍复和她们一道，回到蒋光赤的寓里，又在电灯下谈了二三个钟头的闲天。[①]

据吴似鸿在《我与蒋光慈》中回忆，陈锡贤是浙江萧山人，曾是吴似鸿在绍兴女子师范读书时的老师。陈锡贤在坤范女中任体育教师，她身材高大，待人和气。蒋光慈与陈锡贤初期感觉很好，郁达夫曾写信给王映霞说大约蒋先生已经拜倒陈锡贤裙下了。然而，四一二反革命政变后，大量共产党员遭屠杀，陈锡贤立刻与蒋光慈疏远。这段没有结果的爱情被蒋光慈写成中篇小说《野祭》，成为"革命＋恋爱"模式的开篇之作。究其原因，有白色恐怖的时代因素，有王映霞所说的"大概是没有缘分吧"，也有蒋光慈心中"瑜妹情结"的作祟。"蒋光慈心中存有宋若瑜这把美丽、妩媚、苏维亚般高洁的'标尺'。他将所接触的女性拿这把'标尺'一衡量，就很难得到较高的满意度了"[②]。正因为如此，蒋光慈很难在婚恋上辟出一条坦途。

蒋光慈作于1929年2月16日的一首叙事诗《给某夫人的信》，集中地表达了他的婚恋观。该诗长达128行，共4章32个诗节，叙述了"我"与某夫人在汉江、上海两地，从相识、重逢、相交、分手的交往过程。这首诗歌表达的是无产阶级人生观、爱情观：在阶级斗争激烈、人民生活于水火时代，不能单纯追求个人享乐，而应以劳苦大众利益为重；选择爱人不能选择像"某夫人"那样的爱慕虚荣、缺乏革命精神的庸俗者。抒情主人公"我"显然有蒋光慈的影子，"某夫人"可能实有其人，那时的蒋光慈是一位颇有成就的青年作家，身边不乏追求者。但是这些仰慕者，与蒋光慈心中的"苏维亚"——宋若瑜相比较，则黯然失色。

---

① 郁达夫. 新生日记［M］//丁言昭. 郁达夫日记. 太原：山西教育出版社，1998：93.
② 徐航，吴腾凰. 明月为君侣：蒋光慈的情感历程［M］. 重庆：重庆出版社，2008：117.

三、蒋光慈与罗珊、王彬、H 女士的交往

关于蒋光慈与罗珊、王彬的交往，都是吴似鸿在《我与蒋光慈》著作中提到的。吴似鸿在蒋光慈的抽屉中无意发现罗珊给蒋光慈的一封信，吴似鸿知道罗珊原先是复旦大学的学生，还在田汉家见过她一面。吴似鸿疑惑地打开信，罗珊的信是这样写的：

> 我亲爱的哥哥，听说你同吴似鸿结婚了，吴似鸿是田汉的第七个姨太太，且满身长着杨梅疮的坏女子，你怎么同这样的坏女子结婚呢？我的心碎了。

下面画着一颗心，心的中间穿一支箭，心下滴着血。信最后又写着："我吻你！"画两片嘴唇表示接吻，又画一个安琪儿，署名：你的安琪儿罗珊。这样一封对吴似鸿诽谤的书信，自然令她伤心不已，但她把信件放了回去，没有向蒋光慈提起这封信。足以可见，吴似鸿对蒋光慈的信任和她大度的心胸。

宋若瑜去世后，蒋光慈单身一人，此时他已是上海滩颇有名气的革命作家，慕名追求者接踵而至。罗珊为其中之一，她主动给蒋光慈写信，约他在咖啡店见面。蒋光慈与罗珊曾经谈过恋爱，亚东图书馆的陈啸青后来告诉吴似鸿："光慈曾带来一位叫罗珊的姑娘，问我们是否合适做他的夫人？"蒋光慈与罗珊由交往而发展的恋情，因汪孟邹老先生和陈啸青都不赞成而作罢。就在蒋光慈与吴似鸿结婚的当年夏季，罗珊曾来信约蒋光慈见个面，蒋光慈征得吴似鸿的同意才去赴约。

蒋光慈与王彬的交往，则是他自己告诉吴似鸿的。蒋光慈把王彬给他的一封信，坐在椅子上念给吴似鸿听：

> 光慈兄：我已从日本来到汉口，听说你已和吴似鸿结婚了，如果是事实，那么你就爱吴似鸿。如果消息传错，我去上海和你结婚。王彬。

蒋光慈能当着吴似鸿面读王彬来信，说明他与王彬之间是清清白白的。王彬是沈西苓女朋友，蒋光慈在日本治病游学时沈西苓也在日本留学，两人情趣相投成为好友，经常在一起谈论文艺、相约外出看戏。据《异邦与故国》1929 年 9 月 27 日载："我今天去找沈叶沉君同去看戏，可是他的女朋友刚从中国来到，没有空闲"。"叶沉"是沈西苓笔名，蒋光慈与沈西苓、王彬及其他朋友一起到山上去游玩，而认识王彬。吴似鸿逼问蒋光慈，既然她是沈西苓女朋友，为什么向你求婚？蒋光慈坦荡地说："沈西苓是我的朋友，我怎么可以夺朋友的爱人，我从

没有向她表示什么。当然，对进步女子表示好感是有的。"蒋光慈推论，也许沈西苓是个麻子，王彬不爱他。1935 年，吴似鸿在沈西苓姐姐沈兹九家里见到沈西苓，他的确是个麻子，当时他在上海电影公司当导演，还是一位左翼戏剧工作者。沈兹九告知吴似鸿，沈西苓因小时候出天花成了麻子。蒋光慈的推论不无可能，王彬也是当时蒋光慈的崇拜者之一。

这里有必要探讨一下蒋光慈对沈西苓的影响。沈西苓（1904—1940），原名沈学诚，浙江省德清人，20 世纪 30 年代中国著名的电影、戏剧艺术家。早年就读于浙江甲种工业学校，考取官费留学生，入东京美术专门学校学习绘画，与日本戏剧家秋田雨雀、村山知义交往甚密，使他在艺术上有所升华。1928 年，沈西苓应校友夏衍的邀请，回国在上海美术专科学校和中华艺术大学任教。当时，正值大革命失败，反动政府疯狂镇压共产党组织。白色恐怖笼罩着社会，令沈西苓十分痛心，不久又再次到日本留学。

沈西苓在蒋光慈的《异邦与故国》中出现有六次之多，被蒋光慈视为"最好的朋友"钱杏邨也只出现五次。共同爱好文艺以及对现实政治的关注，是蒋光慈与沈西苓深度交往的基础。《异邦与故国》中关于蒋光慈与沈西苓的首次记载，是两人在一起讨论日本社会活动家、政治学家大山郁夫的话题。从日记所载内容看，两人居住地应该相距不远，因为他们能够经常晚饭后相约外出。如此密切频繁的交往，沈西苓耳闻目睹蒋光慈在日本所从事的革命文艺活动，对他以后走上左翼文艺道路有一定的影响。沈西苓回国前特地向蒋光慈道别，《异邦与故国》1929 年 10 月 13 日载："晚间沈叶沉君来了。他说他预备后天动身回到上海去。我告诉了他一点关于中国近来文艺界的情形。他想回国后做一点艺术运动。我劝他说道，如果他是从事图画的，那他应当画几张革命的画出来；如果他是从事文学的，那他应当做出几篇革命的小说或诗歌出来；空喊，唱高调，而不务实际的行动，那是一点儿用处都没有的呵！"不能不说，蒋光慈为沈西苓的文艺道路指明了方向。

"沈西苓以一个典型的文艺青年形象回到了上海滩，除了继续在大学任教外，还翻译外国文艺作品和撰写文艺评论，并积极投入由共产党领导的左翼文化活动"[①]。1929 年秋，沈西苓与夏衍、冯乃超等组织上海艺术剧社，从事左翼戏剧运动。1930 年 2 月沈西苓在蒋光慈主编的《拓荒者》第 2 期上发表了一篇名为

---

① 蔡理．沈西苓，左翼文化的卓越勇士［J］．上海采风，2017（12）：28 - 31.

《最近世界美术运动的趋势——及站在 Proletariate（无产阶级）的立场上批评》的文章，文中对资产阶级国家美术运动进行了历史的梳理，说明普罗主义的来临，并表示艺术是大众的，应当启发民众、领导民众。紧接着，沈西苓和中华艺术大学的同事许幸之等人发起成立了中国第一个左翼美术团体——时代美术社，许幸之任社长，有力地推动了左翼美术运动的发展。1930 年 3 月 2 日，沈西苓参加左联成立大会。沈西苓和夏衍等左翼人士在白色恐怖笼罩下的上海，不惧淫威，在地下党组织的帮助下，勇敢地运用戏剧、电影的武器，创作和导演了《保卫卢沟桥》《女性的呐喊》《船家女》《十字街头》等优秀话剧和电影，唤起了中国人民反压迫、反剥削的斗争热情，使沉睡中的人民在黑暗中觉醒。

全面抗战爆发后，沈西苓走上抗日前线，穿行于枪林弹雨之中，参加战地新闻片摄制工作，相继导演了《在烽火中》《罗店血战》《民族万岁》等话剧，宣传抗战爱国。1939 年 9 月，沈西苓完成了抗战题材电影《中华女儿》。沈西苓能编善导，能诗善画，又会翻译，是个全才进步艺术家。1940 年 12 月 17 日，沈西苓因伤寒病逝于重庆，年仅 36 岁。蒋光慈与沈西苓的朋友之谊，在现代文坛值得书写一笔。

关于蒋光慈与 H 女士的交往，见《异邦与故国》1929 年 10 月 17 日日记中蒋光慈与客人交谈回忆时留下的零星信息。日记中所提到的 H 镇应是武汉三镇之一的汉口镇，从所记载的时代背景看，蒋光慈与 H 女士的短暂交往发生在 1927 年夏的武汉。和安娜、陈锡贤、罗珊一样，H 女士是蒋光慈情感历程的一朵小浪花，淹没于蒋光慈内心深处对宋若瑜爱的海洋里。

第八章

蒋光慈革命文学的历史价值及其当代意义

第
一
节

蒋光慈革命文学的历史价值

正确评价作家作品的文学地位，应该把其放在当时的社会历史背景下加以考察。把作品所描写的内容与所处的时代对照起来，来考察作品在当时的历史条件下发挥了怎样的社会作用，才能给予客观的评价与地位，这是历史唯物主义的态度。蒋光慈是20世纪二三十年代一位畅销书革命作家，他的作品广为传播，拥有广大读者群。在新民主主义革命前期，蒋光慈革命文学发挥了重要的社会作用，突出表现在两个方面。一是蒋光慈革命文学有着巨大的鼓动力，是"为光明而奋斗的鼓号"。二是蒋光慈革命文学跳动着时代的脉搏，自觉迅速地反映革命斗争的题材，是"中国革命史上的一个证据"，在时代的召唤下，由阅读蒋光慈的作品而投身革命的青年不乏其人。

一、"为光明而奋斗的鼓号"

20世纪20年代中国黑暗的社会现实，令广大进步青年陷入了巨大的苦闷之中。"革命"一词为追求理想而苦闷颓废的心灵，提供了巨大的抚慰和鼓动。蒋光慈既是这一时代环境造就出的忠实的革命信徒，又是革命的得力宣传者。在革命的征途中，蒋光慈选择他最擅长的武器"笔杆子"。其革命文学作品为广大进步青年指出光明的前途，成为他们"为光明而奋斗的鼓号"，发挥了最大的革命宣传鼓动功能。

"为光明而奋斗的鼓号"出自蒋光慈《〈鸭绿江上〉自序诗》："我是助你们为

光明而奋斗的鼓号，当你们得意凯旋的时候，我的责任也就算尽了！"诗人吹响号角、擂起战鼓，为人们的革命斗争呐喊助威，直至革命胜利。蒋光慈以文学作为战斗武器，在革命的烽火中广泛传播红色种子，为无产阶级革命事业的胜利贡献了一己之力。

在运用文学武器的过程中，蒋光慈从马列主义文艺理论最初译介，无产阶级革命文学理论构建，革命文学创作，革命文学社团创建，苏俄革命文学翻译引进，红色期刊编辑等，多维度、全方位宣传革命思想，鼓动人们的革命情绪，造就时代战士。他甚至借作品中人物把自己宣传革命、鼓动革命的文学主张表达出来。如《菊芬》中菊芬对江霞所说的话："一篇好的革命文学的作品，比一篇什么宣传大纲的效用还要大呢。现在一般青年大部分都喜欢看文学的书，若你能用文学的手腕，将他们的情绪鼓动起来，引导他们向革命的路上走，这岂不是很要紧的事

蒋光慈
（出自安徽党史方志网）

吗？这岂不是你对于革命的贡献吗？""我的思想之所以有今日，你实在有很大的功劳。"事实证明，蒋光慈的革命文学作品造就了千万个菊芬一样的战士。

蒋光慈在苏俄留学三年时间，比较全面地接受了正规的马列主义理论教育；回国后，便向国人初步译介宣传列宁、斯大林理论著作，对列宁、斯大林著作在中国的传播做出了较早的贡献。蒋光慈还运用早期理解的马列主义文艺理论，撰写《无产阶级革命与文化》《现代中国社会与革命文学》《关于革命文学》等一系列革命文艺理论文章，积极倡导无产阶级革命文学。他自觉地站在时代前面，承担起时代交给革命文学家的使命。

一部《新梦》诗集，犹如一声进军的号角，一阵催征的战鼓，以强劲的革命呐喊冲击着中国诗坛，展示了早期中国共产主义知识分子的赤心。由《新梦》开创的追寻革命、改造社会的主题抒唱，到蒋光慈归国之后的诗集《哀中国》仍然延续着，他继续创作热情澎湃的红色鼓动诗来鼓舞人们。看到满目疮痍的社会黑暗现实，蒋光慈改变中国现状的心情更加迫切、信念更加坚定，大声疾呼、号召无产者联合起来："从那命运幸福的人们之宝库里，夺来我们所应有的一切"

（《我是一个无产者》），如一尊红色战鼓，鼓舞广大无产者为光明、为幸福而战斗。

与此同时，蒋光慈以契合人们自身感受的小说创作，激励人们投入血与火的革命斗争。他陆续创作了《少年飘泊者》《冲出云围的月亮》《咆哮了的土地》等十多部小说作品，开创了中国革命小说的先河。《少年飘泊者》以五四运动后的中国社会为背景，写地主军阀猖獗、残酷压迫人民，写孤儿汪中由乡村而城市、饱受苦难、最后投身革命光荣牺牲。小说鼓舞了广大读者的革命情绪，点燃了人们埋藏在心底的革命火种，社会意义非比寻常。《短裤党》是第一部表现中国共产党领导工人阶级武装斗争的小说，以宣传、鼓动性见长，为中国无产阶级武装斗争做一番革命的铙吹。

我国新民主主义革命是无产阶级领导的，以工农联盟为基础的，人民大众的，反对帝国主义、封建主义和官僚资本主义的民主革命。在这支强大革命队伍的形成和壮大过程中，进步的小资产阶级知识分子大量涌入，成为革命队伍重要组成部分。这些小资产阶级知识分子，处于觉醒之后无路可走的迷惘与彷徨之中，在思想上需要向无产阶级转化。蒋光慈十分了解当时青年知识分子的实际情况，在作品中感同身受地写出他们思想的转变以及对于道路的选择，从而引起广大青年读者的共鸣，特别在知识青年中引发巨大反响，鼓舞他们加入革命队伍。因此，蒋光慈小说的主人公大多是青年知识分子，作者在这些人物形象身上倾注了最多的情感。

《野祭》中的章淑君，最初对革命的向往，不免带有小资产阶级的浪漫成分。但经过自身的观察和思索，最终投身革命并献出年轻的生命。这是蒋光慈小说中早期进步青年知识分子所走的道路。随着中国革命的进一步发展，以及党的引导、现实的教育，许多小资产阶级革命青年，逐渐摆脱苦闷、幻灭的阴影，开始走向工农大众，踏上光明之途。《冲出云围的月亮》中的知识女性王曼英，从革命低潮时不甘失败的挣扎，到毅然脱下知识青年衣衫，换上工装当纱厂女工，成为工人运动的积极参加者。《咆哮了的土地》中知识青年李杰，是一位走上与工农相结合道路的小资产阶级革命青年典型形象。作为地主家庭的逆子贰臣，他投身于工农大众的革命斗争，在组织和发动农民的过程中，自觉地从生活习惯、阶级立场、思想感情等方面克服自身的弱点，把自己改造和锤炼成为真正的无产阶级战士。

社会政治革命不同于思想革命，它需要动员千千万万的人们，组成浩浩荡荡的革命队伍，才能打碎旧的统治机器。蒋光慈小说激励了广大进步的小资产阶级知识分子投入革命潮流，不断克服自身弱点，走上与工农相结合的道路，从而壮大无产阶级革命队伍，彰显文艺作品中青年形象的价值引领性。

以文学做武器，为无产阶级革命斗争呐喊、高歌，始终是蒋光慈革命文学的不倦追求。只要能鼓舞、引导广大青年走上革命道路，哪怕是"粗暴的叫喊"也在所不辞，他在意的是作品的战鼓和号角的作用。他一再说明："我不过是一个粗暴的抱不平的歌者，而不是在象牙塔中漫吟低唱的诗人。"可以说，蒋光慈革命文学即便有些粗糙的地方，也有其相当的意义，因为其作品里的每个字符，都是中国革命的种子。

在革命文学的探索中，蒋光慈冲破了当时文坛上盛行的唯美主义的藩篱，扩大了新文学的题材，表现了新的主题，塑造了新的人物。蒋光慈的作品是革命文学传播的特殊标本，畅销一时，带来了革命思想的广泛宣传、人民革命情绪的大力鼓动，很好地发挥了文学在无产阶级革命斗争中的"鼓号"作用。"许多的青年，因着他（指蒋光慈——引者）的创作的鼓动，获得了对于革命的理解；走向革命"[①]。

二、"中国革命史上的一个证据"

蒋光慈曾于《〈短裤党〉写在本书的前面》中说："本书是中国革命史上的一个证据"，这句话单就《短裤党》而言的，移作蒋光慈革命文学的评价也不为过。任何价值判断都不能脱离具体的历史情境，20 世纪二三十年代的中国，文学与革命的联姻是历史与现实情境的必然选择，符合当时中国社会的实际需要。蒋光慈革命文学自觉迅速地反映革命斗争题材，在当时成为引导众多进步青年走上革命道路的"灯塔"，历史意义非比寻常。

（一）自觉迅速地反映革命斗争题材

蒋光慈的作品是和无产阶级革命共生命的。从早期对马克思主义理论的译介传播，到诗集《新梦》的出版，从介绍俄罗斯文学到《少年飘泊者》《咆哮了的土地》等小说的畅销，都体现了无产阶级革命与文学的结合，也正是这些革命文学作品鼓舞了大批青年走上了革命道路。

---

① 方英. 在发展的浪潮中生长　在发展的浪潮中死亡［M］//方铭. 中国文学史资料全编现代卷：蒋光慈研究资料. 北京：知识产权出版社，2010：81.

1925 年，中国无产阶级正在不断壮大，在党的领导下，革命斗争在全国迅速展开。出版于五卅前夜的《新梦》诗集，及时地配合了革命斗争的发展，表达了人民日益高涨的革命要求，给了当时进步青年以巨大的鼓舞和力量。《少年飘泊者》广泛而深刻地展示了从五四运动到二七大罢工以后这一历史时期的社会矛盾和斗争，力图表现由个人奋斗到参加集体斗争的全过程。汪中这个"百折不挠的青年"形象，极具时代色彩，他所走过的路，正是五四以后革命青年所走过的或者应该走的道路。通过这一人物形象，蒋光慈揭示了在黑暗的社会现实面前，人们要改变被压迫被奴役的命运，只有革命一条路可走。这对当时许多处于迷惘之中的青少年无疑是一个深刻的启示。小说写的是一个少年的觉醒，更是一个伟大民族的浴火重生。作品对五四时期学生反日运动、二七大罢工、北伐军东征等重大历史事件都有所表现，可以说是苦难深重的中华民族近代史缩影。

短篇集《鸭绿江上》收入《碎了的心》《鸭绿江上》《逃兵》等 8 个短篇小说，这些作品在一定程度上反映了五卅运动前后革命者和工人群众的斗争，反映了军阀混战下人民的苦难。蒋光慈小说紧跟不断发展的革命形势，从重大的社会革命和斗争中取材。1927 年年初，正当革命风云涌罩全国之时，蒋光慈以上海工人武装起义的事迹，用半个月的时间，奋笔疾书完成中篇小说《短裤党》的写作。小说成为我国新文学史上最早描述工人运动的一曲豪迈的颂歌、一首壮丽的赞美诗，也留下了早期工人武装斗争的珍贵的历史见证。

第一次国内革命战争时期，上海工人在中国共产党领导下，为响应北伐军的进军，推翻北洋军阀的反动统治，先后举行了三次武装起义。这一重要的历史事件，载入了中国革命斗争的战斗史册。蒋光慈把这一历史事件在小说中再现，站在无产阶级立场，以炽烈的革命感情，热情讴歌了中国工人运动史上这一震撼世界的革命壮举。《短裤党》正面描写了中国共产党领导下的上海工人第二次、第三次武装起义，再现了中国无产阶级武装斗争最初阶段的战斗风貌。作者在描绘革命风雷的同时，着力塑造了杨直夫、史兆炎等无产阶级革命斗争的领导者形象以及李金贵、邢翠英等一批工人形象，这些新文学史上最早出现的无产阶级革命英雄形象，闪烁着夺目的光辉。此外，作者还通过起义失败和再次起义胜利的描写，说明掌握革命武装的重要性。在蒋介石发动四一二反革命政变前夕，强调掌握武装的重要性，现实意义凸显。

大革命失败前后，蒋光慈的创作几乎都取材于当时历史事实，反映了那个

"黑暗代替光明"的现实社会，展现了阶级的历史大搏斗。诗歌《寄友》《写给母亲》，是反革命政变不久，蒋光慈创作的两首著名诗篇，前者写给战友，后者写给母亲，都采取直抒胸臆的抒情诗方式，倾诉了大革命失败后革命诗人的心声，打上了鲜明的时代烙印。中篇小说《菊芬》描写的是 1927 年四一二反革命政变后，中国革命处于低潮期间的革命者的思想、情绪和生活。《冲出云围的月亮》写大革命后期走上革命道路的知识青年王曼英，在革命受挫之后，思想迷惘，采取病态极端的复仇方式。王曼英最后在革命者李尚志的启发教育下，"冲出云围"，从事工人运动，成了皎洁的月亮，反映了大革命失败后知识青年的精神危机和复杂的心理动态。

在《十月革命与俄罗斯文学》中，蒋光慈称赞别德内依的叙事诗《乡下人》"在革命上的意义，就是一千篇的政治论文也抵不上！"蒋光慈的诗篇在中国革命史上也有着同样的意义。诗集《哀中国》有悲愤的哀号、理想的追寻，更有对社会罪恶的揭露和黑暗现实的反抗。1925 年 5 月 15 日，上海棉厂发生了日本资本家枪杀中国工人顾正红的事件。蒋光慈于 6 月 2 日写了一首题为《血花的爆裂》的诗歌，向争取自由而英勇献身的先烈表示崇高的敬意，召唤人民与内外敌人斗争，"起来罢，我们将祖国的敌人灭种！"《血祭》是为纪念五卅流血周年而作，诗人怒斥敌人制造的罪恶的"南京路上的枪声""沙基的累累的积尸""汉江的殷红的血水"，向人民高呼："敌人以机关枪打来，我们也以机关枪打去！我们的自由，解放，正义，在与敌人斗争里。"

1925 年 12 月 17 日，上海总工会副委员长刘华被军阀孙传芳秘密杀害，蒋光慈满怀悲愤写下悼诗《在黑夜里——致刘华同志之灵》，控诉反动军阀和帝国主义的暴行。刘华原是上海大学附中半工半读的学生，蒋光慈作为他的老师，向他传播十月革命思想，两人成为无话不谈的朋友。在 1925 年年初的上海日本纱厂工人大罢工斗争中，蒋光慈和刘华并肩战斗，蒋光慈主要负责宣传鼓动工作。刘华在斗争中不断成长，参加领导五卅运动，接着，当选为上海总工会副委员长。刘华的牺牲令蒋光慈悲愤难抑，写下这首悼歌："我的朋友，我的同志，我的战士，你虽死了，你虽惨死了，但你的名字在人类解放的纪念碑上，将永远地，光荣地，放射异彩而不朽。"在蒋光慈的诗文中，始终跳动着时代的脉搏。他总是以敏锐的观察，迅速地反映在党领导下的中国革命运动的进程，这些作品在一定意义上可说是 20 世纪 20 年代中国革命斗争生活的形象化反映。

1927 年 1 月，湖南农民运动在毛泽东的指导下蓬勃发展，全省农协会员达到 200 多万人，湖南成为全国农运的中心。大革命失败后，湖南工人阶级和农民阶级携手奋战，开展英勇的武装斗争。秋收起义的工农革命军，在毛泽东的领导下开辟了中国第一个农村革命根据地——井冈山革命根据地。这是我们党领导新民主主义革命走向胜利的一个重大历史转折。毛泽东的经典著作《湖南农民运动考察报告》以新闻式的事实叙述和评论，反映这一伟大历史变革，而蒋光慈则以艺术的创造，生动地把这一伟大历史变革再现在他的《咆哮了的土地》里。《咆哮了的土地》生动地反映了大革命前后农村革命运动的蓬勃发展之势，真实地再现了土地革命战争波澜壮阔的历史场面，可以看作一部土地革命的史诗。

蒋光慈始终恪守着革命文学是无产阶级革命事业的一部分的原则，以强烈的革命热情不断反映崭新的革命题材，从而成为"中国革命史上的一个证据"。对于人们认识中国革命的历史进程，有着重要意义。

（二）引导广大青年走上革命道路的"灯塔"

蒋光慈革命文学不仅描写了新民主主义革命时期中国人民反帝反封建革命斗争以及工农革命运动，而且在当时成为引导广大青年走上革命道路的"灯塔"，鼓舞了千万青年走向革命，历史价值非比寻常。

《新梦》出版于五卅前夜，对当时的知识青年起到了很大的震动和鼓舞作用。恰如蒋光慈的战友孟超 1960 年所回忆："在没认识他以前，我是早已被他的《新梦》等诗歌触发了革命的热情的，而且在当时不止我一个人受到他的激励，不少的青年也因为他昂扬的歌唱而得到鼓舞，迈上了革命的第一步。"[①] 蒋光慈的红色诗篇焕发出的精神力量，曾引导无数被压迫劳苦群众走向那光明的、正义的、公道的地方去。

《少年飘泊者》曾多次再版，汪中的形象鼓舞、激励了许多生活在黑暗牢笼中苦苦探索的青年，投身于滚滚的革命洪流中，给他们指出光明的理想前途，起到了良好的教育群众和宣传革命的效果。当时许多读者给蒋光慈写信，称他的这部作品似一盏路灯，为在黑暗中摸索的青年指明了前进方向。

《少年飘泊者》极大地助推了 20 世纪 20 年代中国社会的变革，众多有志之

---

① 孟超. 《蒋光赤选集》序言［M］//方铭. 中国文学史资料全编现代卷：蒋光慈研究资料. 北京：知识产权出版社，2010：305.

士如胡耀邦、习仲勋、陶铸、谭启龙、陈野苹、肖次瞻、曹志真等都是因它的影响而走上革命道路。胡耀邦在谈及文学作品对读者的影响时，特别谈到他和当时许多进步青年是受了蒋光慈的《少年飘泊者》等作品的影响而投身革命队伍的。在2008年中央文献出版社出版的《习仲勋传·上卷》中，详细记载了习仲勋正是因为读了蒋光慈的《少年飘泊者》才意识到只有推翻剥削阶级，才能够建立我们劳苦大众的新政府。陶铸说自己就是怀揣着《少年飘泊者》去参加革命的。中国社科院现代文学研究所张大明在《蒋光慈》一文中提道："一位文艺界的老前辈曾多次说过，他在延安鲁艺招生时，报考者都说，他们是读了蒋光慈的作品才走上革命道路的。另一位老同志曾亲自告诉我，她从贵州逃到四川读中学，因为读了蒋光慈的《少年飘泊者》和巴金的《家》，打动了心灵，受到启发，再加上其他因素的影响，便投奔延安，参加革命。"①

《少年飘泊者》还"极大地促进了中国新文学的发展，大批文学青年如陈荒煤、碧野、田间、柳青、吴强、鲁藜、袁静、黄谷柳、贾植芳、萧殷、杜埃、陈企霞、汪金丁、公木等，被它打动而矢志献身文学事业"②。文化部原副部长、左翼戏剧家陈荒煤，在文章中回忆少年时代读此书时的情景："堕入'无声的中国'，真是说不出的迷茫和郁闷！……我坚持着如饥如渴地读了我能得到的一切。蒋光慈的《少年飘泊者》使我感动得落下泪来。……文学确实成了我向往一个光明前途的灯火。"③ 一部作品能有如此社会影响力，无论在当时社会还是在当今社会，都是罕见的文学现象。

此外，朝鲜人民领袖金日成在其回忆录中也提道："尚钺先生第二次借给我的书是蒋光慈的小说《鸭绿江上》和《少年飘泊者》。我很感兴趣地读了这两部小说。特别是以叫李孟汉和云姑的朝鲜青年男女为主人公的小说《鸭绿江上》，给我留下了难忘的印象。"④ 金日成于1927—1930年在吉林省毓文中学学习，尚钺是其语文老师。文学是一盏明灯，引领人类走向光明，尚钺先生把蒋光慈的作品推荐给少年金日成阅读，帮助他进步与成长，令他终生难忘。

---

① 张大明.蒋光慈［M］//方铭.中国文学史资料全编现代卷：蒋光慈研究资料.北京：知识产权出版社，2010：363-364.

② 满建.亚东图书馆与《少年飘泊者》的畅销［J］.出版发行研究，2020（8）：106-111.

③ 荒煤.伟大的历程和片断的回忆——纪念左联成立五十周年［J］.人民文学，1980（3）：75-83.

④ 刘欢.金日成生前作文纪念老师尚钺：上课讲《红楼梦》［EB/OL］（2012-02-06）［2023-05-01］.https：//www.chinanews.com/cul/2012/02-06/3648507.shtml.

蒋光慈的革命文学创作始终如一地反映时代，捕捉时代风云，对时代潮流起到了推动的作用，为广大劳苦大众指明正确的道路。以胡耀邦、习仲勋、陶铸、陈荒煤为代表的数万青年，都是受到蒋光慈革命文学的影响而走上了革命的征途，他的作品实实在在成为"中国革命史上的一个证据"。蒋光慈的这些带有政治宣传性质的文字，尤其吻合当时的历史环境和革命需要。所以我们可以说，蒋光慈既是一个坚定的革命者，一个无产阶级革命革命文学先行者，也是一个革命的启蒙者。

第二节

蒋光慈革命文学的当代意义

在血与火的革命战争年代，蒋光慈革命文学是"为光明而奋斗的鼓号"，是"中国革命史上的一个证据"。在高度重视红色基因传承和弘扬的新时代，"敢为人先、坚守执著"的光慈精神构成大别山精神红色因子，蒋光慈革命文学是当代大学生重要的红色思政教育资源，还可以为大别山革命老区乡村振兴注入内生动力源。

一、"敢为人先、坚守执著"的光慈精神构成大别山精神红色因子

"红色的寓意是血和火，是代表革命的"①。红色基因是中国共产党人特有的革命精神，是我们党宝贵的精神财富。习近平总书记多次强调，要用好红色资源，传承好红色基因，赓续红色血脉。大别山区是马克思主义传播和党组织建立较早的地区之一。从中国共产党诞生到新中国成立，以大别山为中心的鄂豫皖三省交界地区，由中国共产党及其领导的武装力量和革命群众，用鲜血和生命锻造了"坚守信念、胸怀全局、团结奋进、勇当前锋"的大别山精神。大别山精神是红色革命精神之一。2021 年 9 月，党中央批准了中央宣传部梳理的第一批纳入中国共产党人精神谱系的伟大精神，大别山精神被纳入。

---

① 荣开明. 红色革命文化：内涵、特征与弘扬［J］. 中国延安干部学院学报，2019（1）：35－45.

千里大别山，"家家有红军，村村有烈士"。新民主主义革命时期，鄂豫皖大别山革命老区近百万人为国捐躯，用鲜血和生命书写了风云激荡的红色篇章，熔铸了光耀千古的大别山精神。蒋光慈成长之地——六安市金寨县，地处大别山腹地，是中国革命的重要策源地、人民军队的重要发源地。毛泽东主席曾指出，党的文艺工作"是无产阶级整个革命事业的一部分，如同列宁所说，是整个革命机器中的'齿轮和螺丝钉'"①。作为大别山之子，蒋光慈生于斯、长于斯，为无产阶级革命文学事业献出了年轻的生命，其"敢为人先、坚守执著"精神构成大别山精神红色因子。

（一）敢为人先、锐意创新，呈现的正是"勇当前锋"的大别山精神要义

蒋光慈开无产阶级赤色文学之先，对无产阶级革命文学创作理想的追求不屈不挠、持之以恒，在创作实践中敢为人先、锐意创新，呈现的正是"勇当前锋"的大别山精神要义。蒋光慈是一位才华横溢的革命作家，总体上属于青春写作，视野面比较宽，涉足社团组织、文学创作、文艺理论、翻译、编辑等多种革命文学活动。他把自己的一生，贡献给了无产阶级革命文学的开创事业。他带着激情努力探索把革命文学创作目的与创作手法很好结合起来的创作路径，有着众多的首创。

在20世纪20年代精英作家集中火力批判通俗文学时，蒋光慈为了扩大革命文学发行量以广泛宣传鼓动革命，敢于尝试引入一些通俗文学审美特质。他独辟蹊径，把通俗文学中才子佳人故事情节与革命这一先锋性内容融合在一起。作品中既有青年男女严肃紧张的革命斗争生活的描写，也有他们甜蜜爱情心理的描摹，革命者对异性的吸引往往源自精神层面。在文本语言上，蒋光慈借鉴通俗文学语言浅显易懂、多数人没有阅读障碍的特征，使他的革命文学语言面向大众，浅显直白，拙朴地表达革命理想与追求。他成功地使革命文学成为畅销书，实现了最大范围受众的广度。蒋光慈十年创作生涯，始终走在大胆尝试、勇于创新的路上。

蒋光慈清醒地认识到要实现无产阶级革命理想的胜利，必须最大可能地宣传鼓动广大劳苦同胞起来斗争。尽管其作品存在标语口号化、概念化等问题，但不可否认的是，随着蒋光慈革命文学的大量发行，革命思想得以广泛宣传，激励了

---

① 毛泽东.在延安文艺座谈会上的讲话［M］//中共中央文献研究室.毛泽东文艺论集.北京：中央文献出版社，2002：69.

众多有志青年走上革命道路，从而为无产阶级革命事业添柴加火。黄药眠在《蒋光慈选集》序里谈到，蒋光慈的作品在社会群众心里异常紧张的时候，以一个标语、一句口号似的创造，为正在苦闷而急于要获得一条出路的中国进步青年打开了一扇通向希望的大门，指明了革命的前路。这才是他赖以获得广大读者的热烈拥护的原因。[1]

蒋光慈为中国革命文学的发展呕心沥血，其作品始终引领着 20 世纪 20 年代中后期和 30 年代初期无产阶级革命文学的潮流。在无产阶级革命文学初建时期，蒋光慈这种勇往直前的胆略和魄力，开拓创新的意志和锐气，构成大别山精神不可或缺的红色元素。

（二）始终执著革命文学事业，深刻诠释了"坚守信念"的大别山精神内核

蒋光慈十年如一日，始终执著追求革命文学事业，坚定革命必胜的信念，始终坚守中国知识分子心系国家命运的情怀，赤胆忠诚为人民，深刻诠释了"坚守信念"的大别山精神内核。蒋光慈从芜湖五中到上海外国语学社，再到莫斯科东方大学，努力探寻救国救民真理，逐渐厘清马列主义才是拯救祖国的"真经"。1922 年 12 月蒋光慈光荣地加入中国共产党，成为中共旅莫支部早期党员之一。归国后，他按照党组织的指示，任教于红色学府上海大学。此时，中国历史的进程已处于大革命前夜，在思想文化战线上，无产阶级革命文学合乎时势地被提上了日程。蒋光慈应势发表多篇理论文章，阐述无产阶级文学存在的可能性与必然性，竭尽全力地为革命文学呐喊，成为早期共产党人中最先倡导革命文学的重要一员。

蒋光慈以坚实的创作实践，成为中国无产阶级革命文学先驱者。诗集《新梦》"简直可以说是中国革命文学著作的开山祖"，《少年飘泊者》为中国革命小说的发轫之作，对中国文学和中国革命进程均产生过深远的影响。诗集《哀中国》将愤怒之笔，指向暗无天日的旧社会，痛切地吟出了整个苦难中国的悲歌，表现了诗人铁骨铮铮的爱国情怀和对人民的深沉感情。蒋光慈主编的《太阳月刊》《拓荒者》等刊物，为革命作家构筑坚固阵地。他参与筹组左联，主持编印若干红色丛书，为 20 世纪 30 年代左翼文学的昌盛推波助澜，为革命思想的宣传担纲"喇叭手"。正如他在编选《中国新兴文学短篇创作选》时对无产阶级文艺

---

① 黄药眠.《蒋光慈选集》序［M］//茅盾.蒋光慈选集.北京：开明书店，1951：17.

进展情况的总结："目前，整个的新兴阶级文艺运动，是更加活泼起来了。它不但一天一天的与整个的新兴阶级政治运动很密接的配合起来，更具体的担负起它的对于新兴阶级解放运动的斗争的任务。"（《〈失业以后〉前言》）

此时，蒋光慈因《丽莎的哀怨》受到左翼文艺界的批评，因工作方式受到同志们的误解。但他没有辩解，没有消沉，不忘初心，在白色恐怖中为理想信念继续前行。由于《拓荒者》的激进思想，1930 年 5 月出至第 4、5 期合刊，被国民党文化机构查禁。面对反动当局的重压，蒋光慈在合刊的《编辑室消息》无畏地写道：

中国的白色恐怖虽然比之日本来得更为急激，最近，如艺术剧社的被封，与社员的被捕，学校的不断的被封闭，革命学生的成十成百的拘捕，文艺刊物的不断的被查禁，文艺组织的不能公开，一切一切，都表示白色恐怖的加紧，但是，我们一定是要突破这种种的压迫来进行我们的运动，同时，也要号召广大的革命的群众来参加我们的斗争，来扩大我们的宣传，来完成我们的解放运动。

这掷地有声的文字，代表了集合在左联旗帜之下左翼作家的共同心声，他们强烈抗议和反对国民党的"文化围剿"，也表达了蒋光慈等革命作家面对敌人的拘捕屠杀毫不动摇的坚定的革命意志。

1930 年年底，蒋光慈以惊人意志力在病痛中创作完成长篇小说《咆哮了的土地》，作者以其超前的透视眼光和坚定不移的政治理念，描写大革命前后大别山地区农村革命运动的风起云涌，最终农民起义武装奔向革命圣地"金刚山"。蒋光慈病逝前，还在着手构思一部农村女性走上革命道路的长篇小说，为革命文学事业战斗到生命最后时刻。他全身心地为党为人民写作，义无反顾，竭尽全力，直至生命的终结，用青春和生命诠释了"执着"品格。在蒋光慈留下的一百多万字诗文作品中，我们始终能感受到作者一颗为国为民的赤诚滚烫之心，为后世文化人树立了好榜样。纵然经历误解和委屈，他依旧初心不改，信仰如山，信念如磐，为"坚守信念"的大别山精神作了最好的注解。

蒋光慈这位大别山养育的优秀儿女，既是大别山革命文化的光荣和骄傲，也是新时代大别山区构建社会主义和谐社会进程中的一张文化名片。挖掘"敢为人先、坚守执著"光慈精神的红色因子，既是弘扬和传承大别山精神的一项重要内容，也是传承红色基因的一个有效方式。

二、当代大学生重要的红色思政教育资源

做好思想政治工作一直是我国高校教育教学和管理工作的头等大事。2017年2月，《中共中央、国务院关于加强和改进新形势下高校思想政治工作的意见》印发，提出高校思想政治工作体系贯通学科体系、教学体系、教材体系、管理体系，形成全员全过程全方位的育人大格局。做好新时代大学生思想政治工作，必须重视用好红色资源，赓续红色血脉。蒋光慈革命文学是在特殊时代背景下产生的文学作品，承载了一段光辉的历史，有着丰富的红色素材，政治色彩鲜明，宣扬了革命斗争精神、爱国主义、英雄主义、理想主义等主要内容。虽然其在文学价值方面存在一定的局限性，但是在当代社会发展过程中具有重要的时代教育价值，是当代大学生思想政治教育的有效载体。

（一）蒋光慈革命文学是当代大学生革命历史教育的一副营养剂

"青年兴则国家兴，青年强则国家强"，新时代青年大学生担负着民族复兴大任。在经济全球化、世界多极化、文化多样化和信息网络化的今天，各种文化交流、交融和交锋异常激烈，各种思想和文化观念相互激荡影响着青年大学生的世界观、人生观和价值观的形成与巩固。历史是最好的教科书，中国革命历史是涵养青年大学生优秀精神品格的营养剂。因此，对青年大学生进行革命历史教育，使他们从中国革命历史中汲取智慧和力量，显得尤为重要。蒋光慈革命文学始终紧密地联系着中国革命的战斗历程，对五四时期的中国人民反帝反封建的革命斗争、大革命时期的工人运动以及土地革命时期农民革命运动等红色历史，都进行了细致描述，对无产阶级与工农大众的优良精神进行了赞扬，不失为当代大学生理想的革命历史教育资源。

如前文所述，蒋光慈革命文学在历史建构与历史价值的追求方面取得了重要成就。其作品证明和展示了许多革命"历史"内容，诸如五四运动、二七大罢工、五卅运动、上海工人武装起义、大革命、土地革命等等，再现了众多历史画面和历史进程，预示了革命之后的胜利前景。虽然蒋光慈的作品从当时的历史环境和革命需要出发，带有政治宣传性质，但他没有放弃文学作品的审美建构。他时时尝试创新和超越，使其革命文学在革命历史建构和审美建构之间保持了一定的平衡与张力。

作为现代中国政治抒情诗的先行者，蒋光慈的诗歌激情不输郭沫若，他继承了郭沫若的直抒胸臆的抒情方式和豪放、恣肆、高朗的艺术风格。虽然艺术上有

些粗糙，但作为红色革命诗歌的早期探索者，蒋光慈以简单明快且极富鼓动性的诗情推动了一种新的审美风气。在"革命＋恋爱"模式小说中，蒋光慈对男女主人公之间的爱情进行了较细致的描写，把理想与爱情结合在一起，将理想作为最终的追求。这非常适合当代大学生阅读，青年人爱读恋爱的故事，他们在阅读中能得到启示，从而树立正确的人生观和爱情观。蒋光慈后期的诗歌、小说均出现了思想性与艺术性俱佳的成熟之作，具有很强的可读性。如其辞世之作《咆哮了的土地》，"革命"话语与"爱情"话语都具有特殊的审美气质，既呈现了人物心灵与精神世界，又与"历史"的宏大性和崇高感有着内在的联系，小说的历史美学、革命美学与个人美学得到了内在的契合，闪烁出思想和艺术的光彩。

因此，以蒋光慈革命文学作为红色思政教育资源，使青年大学生既能获取知识、愉悦心灵，又能从中窥见新民主主义革命前期中国革命历史概貌，了解中国共产党辉煌的奋斗历史，领悟红色政权来之不易。

（二）蒋光慈革命文学是当代大学生拼搏斗争精神教育的样本素材

习近平总书记指出："马克思主义产生和发展、社会主义国家诞生和发展的历程充满着斗争的艰辛。建立中国共产党、成立中华人民共和国、实行改革开放、推进新时代中国特色社会主义事业，都是在斗争中诞生、在斗争中发展、在斗争中壮大的。"[①] 讲话深刻阐述了在新时代发扬斗争精神的重大意义。高校作为立德树人的重要场所，要实现大学生斗争精神培养的目标，就需要把斗争精神融入思想政治教育的各个过程和各个环节。

斗争精神在血雨腥风的战争年代表现为与帝国主义、封建主义和官僚资本主义这些敌对势力"斗"，在和平年代表现为与反华势力"斗"，与新冠肺炎疫情"斗"……斗争精神一直是党和人民攻坚克难的强大精神力量，弘扬革命斗争精神既是红色基因传承的内在需要，也是解决现实难题的必然要求。当代大学生是国家的希望、民族的未来，是中国特色社会主义的接班人。但是，在我国特有的人口结构和较为激烈的人才竞争环境下，大学生拼搏斗争精神的培育遇到了挑战。受学业竞争压力大、互联网的发展以及社会中各种亚文化等因素影响，导致一些大学生崇尚所谓的"佛系""躺平"等理念，满足于现有状态，竞争、奋斗意识不足，缺乏拼搏精神，这与新时代的发展要求不相适应。因此，开展大学生

---

① 中共中国社会科学院党组. 在新的伟大斗争中赢得胜利［N］. 人民日报，2021 - 08 - 25（9）.

斗争精神的培育是高校思想政治教育的迫切任务之一。从五四时期的反帝反封建斗争开始，蒋光慈短暂的一生始终在为理想而斗争，为当代大学生树立了优秀榜样。蒋光慈革命文学产生于血与火的峥嵘岁月，具有浓厚的革命斗争意味，凝聚着一种不屈不挠的斗争精神，可以作为当代大学生拼搏斗争精神教育的优质素材。

结合蒋光慈的革命斗争史，教育引导大学生把个人的人生目标与国家命运、时代需要结合起来，激励他们敢于拼搏、勇于斗争，现实意义深远。同为青年，蒋光慈的革命斗争之路很容易引起当代大学生的共鸣，教育引导当代大学生以蒋光慈为榜样，学习他百折不挠、坚持不懈的斗争勇气，不被社会不良思想所迷惑，坚定自己的理想追求，在磨炼中增长才干。

在黑暗的中国，蒋光慈以"笔杆子"为武器和敌人作斗争，为马列主义文艺思想的广泛传播，为无产阶级革命文学的倡导与实践，做出了历史性的贡献。他选取轰轰烈烈的现实革命斗争作为创作的题材，以歌颂和赞扬中国人民不屈不挠的斗争精神作为表现的主题。《少年飘泊者》《短裤党》《咆哮了的土地》等作品生动地描绘了中国人民的觉醒，歌颂了工农群众的反抗斗争，展现无产阶级革命风暴的壮伟图景，《写给母亲》《寄友》等诗歌是革命战士在白色恐怖中继续奋斗的宣言。这些作品始终洋溢着共产主义理想和无产阶级革命斗争精神，是难得的青年大学生教育的样本素材。可以肯定地说，蒋光慈革命文学是当代大学生斗争精神教育的优质资源，能够激励他们树立高远志向，历练勇于奋斗、敢于拼搏的坚强意志。

（三）蒋光慈革命文学是当代大学生英雄主义教育的很好范本

不懂历史的民族没有根，淡忘英雄的民族没有魂。近代以来，英雄主义表现为一种矢志不渝的革命信仰、为国为民的奉献精神和舍生忘死的牺牲精神。对当代大学生而言，在英雄模范人物的伟大精神激励下砥砺奋进，牢固树立为祖国而战的英雄气概，才能切实把英雄情怀锻造为实现中华民族伟大复兴的磅礴力量。因此，弘扬英雄精神，培育大学生坚定的理想信念和家国担当情怀，是大学思想政治课程教学的重要内容。自古以来，每一个英雄故事都呈现着使命、责任、信念、牺牲等价值，蒋光慈也不例外，他在新民主主义革命时期，以笔为投枪，传播革命火种，直至为革命事业献出年轻的生命，成为中国革命史上一个英雄人物。蒋光慈革命文学中一系列崭新的人物形象，既为新文学人物画廊增光添彩，又为无产阶级革命文学开了塑造时代英雄人物的优良风气。以蒋光慈和他笔下的英雄人物形象作为当代大学生英雄主义教育的范本，能取得事半功倍的效果。

蒋光慈独特的人生经历、特定的社会现实以及传统文化的影响，使得他形成了强大而持久的革命英雄情怀。蒋光慈生性豪爽、爱打抱不平，从小爱读替天行道、劫富济贫的游侠小说，以小说中的英雄作为榜样，萌发英雄情结，从而出现了怒砸李荫堂坐轿、脚踢泥捏县知事等年少轻狂的侠义行为。少年蒋光慈机智勇敢、疾恶如仇，在志成小学组织的一次春游时，同学们在山上发现程姓地主种植的大片罂粟，他想到此毒品祸害了中国千千万万的老百姓，便带领同学们大干一场，将罂粟连根全部铲除。芜湖读书期间，蒋光慈的英雄情结和救国情结、救民情结相表里，积极探索救国救民道路。五四运动爆发后，蒋光慈作为芜湖学生联合会副会长，联络芜湖各中等学校，组织声势浩大的示威游行，带领同学到商号抵制日货，响应北京学生爱国运动。

1920年，他与李宗邺在《民国日报》上联名发表《代表通告书》，痛骂北京政府为"卖国之机关"。"中国知识分子历来有建功立业、英雄救世的传统心理，在某种程度上已成为一种影响至深的传统文化无意识。蒋光慈出生并成长于这样一个时代，在时代文化无意识和传统文化无意识的社会文化心理影响下，无意识中萌发英雄情结势在必然"[1]。1921年，蒋光慈赴红色苏俄留学，其救国救民的英雄情结则外化为向西方寻求救国真理、救国道路的情结。苏俄的红色革命实践，使他看到了中国的希望，认识到马克思主义才是救国救民的真理，并成长为一名共产主义战士，最终形成了胸怀天下、救国救民的革命英雄情怀。

出于对文学的热爱，蒋光慈1925年明确表示不愿做政治家，只愿做一名文学家："我不愿做一个政治家，或做一个出风头的时髦客，所以我的交际是很少的，我想做一个伟大的文学家。"（《纪念碑·下卷》）他以无坚不摧的革命英雄主义精神，倡导无产阶级革命文学、创办红色刊物、编印红色丛书，为革命呐喊助威。蒋光慈的革命英雄情怀不失为当代大学生英雄主义教育的资源元素。

此外，把蒋光慈革命文学中塑造的革命英雄人物故事融入高校思政课教学中，让大学生从英雄的故事里汲取力量，可以培育大学生坚定理想信念，发挥思政课立德树人根本任务。《短裤党》塑造了史兆炎、杨直夫、李金贵等党的领导者和工人运动领袖的英雄形象。作品揭示了他们的无产阶级先锋战士的优良本

① 周惠，杨茹.反抗的执着与自由的偏至——论蒋光慈的"英雄情结"[J].安阳师范学院学报，2007（1）：80-82.

质：史兆炎带病坚持革命工作，杨直夫的远见卓识以及崇高的革命理想，李金贵豪爽憨直的性格、勇于自我牺牲的精神和对革命事业的赤胆忠心。《在黑夜里——致刘华同志之灵》中刘华这一工人领袖形象，是新文学中塑造的较早的一位无产阶级英雄形象。利用好这些英雄人物故事，对当代大学生进行革命英雄主义的正面宣传教育，营造弘扬英雄精神的强磁场。让大学生在学习中铭记，在缅怀中传承，把英雄精神深深融入基因血脉里。《咆哮了的土地》中的张进德和李杰，是两个有血有肉的英雄人物。农民出身的张进德善于联系群众、组织群众，注意斗争的策略性，具有革命的坚定性，体现了农民运动领导者优秀品质。以李杰为代表的青年知识分子在对地主家庭的反抗过程中，自觉把个人前途命运与国家前途命运紧密联系起来，充分体现了那一代青年人重视国家与民族利益，关键时刻勇于为国家献身的精神。这些英雄人物形象很接地气，令人可信可敬，能让大学生在一片喧嚣中保持内心坚守。

英雄主义是中华民族的宝贵精神财富，传承给年轻的一代是高校思想政治教育义不容辞的历史责任。以蒋光慈革命文学为当代大学生思政教育资源，既能培养有青春志气、有担当勇气的新时代青年，又能使英雄人物所饱含的英雄精神薪火相传。

三、让蒋光慈革命文学为大别山革命老区乡村振兴注入内生动力源

大别山革命文化是中国共产党领导大别山区军民在革命和建设时期形成的富有地域特色的红色文化。新民主主义革命时期，大别山区革命红旗始终在飘扬，创造了"28年红旗不倒"奇迹。新中国成立后，在皖豫两省大别山余脉的丘陵地带兴建了全国最大灌区淠史杭灌区，大别山区30万人民群众无条件服从国家发展大局，舍去家园移民搬迁。大别山百万民工靠铁镐和独轮车，硬是挖出了人间天河。在这一片红色热土上，形成了宝贵丰硕的大别山革命文化物质和精神遗产，承载着中国共产党人的初心和使命。进入新时代，大别山革命文化应结合新的历史条件发扬光大，激励和鼓舞大别山人民克难攻坚、不断创新，加快推动经济社会发展，实现第二个百年奋斗目标。蒋光慈革命文学是大别山革命文化的重要组成部分，让蒋光慈革命文学为大别山革命老区乡村振兴注入内生动力源，彰显其与时俱进的价值，意义深远。

大别山是一座革命之山，其险要的地理环境为革命斗争创造了必要条件，但也成为新发展阶段区域经济发展的屏障，大别山区曾是全国集中连片特殊困难地

区。2020 年，全国革命老区取得脱贫攻坚战的全面胜利。如何"实现巩固拓展脱贫攻坚成果同乡村振兴有效衔接""努力绘就乡村振兴的壮美画卷"是亟须思考的课题。从全国各地脱贫攻坚的主要经验来看，发展"红色"奔富裕不失为革命老区乡村振兴的一条重要路径。因此，全面推进大别山革命老区乡村振兴，蒋光慈革命文学可以发挥其内生动力源作用。

（一）为乡村文化振兴种入红色元素

推动乡村文化振兴是实施乡村振兴战略的重要内容。在全面推进大别山革命老区乡村振兴中，各级党政领导干部和广大党员要把弘扬光大大别山革命文化（包括蒋光慈革命文学）共识内化为自觉行动和现实工作动力，继承先烈遗志，发扬革命传统，不忘初心，继续前进，自觉主动地做好乡村振兴工作，带领人民群众"朝着共同富裕的目标稳步前行"。

农民是实施乡村振兴战略的主体和主力军，农村群众的精神文化需求在不断增长。乡村文化振兴不能只靠"送文化"，也要"种文化"。把蒋光慈革命文学描写的红色历史、英雄人物故事等红色元素种入乡村文化振兴，不失为一条特色路径。可以在乡镇道路、农民图书室、乡村文化娱乐场所、新时代乡村文明实践中心等项目建设中多方渗进，让蒋光慈革命文学绽放在村道地头、让英雄人物故事激励新时代村民，以增强老区人民特别是刚刚脱贫群众的致富信心和决心，为实施乡村振兴战略提供强大的动力源泉。

（二）激活乡村人才振兴

人才振兴是乡村振兴的关键因素，与发达地区相比，革命老区吸引人才除了依靠政策扶持之外，还得靠"红色"。打响蒋光慈名牌，着力提升大别山革命老区知名度，以此吸引大学生、退伍军人、有识之士等各路英才，助力大别山革命老区乡村振兴，是一条很好的路径。虽然蒋光慈在中国现代革命史、中国现代文学史上占有一席之地，但与他的实际知名度、影响力似乎还有一定差距。

"二十世纪二三十年代盛行于文坛的'革命文学'在中国文学史上的作用是不容忽视的。在这场文学运动中，涌现出了众多革命文学作家，其中'领军人物'蒋光慈和'中流砥柱'茅盾是我们谈论此阶段文学无法避开的重要人物。蒋光慈的一生是短暂的，但他为革命及革命文学事业的奉献是无限的"①。诚然，

---

① 刘岩．文学与革命的双重变奏——以蒋光慈和茅盾 1925—1932 年间的小说为例 [D]．南京：南京师范大学，2018.

在 20 世纪二三十年代的中国文坛，蒋光慈比肩鲁迅、茅盾、郭沫若、郁达夫等大家。但相较于这些同期作家研究成果，蒋光慈研究呈"寂寞"态势。辽宁师范大学教授、著名鲁迅研究专家王吉鹏曾指出，"目下，蒋（指蒋光慈——引者）也太寂寞了，实在是不公道"①。蒋光慈研究"寂寞"态势亟须打破。

另外，蒋光慈与早期共产党领导人陈独秀、瞿秋白、赵世炎、沈泽民等有过密切接触，与众多文人、知名进步人士频繁交往。如大革命时期，亚东图书馆曾是中共中央机关报《向导》的印刷和发行地，汪孟邹与陈独秀及胡适的传奇、与蒋光慈情同父子的情谊，成就安徽红色文化史一段佳话。深挖这些与蒋光慈相关的红色文化史，于提升蒋光慈乃至大别山革命老区知名度，功莫大焉。

随着国家发改委《大别山革命老区振兴发展规划》的出台与实施，由信阳师范学院发起成立了大别山革命老区高校联盟，区域内 21 所高校加盟，其目的是进一步汇聚老区高校资源，发挥人才和科研优势。笔者以为，大别山革命老区高校，理应给大别山之子蒋光慈更多关注更多研究，以期合力打破蒋光慈研究"寂寞"态势。比如通过联手酝酿成立蒋光慈研究会或蒋光慈研究中心、合作共建蒋光慈纪念馆等多方举措，推动蒋光慈研究上新台阶、出新成果，提升蒋光慈在全国的知名度和影响力，为大别山老区乡村振兴吸引四方贤才助一臂之力。

（三）为大别山红色旅游植入新元素

红色旅游是把红色人文景观与绿色自然景观结合起来，把革命传统教育与促进旅游产业发展结合起来的一种新型的主题旅游形式。其打造的红色旅游线路和经典景区，既可以观光赏景，也可以了解革命历史，增长革命斗争知识，学习革命斗争精神，培育新的时代精神。大别山山清水秀，绿色资源丰富，同时拥有丰富的红色资源。如何做好大别山红色旅游业红色与绿色辉映文章，尚需进一步挖掘大别山红色精神财富，将其植入区域内红色旅游产业，吸引四方游客。

党的十九届五中全会审议通过《中共中央关于制定国民经济和社会发展第十四个五年规划和二〇三五年远景目标的建议》，在"健全现代文化产业体系"中提出大力"发展红色旅游和乡村旅游"。在新发展阶段背景下，可以尝试将大别山红色旅游与乡村旅游联动融合发展，发掘乡村革命文化资源，探索乡村红色旅游特色之路。

---

① 王全林．弘扬蒋光慈"敢为人先"精神，做强"皖西文化研究"栏目［J］．皖西学院学报，2011（6）：44－47．

蒋光慈革命文学在大别山乡村红色旅游探索中，可以大有作为。大别山地区的河流山川、地形地貌、村庄建筑、田野山头、社会情态、民俗民歌等，在蒋光慈革命文学作品里有着酣畅淋漓的展现。利用好这些红色因子，对此进行系统梳理归纳，与安徽金寨白塔畈镇的蒋光慈故居、光慈展厅、蒋光慈纪念园、光慈小学以及河南信阳市固始县的志成小学、固始中学等众多相关红色文化元素合并，设计出一条特色鲜明的乡村红色旅游路线。如此，既能助力大别山红色旅游创新发展，又能让农村剩余劳动力、家庭主妇实现角色转变，成为新时代的"红色产业打工人"。

另外，随着短视频时代的到来，选择蒋光慈革命文学诸多经典元素，制作相关影视、动漫短视频，丰富红色旅游文创产品，推进大别山红色旅游提质升级和多元发展，为大别山革命老区乡村振兴注入内生动力源。

第九章

蒋光慈研究学术史

第一节

1925—1949 年

自 20 世纪 20 年代后期始，关于蒋光慈相关研究此起彼伏，研究成果比较丰富。高语罕、钱杏邨、杨邨人、郁达夫、王任叔、茅盾等早期论述主要集中于蒋光慈诗歌作品、小说作品以及文艺理论的研究。蒋光慈去世后，郁达夫、郭沫若、钱杏邨、杨邨人等发表一些纪念性文章，涉及蒋光慈生平、文学活动、去世前后记载等层面。抗战全面爆发后，一直到新中国成立，蒋光慈研究成果较少。

一、蒋光慈研究第一篇作品论——《〈新梦〉诗集序》

高语罕（1888—1948），安徽寿县正阳关人。高语罕是新文化运动的先行者，一直握笔在手为着光明的未来奋斗，出版多部宣传马克思主义、提倡白话文的著作。其代表著作《白话书信》时与《独秀文存》《尝试集》为上海亚东图书馆最畅销三部书，虽屡遭国民党当局查禁却再版 39 次，影响无数青年志士。20 世纪 80 年代，芜湖五中学生、辽宁大学历史系教授李宗邺在《悼念高语罕先生》中赞颂道："渡江长夜盼黎明，人海苍茫雾里行。五四浪花高百尺，导航灯塔是先生！"[①] 高语罕对祖国命运的担忧、对大众的关切以及贫贱不能移的人格，堪足为青年模范。作为众多青年的"导航灯塔"，高语罕培养了蒋光慈、李宗邺、钱

---

① 余音. 高语罕和他的弟子们 [J]. 百年潮，2014（9）：28-30.

杏邨、李克农、丁玲等一大批杰出人才。

1922 年 8 月，高语罕受党组织派遣赴德国哥廷根大学留学。其间，高语罕搬到德国法兰克福居住，与马克思主义学者李季多有往来。1924 年 6 月，高语罕展读蒋光慈已结集成册的《新梦》，喜上眉梢，欣然于法兰克福撰写了《〈新梦〉诗集序》，这是蒋光慈研究第一篇作品论。

高语罕在《〈新梦〉诗集序》第二自然段把资产阶级及其四大护法喻指为："魔鬼已把黑暗之网，密布在我们的上下四方！昏昏的迷雾中，现出一个妖精，红布缠头，胸前挂着诺贝尔法宝，左边两个玄学鬼，好像是'大成至圣'和'太上老君'；右边两个玄学鬼，好像是'阿弥陀佛'和'我主上帝'。"① 这正是儒、释、道以及基督教劝人"忍耐"，才佑护了专制者筑垒的等级制度和阶层固化，才强化了资本权力压迫底层民众的合法性。接着，高语罕在近万字篇幅中，主要结合诗作论述蒋光慈发表《新梦》的七种现实意义。

20 世纪 20 年代，苟活的中国人得过且过，任人宰割，听见有人说"忍耐"，更有所借口了。而"少年的中国人，绝不在黑暗之后忍耐，绝不对那些欺压我们的谦虚，绝不让我们的庄严的国土，受强者蹂躏……我们要自己前进！我们要鼓动革命！这是我劝光赤同志发表他的《新梦》集的第一种意思"。那时流行的新诗，十有八九都带着铜臭！绝没有替无产阶级"打抱不平"的。作者以译诗《劳工歌》为例，说明蒋光慈的《新梦》处处代表无产阶级大胆地赤裸裸地攻击资本主义的罪恶。"所以我们绝不姑息，绝不苟安，绝不和帝国主义、资本主义妥协，一定要征服压迫和剥夺我们的人，一定要享用我们应享受的幸福，中国现代青年的诗人里具有这种态度的，光赤同志要算'首屈一指'，这是我劝他发表他的《新梦》集的第二种意思。"

蒋光慈 1920 年由高语罕推荐到上海外国语学社学习，1921 年被上海共产主义小组推荐派往苏俄留学，1922 年在莫斯科由中国社会主义青年团团员转为中共党员。他接受了系统的马列主义教育，具有较高的马克思主义修养，对资本主义和帝国主义的本质有着清醒的认识，因而蒋光慈文学创作伊始就表现出鲜明的无产阶级革命文学的美学特质，对于资本主义和帝国主义进行了尖锐攻击和激烈批判。

高语罕指出，《新梦》的第三种现实意义是集子中诗歌可以给青年革命者一

---

① 本节所引用高语罕《〈新梦〉诗集序》均出自合肥工业大学出版社 2017 年 5 月出版的《蒋光慈全集》（一）。

个人生的指示，即"在群众的血、群众的泪中，表现我们高尚的爱情！"在"国步沦胥，种且不保"的时期，青年人应当把男女之爱扩充到国家社会，扩充到全体被压迫的阶级，或以爱情做那为人类牺牲精神的调和及最后的安慰，就如蒋光慈在《与一个理想的她》诗歌里所歌吟的爱情，是"革命的爱情，爱情的革命！"由此能够看出，高语罕十分肯定在革命内容的书写中可以融入爱情元素。高语罕指出，《新梦》的第四种现实意义则是蒋光慈对理想社会的具体描摹。革命之后的理想社会究竟是什么样儿？若没有具体的表现，只能是盲目的行动。《昨夜里梦入天国》"便是共产主义完满成功时的极乐园。读了这首诗，一般人对于共产主义的误解，或视之为洪水猛兽或强盗世界的怀疑和恐惧，皆可涣然冰释，这是我劝光赤同志发表他的《新梦》集的第四种意思"。

关于《新梦》的第五、六种现实意义，高语罕结合译诗《暴动》进行阐述。理想社会如何实现？《暴动》给出了答案："暴动起来，……反对强盗，皇帝，富人，反对一切压迫人的人们，帮助一切被人压迫的人们"。诗歌明确写到理想社会需要一步一步实现：首先，人们"暴动起来"，以无产阶级的革命势力，推翻、打碎旧的资产阶级的社会组织，建立一个共劳共享的共产社会；其次，消灭一切反革命的文化所寄托的东西，如哲学、美术以及传播这种思想的机关等。

从反抗资本主义和帝国主义压迫、革命爱情的歌咏、理想社会蓝图的描摹，到理想社会实现的路径探寻，高语罕罗列了《新梦》一系列现实意义。最后，他指出《新梦》还有一种重要的意义，即为革命胜利以后指明了方向。蒋光慈在诗歌《一个从红军退伍归农的士兵》里明确地写道："放下枪头，拿起锄头，从枪头上夺得了自由，从锄头上要栽培这自由。"无产阶级革命只是为广大人民群众争解放、争自由，不是做官、发财，革命取得胜利后，还要"放下枪头，拿起锄头"，工作生产致富，才可以永保胜利果实，实现共产主义社会的目标。

序言指出了《新梦》集的"反抗资本主义和帝国主义压迫"的主要创作题旨，也指出了其在艺术上存在的不足。在序言的最后，对《新梦》的思想和情感作了高度评价总结："她的思想，是一个整个的无产阶级革命的思想，有积极反抗精神的革命思想；她的情感是太阳般的热烈的义侠的，代表无产阶级的呼声的情感。"

1925 年 1 月，《新梦》由党中央创办的上海书店出版，这是上海书店出版的第一本文学书籍，也是蒋光慈的第一部诗集。《新梦》没有辜负高语罕的期望，发挥了特定意义的导向作用，很多青年由此理解革命，走上革命道路。

二、钱杏邨对蒋光慈的研究

钱杏邨是与蒋光慈从五四一起走来的战友，在 20 世纪 20 年代中后期，他是对蒋光慈作品有着最多研究的批评家。1925 年 1 月《新梦》初版、1926 年 1 月《少年飘泊者》初版，蒋光慈都把自己最新出版的作品寄给钱杏邨。那时，钱杏邨还在家乡中学教书，他试着在"三个中学，六个年级"课堂上讲解《新梦》诗集，效果非常好，学生很是喜爱。《少年飘泊者》在钱杏邨周边青年人中的影响更大，有熟人因为读了这本书，抛弃原有的职业毅然从军。钱杏邨同时看到，虽然《新梦》和《少年飘泊者》在读者中已有很大影响，但批评界却颇为沉默，他决心为蒋光慈的革命文学作品做一番热烈的鼓与呼。

1926 年 9 月，钱杏邨因在芜湖组织外交后援会开展斗争被军阀通缉，而逃到上海。他租住在法租界临近西门一个弄堂的亭子间，经常和蒋光慈、高语罕一起谈论政治和文学，蒋光慈把他的小说集《鸭绿江上》底稿送给钱杏邨阅读。1926 年 12 月 24 日，钱杏邨撰写了他的第一篇蒋光慈作品论《〈鸭绿江上〉——蒋光赤第二小说集》，发表于文学研究会刊物《文学周报》第 4 卷第 4 期。

钱杏邨在文章中首先肯定《新梦》诗集和《少年飘泊者》的成就："光赤的著作，已刊行的有诗集《新梦》及中篇小说《少年飘泊者》。两书对于青年的影响，实在有些惊人。每一种直如一颗猛烈的炸弹，投到了青年的心胸里！"对于即将出版的小说集《鸭绿江上》，钱杏邨读后，感觉犹如在沙漠上寻着了绿洲。他以蒋光慈的创作观进行论述："他（指蒋光慈——引者）说，我们的作家今后再不能彷徨了，现代中国青年的苦闷是找不出出路，我们应该指示一条大道给他们……作家的精神不应该太倾向技术，专事雕琢语句，应该努力的向朴素和自然两方面去做。他说，粗暴不要紧，时间长了，自然可以成功，自然有伟大的劳动文学作家产生出来！——要紧的是我们不要走错路！"①钱杏邨十分了解和认可蒋光慈的文学创作理想，对他的创作态度概括比较准确。该文主要内容是对《鸭绿江上》中 8 篇短篇小说一一作介绍论述，指出了每篇文章都写出了革命必要性的主旨内容。钱杏邨认为，《鸭绿江上》是指导现代青年走向光明的导引，作风很朴素，所表现的作者的个性与人格都很明显。

---

① 钱杏邨.《鸭绿江上》——蒋光赤第二小说集［M］//方铭.中国文学史资料全编现代卷：蒋光慈研究资料.北京：知识产权出版社，2010：242.

1927 年 11 月,《短裤党》由泰东图书局初版。第二年元月,文艺理论家王任叔(巴人)在上海创刊的《生路》月刊第 1 卷第 1 期发表《评短裤党》一文,侧重于从技术的失败角度批评《短裤党》。王任叔从"文学作品之可贵,技术是其最重要的一点"的文学观,认为"蒋先生这册小说是完完全全失败了"。很快,钱杏邨撰写《关于〈评短裤党〉——读王任叔〈评短裤党〉以后》刊于《太阳月刊》第 2 期。钱杏邨在文章中说明,《短裤党》出版的第二天他就写了一篇批评送给《创造周报》发表,不料《创造周报》停刊,又转到泰东书局的纯文艺刊物《泰东月刊》第 1 卷第 6 期刊发。钱杏邨的这篇批评即《〈短裤党〉评》,发表的时间晚于王任叔的《评短裤党》。针对王任叔文章的五点批评,钱杏邨在《关于〈评短裤党〉——读王任叔〈评短裤党〉以后》选择其中三点进行反驳,指出王任叔批评的错误。客观地说,虽然王任叔的批评带有资产阶级文学观痕迹,但也有中肯之处,如"没有特别侧重的人物"普遍存在于蒋光慈早期小说创作。这与作家受当时流行的革命文学不应该写个人,而应该以群众为主人公的理论影响不无关系。王任叔关于蒋光慈及革命文学研究还有一项成果,即他编辑出版了我国早期的革命文学理论书籍——《革命文学论文集》。该书收集了鲁迅、郭沫若、郁达夫、成仿吾、蒋光慈、李初梨、钱杏邨等著名进步作家以及他本人论述革命文学的论文。这些文章,对于大革命后所出现的革命文学运动起了十分积极的推动作用。

《野祭》与《短裤党》同月初版,钱杏邨第一时间撰写评论文章《野祭》,发表于《太阳月刊》第 2 期。钱杏邨特别提出《野祭》在意义方面开了一个新局面,把革命与恋爱杂糅在一起书写,在《野祭》之前似乎还没有。钱杏邨对《野祭》的技巧方面肯定两点:一是女性描写,文风朴实,注意女性美的比较;二是心理描写很是精细。"《野祭》的意义是不差的,技巧也有了不少的成功;真能代表时代的恋爱小说,这是中国文坛的第一部!"钱杏邨的这篇首评文章,预判准确,影响深远。

1928 年 7 月,钱杏邨将其论文《死去了的阿 Q 时代》《诗人郭沫若》《〈达夫代表作〉后序》《蒋光慈与革命文学》结集为《现代中国文学作家》,由上海泰东书局初版。其中,《蒋光慈与革命文学》是关于蒋光慈研究的第一篇综合论述,文章分为上中下三部分。上部分标题为"民众所要求的说诉者",即作家论:"我们从历史的观点上看来,光慈究竟是最初最努力提倡革命文学而继续不断的在努力的一个作家;我们从民众方面看来,他究竟是比较能代表他们所诉说欢娱苦闷与渴求的一个诗人"①。中部分标题为"革命文艺的创作",即作品论。作者深入分析论述了蒋光慈从《新梦》到新作《罪人》(《最后的微笑》)的每一部作品,热情地肯定蒋光慈在创作上所取得的成绩。其中不少独到见解,为后来论者所引用。下部分标题为"革命文学的原理",即蒋光慈革命文艺理论的系统梳理。海外华人学者夏志清认为钱杏邨的《现代中国文学作家》"想把他的好朋友蒋光慈推为这一时期的领导作家"。诚然,《蒋光慈与革命文学》对蒋光慈的推崇十分明显,但文章分析较深入,并引用较多材料加以论证,虽为一家之言却颇中肯。

　　1930 年 4 月 10 日,左联主办的《文艺讲座》在上海创刊。同月,上海神州国光出版社出版《文艺讲座》第一册,主要收入鲁迅、麦克昂(郭沫若)、冯乃超、钱杏邨等 19 篇文艺论文。钱杏邨的文艺论文题为《中国新兴文学论》,其中有部分内容是蒋光慈作品论,主要论述《新梦》《哀中国》两部诗集,以及《少年飘泊者》《鸭绿江上》两篇小说②。

三、其他研究成果

　　在批评界对《少年飘泊者》沉默的时候,时有两篇文章对这篇小说作了最早的评论。一篇是 1926 年 7 月 10 日和 11 日,上海《民国日报》副刊《觉悟》连载署名寒冰的《评〈少年飘泊者〉》,一篇是杜俊东 1927 年 11 月 2 日和 28 日发表在北京《世界日报》副刊《骆驼》上的《读〈少年飘泊者〉》。《评〈少年飘泊者〉》"点明了蒋光慈艺术上的粗糙——文字上的'平顺',也从时代精神的高度肯定了他小说的现实意义及艺术功能,即鼓舞读者的革命情绪,符合了中国社会的实际需要"③。蒋光慈对寒冰的批评文章快速做出了反应,于《评〈少年飘泊者〉》刊出后翌日,在《觉悟》上以蒋光赤署名发表了《〈少年飘泊者〉作者的声明》,指出寒冰所引原文错误,并表明作品创作目的。杜俊东的《读〈少年飘泊者〉》认为小说在人们沉醉于花呀、月呀、好哥哥、甜妹妹的软香巢中的时候,以"粗暴的叫喊"使人们受到"刺激",称赞作者真正文学家的创作态度。杜俊东还对小说主要情节、人物进行点评,特别肯定乱坟山哭亲、乞儿的生活和杀害

---

①　钱杏邨.中国文学史资料全编现代卷:蒋光慈与革命文学[M]//方铭.中国文学史资料全编现代卷:蒋光慈研究资料.北京:知识产权出版社,2010:216.

②　《文艺讲座》第一册刊有蒋光慈的一篇译作,是苏联艺术学者傅利采著的《社会主义的建设与现代俄国文学》,这篇译作在上海文艺出版社出版的《蒋光慈文集》以及合肥工业大学出版社出版的《蒋光慈全集》中均未收录。

③　李跃力.艺术标准与政治功用:蒋光慈的一篇佚文[J].湖南人文科技学院学报,2008(3):9-10.

林祥谦情节的描写。与寒冰的评论类似，杜俊东也从描写、修辞等方面指出该作艺术上的缺点。

《鸭绿江上》1927年1月由亚东图书馆初版。蒋光慈的文坛挚友郁达夫于同年4月8日撰写《〈鸭绿江上〉读后感》，发表在《洪水》第3卷第4期，他像一位师长激励和鞭策蒋光慈的文学创作。郁达夫在文章里指出，在中国的新文学里，同情于无产阶级的文学作品"目下还出得不多，可是在这一点不多的产品里头，蒋光赤著的短篇小说集《鸭绿江上》，却可以占到一个很重要的位置。《鸭绿江上》共含有短篇小说八篇，从内容说起来，篇篇都是同情于无产阶级，和反抗军阀资本家的作品，光就同情的一方面说起来，已经可以完全说是无产阶级的文学了……《鸭绿江上》的作者，有驾驭文字的手腕，有畅所欲言的魄力"[①]。这些是郁达夫对蒋光慈《鸭绿江上》的肯定，但他毫不客气地指出其不足："可是无论如何，我们读了他的作品之后，不能起激烈的冲动，狂暴的兴奋。这是什么原因呢？我想这完全是因为作者，还没有把握到无产阶级的阶级意识，还没有将无产阶级的阶级感情，全部喷泻出来的原因。"没有违心的赞语，只有客观、平实的分析。郁达夫的鼓励和批评，是蒋光慈在文学创作上成长进步的助力器。

20世纪30年代初期的蒋光慈作品论，有苏读余的《冲出云围的月亮》、冯宪章的《〈丽莎的哀怨〉与〈冲出云围的月亮〉》、华汉（阳翰笙）的《读了冯宪章的批评以后》等文章。苏读余的《冲出云围的月亮》的主要观点是"该书始终不失为一本好书"。在《丽莎的哀怨》受到左翼理论家批判之际，冯宪章敢于在《〈丽莎的哀怨〉与〈冲出云围的月亮〉》中提出独到的看法："《丽莎的哀怨》表现了俄罗斯贵族阶级怎的没落，为什么没落；并且暗示了俄罗斯新阶级的振起"[②]，实属难能可贵。他对该作的艺术价值评判，即采用反面的表现手法，令人信服。华汉的《读了冯宪章的批评以后》可以说代表了当时左翼理论家的观点，批评冯宪章的观点是"何等的主观！何等的错误！"认为《丽莎的哀怨》是严重的失败。

另外，本时期茅盾在《关于创作》（署名朱璟）和《〈地泉〉读后感》两篇文章中，有涉及蒋光慈作品论内容。茅盾指出蒋光慈的人物描写是"脸谱主义"，

---

① 郁达夫.《鸭绿江上》读后感［M］//方铭. 中国文学史资料全编现代卷：蒋光慈研究资料. 北京：知识产权出版社，2010：239-240.

② 冯宪章.《〈丽莎的哀怨〉与〈冲出云围的月亮〉》［M］//方铭. 中国文学史资料全编现代卷：蒋光慈研究资料. 北京：知识产权出版社，2010：261.

"脸谱式"地描写革命者与反革命者，未免单纯；在结构上"太机械了些"。

1931 年 8 月 31 日，蒋光慈病逝于上海同仁医院。钱杏邨、杨邨人、郁达夫、郭沫若等人陆续写有纪念性、回忆性文章。1931 年 9 月 15 日《文艺新闻》周刊出版"追悼蒋光慈专号"，钱杏邨、杨邨人分别撰写《在发展的浪潮中生长 在发展的浪潮中死亡》(署名方英)、《"向光明，向太阳！"——终于在阴影中逝去》纪念文章。钱杏邨的文章本书第四章第四节已有述及。杨邨人的文章主要记述蒋光慈去世前一天，他去看望蒋光慈的情况。8 月 30 日上午和下午，杨邨人两次独自一人去医院看望蒋光慈，两人作了很多交流。杨邨人还有一篇回忆性文章《太阳社与蒋光慈》，发表于施蛰存编辑的《现代》第 3 卷第 4 期。这篇回忆性文章留下了《太阳月刊》的创刊及命名、太阳社的成立经过等第一手史料，但有关蒋光慈的著作日期、出版日期记载有误，对于蒋光慈去世日期叙述也有误。

《现代》第 3 卷第 4 期还发表了郁达夫的回忆性文章《光慈的晚年》，《现代》为中国左翼作家联盟的机关刊物。文章从 1925 年春天作者与蒋光慈在上海第一次相见写起，一直追忆到 1931 年春两人在上海街头的偶遇，这也是他们最后一次见面。郁达夫在文章中既肯定了蒋光慈的广受欢迎，也指出其作品的不足。虽然篇幅不长，却写出了两位文坛知己的真挚友谊。郁达夫对好友的早逝痛惜不已，读者无不为两人真诚友情而感动。

郭沫若在《创造十年续编》(写于 1937 年，1938 年 1 月上海北新书局初版)中有回忆蒋光慈内容。郭沫若与蒋光慈在未曾谋面之前，早已通过作品进行了思想的交流、心灵的沟通。《创造十年续编》第七部分的开头，回忆创造社刊物《洪水》复刊后的情景，蒋光慈在《洪水》半月刊发表《共产不可不反对》《并非闲话》等文，助力郭沫若与醒狮派的论战。紧接着主要回忆了郭沫若与郁达夫一起访问蒋光慈、蒋光慈陪瞿秋白访问郭沫若两件事。在回忆的文字中流露出郭沫若对蒋光慈的欣赏与肯定："文如其人"，"这种人，我觉得，是很可亲爱的。可惜太死早了一点"。

抗战全面爆发后，一直到新中国成立，蒋光慈研究成果较少。

第二节

1950—1979 年

一、20 世纪 50 年代蒋光慈作品结集及研究

1951 年 7 月，开明书店出版《蒋光慈选集》，茅盾主编，黄药眠作序。选收蒋光慈 6 篇小说：《少年飘泊者》《短裤党》《田野的风》《冲出云围的月亮》《鸭绿江上》《弟兄夜话》。

1955 年 8 月，人民文学出版社出版《蒋光慈诗文选集》，选收篇目分四辑：第一辑选收留苏时所作《新梦》中的短诗 12 首；第二辑主要选自《哀中国》，收 1924 年回国后所作短诗 11 首；第三辑选自《乡情集》，收大革命失败后所作短诗 4 首；第四辑收小说 5 篇：《少年飘泊者》《鸭绿江上》《弟兄夜话》《短裤党》《田野的风》（仅选收后半部）。

1960 年 4 月，人民文学出版社出版《蒋光赤选集》（《蒋光慈诗文选集》增订本），选收篇目分上下两辑，上辑选录诗歌 28 首，下辑选录小说 6 篇：《少年飘泊者》《鸭绿江上》《弟兄夜话》《短裤党》《最后的微笑》《咆哮了的土地》，附录蒋光慈著译书目。

《蒋光慈选集》《蒋光慈诗文选集》《蒋光赤选集》的先后问世，直接反映了新中国成立的时代变迁和新中国成立初期对革命文学的时代要求。其间，关于蒋光慈研究成果主要散见于蒋光慈作品集序言和现代文学史相关章节内容。

文艺理论家黄药眠的《〈蒋光慈选集〉序》，在 20 世纪 50 年代前期蒋光慈研

究中有一定的影响力。黄药眠 1927 年秋在上海加入创造社，任该社出版部助理编辑，在《创造周刊》《流沙》等刊物上发表作品，开始文学创作活动。他 1928 年参加中国共产党，第二年在上海艺术大学兼课。黄药眠在上海曾经有个时期和蒋光慈朝夕见面，两人也是朋友。他不仅为《蒋光慈选集》作序，还包揽了该选集"蒋光慈小传""蒋光慈著作年表"的撰写工作。

黄药眠在《〈蒋光慈选集〉序》中，对蒋光慈的作品颇为推崇，认为蒋光慈在革命文学理论上也有着很大的贡献。并且把蒋光慈的功绩具体归纳为三点：一是他在创作实践上替左翼文艺运动奠下了若干基础；二是他替我们的文艺带来了一些新鲜的题材和新鲜的人物；三是他替革命文学争取了许多读者，扩大了政治影响。黄药眠还针对"光慈的作品有时很粗糙和幼稚，何以当时广大读者会这样欢迎它""光慈人物，多数是凭主观的空想，缺乏具体的形象，但何以当时的读者竟会受到这样大的感动"两个问题，作了有意义的分析探讨。在谈到《蒋光慈选集》作品选择的标准时，黄药眠明确："必须反映若干基本的客观的历史真实，表现出当时的时代精神，在当时已发生了很大的影响，而在今天又还有教育意义的"①。限于篇幅，《蒋光慈选集》没有选录他的诗歌。

《中国新文学史稿》（上下册）是著名文学史研究家王瑶先生的著作，为现代文学研究领域的开山之作，它的出版创造了现代文学研究的基本格局。《中国新文学史稿》（上册）的一、二、三、八章都有关于蒋光慈革命文学作品论述。在第一章的第五节"革命文学"中，作者以蒋光慈的多篇革命文艺论文为例，阐述蒋光慈是"提倡革命文学很早的一个人"。第二章"觉醒了的歌唱"，介绍论述蒋光慈的《新梦》《哀中国》两部诗集。第三章"成长中的小说"涉及《少年飘泊者》和短篇小说集《鸭绿江上》，认为作品在唤起青年革命觉悟上，是有相当效果的。第八章"多样的小说"开篇写道："在这一时期的开头几年间，提倡中国新兴文学最热心的是太阳社的蒋光慈。继《少年飘泊者》与《鸭绿江上》之后，他写出了《短裤党》《野祭》《丽莎的哀怨》《冲出云围的月亮》《菊芬》《最后的微笑》和《田野的风》等创作"②。除了《丽莎的哀怨》之外，王瑶对其他六部小说都持肯定态度，并指出"缺点也很多"。王瑶先生较早地提出《短裤党》"只能算是报告文学"，他总体评价蒋光慈"作为提倡新的创作的先驱者，那精神是

---

① 黄药眠.《蒋光慈选集》序［M］//茅盾. 蒋光慈选集. 北京：开明书店，1951：22 - 23.
② 王瑶. 中国新文学史稿·上册［M］. 上海：新文艺出版社，1951：214.

值得钦佩的"。

1956 年 4 月，作家出版社初版中国新文学史专家刘绶松的《中国新文学史初稿》（上下册）。《中国新文学史初稿》（上册）的第二编第四章、第三编第七章，涉及蒋光慈诗歌与小说作品具体论述。对于蒋光慈的革命文学成就，作者做出客观公允的评价："蒋光慈的作品（包括他的诗和小说）在当时曾遭受到许多非难和批评。但在我们今天看来，这些非难和批评，有好多地方是不公允的。当然我们不否认在蒋光慈的思想上和创作上存在着很多缺点，这些缺点限制了他在政治上更巨大的进展，同时也限制了他在文学上的更高度的成就。但是我们也不应当忽视了他在本时期（还有下一个时期的开始两三年）中国新文学运动上的重要贡献。他曾经提倡过革命文学，但他的提倡，不仅在理论主张上，而且更重要的，他以他的许多作品实践了他自己的主张，因而也使革命文学有了比较实际具体的内容。在以革命思想教育广大人民这一点上，同时也在革命文学的发展历史上，蒋光慈是有过一些比较重要的贡献的。"① 刘绶松也指出了蒋光慈思想上和创作上存在的缺点：未经克服的小资产阶级的思想意识、过于薄弱的生活基础以及作品艺术上比较粗糙。

王瑶的《中国新文学史稿》和刘绶松的《中国新文学史初稿》这两部重量级著作都给予了蒋光慈相当的篇幅，都对蒋光慈不同阶段的诗歌和小说进行了较充分的分析论述，都给他较高的评价。

二、20 世纪六七十年代研究

1957 年 2 月，安徽省人民政府批准追认蒋光慈为革命烈士。蒋光慈政治待遇的变迁为蒋光慈研究带来一个小高潮，1960 年前后，关于蒋光慈研究成果明显增多。20 世纪六七十年代，学界对蒋光慈的原名、著作年表、著译书目、逝世日期等作了初步研究核定。

1960 年 4 月，人民文学出版社出版《蒋光赤选集》，蒋光慈昔日战友孟超撰写了《〈蒋光赤选集〉序言》。孟超回忆了他与蒋光慈自 1925 年秋相识到蒋光慈东渡日本的这一时期两人交往的点滴，简略地评述蒋光慈作品，对蒋光慈及其作品作了既不夸张也不贬低的实事求是的评价：

当革命的暴风雨将要到来的时候，最初飞来的几只海燕，掠过了乌云弥漫的

---

① 刘绶松．中国新文学史初稿·上册［M］．北京：作家出版社，1957：178.

太空，歌唱出斗争的曲子，即使说有的羽翼还不够健强，声音还不太嘹亮，但毕竟是时代的预言者，时代的战士。她们冲破黑暗，发出了号召的画角，鼓舞了来者；勇敢的战斗就在她们身后猛烈的展开，胜利的光芒遥遥的已经在望。因此对这些开路者，是不应该轻于忘记的。我于光赤和他的作品，始终是作着这样估价的。也许难免不被人讥为党其所同，阿其所好吧。

孟超认为《咆哮了的土地》是蒋光慈既伏之后的重新高扬，由此可以肯定地说，如果不是天不假年，蒋光慈必将有更高的建树。这一推论与郭沫若在《创造十年续编》所说的"假如再多活几年，以他（指蒋光慈——引者）那开朗的素质，加以艺术的洗练，'中国为甚么没有伟大作品'的呼声怕是不会被人喊出来的罢？"颇为相似。

1962 年 9 月，吴似鸿在绍兴故乡撰写《蒋光慈回忆录》，1979 年发表于《中国现代文学研究丛刊》第 1 辑。她根据个人回忆和感受，以 31 个小标题形式，回忆她与蒋光慈从相识、同居到 1953 年蒋光慈遗骸迁葬于虹桥公墓二十多年的人与事，为蒋光慈研究提供了很多第一手资料。"同时，因为事隔多年，若干事件和细节，记忆失真，也是可能的"（该丛刊编者按）。

1962 年《文学评论》第 5 期发表范伯群、曾华鹏合作撰写论文《蒋光赤论》。两位学者首先予以蒋光慈"是中国无产阶级文学的拓荒和启蒙时代的战士"的论调；接着，按照蒋光慈作品创作的先后顺序，用近 2 万字的篇幅，详细分析论述了蒋光慈的主要诗歌和小说。范伯群、曾华鹏指出了《哀中国》集子的最强音是"反对帝国主义，反对封建军阀"的主旨内涵。从《〈新梦〉诗集序》到《蒋光赤论》，论者对蒋光慈作品的反对帝国主义、反对封建军阀、反抗资本主义主题，始终如一。

《丽莎的哀怨》自问世以来，基本上处于一片批判中，新中国成立后的很长一段时间，多部中国现代文学史大都沿袭《红旗日报》中对《丽莎的哀怨》政治性错误的批评取向。如王瑶先生在《中国新文学史稿》认为蒋光慈"写得最失败的作品是《丽莎的哀怨》"。范伯群、曾华鹏则在《蒋光赤论》中开始发出不同的声音："如果说蒋光赤写《丽莎的哀怨》是旨在诬蔑布尔什维克和十月革命，这是无法令人信服的。我们认为这是一本动机和效果相背的作品"①。这一观点为

---

① 范伯群，曾华鹏. 蒋光赤论［M］//方铭. 中国文学史资料全编现代卷：蒋光慈研究资料. 北京：知识产权出版社，2010：320.

20 世纪 70 年代后期北大等九院校编的《中国现代文学史》所继承。

学界对蒋光慈的原名进行初步研究核定的是钱杏邨的女婿吴泰昌，他撰写的《蒋光慈的原名、改名及其他》一文，1979 年发表于《中国现代文学研究丛刊》第 1 辑。因为在已出版的多部中国现代文学史及各类研究文字中，几乎都认为蒋光慈原名蒋光赤。吴泰昌根据蒋光慈与宋若瑜的通信集《纪念碑》等文献资料，推论蒋光慈原名为蒋侠生。这个原名的推论，随着皖籍学者寻觅到蒋光慈家族后人收藏的《蒋氏宗谱》（1917 年续修）而改变。在《蒋氏宗谱》（1917 年续修）中，记载有蒋光慈谱名儒恒，现在学界一致视蒋儒恒是蒋光慈原名。

1979 年《新文学史料》第 4 期发表一篇题为《蒋光慈病逝的确切日期》（李华盛）的短文。关于蒋光慈的逝世日期，在此之前有不少文章错误地认为是 6 月 30 日。如 1953 年《人民日报》刊载的一则消息《革命作家蒋光慈遗体迁葬虹桥公墓》，开头一句"今天（六月三十日）是革命作家蒋光慈逝世二十二周年纪念"。导致这一错误的根源在于杨邨人写于 1933 年的回忆文章《太阳社与蒋光慈》，他在文章中是这样叙述蒋光慈的逝世日期："五月入同仁医院，六月下旬医生停止诊治，似鸿女士赶到榻前日夜看护，三十日清晨光慈遂于无人知觉中与世长辞。"杨邨人是蒋光慈生前同志好友，他的叙述回忆自然为后来的文章所采信。从杨邨人 1931 年的纪念文章《"向光明，向太阳！"——终于在阴影中逝去》，可知他的回忆有误，却误导了不少人。李华盛在《蒋光慈病逝的确切日期》中，分析核定蒋光慈的病逝日期是 1931 年 8 月 31 日，避免了后来研究文章出现相关内容混乱局面。

1979 年 6 月，人民文学出版社出版文学史家唐弢主编的《中国现代文学史》（一），8 月，江苏人民出版社出版《中国现代文学史》（北大等九院校编）。与之前的中国现代文学史著作对蒋光慈内容分散论述相比较，这两部则集中介绍论述蒋光慈的生平、诗歌和小说。《中国现代文学史》（一）不仅给予蒋光慈近 7000 字篇幅，还结合蒋光慈的思想发展和艺术创作见解进展分析其作品。

第
三
节

1980—2011 年

1980 年以来，蒋光慈研究成果呈上升趋势。但相比较于蒋光慈同期著名作家研究成果（20 世纪二三十年代中国文坛鲁迅、郭沫若、茅盾、郁达夫等），蒋光慈研究相对冷清了些。20 世纪 90 年代后期，清华大学旷新年教授曾提道："蒋光慈在今天已经是一个完全被遗忘了的作家，只有图书馆里各种各样奇奇怪怪的令人匪夷所思的盗版书在见证着、诉说着蒋光慈为新文学所创下的辉煌奇迹"①。

进入新世纪，辽宁师范大学教授、著名鲁迅研究专家王吉鹏也曾指出，蒋光慈也太寂寞了，实在是不公道。王吉鹏之叹引起蒋光慈家乡学人王全林的注意，王全林的《对蒋光慈研究文献的初步研究》通过报刊学术论文收录蒋光慈研究成果数据，对比同期著名作家研究文献分析，印证了王吉鹏所忧。王全林还进一步通过有关中文数据库与馆藏文献，初步归纳分析了目前国内报刊学术论文类、博士硕士学位论文类、国家图书馆与中国高等教育数字图书馆馆藏类蒋光慈题材研究文献概况②。

---

① 旷新年.1928——革命文学［M］.济南：山东教育出版社，1998：90.
② 王全林的《对蒋光慈研究文献的初步研究》数据截止日期为 2011 年 12 月 10 日，本部分内容的参考数据主要来源于该文，故 1980 年以来的蒋光慈研究梳理截止于 2011 年。

《对蒋光慈研究文献的初步研究》根据中国知网《人文与社科学术文献网络出版总库》，以蒋光慈（蒋光赤）为题名输入检索，1980—2011 年间共收录论文成果 134 篇，包括期刊论文、报纸论文、会议论文以及博士硕士学位论文等。其中，论文发表的期刊主要集中在《新文学史料》《中国现代文学研究丛刊》《文学评论》《江淮论坛》《皖西学院学报》《江淮文史》《党史纵览》等文学研究类期刊、综合性社科期刊以及党史类期刊。从期刊出版地域来看，主要集中在北京、安徽、上海、河南等地，究其原因，北京是全国学术文化研究中心，安徽是蒋光慈出生地和青少年成长之地，上海是蒋光慈回国后主要战斗之地，河南则与蒋光慈有着特定渊源。

一、20 世纪 80 年代主要集中于蒋光慈生平、入党时间、回乡建党、祖籍等研究

从研究内容来看，20 世纪 80 年代，哈晓斯、吴腾凰、田本相、唐天然、张大明、胡从经等学者致力于蒋光慈生平、入党时间、回乡建党、祖籍、创作道路等相关研究。

哈晓斯，广西桂林人，生于安徽合肥。哈晓斯是安徽大学中文系 1977 级学生，他向笔者介绍，大约从大二开始，他对蒋光慈产生兴趣，并开始花时间研究他的作品和经历。大学毕业后，哈晓斯虽然先后在安徽省劳动局、《中国劳动保障报》和《中国劳动》杂志、人社部劳动科学研究所等部门工作，却一直坚持蒋光慈革命文学研究。他陆续发表了众多蒋光慈研究成果，我们现在使用的有关蒋光慈革命文学创作中的一些珍贵史料多是他最先发现并确证发表。

哈晓斯在蒋光慈研究上下过大功夫、苦功夫。一方面，他利用寒假在北京、天津等地登门拜访老前辈夏衍和未名社作家李霁野，在沈阳拜访蒋光慈同乡同学、辽宁大学中文系教授李宗邺等。当面或书面采访过蒋光慈同时代的著名作家叶圣陶、楼适夷、任钧、蒋光慈夫人吴似鸿、蒋光慈中学同学吴葆萼以及蒋光慈早年参加的河南开封青年学会成员王沛然等重要知情人，积累了许多珍贵的蒋光慈史料。另一方面，他去国家图书馆、安徽省图书馆等文藏单位坐冷板凳，搜索到很多人所不知的有关蒋光慈的文字资料和图片。其间，他陆续考证发现若干新史料，比如蒋光慈五四时期的书信与旅俄期间致国内友人的书信，以及 1925 年 11 月致郭沫若的公开信等。

作为蒋光慈研究专家，哈晓斯至今共发表蒋光慈研究论文 10 多篇。哈晓斯

从各种报刊、各地图书馆搜集到很多鲜为人知的有关蒋光慈的文字资料和图片，由此发表了《蒋光慈入党时间考辨》《研究蒋光慈早期思想的一份珍贵史料——介绍新发现的一封蒋光慈佚信》《蒋光慈回乡建党质疑》《蒋光慈旅俄残简及佚诗》《蒋光慈早期史实三题》《蒋光慈生平杂考》《五四时期芜湖"打商会"事件》《听李宗邺夏衍谈蒋光慈》《蒋光慈在 1921》等具有独家史料、独特观点的实力文字，可见他对蒋光慈研究的基础性、严谨性。

蒋光慈是以早期共产党员作家身份活跃于 20 世纪 20 年代后期文坛，并为广大读者所熟知。而他入党的具体时间，至少在其生前未见有明确记载。最早在文章中提及蒋光慈入党时间的，是太阳社成员杨邨人，他在蒋光慈去世的第三年写的回忆文章《太阳社与蒋光慈》中写道："蒋光慈本名光赤，安徽六安县人。五四运动时于安徽作学生运动，不久加入中国共产党被派赴苏联留学。"1955 年人民文学出版社出版的《蒋光慈诗文选集》中，黄药眠撰写的《蒋光慈小传》沿用了杨邨人的这一说法。1959 年中国青年出版社出版的《五四散文选讲》（北京大学中文系 56 级四班编），关于蒋光慈生平介绍文字："五四时参加学生运动，后去苏联留学，大约在 1922 年参加中国共产党"。上海辞书出版社 1979 年出版的《辞海》（上）认定蒋光慈"1924 年回国后加入中国共产党。"1982 年，哈晓斯在《蒋光慈生平杂考》一文中，根据萧劲光文章《回忆参加旅俄支部前后的一些情况》"我们进东方大学的时候，都是社会主义青年团员，没有党员"、苏联百科全书出版社 1975 年出版的《简明文学百科全书》第 8 卷（俄文版）关于蒋光慈条下记载"蒋光慈……在东方劳动者共产主义大学学习，在该校他参加了中国共产党"以及蒋光慈旅俄期间的诗文，分析论证蒋光慈是 1922 年在旅俄留学期间入的党，为后来的具体时间的核定（1922 年 12 月）奠定了基础。①

哈晓斯的《蒋光慈回乡建党质疑》发表在 1980 年第 4 期《安徽大学学报》哲社版，当时他是大学三年级学生，实属不易。关于蒋光慈是否回乡建党，本书第五章已详细考辨。

1984 年这一年同时有两篇短文考证蒋光慈籍贯问题，一篇是张惠达的《蒋光慈籍贯考》，一篇是徐修宜的《关于蒋光慈的籍贯》。在此之前，关于蒋光慈的籍贯主要有三种说法：一是一些文学家辞典中论述蒋光慈生平的文章说他是安徽省六安县人，如《辞海》"蒋光赤"条，说蒋光慈的籍贯是"安徽省六安县"；二

---

① 哈晓斯．蒋光慈生平杂考［J］．艺谭，1982（4）：106－110.

是说他是安徽省霍邱县人，这多见于新中国成立前出版的书报杂志；三是中国现代文学史说他是安徽六安人，如林志浩主编的《中国现代文学史》说"蒋光慈原名蒋光赤，一九〇一年生，安徽六安人"。[①] 张惠达的《蒋光慈籍贯考》根据六安县淠联人民公社蒋从甫的学生鲍吉六回忆材料：蒋光慈父亲蒋从甫在 1925 年从金寨县白塔畈搬入淠联人民公社，蒋从甫搬到六安县后，蒋光慈从未回过家，排除蒋光慈是安徽省六安县人一说。[②] 张惠达和徐修宜的两篇文章主要从蒋光慈出生地入手，考证蒋光慈出生地白塔畈的变迁。1901 年白塔畈属霍邱县；1932 年国民党政府把安徽省的六安、霍邱、霍山，以及河南省的固始、商城等县各划出一部分建立了立煌县，白塔畈随霍邱县的一部分划归了立煌县；1947 年 6 月，刘邓大军挺进大别山，9 月人民政府改立煌县为金寨县，一直到现在。所以，两篇文章观点基本一致，即蒋光慈的籍贯应为安徽霍邱县（今安徽省金寨县）。20 世纪 90 年代初，鲍传龙的《籍贯辨》，从"正确的籍贯定义及其表述"角度，认为蒋光慈籍贯的文字表述应为："生于原霍邱白塔畈（今属安徽省金寨县）"或"原霍邱白塔畈人"。

关于蒋光慈祖籍问题研究考证，始于安徽人民出版社 1982 年 1 月出版《蒋光慈传》（吴腾凰）记载："蒋光慈祖籍在安徽省六安县徐集（一说河南省固始县东南乡濮台子）"。1991 年河南人民出版社出版的《固始县革命史》载：蒋光慈"祖居陈淋镇联合村濮台子"，陈淋镇位于河南省固始县。1993 年安徽人民出版社出版的《安徽中共党史人物传》第一卷《蒋光慈传略》中记载："蒋光慈祖籍河南，因家里贫穷，从祖父起流落到安徽，以抬轿为生"。显然，新世纪之前，关于蒋光慈祖居地研究，"河南固始说"较为普遍。针对此说，蒋光慈研究专家马德俊 2009 年撰写《蒋光慈祖籍丛考》一文，从地方史迹、家族宗谱、实地勘察等方面寻找论据，根据蒋光慈祖籍变迁情况，得出了较为可靠的结论：蒋光慈父子和河南固始关系虽密切，但蒋光慈乃六安（皋城）蒋氏后代，而非源出河南固始县蒋姓后代。该结论与蒋光慈大哥蒋儒谦曾孙蒋厚恩收藏的《蒋氏宗谱》（1917 年续修）所载"潮公来六，由贯公分迁，卜居城西武陟山，依山为村。此皋城蒋氏所由来也"内容相吻合。

---

① 林志浩. 中国现代文学史（下）［M］. 北京：中国人民大学出版社，1980：369.
② 张惠达. 蒋光慈籍贯考［J］. 上海师范大学学报（哲社版），1984（2）：154.

二、20 世纪 90 年代以来蒋光慈研究逐渐多元化

"进入 20 世纪 90 年代，尤其 90 年代末以来，政治与文学的关系不再那么密切，研究角度（指蒋光慈研究——引者）也逐渐多元化"[①]。新世纪前十年蒋光慈研究视角主要集中在四个方面：一是"革命文学再谈"，即对蒋光慈小说"革命＋恋爱"模式的研究，如《革命加恋爱新探》（王智慧）等。二是"俄苏文学对蒋光慈创作的影响"，如唐悦在《蒋光慈小说中无政府主义与布尔什维主义的选择》一文中指出，起源于欧洲的无政府主义和起源于苏联的布尔什维主义在蒋光慈小说中皆有体现。三是"文本的继续解读"，主要集中在对《咆哮了的土地》和《丽莎的哀怨》两篇小说的继续解读。如《红色文学经典的历史范本——论蒋光慈〈咆哮了的土地〉的文本价值与后世影响》（宋剑华）、《蒋光慈与〈丽莎的哀怨〉——革命现代性主题的忧郁表达》（陈红旗）等。四是"地域、文本群体形象研究"，上海作为当时文坛特殊的地理坐标，逐渐引起评论者的注意。如《"革命加恋爱"——一种文化消费符号》（毕文君）、《论蒋光慈笔下的知识分子群像化与个性化塑造》（周茂）等。

此外，还有一些综合性的论述。如《蒋光慈小说研究述评》（李玮），对 1928 年以来至 21 世纪之初的蒋光慈小说研究做了一个总的评价，将各个时期的评价放到历史语境中，探讨当时的社会环境对蒋光慈小说创作评价的影响，并由此分析蒋光慈小说研究之路还可以从哪些角度开掘。

三、核心研究专家

1980 年以来发表 3 篇以上有关蒋光慈研究论文的主要有哈晓斯、徐昌洲、吴腾凰、谢昭新、马德俊、史挥戈、陈红旗、李跃力等核心研究专家。从中不难发现以下几个趋势：第一，那就是早期集约化程度高（6 篇以上的作者全为早期代表，作品大多刊发于 20 世纪八九十年代）；第二，从系列研究转入系统研究的发展趋势，其中的吴腾凰、马德俊、史挥戈诸先生都有蒋光慈研究专著面世；第三，近几年依然活跃的三位核心专家谢昭新、马德俊、李跃力与蒋光慈都有着某种地缘关联（安徽、河南），谢昭新、马德俊两位属安徽本土派，李跃力乃河南籍人士。

---

① 张晶. 新世纪以来蒋光慈创作研究综述［J］. 现代语文·文学研究，2010（5）：71－73.

与核心研究专家分布与发展趋势相伴随的是，"加盟"的新人大多属于偶然介入者的"打一冷枪型"，新生代核心研究专家还有待培育。从研究动机来说，地缘关联不失为一种机缘，在各地大力推进文化强省、文化强市建设的大潮下，可填补地方文化弘扬之需。今后要打破蒋光慈研究"寂寞"的局面，要打造核心研究专家乃至专家群落，要想未来蒋光慈研究还能够"红旗飘飘"，估计主要靠与蒋光慈关联密切的皖豫沪地缘驱动＋以蒋光慈为题材的学位论文撰写者这两支队伍来扛大旗了①。蒋光慈是安徽革命文化的光荣和骄傲，在强调红色基因传承新时代背景下，安徽省内的蒋光慈研究尤待充实，以打造核心研究群体生态，弘扬革命文化、传承红色基因。

四、中国现代文学史相关内容及蒋光慈作品结集

20 世纪 80 年代以来中国现代文学史类著作或多或少都有关于蒋光慈的论述内容。涉及蒋光慈内容，既有集中论述，也有分散论述。集中论述的如《中国现代文学史》（下册，林志浩主编）中专节"早期无产阶级革命文学"、《中国现代文学史》（十四院校编写组）中专节"蒋光慈"、《中国现代文学史》（上册，郭志刚、孙中田主编）中专节"蒋光慈的诗歌与小说"，三部文学史都用可观篇幅详细论述蒋光慈革命文学作品。

分散论述的如《中国现代文学三十年》（钱理群等主编）在"早期无产阶级诗歌"和"左翼小说"中分述《新梦》集和蒋光慈小说作品，类似的还有《中国现代文学史》（朱栋霖等主编）、《中国现代文学史》（程光炜等主编）等。在篇幅上，分散论述少于集中论述。另外，20 世纪 80 年代以来的几乎所有中国现代文学史对蒋光慈籍贯的写作，都是"安徽六安人"。

20 世纪 80 年代至今，把蒋光慈作品整理结集出版比较全面的集子有两部，一部是《蒋光慈文集》（1－4 卷），一部是《蒋光慈全集》（1－6 卷）。《蒋光慈文集》由上海文艺出版社分别于 1982、1983、1985、1988 年编辑出版。第一卷收录 1925—1928 年间的中篇小说《少年飘泊者》《短裤党》《野祭》《菊芬》《最后的微笑》，短篇小说集《鸭绿江上》，卷首有编者写的《前言》。第二卷收录 1929—1930 年间的中长篇小说《冲出云围的月亮》《咆哮了的土地》和日记《异邦与故国》。第三卷收录中篇小说《丽莎的哀怨》、通信集《纪念碑》、诗集《新

---

① 王全林．对蒋光慈研究文献的初步研究［J］．皖西学院学报，2012（1）：35－40.

梦》《哀中国》和《乡情集》。第四卷收录诗歌、小说、散文等7篇,文学评论12篇,政论与杂文18篇,通信与年谱6篇,附录(1-4)。

《蒋光慈文集》(拍摄于2020年)

《蒋光慈全集》是安徽省文化强省资金项目,2017年5月由合肥工业大学出版社出版,方铭、马德俊主编。全集共分为6卷,收录了蒋光慈理论、诗文、小说、书信、译作及集外逸文等所有文学作品,近160万字,是迄今为止蒋光慈作品最丰富全面的图书,也是蒋光慈革命与文学人生文献性资料的汇编。第一卷收录诗集《新梦》《哀中国》《乡情集》,日记《异邦与故国》,通信集《纪念碑》;第二卷收录中篇小说《少年飘泊者》《短裤党》《野祭》《菊芬》,短篇小说集《鸭绿江上》;第三卷收录中篇小说

《蒋光慈全集》
(出自《六安革命文学史》)

《最后的微笑》《丽莎的哀怨》《冲出云围的月亮》;第四卷收录长篇小说《咆哮了的土地》;第五卷收录俄文翻译作品,包括:理论译作,长篇小说《爱的分野》《一周间》,短篇小说集《冬天的春笑》;第六卷收录理论著作、集外诗文以及蒋光慈生平著译年表等。

五、蒋光慈研究专著

目前，专门研究蒋光慈生平、思想、著述的专著屈指可数，仅8部，著者主要是与蒋光慈关联密切的皖豫地区专家学者。1980年代2部，1990年代2部，2000年代4部，分别是：《蒋光慈传》（吴腾凰）、《蒋光慈研究资料》、《我与蒋光慈》、《蒋光慈、宋若瑜》、《蒋光慈与读书——中国文化名人与读书》、《蒋光慈评传》、《蒋光慈传》（马德俊）、《明月为君侣——蒋光慈的情感历程》。除了《蒋光慈与读书——中国文化名人与读书》之外，其他7部专著集中于人物传记、1981年之前的蒋光慈研究资料梳理以及蒋光慈婚恋三个方面内容。

《蒋光慈与读书——中国文化名人与读书》是"中国文化名人与读书丛书"之一，史挥戈、吴腾凰合著，2000年9月由明天出版社出版。该丛书列入国家"九五"出版规划，主编杨牧之。丛书侧重介绍了中国文化名人鲁迅、郭沫若、蒋光慈、巴金、老舍、钱钟书、朱自清等幼年和青少年时期刻苦读书的事迹、逸闻趣事，再现了他们为追求理想和光明，虽历经坎坷却仍然夜以继日地、孜孜不倦地刻苦读书的生活，书籍是他们不断进步直至成功的阶梯。史挥戈（1963—），河南鹿邑人，江苏大学教授。《蒋光慈与读书——中国文化名人与读书》讲述了蒋光慈之所以成为革命作家、诗人，主要得益于他的良好的读书习惯。他常说，读书有"三关"：一要读，二要想，三要问。他一生痴迷于读书，却从不人云亦云，而且从不放过一个疑点。

（一）蒋光慈人物传记

《蒋光慈传》（吴腾凰）是最早的一本蒋光慈研究专著，由安徽人民出版社1982年1月出版，总计13.7万字。作者吴腾凰（1938—），安徽蒙城人，1964年毕业于合肥师范学院中文系，中国作家协会会员。吴腾凰的《蒋光慈传》也是我国出版的第一部蒋光慈人物传记，该书共7章内容，有关资料多是作者亲临现场调查，或是与蒋光慈有过交往的知情人所提供，着力于"崇实"，还历史及历史人物以本来的面目，对蒋光慈的生平历史起到某些补充和澄清的作用。该书前环衬页印有"纪念革命作家蒋光慈同志诞辰八十周年，逝世五十周年！"字样。

《蒋光慈评传》由吴腾凰、徐航合著，北京团结出版社2000年11月出版，总计35万字。吴腾凰、徐航是大学同学。徐航（1940—），原名徐本法，安徽合肥人，安徽省作家协会会员。吴腾凰撰写的《蒋光慈传》，由于当时客观条件的限制，所占资料不全，因此该传只有十余万字，而且存在讹错。随着改革开放，文学史研究空前活跃，徐航利用工作在蒋光慈家乡的有利条件，进行广泛、细致的调查，吴腾凰还赴国家档案馆，调阅来自苏联的历史档案，获得丰富的史料。《蒋光慈评传》共 16 章内容，详细介绍了蒋光慈短暂一生的光辉业绩，梳理、评析了他的近 160 万字的作品和译著，传递了蒋光慈研究中的一些新的信息，解决了蒋光慈研究中的一些疑案。该书紧接着扉页后一页印有"谨以此书纪念蒋光慈诞生一百周年，逝世七十周年"字样。

《蒋光慈传》，马德俊著，2001 年由安徽人民出版社出版，总计 43 万字。马德俊（1957—），安徽六安人，中国作家协会会员。本书共有 12 章，书中生动鲜活地描写了蒋光慈的革命人生及心路历程，带有独特的地域文化色彩。作者从皖西党史中找到很多和蒋光慈有关的材料，特别是一些新的回忆材料如蒋光慈赴苏联学习材料的披露，让作者找到了新的制高点，发现了过去蒋光慈研究中大量未为人知的宝贵历史资料，填补了不少空白点，如对蒋光慈祖籍和少年婚姻状况的考证研究。对于蒋光慈的文艺理论和文学创作，作者本着实事求是的态度分析评价其价值意义和存在的不足，尽可能提高《蒋光慈传》的学术研究价值。马德俊还写过多篇有关蒋光慈的文章，从不同角度向世人展现这位革命者和文学家的风采和成就。

（二）蒋光慈研究资料汇编

《蒋光慈研究资料》（方铭编）有两个版本，即宁夏人民出版社 1983 年 7 月出版的《中国现代文学史资料汇编（乙种）——蒋光慈研究资料》和知识产权出版社 2010 年 1 月出版的《中国文学史资料全编·现代卷——蒋光慈研究资料》。方铭（1934—），安徽大学教授、安徽省现代文学研究会会长。《中国文学史资料全编·现代卷》是一套中国现代文学史资料汇编，丛书收录国家"六五"计划哲学社会科学重点项目"中国现代文学史资料汇编"的研究成果。《蒋光慈研究资料》分生平资料、创作自述、著译年表及著译书目、文学和生活、研究与评论文章选辑、研究资料目录索引等六个部分，基本上汇集了 1981 年之前有关蒋光慈生平、著作和研究的全部重要资料。

（三）蒋光慈婚恋研究

《我与蒋光慈》由蒋光慈第二任妻子吴似鸿著，广西教育出版社 1992 年 2 月出版，总计 8 万字。《我与蒋光慈》是"名人之侣回忆丛书"（共 5 册）之一，这套丛书还有《我与郁达夫》《我与萧乾》《我与萧军》《我与吴祖光》。吴似鸿

1928 年从绍兴到上海考入新华艺术大学学习美术，并加入由田汉倡导成立的南国社，写有《吉卜赛女日记》《毛姑娘》等作品，受到文坛瞩目。1930 年 1 月，她由田汉介绍与蒋光慈相识，2 月与蒋光慈结婚。吴似鸿笔下的蒋光慈是一个温文尔雅、乐善好施的革命作家。这部回忆专著的出版，为蒋光慈生平提供了外人鲜知的珍贵资料，对蒋光慈研究有重要的参考价值。

《蒋光慈、宋若瑜》由吴腾凰、杨连成合著，中国青年出版社 1995 年 1 月出版。这是中国青年出版社出版的"名人情结丛书"之一。该丛书共 5 册：《郭沫若、安娜》《胡适、江冬秀》《蒋光慈、宋若瑜》《萧乾、文洁若》《高君宇、石评梅》。丛书的体例，采取上篇、下篇的写法。上篇重笔描摹文化巨人们的生活、事业和情感；下篇是夫妇、恋人之间的两地书。宋若瑜是蒋光慈第一任妻子，河南开封一女师学生运动的知名人物，五四时期从事学运时与蒋光慈相识、相知，蒋光慈从苏联留学回国后，两人相恋并于 1926 年 8 月结婚，11 月宋若瑜因肺结核病去世。本书详细、生动地叙写了蒋光慈、宋若瑜五六年神交，相思却不得谋面，最终成为伴侣，纯洁、缠绵的爱之轨迹；同时伴之以人生追求、业绩的叙写。

《明月为君侣——蒋光慈的情感历程》2008 年 1 月重庆出版社出版，徐航、吴腾凰合著。该书对蒋光慈的情感历程做了详细描述，包括海归归来、大别山姑娘王书英、教授与女杰、庐山遗恨、浦江之爱、活跃在文坛艺海间等 18 节内容，大致可以分为三个篇章，即蒋光慈情感历程的三个阶段。从俄国归来与王书英成亲，他与王书英青梅竹马，情同兄妹，他很矛盾，与王书英成婚带有被动性和被强迫感[①]。宋若瑜是蒋光慈心中理想的"苏维亚"，宋若瑜的早逝给他带来巨大重创，包括情感和健康。而他与吴似鸿的相识、同居是在与多位女子接触后，在失望中寻找归属感，寻找生活伴侣。

---

① 蒋光慈家族后人、多数学者指出蒋光慈与王书英不存在婚姻，详见本书第七章第一节。

参 考 文 献

[1] 方铭. 中国文学史资料全编现代卷：蒋光慈研究资料［M］. 北京：知识产权出版社，2010.

[2] 马德俊. 蒋光慈传［M］. 合肥：安徽人民出版社，2001.

[3] 吴腾凰，徐航. 蒋光慈评传［M］. 北京：团结出版社，2000.

[4] 吴似鸿. 我与蒋光慈［M］. 南宁：广西教育出版社，1992.

[5]《习仲勋传》编委会. 习仲勋传（上卷）［M］. 北京：中央文献出版社，2008.

[6] 章学新. 任弼时传［M］. 北京：中央文献出版社，2014.

[7] 郭沫若. 郭沫若全集文学编·第 12 卷［M］. 北京：人民文学出版社，1989.

[8] 旷新年. 1928——革命文学［M］. 济南：山东教育出版社，1998.

[9] 海风社. 海风周报汇刊［M］. 上海：泰东图书局，1929.

[10] 上海文艺出版社. 中国现代文艺资料丛刊·第八辑［M］. 上海：上海文艺出版社，1984.

[11] 何干之. 中国现代革命史［M］. 上海：上海人民出版社，1985.

[12] 中共六安地委党史工作委员会. 皖西革命史［M］. 合肥：安徽人民出版社，1987.

[13] 中共六安市委党史和地方志研究室. 中国共产党安徽省六安历史·第一卷［M］. 北京：中共党史出版社，2021.

[14] 中共金寨县委党史办公室. 金寨县革命史（1919—1949）［M］. 合肥：安徽人民出版社，2017.

[15]《六安地区文化志》编纂委员会. 六安地区文化志［M］. 合肥：黄山

书社，1993.

[16] 马启俊，江琼，崔玲，等. 六安革命文学史 ［M］. 北京：人民文学出版社，2020.

[17] 余学玉，江琼. 皖西现当代作家研究 ［M］. 合肥：安徽大学出版社，2017.

[18] 哈晓斯. 听李宗邺和夏衍谈蒋光慈 ［J］. 江淮文史，2021（2）：14－29.

[19] 谢昭新. 论俄苏文学对蒋光慈文学创作的影响 ［J］. 江淮论坛，2010（2）：153－160.

[20] 许徐. 东京游学与蒋光慈革命文学理论的发展 ［J］. 文艺理论与批评，2012（3）：77－81.

[21] 王智慧. "革命＋恋爱" 新探 ［J］. 海南师范学院学报（社科版），2006（1）：60－64.

[22] 黄静. 革命理性话语中的都市感觉——论蒋光慈的革命小说 ［J］. 学术界，2011（3）：151－156.

[23] 张广海. 蒋光慈前期文艺思想探源 ［J］. 南京师范大学文学院学报，2010（2）：78－83.

[24] 王全林. 对蒋光慈研究文献的初步研究 ［J］. 皖西学院学报，2012（1）：35－40.

[25] 陈红旗. 论无产阶级文艺诉求下的太阳社刊物 ［J］. 嘉应学院学报（哲社版），2010（6）：48－56.

[26] 周仕生. 中州女杰宋若瑜 ［J］. 新文学史料，2005（4）：118－122.

[27] 徐行. 中共第一代留俄生述论 ［J］. 中共党史研究，1997（1）：7－13.

[28] 赵英秀. 瞿秋白与蒋光慈：一对殉于而立之年的亲密战友 ［J］. 党史纵览，2011（3）：27－28.

[29] 张屏瑾. 革命的空间表现及其心理悖反——重读蒋光慈 ［J］. 中国现代文学研究丛刊，2019（5）：1－16＋53.

[30] 满建. 亚东图书馆与《少年飘泊者》的畅销 ［J］. 出版发行研究，2020（8）：106－111.

后 记

大别山地区是中国革命老区之一。土地革命战争时期，大别山区建立全国第二大革命根据地——鄂豫皖革命根据地。刘邓大军千里跃进大别山，揭开了中国人民解放军战略进攻的序幕。蒋光慈成长之地——六安市金寨县，地处大别山腹地，是中国革命的重要策源地、人民军队的重要发源地。

六安位于大别山区东北麓，俗称"皖西"。"皖西"这一名称在近代才开始出现，1947 年中国共产党在大别山根据地所设的皖西行署是"皖西"一词的正式使用。1949 年，皖西行署改称六安专区，后改为六安市。皖西地区依山襟淮，承东接西，人杰地灵，文脉流传。蒋光慈是皖西大别山中走出来的早期共产党人，是中国无产阶级革命文学的拓荒者和奠基人。

皖西学院是皖西地区唯一一所本科高校，坐落在六安市老淠河美丽的月亮岛上。"大别山革命文学研究"是皖西学院大别山革命文化研究中心 2021 年研究项目，旨在系统研究大别山地区革命和建设时期留下的书面和口头革命文学作品，从纵向与横向的比较研究考察革命文学的精神活动轨迹，进而从大别山革命文学中提炼出符合新时代社会发展需要的精神元素，充实对大别山革命文化和大别山精神育人的研究。皖西地区拥有卓越的革命文化资源，朱蕴山革命诗词，蒋光慈革命文学，胡底红色戏剧，"未名四杰"、李何林、王冶秋进步文学，徐贵祥军旅小说等，构建了坚实的皖西革命文学基础。撰写《蒋光慈研究》是"大别山革命文学研究"项目（dbs2021001）目标任务之一。

本书作者是国家社会科学基金项目"蒋光慈年谱长编"（20BZW181）第二参与人，是安徽省哲学社会科学规划项目"红色基因传承视角下蒋光慈革命文学研究"（AHSKY2019D127）主持人，是皖西学院质量工程项目"皖西文学教学团队"（wxxy2019036）主持人，因此《蒋光慈研究》的出版也是这几个项目的阶段性成果。

本书能够顺利出版，得力于皖西学院宣传部和文化与传媒学院的重要支持，得力于合肥工业大学出版社有限责任公司的大力支持，还得力于哈晓斯、马德俊、吴腾凰、徐航等蒋光慈研究专家的鼎力帮助。特别感谢王达敏先生赐序。由衷感谢蒋光慈大哥蒋儒谦曾孙蒋厚恩先生提供其珍藏的蒋光慈书籍资料和《蒋氏宗谱》（卷十四）给作者借阅，并数次接受作者访问求证蒋光慈生平的相关疑点。在此，向所有关心与支持本书工作的领导、专家、老师、朋友，致以最衷心的感谢！

本书参考并吸收了一些专著、教材、相关学术论文以及网站、博客等理论研究成果，还使用了从网络、书籍、报刊、博物馆、档案馆等渠道获得的部分图片资料。因为年代久远、联络不便、体例限制等原因，未能全部注明原作者和资料来源，这里谨向有关人员表示诚挚的谢意和歉意！

由于作者水平有限、调查范围不广、研究资料不足等不利因素，本书肯定还存在诸多错讹疏漏之处，热诚期待有关专家学者指漏纠谬，匡助作者。敬请读者给予批评指正。

本书作者单位：皖西学院

江 琼

2023 年 3 月